guerra
e
revolução

domenico losurdo

guerra e revolução

O MUNDO UM SÉCULO APÓS OUTUBRO DE 1917

TRADUÇÃO
ANA MARIA CHIARINI E DIEGO SILVEIRA COELHO FERREIRA

© desta edição, Boitempo, 2017
© Gius. Laterza & Figli, 1996, 2015
Todos os direitos reservados
Título original: *Il revisionismo storico. Problemi e miti*
Título original do capítulo VII: *Il peccato originale del Novecento*, originalmente
publicado no Brasil pela editora Anita Garibaldi (2013), que cedeu à Boitempo
o direito de publicação de sua tradução neste volume.

Direção editorial	Ivana Jinkings
Edição	Isabella Marcatti
Assistência editorial	Thaisa Burani
Tradução	Ana Maria Chiarini e Diego Silveira Coelho Ferreira
Preparação	André Albert
Revisão	Clara Altenfelder
Coordenação de produção	Livia Campos
Capa	Pianofuzz Studio frente: manifestação na praça Przydworcowym, Minsk, 1º de maio de 1917 (CC0) verso: Rússia, out.-nov. 1917
Diagramação	Antonio Kehl

Equipe de apoio: Allan Jones, Ana Yumi Kajiki, Artur Renzo, Bibiana Leme, Eduardo Marques,
Elaine Ramos, Fred Indiani, Ivam Oliveira, Kim Doria, Marlene Baptista, Maurício Barbosa,
Renato Soares, Thaís Barros, Tulio Candiotto

CIP-BRASIL. CATALOGAÇÃO NA PUBLICAÇÃO
SINDICATO NACIONAL DOS EDITORES DE LIVROS, RJ

L89g

    Losurdo, Domenico, 1941-
    Guerra e revolução : o mundo um século após outubro de 1917 / Domenico Losurdo ;
traducão Ana Maria Chiarini , Diego Silveira Coelho Ferreira. -- 1. ed. -- São
Paulo : Boitempo, 2017.

    Tradução de: Il revisionismo storico : problemi e miti
    Inclui bibliografia e índice
    ISBN: 978-85-7559-546-6

    1. História - Revolução Russa, 1917. 2. História moderna. I. Chiarin, Ana Maria. II.
Ferreira, Diego Silveira. III. Título.

17-39954
                              CDD: 947.0841
                              CDU:94(470*571)

É vedada a reprodução de qualquer parte deste livro sem a expressa autorização da editora.

1ª edição: março de 2017;
1ª reimpressão: setembro de 2020; 2ª reimpressão: março de 2021

BOITEMPO
Jinkings Editores Associados Ltda.
Rua Pereira Leite, 373
05442-000 São Paulo-SP
Tel.: (11) 3875-7250 / 3875-7285
editor@boitempoeditorial.com.br | www.boitempoeditorial.com.br
www.blogdaboitempo.com.br | www.facebook.com/boitempo
www.twitter.com/editoraboitempo | www.youtube.com/tvboitempo

SUMÁRIO

Nota do autor...9

I. Dois séculos em discussão: o revisionismo histórico...................11

   1. Revisionismo histórico e liquidação da tradição
      revolucionária...11

   2. A Segunda Guerra dos Trinta Anos como revolução mundial....16

   3. A Alemanha e o Antigo Regime...19

   4. Da denúncia do bolchevismo à liquidação do jacobinismo e da
      Revolução Francesa...22

   5. Liquidação da tradição revolucionária e redefinição da
      Segunda Guerra dos Trinta Anos..27

   6. Revisionismo histórico, neoliberalismo e conflito dos
      revisionismos...33

   7. Reinterpretações e releituras, revisionismo histórico,
      perspectiva comparada...40

II. Ciclo revolucionário e terror: Grã-Bretanha, França,
Estados Unidos...43

   1. Intoxicação ideológica, ignorância e venalidade.........................43

   2. Abstrato e concreto..47

   3. Advento da democracia e ciclo histórico: França, Inglaterra,
      Estados Unidos da América...51

   4. As três etapas da Revolução Inglesa...54

   5. Da primeira à segunda Revolução Americana............................57

   6. Saturno e a dinâmica das "crises históricas"................................61

   7. "Triunfo" e "falência" das revoluções...65

   8. Duas formas de "desespecificação"..68

   9. Vendeianos, irlandeses, negros e peles-vermelhas.....................76

   10. Abordagem ideológica e análise histórica concreta...................79

   11. Puritanos, jacobinos, abolicionistas e bolcheviques...................85

   12. Balanços históricos e mitos genealógicos.....................................89

6 GUERRA E REVOLUÇÃO

III. OUTUBRO BOLCHEVIQUE, GUERRA CIVIL INTERNACIONAL E QUESTÃO COLONIAL 91

1. O OUTUBRO BOLCHEVIQUE: REVOLUÇÃO OU GOLPE DE ESTADO? 91
2. DA GUERRA CIVIL INTERNACIONAL AO OUTUBRO BOLCHEVIQUE 97
3. "ESPLÊNDIDA PEQUENA GUERRA", GUERRA TOTAL E GUERRA CIVIL 105
4. EM BUSCA DAS ORIGENS DA "GUERRA CIVIL INTERNACIONAL" 110
5. PERÍODO HISTÓRICO E ANÁLISE CONCRETA DAS GUERRAS 116
6. REVOLUÇÃO DE OUTUBRO, NAZIFASCISMO E QUESTÃO COLONIAL 119
7. A GUERRA COLONIAL, DA ABISSÍNIA À EUROPA ORIENTAL 122
8. O REVISIONISMO HISTÓRICO, DA DENÚNCIA À PROCLAMAÇÃO DA CRUZADA 126
9. REVISIONISMO HISTÓRICO, NEOLIBERALISMO E REVOLUÇÃO ANTICOLONIAL 129

IV. "GUERRA DE SECESSÃO DOS BRANCOS", "GUERRA CIVIL INTERNACIONAL", "SÉCULO ESTADUNIDENSE" E "SEGUNDA GUERRA DOS TRINTA ANOS" 135

1. O REVISIONISMO HISTÓRICO E AS DUAS GUERRAS MUNDIAIS 135
2. O DRAMA DA CULTURA ALEMÃ: DE WEBER A NOLTE E HILLGRUBER 144
3. O DRAMA DA CULTURA ALEMÃ: DE SCHUMPETER A HABERMAS 155
4. A GUERRA NA ÁSIA: BRANCOS E POPULAÇÕES DE COR 158
5. *PATHOS* MORAL E RACIALIZAÇÃO DO INIMIGO 161
6. GUERRA DE SECESSÃO DOS BRANCOS A OESTE E GUERRA COLONIAL A LESTE 169
7. GUERRA TOTAL E "BÁRBAROS" 174

V. TRADIÇÃO COLONIAL, GUERRA TOTAL E GENOCÍDIO 179

1. GUERRA TOTAL E MANIPULAÇÃO TOTAL 179
2. MOBILIZAÇÃO TOTAL, TOTALISMO E TOTALITARISMO 186
3. O TERROR, DA GUERRA AO PÓS-GUERRA 193
4. A EVOLUÇÃO DE NOLTE 199
5. O SELVAGEM, O INSTRUMENTO DE TRABALHO E O BACILO 205
6. O TERCEIRO REICH E OS NATIVOS 211
7. "INDÍGENAS", JUDEUS E BOLCHEVIQUES 216
8. DO VÍRUS REVOLUCIONÁRIO AO BACILO JUDAICO 217
9. OS BOLCHEVIQUES E A "LIQUIDAÇÃO DOS *KULAKS* COMO CLASSE" 226
10. UCRÂNIA, BENGALA E IRLANDA 234
11. GUERRA CIVIL INTERNACIONAL E O MASSACRE DE KATYN 236

SUMÁRIO 7

12. Guerra civil internacional, guerra racial e genocídio 240

13. Holocausto e holocaustos 246

VI. Saudade do Império: o revisionismo histórico na Grã-Bretanha 253

1. Dos três impérios germânicos aos dois impérios de língua inglesa 253

2. Uma "via" manchada de sangue para uma "modernidade" problemática.. 256

3. Entre recalque e transfiguração do colonialismo estadunidense...264

4. A apologia do Ocidente e o seu "*enfant terrible*" 269

5. Ferguson e a mutilação do todo 273

6. Das guerras do ópio ao "Estupro de Nanquim"............................279

7. Esquecimento da história e da geopolítica e essencialismo maniqueísta.. 283

8. "Propriedade", "liberdade", "competição": um uso irrefletido das categorias 292

9. Transfiguração do Ocidente e deslegitimação das revoluções anticoloniais 296

10. Os Estados Unidos, a China e a sequência de Ferguson............... 303

11. Fundamentalismo do Ocidente e ideologia da guerra............... 308

VII. O *Livro negro*, o movimento comunista e a luta contra as três grandes formas de discriminação 317

1. Os números do horror.. 317

2. O laboratório do Terceiro Reich 321

3. A história do Ocidente como a história de uma "democracia para o povo dos senhores"...326

4. A guinada de Lenin 328

5. A Revolução de Outubro, o fim do Antigo Regime e o advento do Estado social 332

6. A democracia contemporânea como superação das três grandes discriminações 336

7. Segunda Guerra dos Trinta Anos, guerra total e totalitarismo 339

8. Rússia e Alemanha como epicentro da Segunda Guerra dos Trinta Anos 343

9. A dança das categorias 346

8 GUERRA E REVOLUÇÃO

10. O "SOFISMA DE TALMON" 353

11. CONFLITOS DE FELICIDADE, CONFLITOS DE LIBERDADE 357

12. OS PERMANENTES DILEMAS MORAIS DE NOSSO TEMPO 366

REFERÊNCIAS BIBLIOGRÁFICAS 369

ÍNDICE REMISSIVO 387

NOTA DO AUTOR

O texto que segue resulta da ampliação e da revisão de três obras de minha autoria. Os capítulos 1 a 5 reproduzem *Il revisionismo storico: problemi e miti*[1]; o capítulo 6 foi escrito especialmente para a edição inglesa[2]; enquanto o capítulo 7 reproduz, com alterações inseridas na edição inglesa, *Il peccato originale del Novecento*[3].*

O projeto deste livro surgiu de uma intensa e frutífera troca de ideias com Sebastian Budgen, a quem manifesto minha calorosa gratidão.

Na revisão do texto contei com a ajuda de Giorgio Grimaldi, ao qual agradeço muito.

---

[1] Roma/Bari, Laterza, 1996 (ed. ampliada, 2015).

[2] *War and Revoution: Rethinking the 20th Century* (Londres, Verso, 2015).

[3] Roma/Bari, Laterza, 1998 (3. ed. 2007) [ed. bras.: *O pecado original do século XX*, trad. Diego Silveira Coelho Ferreira e Ana Maria Chiarini, São Paulo, Anita Garibaldi, 2013].

* A presente edição, que conta com uma tradução direta do texto original italiano, baseou-se na edição ampliada de *Il revisionismo storico: problemi e miti*, cit., da qual já consta o capítulo 6. A pedido do autor, acrescentamos, como na edição inglesa, o capítulo 7. Para tanto, com a devida autorização da editora Anita Garibaldi, tomamos por base o texto de *O pecado original do século XX*, cit., no qual, sempre por recomendação do autor, foram inseridas notas e alterações por meio do cotejo com a edição inglesa. (N. E.)

I
DOIS SÉCULOS EM DISCUSSÃO: O REVISIONISMO HISTÓRICO

1. Revisionismo histórico e liquidação da tradição revolucionária

Existe um fio condutor capaz de nos orientar no labirinto de releituras, revisitações e reinterpretações denominado "revisionismo histórico"? Segundo Ernst Nolte, um dos mais notáveis representantes dessa corrente, ao levar a cabo o extermínio dos judeus, Hitler considerou a barbárie "asiática" dos bolcheviques e o genocídio de classe que estes consumaram tanto como modelo quanto como perigo a se evitar a qualquer custo[1]. Tal conduta dos nazistas é uma política de "contra-aniquilação" que responde ao desafio da política de "aniquilação" colocada em prática pelo regime instaurado em outubro de 1917. Não só o horror do Terceiro Reich é um fenômeno derivado, mas também os seus crimes, "pelo menos até 1941", resultam "incomparavelmente menos graves do que aqueles perpetrados pela União Soviética em nome da revolução proletária"[2]. Quem traça esse balanço é outro expoente de ponta do revisionismo histórico, François Furet, que não se limita a colocar contra a parede "o fenômeno stalinista", mas remonta à "tradição jacobina" que este tem atrás de si. Com suas implacáveis revelações,

---

[1] Ernst Nolte, "Vergangenheit die nicht vergehen will. War nicht der 'Archipel Gulag' ursprünglicher als Auschwitz?", *Frankfurter Allgemeine Zeitung*, 6 jun. 1986, p. 7-9.

[2] François Furet, *Le Passé d'une illusion: essai sur l'idée communiste au XXe siècle* (Paris, Robert Lafont, 1995), p. 404 [ed. bras.: *O passado de uma ilusão: ensaios sobre a ideia comunista no século XX*, trad. Roberto Leal Ferreira, São Paulo, Siciliano, 1995].

a obra de Soljenítsin disseminou em toda parte o problema do *gulag* no centro do desenho revolucionário, e por isso é inevitável que o exemplo russo ricocheteie, como um bumerangue, e golpeie a própria "origem" francesa [...]. As duas revoluções [...] são hoje acusadas de serem dois sistemas idênticos de meticulosa coerção do corpo e do espírito.

E não faz sentido remeter a supostas "circunstâncias", isto é, a "fenômenos externos e alheios" ao projeto e à ideologia revolucionários. Esta última, na realidade, produz o horror exclusivamente a partir de sua lógica ou loucura interna. Furet chama a atenção para o diagnóstico de Tocqueville sobre as incessantes conturbações revolucionárias que, entre os séculos XVIII e XIX, incendeiam a França: é uma "doença", um "vírus de uma espécie nova e desconhecida"[3], doença e vírus que continuaram a conturbar, com violência redobrada, no século XX.

Chega da capital da antiga União Soviética a notícia do processo de reabilitação – ou melhor, de real e verdadeira "canonização" – "do último tsar e de sua família" ("já foi elevada à condição de santa a cunhada de Nicolau II, a princesa Elisabete")[4]. Assim, novamente somos conduzidos à Revolução Francesa, durante a qual o rei Bourbon, descendente de são Luís, é comparado pela imprensa monárquica ao filho de Deus, de maneira que o suplício imposto pelos jacobinos a Luís XVI se assemelhe a uma réplica do Calvário[5]. Tanto na mentalidade coletiva como na historiografia revisionista um juízo comum de condenação tende a equiparar jacobinismo e bolchevismo.

A homenagem feita aos Romanov implica uma deslegitimação (ou ao menos uma tendência a isso) de todo o movimento que produziu a queda do tsarismo. Com a palavra, outra vez, Nolte:

O diário de um adido da embaixada francesa, Louis de Robien, confirma a convicção de alguns outros observadores da época de que a Revolução de Fevereiro

---

[3] François Furet, *Penser la Révolution française* (Paris, Gallimard, 1978), p. 29-256n [ed. port.: *Pensar a Revolução Francesa*, trad. Rui Carvalho, Lisboa, Edições 70, 1988]; Alexis de Tocqueville, *Oeuvres complètes*, t. XIII, v. 2 (org. J.-P. Mayer, Paris, Gallimard, 1951), p. 337.

[4] "Per Nicola II si prepara una corona di santo. Parte la canonizzazione della famiglia dello zar", *Corriere della Sera*, Milão, 8 abr. 1992.

[5] Jean-Paul Bertaud, "La Presse royaliste parisienne, l'idée de guerre et la guerre, 1789-1792", em François Lebrun e Roger Dupuy (orgs.), *Les Résistances à la Révolution* (Paris, Imago, 1987), p. 206.

já se caracterizava por aquele tipo de atrocidades que, mais tarde, foram denominadas "bolcheviques".[6]

O historiador estadunidense Richard Pipes vai além. Com base no diagnóstico da doença revolucionária feito por Furet (e Tocqueville), coloca sob suspeita todo o ciclo da história russa compreendido entre 1905 e 1917[7]. Não são as condições objetivas que explicam esse posicionamento: já no início do século XX – e, portanto, também no decorrer da Primeira Guerra Mundial – de fato se desenvolve uma nova realidade política e constitucional, semelhante "ao crescimento vigoroso de uma pequena árvore à sombra de uma velha floresta em estado de putrefação" (a autocracia tsarista), esta última destinada ao ocaso sem a necessidade de dolorosas intervenções externas. De um lado, age uma "revolução silenciosa, eficaz porque realizada para enfrentar necessidades concretas, e não para perseguir utopias"[8]. Do outro, porém, faz-se sentir, cada vez mais rumorosa, a agitação imoderada de uma "minoria militante" que recorre à "coerção física" em 1905[9] e desencadeia a violência sanguinária antes ainda de outubro de 1917, já em fevereiro: quartéis de polícia "atacados e destruídos", policiais surpreendidos de farda "espancados e assassinados", "linchamentos" praticados contra todos aqueles que ousem se opor aos insurgentes[10].

Tais eventos são manifestações devastadoras da "psicose revolucionária" que domina "um grupo insolitamente denso de fanáticos, revolucionários de profissão", devorados por "um desejo intenso, irracional, de ver ruir todo o edifício da monarquia russa"[11]. Os sintomas dessa doença podem ser descritos remontando não apenas ao já referido Tocqueville, mas também a Taine, para quem as "poucas ideias simples", a "geometria política", as construções abstratas impedem de enxergar os "homens reais"[12]. Igualmente preciosa pode ser a lição de outro grande crítico da Revolução Francesa: "A atmosfera dominante

---

[6]   Ernst Nolte, *Gli anni della violenza. Un secolo di guerra civile ideologica, europea e mondiale* (Milão, Rizzoli, 1995), p. 45.

[7]   Richard Pipes, *La rivoluzione russa: dall'agonia dell'ancien régime al terrore rosso* (Milão, Mondadori, 1995), p. 154-5 e 151n.

[8]   Ibidem, p. 262.

[9]   Ibidem, p. 50 e 56.

[10]   Ibidem, p. 313.

[11]   Ibidem, p. 287 e 143.

[12]   Ibidem, p. 768-9.

nas *sociétés de pensée* francesas no final do século XVIII, descrita por Cochin, coincide perfeitamente com aquela que se respirava um século mais tarde nos círculos intelectuais russos". Tanto num caso como no outro, o "terror seco" da *Enciclopédia* ou da intelectualidade antitsarista aplaina o caminho para a chegada do "terror sanguinário"[13].

Ressalte-se que esse "terror sanguinário" não tem qualquer justificativa. "Na primeira metade de novembro de 1916", Nicolau II já acolheu "todas as reivindicações dos revolucionários"; mesmo assim, a oposição "farejou sangue" e exige ainda mais[14]. Não se trata apenas dos bolcheviques. Com seu "discurso histérico" contra as "classes dominantes" responsáveis por lançar a Rússia na guerra, Kerenski pouco se diferencia de Lenin[15]. Em suma:

> Se Tocqueville tivesse vivido até o século XX, não teria dificuldade em identificar o "vírus", porque desde sua época aquela estranha mistura de ideias e interesses facciosos se tornou um fato normal.[16]

Para explicar a devastação provocada pela doença revolucionária no século XX, Pipes volta à Revolução Francesa e ao Iluminismo, e os interpreta segundo a visão de Furet. Este, depois de realizar a crítica da Revolução Francesa e a condenação do jacobinismo, advertiu da necessidade de submeter os acontecimentos iniciados em outubro de 1917 a uma impiedosa análise. Ao aprofundar sua denúncia do bolchevismo, Nolte, por sua vez, sente-se na obrigação de dar um passo atrás e também colocar sob acusação a Revolução Francesa em sua totalidade. Assim, define-se com precisão o alvo principal do revisionismo histórico – a saber, todo o ciclo histórico que tem início em 1789 e culmina em 1917.

Esse ataque produz um efeito dominó. Sem a Revolução Francesa não se pode compreender o Risorgimento italiano, claramente influenciado pelo movimento de 1848, pela experiência napoleônica e, antes ainda, pela Revolução Napolitana de 1799. À sua época, o próprio Lincoln foi acusado, por seus contemporâneos e adversários, de ter se utilizado de impiedosas medidas de tipo jacobino; e ainda em nossos dias uma vasta crônica política se empenha

---

[13] Ibidem, p. 152 e 424-5; Augustin Cochin, *Les Sociétés de pensée et la démocratie moderne: études d'histoire révolutionnaire* (Paris, Copernic, 1978), p. 13.

[14] Richard Pipes, *La rivoluzione russa*, cit., p. 289.

[15] Ibidem, p. 284 e 254.

[16] Ibidem, p. 155.

em condenar a "catástrofe" da Guerra de Secessão, provocada, segundo um expoente do revisionismo estadunidense, pelos "esquentadinhos" de ambos os lados[17]. Para outros, ainda, trata-se de uma sanguinária e insensata "revolução" detonada pelo Norte[18] que se contrapõe à "epopeia sulista"[19]. Por sua vez, a queda do "mito" do Outubro bolchevique lança uma sombra inevitável sobre a Resistência antifascista que se desenvolveu internacionalmente, no âmbito da qual exerceram papel preponderante as forças políticas e sociais explicitamente influenciadas pelo bolchevismo. E uma sombra ainda mais inquietante acaba por envolver o movimento revolucionário anticolonial, desde suas origens estimulado e fortemente condicionado pela agitação e pela presença comunista. Autores que não professam explicitamente o revisionismo, embora possam ser nele enquadrados, saúdam com ardor o *revival* do colonialismo": junto ao país nascido da Revolução de Outubro, desmoronaram também suas "crenças ideológicas" e o seu "cânone sagrado" de que fazia parte o opúsculo de Lenin dedicado à denúncia do imperialismo[20]. A influência nociva do Outubro de 1917 às vezes parece intimamente ligada àquela da Revolução de 1789: nos anos da Resistência, "a França foi abalada por explosões de ódio muito piores que durante a Revolução Francesa"[21].

Explicita-se, assim, o fio condutor dessa gigantesca releitura do mundo contemporâneo: a liquidação da tradição revolucionária, de 1789 até os dias de hoje. Neste ponto, torna-se mais compreensível o termo utilizado. No âmbito do debate interno dos movimentos políticos de inspiração marxista, "revisionistas" eram aqueles que, como Bernstein, pretendiam expurgar a herança "blanquista, ou melhor, babovista"[22], o espírito jacobino que entreviam na teoria de Marx e Engels e, em maior medida, na teoria e na prática do partido bolchevique.

---

[17] Harry E. Barnes, "Revision der Geschichtsschreibung im Hinblick auf künftigen Frieden", em *Entlarvte Heuchelei (Ewig Krieg um ewigen Frieden). Revision der amerikanischen Geschichtsschreibung* (Priester, Wiesbaden, 1961), p. 3.

[18] Richard M. Weaver, *The Southern Essays* (orgs. George M. Curtis III e James J. Thompson Jr., Indianápolis, Liberty Press, 1987), p. 213.

[19] Dominique Venner, *Il bianco sole dei vinti. L'epopea sudista e la guerra di secessione* (Nápoles, Akropolis, 1980).

[20] Paul Johnson, "Colonialism's Back – and Not a Moment Too Soon", *The New York Times*, 18 abr. 1993 (*The New York Times Magazine*).

[21] Harry E. Barnes, "Revision der Geschichtsschreibung im Hinblick auf künftigen Frieden", cit., p. 12.

[22] Eduard Bernstein, *Socialismo e socialdemocrazia* (Bari, Laterza, 1968), p. 62.

2. A Segunda Guerra dos Trinta Anos como revolução mundial

Sem dúvida, a corrente cultural e política de que estamos falando representa uma guinada historiográfica e cultural de grande relevância – uma guinada que, de certo modo, marca o início de uma nova época. Para entendermos isso, é importante dar um passo atrás e reconstruir, sinteticamente, o clima ideológico e político que foi se instituindo no curso da chamada Segunda Guerra dos Trinta Anos, expressão comumente utilizada pelos historiadores para definir o período entre 1914 e 1945 e as extraordinárias conturbações que nele ocorrem. Nos anos do primeiro conflito mundial, uma vasta crônica política conclama à rebelião na Alemanha e à união do Exército e do povo daquele país contra as "ideias de 1789". No lado oposto, a Entente justifica e celebra a guerra conduzida contra a Alemanha como uma contribuição decisiva à causa do triunfo da democracia e da paz sobre o despotismo e o militarismo, como uma revolução democrática internacional convocada para tomar de assalto, de uma vez por todas, a fortaleza do Antigo Regime representada pelos Impérios Centrais, em especial pela Prússia – esta, aliás, criticada por ter recusado as "nobres ideias" provenientes "da França do século XVIII e da Revolução"[23]. O juízo positivo acerca desse capítulo essencial da história não discrimina o jacobinismo. O primeiro-ministro francês, Clemenceau, não abre mão de fazer o papel de dirigente de uma espécie de Comitê de Salvação Pública renovado que salva o país da intervenção das potências contrarrevolucionárias – ou seja, como de costume, a Alemanha e a Áustria. E, depois de fevereiro de 1917, Kerenski se comporta de forma semelhante ao tentar dar novo impulso à guerra, convocando o povo russo a se mobilizar em massa na defesa simultânea da nação e da revolução. Até mesmo do outro lado do Atlântico a intervenção no gigantesco conflito chega a ser desejada e celebrada, fazendo-se referência à Revolução Francesa: a "estupenda revolução" da Primeira Guerra Mundial, tal como aquela de 1789, é conclamada para construir "um mundo novo"[24].

Essa representação se reforça com o posterior desenrolar da Segunda Guerra dos Trinta Anos. Mesmo que não se leve em conta a plataforma ideológica da União Soviética, deve-se ressaltar que o próprio Roosevelt declara que, para destruir de uma vez por todas "os germes do hitlerismo", é preciso ir muito

---

[23] Henri Bergson, *Mélanges* (org. André Robinet, Paris, PUF, 1972), p. 1.106.

[24] Stuart I. Rochester, *American Liberal Disillusionment in the Wake of World War I* (University Park/Londres, Pennsylvania State University Press, 1977), p. 44 e 65.

além das mudanças que ocorreram após o primeiro conflito mundial (que para a Alemanha significaram o fim da dinastia Hohenzollern e o advento da república democrática) e estabelecer a "liberdade da necessidade", agindo, assim, em profundidade sobre as próprias relações econômico-sociais. Se Wilson tinha promovido a entrada dos Estados Unidos no primeiro conflito em nome da democracia, as palavras de ordem de Roosevelt parecem delinear um projeto de democracia social que, como foi observado, vai além da tradição política estadunidense anterior[25]. São palavras de ordem que remetem à fase de radicalização da Revolução Francesa no sentido social e até mesmo lançam uma luz claramente favorável sobre o Outubro de 1917. Não por acaso, algumas décadas mais tarde, Hayek verá na teorização sobre a "liberdade da necessidade" o resultado da desastrosa influência da "revolução marxista russa"[26].

Voltemos ao primeiro conflito mundial e à denúncia feita pela crônica política da Entente contra a Alemanha. Paralelamente a outras ideias de 1789, a Alemanha também rechaçou a ideia da igualdade entre os diversos povos e as diversas raças, como demonstra o entusiasmo da cultura alemã por um autor como Gobineau – que, segundo Bergson, não mereceu qualquer atenção na França[27]. Algumas décadas mais tarde, os dirigentes do Terceiro Reich são condenados em Nuremberg por terem formulado, a partir da fundação do partido nazista, um programa de conquistas coloniais em nome do direito superior da "raça dos senhores", e por terem desenvolvido, ao longo do segundo conflito mundial, um gigantesco sistema para drenar e explorar em larga escala o trabalho forçado, como "nos tempos mais escuros do tráfico de escravos"[28]. O Terceiro Reich se configura aqui como uma pavorosa onda contrarrevolucionária em relação àquela revolução abolicionista iniciada com o decreto da Convenção jacobina que põe fim à escravatura nas colônias francesas. Tal configuração acaba lançando, mais uma vez, uma luz favorável, ao menos do ponto de vista objetivo, sobre o Outubro bolchevique e sobre o apelo dirigido por Lenin aos "escravos das colônias" para que arrebentassem suas correntes.

---

[25] Henry Kissinger, *Diplomacy* (Nova York, Simon & Schuster, 1994), p. 389-90 [ed. bras. *Diplomacia*, trad. Ann Mary Fighiera Perpétuo e Heitor Aquino Ferreira, São Paulo, Saraiva, 1994].

[26] Friedrich A. von Hayek, *Legge, legislazione e libertà* (Milão, Il Saggiatore, 1986), p. 310 [ed. bras.: *Direito, legislação e liberdade*, trad. Henry Maksoud, São Paulo, Visão, 1985].

[27] Henri Bergson, *Mélanges*, cit., p. 1.113.

[28] Em Joe J. Heydecker e Johannes Leeb, *Der Nürnberger Prozess*, v. II (Colônia, Kiepenheuer & Witsch, 1985), p. 531 e 543.

18   Guerra e revolução

Assim, vemos a Segunda Guerra dos Trinta Anos assumir progressivamente o aspecto de uma revolução democrática e social de dimensões planetárias. É verdade que esse processo ideológico não se desenvolve sem contradições amargas e profundas. Lenin ironiza a leitura revolucionária, até mesmo jacobina, feita por alguns países da Entente a respeito da guerra. Ao denunciar todos os participantes do primeiro conflito mundial como imperialistas, ele contesta o direito dos "social-chauvinistas, franceses e russos" de evocar o "espírito de 1793" e erguer a bandeira da defesa revolucionária da pátria[29]. Os bolcheviques começam a evocar o jacobinismo não mais para celebrar a mobilização em massa da nação contra os despóticos invasores prussianos, mas para legitimar o Terror do novo poder soviético no decorrer de sua desesperada luta contra os inimigos externos e internos da revolução. A linha de continuidade que assim se instituiu prevalece por um certo período inclusive no campo oposto, ainda que, nesse caso, com um juízo de valor radicalmente negativo. São os anos em que, para explicar a Revolução Francesa sem deixar de olhar para a Revolução de Outubro, a teoria da conspiração é resgatada e restaurada na Inglaterra. A autora de um livro que segue por essa trilha tem a honra de ser imediatamente citada por Winston Churchill, o qual parece olhar para os acontecimentos na Rússia como uma nova confirmação dessa teoria[30].

No entanto, as polêmicas internas no *front* antialemão parecem se dissipar, primeiro, com o advento do Terceiro Reich e, depois, com o desencadear do segundo conflito mundial. Desse modo, a Alemanha volta a ser um Antigo Regime ou uma Vendeia de dimensões internacionais – uma representação que, após vir à luz em 1914, somente agora se torna de fato unânime, pois não apresenta mais fissuras e contradições. Essa leitura do gigantesco conflito parece ainda mais persuasiva pelo fato de que o nazismo, retomando e radicalizando as palavras de ordem do império guilhermino, lança uma cruzada contra as "ideias de 1789", das quais teriam brotado todos os trágicos acontecimentos do mundo contemporâneo, incluindo a mais subversiva e bárbara de todas as revoluções, a bolchevique. Já em 1920, Hitler classifica Wilson como o repugnante e fanático "apóstolo que deseja salvar o mundo" negando a ordem

---

[29] Vladimir I. Lenin, *Opere complete*, v. XXV (Roma, Editori Riuniti, 1955 sq.), p. 78; cf. também v. XXIV, p. 410-2.

[30] Léon Poliakov, *Storia dell'antisemitismo*, v. IV (Florença, La Nuova Italia, 1974-1990), p. 237 [ed. bras.: *A Europa suicida: 1870-1933*, trad. Hilde Pereira, Jacó Ginsburg e Geraldo Gerson de Souza, São Paulo, Perspectiva, 1985 (História do Antissemitismo, v. IV)].

natural das coisas, tal qual aquele "judeu que deseja salvar o mundo", que é como Lenin é definido, no mesmo período, pelo "melhor amigo e conselheiro de Hitler"[31]. Em outras palavras, o presidente estadunidense é retratado com aquelas características que a tradição conservadora e reacionária ama atribuir aos intelectuais revolucionários. Este é também o significado profundo das acusações posteriormente lançadas a Franklin Delano Roosevelt, quando afirmam que em suas veias corre "sangue judeu" e que sua esposa tem um "aspecto negroide" ("judeu marroquino", por sua vez, é como caracterizam o ministro da Guerra inglês)[32]. Os dirigentes do Terceiro Reich parecem perceber até mesmo no interior da administração estadunidense (e britânica) os ecos da revolução anticolonial, da revolta dos povos de cor. Ao mesmo tempo, justamente porque eles próprios declaram explicitamente que a guerra dos inimigos da Alemanha se configura como uma revolução democrática, só pode haver na base de tal subversão, assim como em outras que a precederam, o complô dos judeus, aos quais se deve derrotar de uma vez por todas.

3. A ALEMANHA E O ANTIGO REGIME

Por todas essas razões, a maciça mobilização contra o Terceiro Reich acabou trazendo consigo uma legitimação da tradição revolucionária como um todo. Esse clima espiritual resiste, por algum tempo e em determinados aspectos, mesmo depois do início da Guerra Fria. Isso fica evidente em dois livros que, apesar de pertencerem cada qual a um dos lados desse confronto, revelam importantes pontos de contato. O balanço que Lukács traça sobre a catástrofe da Alemanha insiste na ausência de respaldo no país a uma tradição revolucionária, cujo trágico "destino" começou a se delinear já em 1525, ano que vê a derrota dos camponeses insurgentes contra a servidão da gleba[33], e assume contornos cada vez mais claros à medida que a Alemanha manifesta estranheza ou hostilidade ativa quanto às revoluções das idades Moderna e Contemporânea.

---

[31] Reginald H. Phelps, "Hitler als Parteiredner im Jahre 1920", *Vierteljahreshefte für Zeitgeschichte*, v. XI, 1963, p. 305; Ernst Nolte, *La crisi dei regimi liberali e i movimenti fascisti* (Bolonha, Il Mulino, 1970), p. 72.

[32] Adolf Hitler, *Monologe im Führerhauptquartier 1941-1944, Die Aufzeichnungen Heinrich Heims* (org. Werner Jochmann, Hamburgo, Albrecht Knaus, 1980), p. 195; *Tischgespräche* (org. Henry Picker, Frankfurt/Berlim, Ullstein, 1989), p. 399 (conversações de 12-13 jan. 1942 e 1º jul. 1942).

[33] György Lukács, *Die Zerstörung der Vernunft* (Berlim, Aufbau, 1954), p. 33.

20   Guerra e revolução

Hannah Arendt intervém praticamente nesse mesmo período. Poucos anos após o fim da guerra, ela ressaltou seu "significado revolucionário" e "*la levée en masse*" dos judeus de Varsóvia contra seus opressores e exterminadores[34]. Por um lado, a autora encaixa a União Soviética stalinista, assim como o regime hitlerista, na categoria "totalitarismo" e, por outro, reconstrói a parábola que conduz a Auschwitz, utilizando-se, assim como Lukács, dos críticos reacionários do Iluminismo e da Revolução Francesa: Boulainvilliers, Burke, Gobineau. É particularmente significativo o duro juízo que ela faz sobre o *whig* inglês: a visão dele da liberdade como privilégio hereditariamente transmitido e sua rejeição à proclamação dos direitos do homem estão impregnadas de um *pathos* da desigualdade que, mais tarde, inspirará a metrópole imperial em sua relação com as colônias. Nesse sentido, a primeira grande acusação contra a Revolução Francesa já contém as "sementes da ideologia racista". Um fio condutor leva de Burke a Disraeli e às formas mais virulentas de imperialismo, das quais o Terceiro Reich é herdeiro. Tal como Lukács contra o darwinismo social, Arendt aponta o dedo contra as "concepções naturalistas" que, a partir da liquidação do ideal de *égalité*, se difundem, sobretudo, na Inglaterra e na Alemanha. O país que mais tarde conhece o infausto triunfo do Terceiro Reich é aquele em que Burke exerceu uma "considerável influência". Ademais, são claras as "afinidades existentes entre as ideologias racistas alemãs e inglesas" – o país que encabeça as coalizões antifrancesas se revela também obcecado "pelas teorias hereditárias e por seu equivalente moderno, a eugenia". Não por acaso, as esperanças do antidemocrático e racista Gobineau se dirigem, primeiro, à Inglaterra e, depois de 1871, à Alemanha.

As ideias do teórico da desigualdade natural entre as raças, no entanto, fazem pouco eco na França que emerge do Antigo Regime e se encontra na vanguarda da realização da "igualdade política" (é o "único país" que não discrimina os negros). A avaliação positiva sobre a Revolução Francesa parece valer também para Robespierre, muitas vezes enaltecido por ter mantido firme posição a respeito da unidade do gênero humano e por ter se mostrado frio e hostil em relação às conquistas coloniais. Isso é ainda mais significativo porque foi justamente nas colônias que se realizaram as primeiras experiências com campos de concentração (Arendt dá o exemplo do Egito sob domínio da Inglaterra) e se perpetraram massacres de grande escala e genocídios (com a

---

[34]   Hannah Arendt, *Essays und Kommentare* (Berlim, Tiamat, 1989), v. II, p. 191; v. I, p. 157-8.

queda da "população indígena do Congo de algo entre 20 e 40 milhões em 1890 para 8 milhões em 1911")[35], fatos que antecipam o horror do século XX.

No que concerne à tradição conservadora e reacionária anglo-germânica, o elemento positivo da antítese é constituído pela tradição revolucionária estadunidense e francesa. Nesse momento, não há contraposição entre as duas revoluções, e as duas declarações de direitos são colocadas lado a lado e analisadas em conjunto. Portanto, a denúncia contra a União Soviética "totalitária" não implica ainda a condenação dos eventos de 1789 e 1793 – aliás, não implica sequer a condenação do Outubro de 1917, dado que, nesta etapa de sua trajetória, Arendt se preocupa em distinguir a ditadura revolucionária de Lenin do totalitarismo de Stalin. Imediatamente após a Revolução Bolchevique, a Rússia soviética se apresenta como uma sociedade que, apesar das limitações impostas por um dramático estado de emergência, tende a assumir uma rica articulação interna. Se o tsarismo oprimiu duramente as diversas nacionalidades, Lenin, ao contrário, se esforçou para organizá-las ao máximo. Torna-se então amplo o consenso de grupos étnicos, que, pela primeira vez, conseguem se expressar como entidades culturais e nacionais autônomas. Estas representam um antídoto para um regime totalitário, pois toda uma série de organismos que se entrepõem entre a massa amorfa e o líder carismático travam e dificultam a vontade direta deste. Para além das diferentes nacionalidades, isso também vale para outras formas de expressão da realidade social e política. Os sindicatos, por exemplo, conquistam uma autonomia organizacional desconhecida na Rússia tsarista. A rica articulação da sociedade que emerge da Revolução é totalmente desmantelada por Stalin, que, para impor um regime totalitário, necessita criar artificialmente uma massa atomizada e amorfa, que se torna mais tarde o objeto ou o pedestal do poder carismático e inconteste do líder infalível[36]. A passagem de uma fase à outra da história da União Soviética é também marcada, segundo a Arendt do início dos anos 1950, não pela lógica inexorável da ideologia bolchevique, mas pela "eclosão da guerra civil".

---

[35] Idem, *The Origins of Totalitarianism* (Nova York, Harcourt, Brace & World, 1951), p. 185, n. 2 [ed. bras.: *As origens do totalitarismo*, trad. Roberto Raposo, São Paulo, Companhia das Letras, 1989].

[36] Ibidem, p. 318-9.

4. Da denúncia do bolchevismo à liquidação do jacobinismo e da Revolução Francesa

Estamos bem distantes do ambiente cultural e político do revisionismo. Convém, então, vermos rapidamente as etapas através das quais esse ambiente se produziu. Alguns anos depois de *Origens do totalitarismo*, um historiador estadunidense se empenhou em reconstruir como um fenômeno unitário o ciclo revolucionário que se desenvolve entre as duas margens do Atlântico e, em particular, entre os Estados Unidos e a França. Embora tenha como momento central a rebelião das colônias inglesas (em relação à qual as conturbações na França devem ser consideradas apenas "uma consequência"), essa "revolução ocidental", geradora da "civilização ocidental" e "atlântica"[37], não exclui Rousseau nem Robespierre, o primeiro a atribuir um significado positivo ao termo "democracia" e a teorizar sobre um "Estado democrático" fundado no princípio da igualdade política[38]. É fundamentalmente positivo o juízo a respeito de Toussaint Louverture, o jacobino negro que dirige a grande revolta dos escravizados de São Domingos, também incluída no âmbito da "revolução ocidental":

> Lutando contra o caos, contra a crise do trabalho, da produção e do governo, em meio a um conflito violento entre rivais e entre mulatos e negros, com a ameaça de uma intervenção espanhola ou inglesa, e com o temor de uma restauração da escravatura, Toussaint tentou manter um regime cujos princípios, ao menos na teoria, eram os mesmos da revolução europeia, ainda que ao custo de atrocidades piores do que aquelas da Vendeia e da Irlanda.[39]

A partir desse breve esforço comparativo, é fácil perceber que a violência e o terror não remetem apenas ao jacobinismo. A Inglaterra não é de maneira alguma estranha a esse fenômeno. Mesmo a habitual representação pictórica da revolução do outro lado do Atlântico deriva do recalque do conflito com os "lealistas" do quadro histórico; esse conflito foi tão duro que os Estados Unidos de 1776 parecem "pressagiar o *gouvernement révolutionnaire* e até mesmo o Terror da França de 1793". Claro, existem "diferenças de proporção e intensidade", que, no entanto, não podem ser deduzidas *a priori* da ideologia. A maior ou menor dureza

---

[37] Robert R. Palmer, *L'età delle rivoluzioni democratiche* (Milão, Rizzoli, 1971), p. 207-8 e 214.

[38] Ibidem, p. 348 e 28.

[39] Ibidem, p. 1.085.

do conflito remete, em primeiro lugar, a uma situação concreta: se "os *émigrés* franceses" retornam à pátria, os americanos vão "povoar o selvagem Canadá"[40].

Tal como para a autora de *Origens do totalitarismo*, também para Palmer a Grã-Bretanha continua a ser sinônimo de reação, pois nela a aristocracia, que controla ambas as Câmaras, reprime com rigor "as agitações pelas reformas parlamentares" e "os movimentos pela democracia"[41]. Na visão de Palmer, o país de Burke e o próprio autor encontram-se em um polo antagônico em relação aos Estados Unidos e à França, considerados por Palmer os protagonistas da "revolução ocidental" como um todo. A novidade em relação a Arendt é a instituição da dicotomia entre "a revolução do mundo ocidental", observada ao longo do século XVIII nos países avançados, e "aquela do mundo não ocidental", verificada no século XX em países ainda atrasados. Onde a primeira ocorreu, há pouco ou nenhum espaço para a segunda. Detonada no século XVIII, a Revolução Francesa deve ser comparada "a outros movimentos daquele tempo, no âmbito da civilização ocidental", e não "ao moderno comunismo"[42]. Assim configurada, tal dicotomia anula a distinção entre a ditadura revolucionária de Lenin e o totalitarismo de Stalin e condena, desde suas origens, a Revolução de Outubro, excluída como um todo do Ocidente.

Entretanto, a evocação do tema da escravidão coloca em crise a forma e os limites da revolução ocidental. O jacobino negro Toussaint Louverture tenta "fundar uma república livre" que, naqueles anos, poderia ser aceita por "alguns republicanos europeus", mas não pelos republicanos estadunidenses. Os colonos brancos, ao contrário, se referem ao exemplo dos Estados Unidos e aos estados do Sul, e consideram perfeitamente compatível sua profissão de fé liberal ou democrática com a defesa do instituto da escravatura. Em polêmica com os abolicionistas, ameaçam a secessão da França e a adesão à república norte-americana. É em São Domingos que acontece, "em torno de 1790, 'o primeiro grande embate entre o ideal da supremacia branca e o da igualdade entre as raças'"[43]. Para fazer essa afirmação, Palmer cita um texto de 1914 do teórico da supremacia branca T. Lothorp Stoddard, que, poucos anos depois, denuncia a Revolução de Outubro como uma etapa posterior da revolta dos povos de cor contra a civilização. Com a proeminência atribuída à rebelião das colônias inglesas, Palmer suscita reações

---

[40] Ibidem, p. 212-3 e 224.

[41] Ibidem, p.168, 20 e 36.

[42] Ibidem, p. 22-4.

[43] Ibidem, p. 904.

24 GUERRA E REVOLUÇÃO

polêmicas da historiografia de inspiração marxista e jacobina. Todavia, ainda mais sérias são as reservas suscitadas, no lado oposto, por uma categoria como a de "revolução ocidental". Cabe observar que essa categoria exclui a Inglaterra aristocrática de Burke; acaba por lançar uma luz bastante problemática sobre os próprios Estados Unidos, sobre alguns de seus setores e sobre certo momento de sua história, quando se coloca em dura contraposição à França revolucionária em razão do empenho desta em abolir a escravatura nas colônias; termina cavando um fosso em relação à própria Revolução de Outubro, que, com seu apelo à rebelião dos "escravos" das colônias, parece se colocar numa linha de continuidade com o jacobino negro que protagonizou a revolução de São Domingos.

São os anos em que Sartre chama Lumumba de "Robespierre negro" e pede pela renovação e radicalização do "jacobinismo" dos movimentos revolucionários do Terceiro Mundo num sentido socialista[44]; os anos em que a revolução em Cuba chama a atenção para aquela ocorrida quase dois séculos antes e a poucos quilômetros de distância, em São Domingos, de modo que a figura de Fidel Castro evoca a de Toussaint Louverture. São muitos os vínculos que parecem ligar Robespierre, Toussaint Louverture, Lenin e os movimentos anticoloniais que se desenrolam, e estes às vezes se inspiram simultaneamente na revolução dirigida pelo jacobino negro e na bolchevique. As duas revoluções ocorridas à margem ou fora do Ocidente, a de São Domingos e a da Rússia, acabam se evocando uma à outra, e a primeira remete inevitavelmente à França. De certo modo, colocar a Revolução Bolchevique fora do âmbito do Ocidente significa também colocar fora dele o jacobinismo e a Revolução Francesa como um todo. Arendt percebe isso e agora lamenta o fato um tanto constrangedor de que "as revoluções do continente americano falam e agem como se soubessem de cor os textos da Revolução Francesa, da Revolução Russa e da Revolução Chinesa, mas nunca tivessem ouvido falar de algo como a Revolução Americana". É essa situação que o livro *Sobre a revolução*, de 1963, tenta remediar. Já não basta afirmar o primado dos Pais Fundadores no plano da "revolução ocidental", essa categoria que agora resulta discutível e embaraçosa. Segundo Arendt, houve, sim, uma "civilização atlântica" no século XVIII (o "glorioso exemplo" dos Estados Unidos com certeza influenciou e encorajou o movimento

---

[44] Jean-Paul Sartre, "Il pensiero politico di Patrice Lumumba", em *Il filosofo e la politica* (3. ed., Roma, Editori Riuniti, 1972), p. 336 [ed. bras.: "O pensamento político de Patrice Lumumba", em *Colonialismo e neocolonialismo*, trad. Diva Vasconcelos, Rio de Janeiro, Tempo Brasileiro, 1968].

antifeudal na Europa), mas esta depois se despedaçou com o "caminho desastroso" tomado pela Revolução Francesa, isto é, com a emergência do jacobinismo. Claro, é de "esperar que a fratura aberta no fim do século XIX esteja prestes a ser sanada em meados do século XX, quando já parece um tanto óbvio que a última chance de sobrevivência da civilização ocidental está na criação de uma comunidade atlântica". Tal comunidade, no entanto, se reconstitui sobre uma base completamente diferente daquela prevista por Palmer: à celebração da Revolução Americana corresponde a condenação inapelável da Revolução Francesa, agora vista como a primeira etapa do desastroso processo que conduz à Revolução de Outubro e às revoluções do Terceiro Mundo, e que ameaça as próprias bases da "civilização ocidental". Se em *Origens do totalitarismo* a parábola que leva à barbárie do Terceiro Reich é reconstruída a partir da forte presença da crônica política e da cultura contrarrevolucionária na Alemanha, ou seja, da fraqueza da tradição revolucionária nesse país, em *Sobre a revolução* Arendt afirma que "a liberdade foi mais bem conservada nos países onde não houve qualquer revolução" (na esteira ou seguindo o exemplo da francesa) ou onde ela foi derrotada. É somente agora que o juízo negativo sobre a Revolução de Outubro envolve e implica a condenação também da Revolução Francesa[45]. A liquidação da tese da "revolução ocidental" implica expulsar do âmbito da "civilização atlântica" uma revolução que é o ponto de partida de uma tradição que desemboca no Outubro bolchevique e em outros desastrosos acontecimentos que proliferam no Terceiro Mundo no momento em que ela escreve.

A dicotomia revolução boa/revolução ruim não mais coincide propriamente, como em Palmer, com a dicotomia revolução ocidental/revolução oriental, e sim com a que contrapõe a Revolução Americana (pouco espaço se dedica à Inglaterra) ao ciclo revolucionário que conduz de 1789 a 1917 e aos sucessivos movimentos anticoloniais originados dessa tradição; considera-se que o Ocidente autêntico coincide com o primeiro termo da antítese. Nesta altura, a visão de Arendt não difere muito daquelas de Hayek e Talmon, muito antes dela empenhados em celebrar a excelência das "ideias inglesas". Estas não apenas se contrapõem à Revolução Francesa (e, em maior medida, à Bolchevique), como também resplandecem de modo absolutamente solitário no cenário liberal e ocidental[46].

---

[45] Hannah Arendt, *Sulla rivoluzione* (Milão, Comunità, 1983), p. 247-8 e 124 [ed. bras.: *Sobre a revolução*, trad. Denise Bottmann, São Paulo, Companhia das Letras, 2001].

[46] Friedrich A. von Hayek, *The Road to Serfdom* (Londres, Ark Paperbacks, 1986), p. 16-7 [ed. bras.: *O caminho da servidão*, trad. Anna Maria Capovilla, José Ítalo Stelle e Liane de Morais

Detivemo-nos particularmente em Arendt: judia antifascista, exilada nos Estados Unidos, olha com respeito ou simpatia para a União Soviética, à qual atribui, em 1942, o mérito de ter "simplesmente liquidado o antissemitismo", por meio de "uma solução justa e muito moderna da questão nacional"[47]; somente após etapas subsequentes e extenuantes passa a condenar em bloco a Revolução de Outubro e a Revolução Francesa. É uma evolução que revela com particular clareza a mudança radical do espírito do tempo na passagem da grande coalizão antifascista para o início da Guerra Fria e a consequente elaboração de uma ideologia "ocidental" à altura da nova situação. Por razões cronológicas e biográficas, não é possível acompanhar essa transição com tanta clareza em nenhum dos expoentes do revisionismo histórico.

Quando Alfred Cobban, o autor que inaugura o revisionismo histórico referente à Revolução Francesa, publica o seu *Dictatorship* [Ditadura], em 1939, a coalizão antifascista ainda não tinha sido formada (estamos no período do pacto de não agressão entre Hitler e Stalin). Enquanto afirma que, "num certo sentido, todos os ditadores europeus dos nossos dias são filhos do *Manifesto do Partido Comunista*", o historiador inglês também se preocupa em formular um juízo equilibrado sobre Robespierre. Assim, explica o Terror com base na situação concreta imposta pela guerra e dá, em determinados momentos, uma imagem respeitosa, se não simpática, do dirigente jacobino: "ele caiu não porque fosse um tirano, mas porque não era suficientemente tirânico". Por sua vez, foi Marat quem se tornou "potencialmente o primeiro ditador da Europa moderna", e "Marx e Engels foram os herdeiros políticos não de Robespierre, mas de Marat"[48]. Como se nota, nesta fase, a condenação do Outubro bolchevique e do próprio marxismo ainda não corresponde à liquidação do jacobinismo como tal.

Posteriormente, vê-se um endurecimento desse juízo, mas este não é o ponto essencial. O isolamento da Revolução Bolchevique é acentuado por meio de uma estratégia diferente, que consiste em evidenciar os pontos frágeis da interpretação marxista da Revolução Francesa como revolução burguesa para discutir radicalmente essa interpretação. Aos olhos de Cobban, essa seria uma leitura

---

Ribeiro, Campinas, Vide, 2013]; Jacob L. Talmon, *Le origini della democrazia totalitaria* (Bolonha, Il Mulino, 1967), p. 98 e 100.

[47] Hannah Arendt, *Essays und Kommentare*, cit., v. II, p. 193.

[48] Alfred Cobban, *Dictatorship. Its History and Theory* (Nova York, Haskell, 1971), p. 112, 71 e 63.

teleológica que parece conter implicitamente a justificativa, no plano da filosofia da história, da Revolução Bolchevique como revolução proletária[49]. Mas, ao mesmo tempo que deslegitima o Outubro de 1917, a liquidação da categoria "revolução burguesa" deixa em suspenso a própria Revolução Francesa, agora destituída de um fundamento objetivo e material – aliás, ainda mais difícil de ser explicada, dado que a superação do Antigo Regime já se completou ou, no mínimo, se encontra num estágio mais avançado antes de 1789. O radicalismo jacobino não é mais, e não pode mais ser, o modo plebeu por meio do qual a burguesia revolucionária se livra de seus inimigos, como dizia Marx. Em vez disso, trata-se, segundo Furet, de um fenômeno de *dérapage*, do descarrilamento da lógica reformista normal, própria das revoluções inglesa e estadunidense. Na França, ao contrário, a ideologia gira em torno de si mesma, perdendo todo contato com a realidade. É um delírio ideológico que produz o Terror e, um século depois, o *gulag*. Ainda que de um modo e em uma sequência diversos, tanto na historiografia e na cultura europeias como nas estadunidenses o isolamento da Revolução Bolchevique resulta na liquidação do jacobinismo e da Revolução Francesa como um todo.

Ao analisar o *gulag*, Furet remete insistentemente a *Origens do totalitarismo*, sem perceber que esse texto contém uma avaliação positiva do jacobinismo e, ao menos em parte, da Revolução de Outubro. Também ignora ou evita o fato de que a parábola que conduz ao totalitarismo parte da negação do conceito de homem como formulada por Burke, a quem Furet constantemente se refere. Este não faz qualquer consideração acerca da acusação de Arendt em relação ao domínio colonial, visto naquela obra como o laboratório de preparação dos elementos constitutivos dos campos de concentração. O triunfo do revisionismo histórico, a essa altura, passa a produzir uma ideologia compacta e sem muitos desacordos, que coloca no banco dos réus apenas o jacobinismo e o bolchevismo.

5. Liquidação da tradição revolucionária e redefinição da Segunda Guerra dos Trinta Anos

A liquidação da tradição revolucionária estimula ou impõe, por sua vez, a releitura do combate entre as grandes potências durante a Segunda Guerra dos Trinta Anos. É claro, por exemplo, que a completa condenação do evento iniciado em

---

[49] Idem, "The Myth of the French Revolution", em *Aspects of the French Revolution* (Londres, Jonathan Cape, 1968).

outubro de 1917 e a acusação aos bolcheviques de terem desencadeado a guerra civil internacional acabam por lançar uma luz, se não mais favorável, no mínimo menos impiedosa sobre os "partidos da contraguerra civil, Fascismo e Nacional--Socialismo[50]". Deve-se reconhecer pelo menos um mérito nestes últimos – o de terem "razão, historicamente, ao se contrapor" à tentativa do "comunismo milenarista e violento" de abater o sistema baseado na "economia mundial de mercado". Mussolini e Hitler assumiram objetivamente um papel de vanguarda: "por um longo período os Estados Unidos se mantiveram fora dessa guerra civil [...], muito facilmente subestimada, não obstante seu papel de 'potência principal do capitalismo'"[51]. Também a denúncia da Revolução Francesa como a principal responsável pelo surgimento dos campos de concentração não pode deixar de influenciar positivamente a imagem internacional de um país como a Alemanha, que há muito luta contra as "ideias de 1789". Convertida, no curso da Segunda Guerra dos Trinta Anos, numa espécie de fortaleza internacional do Antigo Regime e da Vendeia, a Alemanha acaba por se beneficiar da luz mais favorável que o revisionismo histórico projetou sobre ambos. A Arendt de *Origens do totalitarismo* já tinha evidenciado a grande influência de Burke no país que depois cria o nazismo. Agora, porém, uma vasta literatura e crônica política celebra os méritos do *whig* inglês por sua previdente denúncia do "totalitarismo" inerente à tradição revolucionária. De qualquer maneira, deslegitimar tal tradição põe em xeque a ideologia da guerra à qual recorreram os inimigos da Alemanha.

Disso emerge o segundo aspecto central do revisionismo histórico: a releitura crítica dos dois conflitos mundiais. Com o Tratado de Versalhes, a Alemanha é obrigada a assumir a "culpa" por ter desencadeado uma agressão que viola a "moralidade internacional" (artigos 231 e 227). Desse modo, os vencedores atribuem a si mesmos a posição de campeões da legalidade e da moralidade, bem como da democracia e da paz. Essa visão provoca reações duras, e não apenas por parte dos alemães. Mostram-se "revisionistas" as potências interessadas em rediscutir, ainda que a partir de pontos de vista diferentes, um balanço histórico que, ao mesmo tempo, amarra a Alemanha ao banco dos

---

[50] Ernst Nolte, *Weltbürgerkrieg 1917-1989?*, em *Dramma dialettico o tragedia? La guerra civile mondiale e altri saggi* (org. Francesco Coppellotti, Perugia, Settimo Sigillo-University Press, 1994), p. 41.

[51] Idem, *Der europäische Bürgerkrieg 1917-1945*, em *Dopo il comunismo: contributi all'interpretazione della storia del XX secolo* (Florença, Sansoni, 1992), p. 45; *Weltbürgerkrieg 1917-1989?*, cit., p. 40.

réus e deslegitima a União Soviética, país surgido da deserção da cruzada. No outro lado, desde o início Lenin condena ambas as partes da guerra como imperialistas. O revolucionário russo aponta sucessivamente o dedo contra os vencedores, responsáveis por impor aos derrotados um tratado de paz mais criminoso do que aquele de Brest-Litovsk. Nesse sentido, entre os revisionistas mais radicais se encontra o próprio dirigente bolchevique.

A terceira frente a partir da qual se desenvolve a ofensiva revisionista é formada pelos Estados Unidos. Isso é fácil de compreender. O país interviera tardiamente no gigantesco conflito mundial, quando, dizimadas as esperanças e as previsões de uma guerra-relâmpago ou de uma prova de força de curta duração, surgiram com clareza as dimensões sem precedentes da carnificina. Diferentemente das outras grandes potências, os Estados Unidos não podem dizer que foram envolvidos a contragosto no conflito, nem que sua própria integridade ou existência como nação estivessem em jogo. É também por isso que Wilson apresenta a participação estadunidense na guerra como uma cruzada por um ideal, como uma contribuição desinteressada e um sacrifício pela causa da paz e da democracia, pela revolução democrática internacional. Portanto, acaba sendo muito mais impetuosa a onda de desilusão, posteriormente engrossada pela publicação, por parte dos soviéticos, dos tratados secretos que revelam haver na Entente um apetite imperial somente um pouco menos feroz do que o dos Impérios Centrais[52]. Fenômeno análogo se verifica nos Estados Unidos logo em seguida ao segundo conflito mundial. Que sentido faz apresentar o combate ao Terceiro Reich e ao Japão imperial como uma cruzada ou como uma revolução democrática, se a queda deles significou a expansão de uma potência igualmente ou até mais totalitária? Por acaso a União Soviética de Stalin é menos escravista que a Alemanha hitlerista? Quem assim argumenta é um historiador revisionista estadunidense que se diverte em mencionar a trilha política sugerida pelo então senador Truman no dia seguinte ao início da Operação Barbarossa:

> Se virmos que a Alemanha está vencendo, devemos ajudar a Rússia, e se virmos que a Rússia está vencendo, devemos ajudar a Alemanha. Deixemos assim que os dois se matem o máximo possível, mesmo que em nenhum caso eu queira ver Hitler vencedor.[53]

---

[52] Arno J. Mayer, *Political Origins of the New Diplomacy*, 1917-1918 (Nova York, Vintage, 1959), p. 14-22.

[53] William H. Chamberlin, *America's Second Crusade* (Chicago, Regnery, 1950), p. 136-7.

Essa sábia orientação foi depois ignorada para dar lugar ao pedido de "rendição incondicional" dirigido às potências consideradas a expressão do despotismo e do militarismo. Mas tal ideologia, que torna a União Soviética também partícipe da cruzada democrática, se vê em aguda contradição com a ideologia que se impõe com a deflagração da Guerra Fria. A cruzada recém--anunciada deslegitima aquela recém-concluída.

Essa não é a única razão que explica o forte arraigamento do revisionismo histórico nos Estados Unidos. A liquidação total e definitiva da tradição revolucionária é dificultada pelo fato de que, sobre a imagem do país constantemente empenhado na luta contra as ideias de 1789, pesa a sombra de Auschwitz. Os judeus exterminados pelo Terceiro Reich foram emancipados pela Revolução Francesa e, na Rússia, pelos acontecimentos que vão de fevereiro a outubro de 1917. Paralelamente, verifica-se a influência que a tradição de pensamento da "supremacia branca", já totalmente invadida pelo *pathos* "ariano", exerce sobre o nazismo. Remetendo justamente a essa tradição (em particular a Lothrop Stoddard e a outro autor estadunidense com a mesma orientação, Madison Grant), Alfred Rosenberg expressa, em 1937, sua admiração pelos Estados Unidos, esse "esplêndido país do futuro" que teve o mérito de formular a feliz "nova ideia de um Estado racial". Tal ideia agora deve ser posta em prática, "com força juvenil", mediante a expulsão e a deportação de "negros e amarelos"[54].

A ideologia da "supremacia branca" se mostra ainda viva nos Estados Unidos do segundo pós-guerra, e a defender com tenacidade a segregação racial e a legislação contra a *miscegenation* (as relações sexuais e os matrimônios mistos) que, nos anos 1950 e 1960, ainda subsiste em certos estados do Sul. Nesse contexto, desenvolve-se um revisionismo que, no plano histórico, acusa de insensata e supérflua a Guerra de Secessão e a subsequente Reconstrução (os anos que se estendem até 1877 e nos quais o exército da União tenta impor a igualdade racial). Ao mesmo tempo, no plano político mais imediato, qualifica como um atentado aos "padrões da civilização branca" o renovado empenho do poder federal em eliminar a segregação dos negros[55]. Os expoentes mais radicais desse revisionismo lamentam o fato de que o "mito" de Auschwitz torne impossível enfrentar de "modo construtivo" o "problema racial", dado que todos os esforços nessa direção foram logo tachados de "racismo", uma acusação bastante difícil de suportar depois dos resultados catastróficos a ele

---

[54] Alfred Rosenberg, *Der Mythus des 20. Jahrhunderts* (Munique, Hoheneichen, 1937), p. 673.

[55] Richard M. Weaver, *The Southern Essays*, cit., p. 253.

atribuídos[56]. A defesa ou a reabilitação do "anticamitismo" pressupõe, se não a banalização, ao menos a relativização das consequências nefastas produzidas pelo antissemitismo.

Essa relativização se torna ainda mais necessária pelo fato de que o horror produzido pelo culto da raça ariana possibilita legitimar novamente os movimentos e as personalidades históricas que essas discriminações contestaram. Há o risco de viabilizar o reaparecimento, em condições favoráveis, da tradição que vai de Toussaint Louverture a Lenin, passando pela revolução abolicionista (a Guerra de Secessão e a Reconstrução subsequente) que os nostálgicos da "supremacia branca" continuam a ter como alvo. Compreende-se, pois, a centralidade do debate sobre o extermínio dos judeus, e também por que, junto à Alemanha ansiosa por se livrar da infâmia a ela atribuída em Versalhes e Nuremberg, justamente os Estados Unidos constituem um dos centros mais importantes do revisionismo histórico – o qual, entre contradições e desavenças internas, clara e prepotentemente recoloca em discussão dois séculos de história, a partir da Revolução Francesa contra a qual Edmund Burke faz sua acusação.

Podemos dizer que o revisionismo histórico nasce do entrelaçamento da crítica da tradição revolucionária com a crítica da leitura da Segunda Guerra dos Trinta Anos como cruzada e revolução democrática. Se isso for certo, o pai dessa corrente cultural e política é, sem dúvida, Carl Schmitt (o qual, por sua vez, faz ao menos uma explícita e lisonjeira referência à crônica política revisionista em sentido estrito)[57]. A obra do politólogo alemão (e de sua escola) se presta a ser uma acusação contra a revolução, e uma acusação que se constrói lançando mão dos clássicos da contrarrevolução, bem como de Cochin, a quem Furet mais tarde recorre a fim de denunciar o "delírio" da ideologia revolucionária. Schmitt remete a esse autor já nos anos 1930, e posteriormente o inclui em seu "calendário dos santos" pelo mérito de sua análise das *sociétés de pensée*", ou "associações político-criminais", ou que nisso se transformaram em função do culto ideológico ao "pensamento abstrato em contraposição à

---

[56] Cf. Deborah E. Lipstadt, *Denying the Holocaust: The Growing Assault on Truth and Memory* (Nova York/Toronto, The Free Press-Macmillan, 1993), p. 107 e 146-52.

[57] Schmitt remete, entre outros, ao "estupendo livro" de Frederick Veale, *Advance to Barbarism: The Development of Total Warfare* (Newport, Institute for Historical Review, 1979), não por acaso republicado pelo Institute for Historical Review, o qual está na linha de frente da batalha revisionista. Em Carl Schmitt, *Teoria del partigiano* (Milão, Il Saggiatore, 1981), p. 81, n. 22.

realidade"[58]. Cochin é caro ao grande politólogo alemão e também a toda a escola deste, que se utiliza do historiador francês para acusar a Revolução Francesa desde seus primeiros dias – ou melhor, desde as vésperas dela, já a partir das sociedades de pensamento que se constituem na onda do Iluminismo. Essa filosofia, apesar das aparências, é "declaradamente agressiva" e violenta, e já contém em si o Terror[59].

Mas vejamos os motivos de fundo da acusação elaborada por Schmitt. O projeto revolucionário, e o jacobinismo e o bolchevismo em particular, são os responsáveis pela construção da figura do "inimigo absoluto", contra o qual se declara uma guerra que, ignorando regras e limites, desemboca num massacre. São os responsáveis pela substituição da guerra-duelo, em que os protagonistas são os Estados e seus exércitos, por uma guerra civil internacional, que racha transversalmente os países envolvidos no conflito e torna impossível a distinção entre combatentes e população civil. O ideal da paz perpétua originado pela Revolução Francesa produziu justamente o contrário do que prometia: tachando o inimigo de agressor e provocador da guerra, retirou-lhe a qualificação de *justus hostis*, protegido pelo direito internacional, para equipará-lo a um bandido entregue à vingança de um vencedor que pretende ser o intérprete da humanidade e da lei moral. Em suma, a tradição que vai de 1789 a 1917 imprimiu à guerra um caráter de fanatismo missionário que produz, ao mesmo tempo, a intervenção universal e a guerra total.

Por esse motivo, tal implacável acusação atinge também os países que, a partir de 1914, conduzem uma guerra-revolução contra a Alemanha, por eles equiparada ao Antigo Regime ou à Vendeia. A crítica de 1789 e de 1917 se entrelaça muito estreitamente com aquela de Versalhes e Nuremberg. A filosofia da história que dirige a revolução e a guerra-revolução é a mesma: a partir do Iluminismo e da Revolução Francesa, torna-se evidente para os intelectuais

---

[58] Carl Schmitt, *Positionen und Begriffe im Kampf mit Weimar-Genf-Versailles 1932-1939* (Berlim, Duncker & Humblot, 1988), p. 229; Carl Schmitt, *Glossarium. Aufzeichnungen der Jahre 1947-1951* (org. Eberhard Freiherr von Medem, Berlim, Duncker & Humblot, 1991), p. 91.

[59] Hanno Kesting, *Geschichtsphilosophie und Weltbürgerkrieg* (Heidelberg, Winter, 1959), p. ix; sobre Cochin, cf. também Roman Schnur, *Revolution und Weltbürgerkrieg. Studien zur Ouvertüre nach 1789* (Berlim, Duncker & Humblot, 1983), p. 17 e 30, e Reinhart Koselleck, *Critica illuministica e crisi della società borghese* (Bolonha, Il Mulino, 1972), p. 152 [ed. bras.: *Crítica e crise*, trad. Luciana Villas-Boas Castelo-Branco, Rio de Janeiro, Contraponto/Editora da Uerj, 1999].

maduros das sociedades de pensamento ou de outras organizações análogas a inevitabilidade do progresso e da democracia (e, por conseguinte, do socialismo). A história se configura então como "a marcha triunfal da democracia", a favor da qual parece valer uma precisa "disposição da Providência"[60]. Ao fazer referência a essa filosofia da história, a minoria detentora desse privilegiado saber legitima o exercício da violência e seu "despotismo pedagógico"[61]. Mas foi igualmente um tipo de "despotismo pedagógico" o que os vencedores quiseram impor à Alemanha: com a guerra-revolução e a cruzada democrática lançadas contra ela, entram no mérito de seu ordenamento jurídico interno, condenando-o como um Antigo Regime contrário ao sentido da história. Após a vitória, com o Tratado de Versalhes e com o processo de Nuremberg, invocam ou constrangem o país derrotado a uma reeducação política e moral e à expiação de suas culpas. Os dirigentes políticos e militares da Alemanha (e do Japão) são processados e condenados com base não mais no direito internacional existente e no respeito ao princípio do *nullum crimen, nulla poena sine lege*, mas em um princípio de "legitimidade revolucionária" que, sem se preocupar com a "legalidade", permite considerar retroativamente o crime de guerra de agressão, anulando o *jus ad bellum* que todos os Estados possuíam até aquele momento. Para não mencionar Stalin, "Churchill surge como o Clemenceau da Segunda Guerra Mundial"[62], isto é, como o herdeiro do estadista "jacobino" protagonista de Versalhes. Em Nuremberg e em Tóquio, na realidade, entram em ação tribunais revolucionários ou comitês de salvação pública que deixam muito poucas oportunidades de defesa aos acusados.

6. Revisionismo histórico, neoliberalismo e conflito dos revisionismos

A fim de melhor determinar a natureza do vírus revolucionário, Pipes evoca não só Tocqueville e Furet, mas também Mises, a quem atribui o mérito de esclarecer uma questão decisiva para a compreensão da história contemporânea:

---

[60] Carl Schmitt, *Die geistesgeschichtliche Lage des heutigen Parlamentarismus* (Berlim, Duncker & Humblot, 1985), p. 30-1.

[61] Idem, *La dittatura* (Roma/Bari, Laterza, 1975), p. 261-2, n. 22.

[62] Idem, *Glossarium*, cit., p. 184 e 237; *Das internationalrechtliche Verbrechen des Angriffskrieges und der Grundsatz "Nullum crimen, nulla poena sine lege"* (org. Helmut Quaritsch, Berlim, Duncker & Humblot, 1994).

"os intelectuais gravitam em relação às filosofias anticapitalistas para 'sufocar sua própria voz interior que lhes diz que são os únicos culpados por seu próprio fracasso'"[63]. De resto, a insanidade do projeto revolucionário se manifesta, segundo Furet, nos sonhos de engenharia social. Está claro que esse diagnóstico traz consigo a lição de Hayek, ainda que não citada explicitamente. É nítida a convergência entre o revisionismo histórico e o neoliberalismo. Na realidade, trata-se de duas faces diferentes – uma mais diretamente política, outra mais propriamente historiográfica – de um mesmo movimento. A negação dos direitos econômicos e sociais pressupõe, como Hayek reconhece explicitamente, a liquidação da tradição revolucionária ou, pelo menos, daquela tradição que começou a teorizar – pela boca de Robespierre, antes mesmo do Outubro bolchevique – o "direito à vida" como o primeiro entre "os direitos inalienáveis do homem"[64].

Mises critica com severidade a Revolução Francesa, à qual contrapõe a sabedoria e o realismo não somente de Burke, mas também, em alguma medida, de Bonald, Maistre e Haller[65]. Sob a égide da crítica reacionária da modernidade, traça-se uma linha de continuidade que leva de Rousseau, Marx e Engels e as "diversas seitas de fanáticos" por eles inspirados[66] até os acontecimentos da Rússia e a revolução da qual surge a República de Weimar:

> Quem ataca o capitalismo não é uma seita marxiana uniforme, e sim uma miríade de grupos marxianos. Esses grupos – por exemplo, stalinistas, trotskistas, mencheviques, seguidores da Segunda Internacional e assim por diante – lutam entre si de forma extremamente brutal e desumana.[67]

Não apenas está bem presente no neoliberalismo a liquidação da tradição revolucionária posterior a 1789, mas também algumas das razões centrais que originaram o moderno revisionismo histórico. Mises, particularmente, pensa que o horror do século XX tem origem na ascensão dos comunistas ao

---

[63] Richard Pipes, *La rivoluzione russa*, cit., p. 157.

[64] Maximilien Robespierre, *Oeuvres*, v. IX (Paris, PUF, 1912-1967), p. 112.

[65] Ludwig von Mises, *Human Action: A Treatise on Economics* (3. ed., Chicago, Contemporary Books, 1966), p. 864 [ed. bras.: *Ação humana: um tratado de economia*, trad. Donald Stewart Jr., São Paulo, Mises Brasil, 2011].

[66] Ibidem, p. 168 e 83.

[67] Ibidem, p. 152.

poder – aliás, na ascensão à cena política dos "social-democratas marxistas" ou das correntes mais radicais desse movimento, que exigem "o extermínio da burguesia":

> A explícita declaração de visar ao aniquilamento (*Vernichtung*) do adversário e os assassinatos realizados a serviço dessa tática suscitaram um contramovimento (*Gegenbewegung*). Caíram as vendas dos olhos dos adversários não comunistas do liberalismo.

O esquema da "aniquilação" (comunista) e da "contra-aniquilação" (fascista e nazista), caro a Nolte, já se faz presente em 1927, com Mises. E tal como para o historiador alemão um pouco mais tarde, para o patriarca do neoliberalismo essa "contra-aniquilação" ou esse "contramovimento" visa salvar o Ocidente da barbárie asiática. Sim, os bolcheviques russos são duplamente bárbaros: como movimento político, devem ser incluídos "entre os maiores inimigos da civilização"; além disso, representam "povos bárbaros dependurados nos montes Urais, cuja relação com a civilização humana se limita apenas a saquear florestas e desertos, e a periodicamente empreender incursões predatórias contra os países civilizados, com o objetivo de apreender qualquer coisa". Sendo talvez mais radical que Nolte, ou no mínimo se expressando com mais franqueza, Mises enxerga no esquadrismo de Mussolini um "remédio momentâneo exigido pela situação emergencial" e adequado à função de salvar a "civilização europeia": "O mérito adquirido desse modo pelo fascismo viverá para sempre na história"[68].

Ainda assim, são claras as diferenças e divergências (políticas e metodológicas) que existem entre o neoliberalismo, de um lado, e o revisionismo histórico, de outro. Vimos o recorrente retorno a Cochin. Mas este se entrelaça, por meio de Taine, com a grande tradição reacionária e de recusa da modernidade. O "enigma revolucionário", ou doença revolucionária, só pode ser resolvido fazendo referência à "sociologia do fenômeno democrático"[69]. No trabalho sobre as sociedades de pensamento, o autor francês pretende criticar os partidos políticos e os sindicatos modernos, os quais denuncia, na esteira da obra

---

[68] Ludwig von Mises, *Liberalismus* (Jena, Fischer, 1927), p. 42-5 [ed. bras.: *Liberalismo: segundo a tradição clássica*, trad. Haydn Coutinho Pimenta, São Paulo, Mises Brasil, 2011]; *Omnipotent Government: The Rise of the Total State and Total War* (Spring Mills, Libertarian Press, 1985), p. 194.

[69] Augustin Cochin, *La Révolution et la libre pensée* (Paris, Copernic, 1979), p. 14.

de Ostrogorski e Bryce, com olhar voltado principalmente para os Estados Unidos. O Cochin a que remete Furet (e Pipes) não somente é reduzido, mas até distorcido, na medida em que é evocado na defesa da democracia contra o jacobinismo e o bolchevismo. Por incrível paradoxo – observa outro admirador do estudioso das sociedades de pensamento –, "se Cochin compreendeu à perfeição o bolchevismo, que nunca conheceu, ele não entendeu nada sobre a democracia liberal, que tinha sob seus olhos"[70]. E, no entanto, o "fanatismo jacobino" é a consequência, e uma das possíveis manifestações, do "fanatismo societário"[71] ou, ainda, do "homem sociologizado", que perde o contato com a realidade a partir de uma existência que se desenvolve no círculo restrito e abstrato de um partido[72]. A "sociologia do fenômeno democrático" de que Cochin se serve para explicar as associações de revolucionários é por ele construída com base na observação dos partidos e das organizações políticas de seu tempo, que apresentam "uma semelhança estarrecedora" com as "sociedades revolucionárias" que produziram o Terror[73]. Não fica claro como seria possível considerar perfeitamente válida uma análise da qual se nega um pressuposto essencial, mesmo que se queira chamar a atenção apenas para o século XVIII. Tampouco se compreende por que a denúncia das sociedades de pensamento e das lojas maçônicas elaborada por Cochin deve valer apenas para a França, e não para a Inglaterra ou para os Estados Unidos. Se Cochin se esforça em demonstrar que o "grande fato histórico" não foi constituído pelos eventos de 1792 nem pela Revolução de 1789[74], seus pretensos seguidores tentam atribuir a catástrofe do Ocidente ao jacobinismo (e ao bolchevismo).

A operação que curva o autor francês às necessidades do moderno neoliberalismo e do moderno revisionismo histórico é instrumental e cansativa. Mas isso não basta para resolver todas as contradições. Ao criticar a tradição revolucionária, o neoliberalismo se detém na metade do caminho, pois não chega a discutir aquela gigantesca revolução contra o Antigo Regime alemão que as grandes potências ocidentais se vangloriam de ter conduzido a partir de 1914. Aos olhos de Mises, a Alemanha guilhermina, que a Entente combate, é

---

[70] Jean Baechler, "Introduzione a A. Cochin", em Augustin Cochin, *Lo spirito del giacobinismo* (Milão, Bompiani, 1989), p. 37.

[71] Augustin Cochin, *Les Sociétés de pensée et la démocratie moderne*, cit., p. 83 e 89.

[72] Idem, *La Révolution et la libre pensée*, cit., p. 200.

[73] Ibidem, p. 81.

[74] Idem, *Les Sociétés de pensée et la démocratie moderne*, cit., p. 88.

dominada por um "sistema de castas" e por um militarismo que contagia toda a população, sem exceções[75]. A Prússia como bastião da reação internacional é a representação cara ao intervencionismo democrático e aos teóricos da guerra-revolução. E o patriarca do neoliberalismo ao fim se revela um dos mais frenéticos intervencionistas democráticos, convocando a "varrer os governos" hostis ao *laissez faire*, que também são os governos fatalmente inclinados ao despotismo e ao militarismo[76].

O conflito entre neoliberalismo, de um lado, e revisionismo histórico, de outro, também é uma contradição interna ao revisionismo histórico e um conflito entre diversos revisionismos. Cochin é um crítico implacável da ideologia revolucionária e do "homem sociologizado": essa nova e detestável figura se realiza no decreto sobre a *levée en masse*, que "torna todos os franceses objetos de convocação permanente, corpos e bens, a fim de salvar o bem comum". Por uma trágica ironia do destino, o estudioso morre combatendo valorosamente e identificando-se até a medula com uma guerra que leva às últimas consequências a mobilização total, que se apresenta como uma revolução democrática internacional e que, na França, segundo o primeiro-ministro Clemenceau, não hesita em evocar o jacobinismo. A ironia do destino se torna uma estridente contradição em Furet: se, por um lado, ele acusa a ideologia revolucionária, por outro transforma a Segunda Guerra dos Trinta Anos numa revolução contra uma Alemanha "totalmente compenetrada na ideia de nação eleita" e na "teoria racista dos povos", contra uma potência que já à época de Guilherme II era inimiga da "democracia liberal do Ocidente" e que depois, com Hitler, "jurou a morte da democracia"[77]. Por sua vez, a guerra contra o Segundo Reich é apresentada por Furet como aquela em que as "nações democráticas", os "dois grandes universalismos democráticos" da França e dos Estados Unidos, os dois países protagonistas "das duas revoluções do fim do século XVIII", empreendem uma "cruzada democrática". O historiador francês retoma Burke para criticar a Revolução Francesa e, em maior medida, a Bolchevique, mas, ao mesmo tempo, celebra a cruzada democrática, como se a principal peça da acusação feita pelo *whig* inglês contra a França revolucionária não fosse o espírito missionário, a ideia de exportar a revolução. Embora polemize, como

---

[75] Ludwig von Mises, *Omnipotent Government*, cit., p. 161 e 167.

[76] Idem, *Die Gemeinwirtschaft. Untersuchungen über den Sozialismus* (Jena, Fischer, 1922), p. 220-1.

[77] François Furet, *Le Passé d'une illusion*, cit., p. 156, 58, 54 e 45.

veremos, com aqueles que se baseiam na "fidelidade à vivência revolucionária dos séculos XVIII e XX" para reconstruir a história da Revolução Francesa ou da Bolchevique, Furet não se vê em condições de aplicar a mesma objeção metodológica à Segunda Guerra dos Trinta Anos; parece se identificar plenamente com a experiência da guerra-revolução, ou melhor, da "cruzada democrática" proclamada por Wilson contra o "autocratismo prussiano"[78]. O historiador francês condena a carga de violência inerente à filosofia da história, mas só utiliza essa crítica contra as revoluções Francesa e Bolchevique, e não contra a guerra-revolução. Assim, parece ignorar o debate filosófico que se desenvolve no rastro do primeiro conflito mundial. Antes da intervenção estadunidense, Dewey tacha de "absurdamente sentimental" a tese de que "a força jamais pode ser exercida com o fim de modificar a mente dos homens"; em vez disso, a guerra é justamente invocada para acabar com a "vontade alemã de deter o monopólio espiritual e político". Mas, poucos anos depois, os "revisionistas" estadunidenses repreendem o filósofo (e também Wilson) por querer exportar a democracia e a revolução democrática a golpes de baioneta, celebrando a "força criativa" e cultivando o insensato sonho de produzir, com a vitória militar, uma espécie de homem novo[79]. Furet sublinha os efeitos avassaladores dessa engenharia social, mas não percebe que, aos olhos da grande cultura conservadora e reacionária alemã, a mais ambiciosa e avassaladora engenharia social é a que, ao pretender anular o conflito e a guerra entre os Estados, acaba produzindo cruzadas exterminadoras. O historiador francês denuncia a transformação final da utopia em distopia, mas ignora que justamente essa dialética caracteriza, segundo Schmitt, a cruzada ou a revolução internacional antigermânica, anunciada com a promessa de extirpar de uma vez por todas as raízes do militarismo e transformada num horror sem precedentes.

É interessante observar o juízo de Paul Johnson sobre o destino de Hiroshima e Nagasaki. O autor neoliberal, considerado um dos mais fervorosos "revisionistas" e defensor da liquidação da tradição revolucionária, não parece particularmente interessado numa releitura da Segunda Guerra dos Trinta Anos. Tem tão poucas dúvidas "sobre a oportunidade ou a justeza moral" do uso da bomba atômica que afirma que não a utilizar teria "sido ilógico, até mesmo irresponsável". É certo que houve um massacre da população civil, mas

---

[78] Ibidem, p. 69.

[79] Warren I. Cohen, *The American Revisionists: The Lessons of Intervention in World War I* (Chicago/Londres, The University of Chicago Press, 1967), p. 8 e 19-21.

quem morreu em Hiroshima e Nagasaki foi vítima não tanto da tecnologia anglo-americana quanto de um sistema de governo paralisado, originado de uma ideologia perversa que tinha liquidado não somente os valores morais absolutos, mas a própria razão.[80]

Depois de ter dedicado parte significativa de sua obra à descrição do horror produzido pelo fanatismo ideológico dos revolucionários, eis que o historiador inglês justifica o aniquilamento da população civil, colocando-o na conta de um "governo" e de uma "ideologia" perversa que a guerra-revolução da América democrática é convocada a varrer definitivamente do mapa. De acordo quanto à liquidação da tradição revolucionária, o neoliberalismo e as diversas escolas revisionistas divergem em todo o resto. Nem todos têm a mesma opinião acerca da tentativa, especialmente da Alemanha, de retomar as discussões sobre Versalhes e Nuremberg (e Tóquio, no que concerne à Ásia).

Burke é evocado por Mises e Hayek, Johnson e Pipes, Furet e Nolte. Porém, o Burke do século XX é Schmitt, não somente por ter elaborado certos argumentos antes e com maior rigor que os outros, mas porque é o único que faz uma crítica integral da ideologia revolucionária em suas diferentes configurações. Em nome do "provimento de todos os homens", da "cooperação pacífica", da "colaboração no trabalho" e na divisão do trabalho, Mises clama para que se "varram do mapa os governos" hostis ao liberalismo e para que eles sejam considerados semelhantes a "animais nocivos"[81]. Vimos como Johnson justifica – ou melhor, celebra – Hiroshima e Nagasaki em nome dos "valores morais absolutos" e da "razão". Aos olhos de Schmitt, tal visão expressa de forma eminente a ideologia revolucionária e sua lógica homicida: "Quando a palavra 'humanidade' ressoa, as elites preparam suas bombas e as massas olham ao redor em busca de refúgio"[82]. E tudo isso em nome dos "direitos do homem", que, em razão de sua universalidade, não precisam se submeter nem aos limites dos Estados, nem à legalidade existente.

A denúncia entrelaçada da tradição revolucionária e da ideologia de que se apropriaram os inimigos do Segundo e do Terceiro Reich é largamente difundida na cultura alemã do século XX, que encontra seu momento de maior

---

[80] Paul Johnson, *Storia del mondo moderno (1917-1980)* (Milão, Mondadori, 1989), p. 471 e 473-4.

[81] Ludwig von Mises, *Die Gemeinwirtschaft*, cit., p. 221 e 308.

[82] Carl Schmitt, *Glossarium*, cit., p. 283.

generalização e metafísica em Heidegger. Mesmo com mudanças progressivas de ênfase, no curso de sua tormentosa evolução, o filósofo desconstrói a ideologia universalista (proclamada pela revolução e herdada pela Entente), colocando- -a como uma declaração de guerra contra a "historicidade" e as tradições específicas de um determinado povo, como instrumento de homologação e massificação, de opressão e de domínio. Em 1948, ele responde a todos os que o convidam a se distanciar claramente do regime que produziu o Holocausto dizendo que a tragédia judaica não foi substancialmente diferente daquela que os Aliados reservaram aos "alemães orientais" e aos japoneses, ou daquela que a União Soviética impõe ou tenta impor à população de Berlim mediante o bloqueio da cidade[83]. Não por acaso, Nolte é discípulo de Heidegger...

7. Reinterpretações e releituras, revisionismo histórico, perspectiva comparada

No âmbito da tradição cultural estadunidense, ainda se fala eventualmente em revisionismo histórico, mas em sentido meramente formal. Isso leva a resultados paradoxais. São revisionistas aqueles que, deslegitimando a Guerra de Secessão e o "jacobinismo" de Lincoln, promovem uma espécie de reabilitação da Confederação[84]. Mas, às vezes, também se fala em revisionismo a propósito daqueles historiadores empenhados em reler a Reconstrução – tradicionalmente pintada com tintas bastante sombrias[85] – como a primeira e árdua tentativa de construir uma democracia multiétnica e inter-racial. Assim, é claramente unitário o ciclo compreendido entre 1861 e 1877 – ciclo que, da Guerra de Secessão até a abolição da escravatura, conduz a uma tentativa de dar cabo ao regime de supremacia branca defendido, por meio de milícias violentas, pela Ku Klux Klan e por outras organizações que almejam manter viva a memória e a herança política da Confederação. Convém, portanto, tratar o revisionismo como sinônimo de liquidação da tradição revolucionária (e, neste caso, da revolução abolicionista) e das guerras-revolução do século XX.

---

[83] Domenico Losurdo, *La comunità, la morte, l'Occidente: Heidegger e l'"ideologia della guerra"* (Turim, Bollati Boringhieri, 1991), p. 162-3.

[84] Em Kenneth M. Stampp (org.), *The Causes of the Civil War* (3. ed., Nova York, Simon & Schuster, 1991), p. 107-8, 112 e 159.

[85] Eric Foner, *Reconstruction: America's Unfinished Revolution 1863-1877* (Nova York, Harper & Row, 1989), p. xxii.

Segundo um de seus mais importantes expoentes, o estadunidense Harry Elmer Barnes, revisionismo "não significa nada mais que o restabelecimento da verdade histórica", a qual os "historiadores de tribunal" tentam de todas as formas ocultar[86]. Não há dúvidas de que a pesquisa historiográfica seja uma incessante revisão dos resultados de pesquisas anteriores. É uma proposição até mesmo tautológica. Mas, atendo-se a essa tautologia, não se capta a especificidade de um fenômeno cultural e político que se manifesta num contexto bem determinado e em relação a acontecimentos e a um ciclo histórico bem determinados. Exceto quando houver referência a esse movimento bem determinado, este livro falará de releituras e reinterpretações, mais que de revisões, da história.

A abordagem será de tipo comparativo. No que se refere a esse método, o revisionismo histórico assume uma postura oscilante e contraditória. Ao tratar da história do século XX, recorre fartamente a esse recurso. A relativização do horror do Terceiro Reich se dá pela comparação com o horror da União Soviética de Stalin: é assim que procedem Nolte, Furet e, como vimos, o revisionista estadunidense Chamberlin. O tratamento é muito diferente quando se pretende denunciar o "delírio" ideológico jacobino ou bolchevique: o historiador francês dedicou a esse tema muitas páginas, mas seria um esforço vão buscar nelas uma análise comparada entre os grupos intelectuais e políticos presentes nas diversas revoluções. E, ainda no que se refere ao nosso século, dificilmente a análise comparativa do revisionismo histórico vai além da comparação entre a Alemanha hitlerista com o país que emergiu da Revolução Bolchevique, isto é, precisamente com uma das revoluções que se pretende liquidar. Neste ensaio, contudo, a perspectiva comparada será uma constante.

Tal método pode provocar reservas ou mesmo repulsas indignadas, sobretudo a respeito do Holocausto, acerca do qual uma vasta propaganda ressalta seu caráter único e incomensurável. Mas aqui partimos de um pressuposto metodológico que convém explicitar sinteticamente. *Omnis determinatio est negatio*. Na medida em que exige uma delimitação de suas fronteiras, a compreensão de um fenômeno histórico contém sempre um momento de análise comparativa. Uma crise ou uma revolução revelam seu significado se comparadas a outras – e isso também vale para a violência, o terror, os massacres, os genocídios. Entretanto, comparar não significa assemelhar e atenuar. O juízo negativo

---

[86] Harry E. Barnes (org.), *Perpetual War for Perpetual Peace* (Caldwell, ID, The Caxton Printers, 1953), p. 629 e 638.

implícito em toda determinação pode ser de um tipo diferente. Utilizando-nos da lógica hegeliana, podemos dizer que um juízo negativo simples pode se limitar a negar a espécie, ou um de seus indivíduos, sem que se discuta o gênero: esta rosa não é vermelha, mas, a despeito disso, ela pertence ao gênero rosa; uma revolução tem características singulares que a diferenciam de outra, mas ambas continuam sendo enquadradas na mesma categoria revolução. Porém, existe também o juízo negativo infinito, que nega o gênero como tal: isto não é uma rosa; esta não é uma revolução, mas um golpe de Estado; isto não é um genocídio, mas algo diferente, a ser determinado posteriormente mediante negações ulteriores e, portanto, mediante relações ulteriores. Em todos os casos, a comparação é inevitável. A única alternativa a ela é o silêncio diante do inefável. Para ser falado, descrito e compreendido, um fenômeno histórico deve ser comparado, por mais horrível que seja.

Mas a comparação não carrega consigo o perigo de justificar uma violência com outra, um terror com outro, um massacre com outro? Não há o risco de que a perspectiva comparada se configure como a negação ou o desvio do juízo moral? O perigo é real, mas reflitamos sobre o perigo oposto. Apesar das formulações distintas, é possível ler tanto em Aristóteles quanto em Hitler uma teoria da escravização dos "bárbaros". Todavia, seria uma loucura equiparar num único juízo moral duas teorias separadas por milênios de história: o caráter absolutamente repugnante da segunda reside exatamente na sua pretensão de negar ou fazer retroceder um gigantesco processo histórico de emancipação e também de desenvolvimento da consciência moral. Isto é, um juízo moral que não se configure como uma farisaica celebração da própria excelência em relação a todo o passado, à história da humanidade, pressupõe a contextualização histórica, e esta, por sua vez, não pode ignorar o momento da comparação.

II
CICLO REVOLUCIONÁRIO E TERROR:
GRÃ-BRETANHA, FRANÇA, ESTADOS UNIDOS

1. INTOXICAÇÃO IDEOLÓGICA, IGNORÂNCIA E VENALIDADE

Vimos o fio condutor da liquidação da Revolução Francesa empreendida pelo revisionismo histórico: é a denúncia da abstração e do fanatismo ideológico. Convém que nos detenhamos no diagnóstico dessa doença. Na França, quem toma nas mãos o leme da vida política são "intelectuais" e "literatos", "substitutos imaginários de uma classe dirigente". Trata-se do "grupo social mais estranho à experiência política"[1], que, de fato, dá prova de "delírio", de "delírio coletivo"[2], comportando-se como "toxicômanos"[3]. Dessa forma se expressou Furet, convidando a pôr fim a uma historiografia fundada na "fidelidade à experiência revolucionária dos séculos XVIII e XX", harmonicamente identificada com Robespierre ou Lenin. "Entre o balanço da Revolução e as intenções dos revolucionários, há um abismo irreparável"; portanto, ela não pode continuar a ser escrita a partir da consciência subjetiva dos protagonistas: "os períodos revolucionários são períodos históricos obscuros por excelência, em que o véu da ideologia esconde ao máximo, dos olhos dos atores do drama, o sentido recôndito dos acontecimentos"[4]. Ainda que admiradores da Grande Revolução até o último minuto, Marx e Engels várias vezes se divertiram em evidenciar o contraste entre as intenções de seus dirigentes, particularmente os jacobinos, e

---

[1] François Furet, *Penser la Révolution française* (Paris, Gallimard, 1978) [ed. port.: *Pensar a Revolução Francesa*, trad. Rui Carvalho, Lisboa, Edições 70, 1988], p. 247.

[2] Ibidem, p. 92 e 83.

[3] Ibidem, p. 116.

[4] Ibidem, p. 32, 35 e 250.

os resultados objetivamente atingidos. Então, é paradoxal a furiosa resistência contraposta por uma historiografia de inspiração "marxista" à indicação metodológica de que "provavelmente não existe consciência mais 'ideológica' (no significado marxista do termo) do que a consciência revolucionária"[5].

No revisionismo histórico, porém, a crítica da consciência ideológica dos protagonistas da revolução assume a forma de uma acusação contra os intelectuais. No processo de tal acusação, Furet acaba por retomar motivos e argumentos dos antagonistas do jacobinismo e do ciclo revolucionário francês. Pense-se, em primeiro lugar, em Burke, implacável em sua polêmica com os "filósofos mecânicos", para ele desprovidos de senso de realidade e incapazes de sair do círculo mágico e maldito de suas "abstrações" e de suas "quimeras", ou, ainda, sob estado permanente de "intoxicação"[6]. Fazendo particular referência aos jacobinos, Constant, por sua vez, fala em "delírio"[7]. Do outro lado do Atlântico, Hamilton não tem dúvidas quanto ao fato de que os *enragés* são "loucos" (*madmen*)[8]. É um diagnóstico que se renova a cada etapa do ciclo revolucionário francês: nos anos que se seguem à revolução de 1848 e a seu fracasso, Tocqueville alerta contra esse "vírus de uma espécie nova e desconhecida"[9]; depois da Comuna de Paris, é Taine que denuncia a "alteração do equilíbrio mental" dos jacobinos[10], bem como o contágio (semelhante à "estranha doença que se encontra normalmente nos bairros pobres") disseminado na França revolucionária, "inebriada pela péssima aguardente do *Contrato social*"[11]. Através de variantes e modificações sucessivas, esse *topos* chega até Cochin e Furet. Este último, além de recorrer ao estudioso das sociedades de pensamento, cita com particular ênfase o Tocqueville preocupado com a disseminação do vírus revolucionário na França e faz constante referência a Burke, o primeiro

---

5   Ibidem, p. 224.

6   Edmund Burke, *The Works: A New Edition* (Londres, Rivington, 1826), v. V, p. 152; v. IX, p. 281; v. VII, p. 135 [ed. bras.: *Reflexões sobre a revolução na França*, trad. José Miguel Nanni Soares, São Paulo, Edipro, 2014].

7   Benjamin Constant, *Oeuvres* (org. Alfred Roulin, Paris, Gallimard, 1957), p. 1.094.

8   Em Stanley Elkins e Eric McKitrick, *The Age of Federalism: The Early American Republic, 1788-1800* (Nova York/Oxford, Oxford University Press, 1993), p. 319.

9   Alexis de Tocqueville, *Oeuvres complètes*, t. XIII, v. 2 (org. J.-P. Mayer, Paris, Gallimard, 1951), p. 337.

10 Hippolyte Taine, *Les Origines de la France contemporaine*, v. V (Paris, Hachette, 1899), p. 21 e seg.

11 Ibidem, v. IV, p. 261-2.

que diagnosticou a "intoxicação" mental como mal originário da Revolução Francesa. Outro grande admirador do *whig* inglês é Talmon, que, por sua vez, denuncia a "veia paranoica" que caracteriza Rousseau, Robespierre, Saint-Just e Babeuf[12]. O diagnóstico da doença revolucionária aproxima revisionismo histórico e neoliberalismo.

Ao longo do debate – ou melhor, da violenta luta ideológica – que se acende a partir de 1789, assiste-se a uma singular troca de acusações: tachados de loucos, Robespierre e Marat estigmatizam seus inimigos como servis e venais, "sustentados pelos déspotas" e autores de "rapsódias mercenárias", ou mesmo "sofistas mercenários"[13]. Antes ainda da deflagração da revolução, Rousseau, hoje desacreditado como paranoico, exibe ao desprezo público como "vendidos à tirania" os juristas empenhados em demonstrar a legitimidade da escravidão e do despotismo[14]. Na outra margem do Reno, dirigindo-se aos adversários da França revolucionária, Fichte exclama: "Do nosso lado estão as cabeças mais lúcidas e os corações mais nobres das várias nações; do vosso lado, apenas os simplórios, os hipócritas e os intelectuais vendidos"[15]. No entanto, o filósofo idealista é, por sua vez, arrolado por Constant entre os "malucos" de ideias mais ou menos jacobinas[16]. Não é difícil compreender a posição de uns e de outros. A dureza do confronto e o caráter inusitado das incessantes conturbações deixam poucas alternativas: impelidos e encorajados por seu *pathos* da razão e da moral a colocar em discussão uma ordem que consideravam irracional e imoral, os revolucionários são levados a atribuir à ignorância ou à má-fé subjetiva as resistências e os obstáculos que encontram no caminho; na vertente contrária, a fúria da negação e da destruição de ordenamentos e relações seculares mostra-se

---

[12] Jacob L. Talmon, *Le origini della democrazia totalitaria* (Bolonha, Il Mulino, 1967), p. 58-9.

[13] Maximilien Robespierre, *Oeuvres*, v. X (Paris, PUF, 1912-1967), p. 455-6; em relação a Marat, cf. Christine Fauré (org.), *Les Déclarations des droits de l'homme de 1789* (Paris, Payot, 1988), p. 272.

[14] Jean-Jacques Rousseau, *Oeuvres complètes*, v. III (orgs. Bernard Gagnebin e Marcel Raymond, Paris, Gallimard, 1959), p. 616.

[15] Johann G. Fichte, *Werke*, v. VI (org. I. H. Fichte, Berlim, de Gruyter, 1971), p. 17. O texto publicado pelo filósofo em 1793 fala em *feile Schriftsteller*; ao organizar a nova edição, seu filho corrigiu como *feige*. Trata-se claramente de uma *lectio facilior* – cf. Vittorio Enzo Alfieri, "Introduzione e note a J. G. Fichte", em J. G. Fichte, *Sulla Rivoluzione Francese* (Bari, Laterza, 1974), p. 19, n. 5. De toda forma, o sentido não sofre uma mudança substancial: os intelectuais que se posicionam contra a revolução só podem ser vendidos ou covardes.

[16] Benjamin Constant, *Journal intime, précédé de Le cahier rouge et de Adolphe (1767-1787)* (org. Jean Mistler, Monaco, Editions du Rocher, 1945), p. 183.

como desvio em relação à ordem natural das coisas e, portanto, como loucura aos olhos daqueles que são ligados a tais instituições e relações por inúmeros fios. Poderíamos dizer que há um conflito entre a evidência racional e moral (à qual remetem intelectuais distantes dos centros de poder) e a evidência sociológica (à qual se referem as classes sociais mais próximas da riqueza e do poder): ambas são evidências ilusórias, apesar de profundamente vivenciadas pelos protagonistas da luta, os quais são incapazes ou impossibilitados de desenvolver uma análise das contradições objetivas.

Nessa troca de acusações, os dois lados eventualmente recorrem a categorias idênticas à primeira vista, mas cujo significado é profundamente diferente em cada caso. Com o olhar voltado, sobretudo, para a base social de massa do Antigo Regime, os iluministas e os dirigentes revolucionários denunciam um fanatismo que é sinônimo de superstição, ignorância, ausência de luz, vínculo desprovido de reflexão ao positivo; o fanatismo para o qual os adversários da revolução apontam o dedo é a condenação da "abstração", do furor destrutivo dessa mesma luz, dessa razão que disseca o ser vivo no nível conceitual antes do nível existencial – trata-se da "enorme potência do negativo" de que fala Hegel[17] e que, na era moderna, se encarna numa intelectualidade com um perigoso grau de independência em relação ao poder e às classes dominantes. Os intelectuais organicamente ligados ao sistema político e social existente aparecem como servis e vendidos aos olhos dos intelectuais *freischwebend* (de acordo com a célebre expressão de Mannheim). Estes últimos, pelo próprio fato de voarem aparentemente sem amarras num espaço distante da "concretude" político-social existente, só podem parecer loucos segundo o ponto de vista de seus adversários.

Neste ponto, podemos tirar uma primeira conclusão. Justamente Furet insiste na "defasagem entre o papel objetivamente desenvolvido pelas revoluções na mudança histórica e a percepção que os contemporâneos têm dela"[18], mas não consegue manter-se à altura do critério metodológico por ele enunciado: à real distância tomada em relação ao vivenciado pelos protagonistas das agitações revolucionárias corresponde uma significativa aproximação em relação ao vivenciado por seus antagonistas. Explica-se assim o reemergir da categoria ou metáfora da doença revolucionária, que não por acaso celebra seus triunfos

---

[17] Georg W. F. Hegel, *Werke in zwanzig Bänden*, v. III (orgs. Eva Moldenhauer e Karl Markus Michel, Frankfurt, Suhrkamp, 1969-1979), p. 36.

[18] François Furet, *Penser la Révolution française*, cit., p. 250.

nos anos da Restauração. Desse modo, objeta Hegel, em vez de enxergar nas rebeliões uma expressão das "contradições" objetivas, tudo é explicado com o recurso a "uma anomalia e um transitório paroxismo doentio"[19]. É esse tipo de explicação que se reafirma com o revisionismo histórico. O diagnóstico da doença tem, é claro, uma elaboração e sofisticação posterior: busca-se levar em consideração os desenvolvimentos da psicologia, da psicanálise ou da sociologia para esclarecer melhor a gênese da "intoxicação" ideológica já denunciada por Burke. Porém, revela-se essencial a fidelidade à abordagem do *whig* inglês, ao qual cabe o mérito, segundo Nolte, de sagazmente ter tomado consciência dos resultados catastróficos do "fanatismo ideológico" que se difundiu, ainda antes de 1789, "entre os enciclopedistas"[20].

Para percebermos a unilateralidade dessa abordagem, basta confrontá-la com aquela seguida por Burckhardt, que sintetiza assim as explosões provocadas pelas grandes crises históricas:

> [a] atrocidade dessas lutas, o desencadeamento do *pathos* de ambos os lados. Cada partido defende o que tem de "mais sagrado": um deles, um abstrato dever de fidelidade e uma religião, o outro, um novo "princípio universal".

O furor da luta conduz uns e outros a uma "indiferença quanto aos meios" usados e provoca "os maiores massacres de massa", que, todavia, não parecem suscitar particular indignação[21].

2. ABSTRATO E CONCRETO

Em que consiste a "intoxicação" ideológica que devora a Revolução Francesa? Para Burke, não há dúvidas: é o universalismo, a teorização de "presumidos direitos do homem" e da "absoluta igualdade da raça humana", é o recurso a "princípios abstratos", a "princípios gerais", ao "direito vagamente especulativo". A tudo isso, contrapõe-se a "sabedoria prática" dos protagonistas da Revolução

---

[19] Georg W. F. Hegel, *Werke in zwanzig Bänden*, cit., v. VI, p. 75-6.

[20] Ernst Nolte, *Weltbürgerkrieg 1917-1989?*, em *Dramma dialettico o tragedia? La guerra civile mondiale e altri saggi* (org. Francesco Coppellotti, Perugia, Settimo Sigillo-University Press, 1994), p. 33.

[21] Jacob Burckhardt, "Weltgeschichtliche Betrachtungen", em *Gesammelte Werke*, v. IV (org. Jacob Oeri, Basileia/Stuttgart, Schwabe, 1978), p. 129-30.

Gloriosa, com a sua consagração dos direitos dos ingleses, transmitidos hereditariamente como um patrimônio[22]. Sabemos já da grande fortuna do autor inglês na Alemanha. Lá, Justus Möser – um dos teóricos mais inteligentes da conservação, não por acaso considerado uma espécie de Burke alemão[23] – também pode ser visto polemizando, já em 1772, contra "a tendência a regras e leis universais" (*allgemein*), submetidas à acusação de procederem "despoticamente" contra "todos os privilégios e as liberdades" particulares[24]. Karl Mannheim observou justamente que essa recusa da categoria de universalidade é própria do "pensamento de casta" (*ständisch*)[25]. Essa é também a opinião de Tocqueville, para quem não há vestígio de "ideias verdadeiramente gerais" nas sociedades aristocráticas[26]. A dimensão político-social de tal debate se dissolve, porém, no âmbito do revisionismo histórico, que subscreve de maneira acrítica a polêmica contra a abstração. Se Burke protesta contra a "metafísica política"[27], se Luís XVI em pessoa, no momento da fuga para Varennes, menospreza a Constituinte por seus projetos de "governo metafísico"[28], Furet denuncia a "metafísica do sujeito", a "metafísica dos constituintes franceses"[29]. Para compreender como é plena e sem reservas a identificação com o que é vivenciado pelos antagonistas da Revolução Francesa, convém proceder a um novo confronto com Burckhardt. Como vimos, ele define como "abstrato" o "dever de fidelidade" dos defensores do Antigo Regime, na medida em que este prescinde de conteúdos concretos e apela apenas ao respeito da continuidade e da tradição histórica (como acontece em Burke).

---

[22] Edmund Burke, *The Works*, cit., v. IX, p. 281; v. VII, p. 129; v. V, p. 76-7.

[23] Para um cotejamento entre os dois autores, cf. Friedrich Meinecke, *Die Entstehung des Historismus* (Munique, Oldenbourg, 1965), p. 323, 342, 347 e *passim*.

[24] Justus Möser, *Sämmtliche Werke*, v. II (orgs. B. R. Abeken e J. W. J. von Voigts, Berlim, Nicolaische Buchhandlung, 1842), p. 22-3.

[25] Karl Mannheim, "Das konservative Denken", em *Wissenssoziologie. Auswahl aus dem Werk* (org. Kurt H. Wolff, Berlim/Neuwied, Luchterhand, 1964) [ed. bras.: "O pensamento conservador", em José de Souza Martins, *Introdução crítica à sociologia rural*, São Paulo, Hucitec, 1986] , p. 477-8.

[26] Alexis de Tocqueville, *Oeuvres complètes*, cit., t. I, v. 2, p. 22.

[27] Edmund Burke, *The Works*, cit., v. V, p. 120.

[28] Em Walter Markov (org.), *Revolution im Zeugenstand. Frankreich 1789-1799*, v. II (Leipzig, Philipp Reclam, 1982), p. 175.

[29] François Furet, *Burke ou la fin d'une seule histoire de l'Europe*, em François Lebrun e Roger Dupuy (orgs.), *Les Résistances à la Révolution* (Paris, Imago, 1987), p. 354 e 358.

A essa altura, vale trazer à baila dois filósofos que não só pela posição geográfica e social são bastante distantes dos jacobinos "intoxicados" de Paris. Kant não apenas critica a dicotomia teoria/prática, mas também sente a necessidade de defender os "metafísicos" e sua "esperança sanguínea de melhorar o mundo"[30]. Ainda mais interessante é a posição de Hegel, autor de uma memorável análise crítica do Terror, que, no entanto, celebra como o início de uma nova época a elaboração do conceito "abstrato, universal" de homem, titular, como tal, de direitos inalienáveis[31]. Obviamente, o termo em questão também pode assumir, nas páginas do filósofo, uma conotação negativa. O comportamento arrogante em relação ao servo, no auge na Prússia ainda feudal, é uma forma de pensamento "abstrato", uma vez que prescinde da concretude do homem para fixá-lo em uma única "determinação abstrata" que é a da riqueza ou a do nível social. Hegel contrapõe a tal comportamento uma referência à França que surge da revolução: as relações cordiais, e até amigáveis, que ligam o doméstico ao seu senhor – em última análise, fundadas na "concretude" da igual dignidade humana[32]. Para avaliar um conceito "abstrato", cabe, em primeiro lugar, ver aquilo a partir de que se abstrai. Segundo Furet, um dos poucos expoentes da Revolução Francesa a se empenhar na luta contra a "razão abstrata" e o "espírito abstrato" é Barnave[33], que também está do lado dos colonos brancos em defesa da instituição da escravidão e que, por essa razão, teria se revelado terrivelmente abstrato aos olhos do filósofo alemão.

Cabe agora examinar, no plano propriamente histórico, a acusação de abstração dirigida por Burke aos revolucionários franceses. O erro deles foi o de não terem remontado à teoria que regeu a chegada de Guilherme III de Orange ao trono dos Stuart e, portanto, o nascimento da monarquia constitucional inglesa. Essa crítica se fundamenta em um colossal recalque histórico: é como se nunca houvesse existido a Revolução Americana. Ao longo desta última se consuma a crise da teoria que Burke gostaria de trazer de novo à vida em terras

---

[30] Immanuel Kant, *Gesammelte Schriften*, v. XXIII (Berlim, Königlich-Preussischen Akademie der Wissenschaften, 1900 sq.), p. 127 e 155.

[31] Georg W. F. Hegel, *Vorlesungen über die Philosophie der Weltgeschichte* (org. Georg Lasson, Leipzig, Meiner, 1919-1920) [ed. bras.: *Filosofia da História*, trad. Maria Rodrigues e Hans Harden, Brasília, Editora UnB, 1999], p. 611.

[32] Georg W. F. Hegel, *Werke in zwanzig Bänden*, cit., v. II, p. 580.

[33] François Furet, "Barnave", em François Furet e Mona Ozouf (orgs.), *Dictionnaire critique de la Révolution française* (Paris, Flammarion, 1988), p. 210-1 [ed. bras.: *Dicionário crítico da Revolução Francesa*, trad. Henrique de Araújo Mesquita, Rio de Janeiro, Nova Fronteira, 1989].

50 GUERRA E REVOLUÇÃO

francesas. Os colonos americanos iniciam sua rebelião recorrendo aos direitos dos ingleses, e reivindicam nessa base a representação autônoma no corpo legislativo como pré-condição para que se lhes possa impor obrigações fiscais. Mas tal plataforma ideológica logo se revela bastante frágil, pois o princípio da representação individual era estranho à tradição jurídica e política britânica. Nesse momento encontram-se totalmente desprovidas de representantes algumas comunidades importantes e populosas, como Sheffield, Birmingham e Leeds. É um dado em que a Coroa inglesa se respalda para desacreditar as pretensões dos colonos, que, assim, são encorajados a fundamentar suas reivindicações não mais em "velhos pergaminhos e documentos recobertos de mofo", não mais em "imunidades" e "pergaminhos e selos" – para citar Hamilton e Dickinson –, mas recorrendo aos "sagrados direitos da humanidade": estes "são escritos com um raio de sol pela própria mão da divindade no volume todo da natureza humana e não podem ser apagados ou obscurecidos por um poder humano". A polêmica contra pergaminhos e selos torna evidente a crise da plataforma ideológica própria da Revolução Gloriosa, tão cara a Burke. O direito de ser representado e os direitos políticos começam agora a se configurar, em terras americanas, como direitos inalienáveis, próprios do homem como tal, e não só do *Englishman*. Não falta nem mesmo uma polêmica explícita contra as "liberdades inglesas", que – declara John Adams – "não são nada mais do que certos direitos naturais reservados aos cidadãos pela Constituição inglesa"[34].

Desde o início, a Revolução Francesa é regida por esse *pathos* jusnaturalista e universalista, e ele conhece um novo desenvolvimento, uma vez que a presença da escravidão negra não mais contribui para freá-lo. Em consequência, plataformas ideológicas bem semelhantes produzem efeitos totalmente diferentes nas duas margens do Atlântico em razão de condições objetivas radicalmente diferentes. Furet ressaltou esse fato e demonstrou como apenas nos Estados Unidos as teorias igualitárias se revelam "em harmonia com o Estado Social", pois as ex-colônias são "habitadas por pequenos proprietários de costumes democráticos, que cultivam, desde a origem, o espírito de igualdade, sem inimigos externos, sem herança aristocrática ou feudal"[35]. Apesar de, num primeiro momento, se mostrarem irrelevantes para a avaliação do processo e do projeto revolucionário, eis que as desprezadas "circunstâncias" reaparecem.

---

[34] Em Charles E. Merriam, *A History of American Political Theories* (Nova York, Kelley, 1969), p. 44-51.

[35] François Furet, *La Révolution, de Turgot à Jules Ferry 1770-1880* (Paris, Hachette, 1988), p. 88.

Portanto, deveríamos concluir que é a diferente configuração geopolítica e social da França que explica o caráter particularmente atormentado de sua revolução. Mas não é essa a conclusão de Furet, que não quer abandonar a tese segundo a qual o Terror se deduz *a priori* da ideologia. As circunstâncias agora passam a intervir para demonstrar que uma plataforma ideológica idêntica ou semelhante pode ter um significado concreto ou abstrato, conforme seja promovida nos Estados Unidos ou na França. Portanto, não é mais a teorização dos direitos do homem como tal que define a abstração dos revolucionários franceses, mas sua teorização em um país marcado por profundas e arraigadas desigualdades. Mas então deve ser análogo o juízo relativo aos abolicionistas estadunidenses, que, algumas décadas depois, pretendem aplicar a ideia de igualdade também às relações entre as raças, em um país que há séculos, em suas vastas regiões, está acostumado a considerar um "bem positivo" a escravização dos negros. A consequência de tal "abstração" só pode ser uma terrível guerra civil. Por sua vez, a "concretude" com que se evita colocar em discussão as sucessivas deportações impostas aos indígenas poupa outros conflitos à comunidade branca, ainda que ratifique a tragédia de uma "raça" desafortunada.

Na realidade, a crítica de Burke (e de Furet) aos revolucionários franceses repousa sobre uma enorme abstração em relação ao tempo histórico. É como se aos revolucionários fosse permitido tanto ignorar os resultados ideológicos da Revolução Americana, quanto regredir a uma plataforma política e cultural contestada também na Inglaterra por amplos setores da opinião pública. Bem antes de 1789, esses setores já reivindicavam uma expansão do sufrágio com base no princípio da representação individual, opondo-se, assim, ao inflexível Edmund Burke.

3. Advento da democracia e ciclo histórico: França, Inglaterra, Estados Unidos da América

A essa primeira abstração arbitrária soma-se outra. Furet reconhece que, ao avançar no confronto entre França e Inglaterra, o *whig* inglês passa em "completo silêncio" pela "guerra civil dos anos 1640"[36]. E, no entanto, foi esse tipo de estudo comparativo que triunfou hoje e permitiu à crônica política revisionista ou neoliberal contrapor a Revolução Francesa às demais, desacreditando-a como abstrata e produtora do Terror e do "genocídio" na Vendeia. Mas seria

---

[36] Idem, *Burke ou la fin d'une seule histoire de l'Europe*, cit., p. 353.

indicador de concretude histórica separar a Revolução Gloriosa de 1688 do processo revolucionário inglês como um todo? O que diríamos de um autor que, para demonstrar o caráter sanguinário da revolução inglesa, a comparasse (analisando-a, sobretudo, a partir da guerra civil) à Revolução de Julho? Isolar uma fase particular de um, e apenas um, dos dois ciclos revolucionários confrontados significa proceder a uma abstração arbitrária. Constant e o Guizot anterior a 1848 estabelecem uma comparação entre a Revolução Francesa e a Revolução Inglesa em seu conjunto, "de 1640 a 1688"[37]; de modo análogo, Ranke fala de um único processo revolucionário na Inglaterra, que vai da Grande Rebelião à Revolução Gloriosa[38]. No que tange aos Estados Unidos, numerosos historiadores – de orientações muito diversas, diga-se – veem na Guerra de Secessão uma segunda revolução, ou uma segunda etapa da Revolução Americana.

Para Furet, no entanto, a categoria de ciclo histórico vale apenas para a França, cuja revolução abarca um período que vai de 1770 a 1880, ou seja, da crise do Antigo Regime ao advento e à consolidação da Terceira República[39]. Por causa de seu desenrolar atribulado, a Revolução Francesa se distingue

> [...] a tal ponto da Revolução Americana que pode conduzir à dúvida até mesmo quem pretende utilizar o mesmo termo para indicar os dois fenômenos. De toda forma, as duas revoluções são animadas pelas mesmas ideias, bem como por paixões comparáveis: fundam quase que contemporaneamente a civilização democrática moderna. Uma delas, porém, se conclui com a elaboração e a votação de uma Constituição que ainda perdura, depois de ter se tornado a lei sagrada da cidadania estadunidense. A outra, ao contrário, multiplica as constituições e regimes, oferecendo pela primeira vez ao mundo o espetáculo do despotismo igualitário[40].

Na realidade, se a revolução democrática tem por objetivo o surgimento da figura dos "cidadãos iguais diante da lei" e a realização de "uma sociedade

---

[37] François Guizot, "Avertissement de l'auteur pour la deuxième edition", em *Histoire de la révolution d'Angleterre* (Bruxelas, Société Typographique Belge, 1850), p. 123-4.

[38] Leopold von Ranke, *Über die Epochen der neueren Geschichte* (Darmstadt, Wissenschaftliche Buchgesellschaft, 1980), p. 121.

[39] François Furet, *La Révolution, de Turgot à Jules Ferry*, cit.

[40] Idem, *Le Passé d'une illusion: essai sur l'idée communiste au XXe siècle* (Paris, Robert Lafont, 1995) [ed. bras.: *O passado de uma ilusão: ensaios sobre a ideia comunista no século XX*, trad. Roberto Leal Ferreira, São Paulo, Siciliano, 1995], p. 17-8.

constituída de indivíduos iguais, em oposição à antiga sociedade de ordens"[41], ela não pode ser considerada concluída nos Estados Unidos antes da abolição da escravatura, antes do desaparecimento de um ordenamento social que, no Sul, por declaração explícita de seus teóricos e apologistas, se articula em "três *castas*: os brancos livres, a gente de cor livre, a gente de cor escrava"[42].

Os pressupostos do conflito que se desenrola entre 1861 e 1865 estão já implicitamente presentes em uma Constituição que, por um lado, proclama o direito natural de todos os seres humanos à liberdade e, por outro, sanciona a sujeição à escravidão de um quinto da população. Em 1790, uma moção apresentada pelos abolicionistas da Pensilvânia, assinada também por Benjamin Franklin, manifesta o desejo de que o Congresso faça valer seus poderes visando à "restauração da liberdade desses homens infelizes que, neste país da liberdade, são os únicos degradados em servidão perpétua". Thomas Tucker, da Carolina do Sul, replica imediatamente: "Por acaso estariam eles esperando uma emancipação geral dos escravos por via legislativa? Isso não seria tolerado pelos estados do Sul sem uma guerra civil"[43]. Algumas décadas mais tarde, Calhoun, o teórico mais sagaz e brilhante do caráter benéfico da instituição da escravatura, insiste: "Abolição e União não podem coexistir"[44]. Mas essa postura de enfrentamento encontra, por sua vez, uma pronta resposta nas palavras de Henry Clay: "Guerra e dissolução da União são coisas idênticas e inevitáveis"[45].

O advento da Terceira República na França é quase contemporâneo ao fim da Guerra de Secessão nos Estados Unidos e à apresentação oficial na Inglaterra das reformas eleitorais de 1867 e de 1884, por meio das quais o sufrágio é sensivelmente estendido. No primeiro país, assistimos à queda do

---

[41] Idem, "Mirabeau", em François Furet e Mona Ozouf (orgs.), *Dictionnaire critique de la Révolution française* (Paris, Flammarion, 1988), p. 210-1 [ed. bras.: *Dicionário crítico da Revolução Francesa*, trad. Henrique de Araújo Mesquita, Rio de Janeiro, Nova Fronteira, 1989], p. 304.

[42] Richard Hofstadter e Beatrice K. Hofstadter, *Great Issues in American History*, v. II (Nova York, Vintage, 1982), p. 319.

[43] David B. Davis, *The Problem of Slavery in the Age of Revolution, 1770-1823* (Ithaca/Londres, Cornell University Press, 1975) [ed. bras.: *O problema da escravidão na cultura ocidental*, trad. Wanda Caldeira Brant, Rio de Janeiro, Civilização Brasileira, 2001], p. 132.

[44] John C. Calhoun, *Union and Liberty* (org. Ross M. Lence, Indianápolis, Liberty Classics, 1992), p. 472.

[45] Richard Hofstadter e Beatrice K. Hofstadter, *Great Issues in American History*, cit., v. II, p. 347.

regime bonapartista; no segundo, à abolição da escravatura; no terceiro, não só à conquista dos direitos políticos por parte de extensos setores populares, mas também ao declínio definitivo das discriminações que impedem católicos, judeus e "não conformistas" em geral de terem acesso a órgãos representativos, a cargos públicos, eventualmente, e, em certos casos, até mesmo à universidade[46]. Assim, podemos dizer que, no final do século XIX, os três países apresentam regimes políticos bastante semelhantes à primeira vista, fundados no gozo dos direitos civis e em instituições parlamentares eleitas com base em um sufrágio masculino universal ou quase universal. Caberia agora perguntar sobre os processos históricos, as revoltas e a carga de luto e de sofrimento que a conquista desses resultados comportou. Trata-se, portanto, de proceder a uma análise comparada daquilo que, dependendo do ponto de vista, se definiu como revolução democrática ou revolução burguesa nos três países aqui confrontados.

4. As três etapas da Revolução Inglesa

Se quisermos ser mais precisos, deveríamos falar de três etapas do processo revolucionário inglês, a primeira delas correspondendo à Reforma Anglicana. Esta implica "transferências imponentes de riquezas"[47], "o fechamento, um após o outro, de conventos e a passagem à coroa de suas imensas propriedades de terra"[48], a criação de "todo um vasto grupo de novos proprietários rurais, indissoluvelmente ligados à Coroa e ao regime eclesiástico anglicano"[49], o surgimento de "um vasto mercado econômico unitário" e o desenvolvimento da "indústria têxtil graças também ao "cercamento dos *open fields*". Henrique VIII recorre à colaboração de Thomas Cromwell, seguidor de Marsílio de Pádua e empenhado em construir "uma monarquia nacional, emancipada do poder do papa e limitada apenas pelo voto no Parlamento". Pode-se, assim, concluir que o cisma anglicano foi uma "grande revolução anticlerical e nacionalista"[50].

---

[46] George M. Trevelyan, *Storia d'Inghilterra* (Milão, Garzanti, 1965), p. 545 e 405; *Storia dell'Inghilterra nel secolo XIX* (Turim, Einaudi, 1942), p. 375 n e 467; no que diz respeito em particular aos judeus, cf. Michael C. N. Salbstein, *The Emancipation of the Jews in Britain: The Question of the Admission of the Jews to Parliament, 1828-1860* (Londres/Toronto, Associated University Press, 1982).

[47] Giorgio Spini, *Storia dell'età moderna* (6. ed., Turim, Einaudi, 1982), p. 251-2.

[48] Ibidem, p. 184.

[49] Ibidem, p. 251-2.

[50] Ibidem, p. 257.

Nenhuma das três etapas do processo revolucionário inglês transcorreu sem violência. Para as duas primeiras, a constatação é óbvia. Analisemos a terceira. Trevelyan assim descreve a situação que se criou depois da destituição de Jaime II: "A guerra civil na Escócia seguiu endêmica até 1746". A repressão das revoltas dos seguidores do monarca foi duríssima e, em algumas ocasiões, se configurou como um "horrendo massacre". Para não falar da Irlanda: "Aqui o regime revolucionário foi uma reconquista racial e religiosa das mais brutais"[51]. Não é possível, de forma alguma, descolar da Revolução Gloriosa os acontecimentos na Irlanda (e na Escócia), uma vez que a vitória das tropas inglesas nas regiões rebeldes foi essencial "para impedir uma restauração jacobita" também em Londres. E, no entanto, depois desse quadro tão dramático, Trevelyan chega a uma conclusão algo extraordinária: "A verdadeira 'glória' da revolução inglesa [de 1688-1689] repousa no fato de que não derramou sangue, sem guerra civil nem massacres, sem proscrições", toda sob a égide da tolerância[52].

Pode-se chamar de historiador oficial este que foi citado até agora: fala sempre na primeira pessoa do plural, como se ele se identificasse com as escolhas feitas pelos dirigentes ingleses nos séculos passados. Cabe agora dar a palavra a historiadores de orientação diferente, no mínimo por serem solidariamente ligados aos povos que foram objeto da conquista racial e/ou religiosa deflagrada por Londres. Na verdade, a rebelião escocesa se prolonga bem além da data indicada por Trevelyan. Mas vejamos o que ocorre em 1746, desta vez dando voz aos historiadores escoceses:

> Os ingleses, guiados pelo duque de Cumberland, derrotaram os escoceses e deram início a uma das piores perseguições de uma nação que a história já conheceu, conferindo o título de "Açougueiro" Cumberland a seu líder. Os escoceses sobreviventes foram perseguidos fora do campo de batalha e massacrados. Por dois dias, os feridos e os mortos do Exército escocês permaneceram no solo onde haviam caído, sob a guarda de soldados ingleses, de modo que não fossem nem socorridos nem enterrados. Essa caçada humana foi organizada de maneira oficial, com o pagamento de 5 libras esterlinas por cada cabeça de "rebelde" levada ao major-general John Huske, o comandante inglês de Fort Augustus. Cidades e vilarejos foram assolados, as pessoas foram massacradas em massa e aqueles que conseguiram escapar foram aprisionados, mortos ou deportados.

---

[51] George M. Trevelyan, *La rivoluzione inglese del 1688-89* (Milão, Il Saggiatore, 1976), p. 13n.; *Storia d'Inghilterra*, cit., p. 411.

[52] Idem, *Storia d'Inghilterra*, cit., p. 416 e 403.

Os historiadores aqui citados se referem até a uma tendência ou uma aspiração britânica à "solução final" da questão escocesa[53].

Ainda mais trágica é a sorte que coube à Irlanda nas três fases da revolução. A partir do século XVI, a Inglaterra conduz "uma política de extermínio"; o objetivo perseguido é "mais a supressão da raça irlandesa do que a supressão de sua religião"[54]. Quem se manifesta dessa forma é um historiador anglo-irlandês, unionista convicto, para o qual os sofrimentos infligidos à população irlandesa podem ser comparados apenas ao tratamento reservado aos peles-vermelhas pelos colonos brancos na América. Em 1622, quase um século depois da Reforma Anglicana e cerca de duas décadas antes da deflagração da Revolução Puritana, em uma passagem sobre as ciências naturais, Bacon refere-se *en passant* ao musgo que cresce na ilha "sobre cadáveres de assassinados que, aos montes, jazem insepultos"[55]. O fato é que, como observa o historiador unionista já citado, aquela conduta dos ingleses

> [...] foi literalmente uma guerra de extermínio. Assistiu-se à morte dos irlandeses literalmente como à morte de animais selvagens. Não apenas os homens, mas também as mulheres e as crianças que caíam nas mãos dos ingleses, eram massacrados de forma deliberada e sistemática. Bandos de soldados atravessavam grandes extensões do país assassinando todo ser vivo que encontrassem. A espada não foi considerada suficientemente rápida; outro método se revelou muito mais eficaz. Ano após ano, em uma grande área da Irlanda, todos os meios de subsistência humana foram destruídos, nenhuma salvação foi concedida aos prisioneiros que se rendiam e toda a população foi cuidadosa e constantemente condenada a morrer de inanição.[56]

É uma tragédia que se prolonga por séculos. Depois da Rebelião de 1798, Camden, vice-rei na Irlanda, observa que os colonos ingleses, "loucos de raiva" como são, "dificilmente se contentam com algo menor do que a extirpação" da

---

[53] Peter Berresford Ellis e Seumas Mac a'Ghobhainn, *The Scottish Insurrection of 1820* (Londres, Pluto Press, 1989), p. 49.

[54] William E. H. Lecky, *A History of England in the Eighteenth Century*, v. II (3. ed., Londres, Longmans, Green & Co., 1883-1888), p. 99.

[55] Francis Bacon, *The Works*, v. II (orgs. James Spedding, Robert L. Ellis e Douglas D. Heath, Stuttgart-Bad Cannstatt, Frommann-Holzboog, 1963), p. 670.

[56] William E. H. Lecky, *A History of England in the Eighteenth Century*, cit., v. II, p. 94-6.

população irlandesa. O quadro traçado pouco tempo depois pelo novo vice-rei da Irlanda, Cornwallis, é semelhante: ele relata a "ferocidade das nossas tropas, que tomam gosto por matar" e "massacrar sem discriminação"[57]. Poderíamos continuar com inúmeros detalhes e citações. Escrevendo no final do século XIX, Lecky não tem dúvidas: aquela imposta à população irlandesa foi a pior de "todas as tiranias"[58]. A avaliação do historiador liberal coincide com a de Marx, para o qual a política inglesa na infeliz ilha é impiedosa e terrorista a ponto de se revelar "inaudita na Europa" e encontrar correspondência apenas entre os "mongóis"[59].

Como se vê, a acusação de genocídio não se aplica apenas à Revolução Francesa. Na época da Rebelião de 1798, apesar de todos os massacres já ocorridos, a Irlanda tem 4,5 milhões de habitantes, um terço da população de toda a Grã-Bretanha[60]. Portanto, trata-se de um genocídio de proporções bem mais significativas e de duração bem mais prolongada do que aquele denunciado pelo revisionismo histórico em relação à Vendeia.

5. Da primeira à segunda Revolução Americana

Trevelyan, que traça um balanço final tão consolador da Revolução Inglesa, assume um tom mais realista quando analisa a rebelião dos colonos ingleses no Novo Mundo. Já no momento inicial da separação da pátria-mãe, os revolucionários americanos não hesitaram em "aterrorizar e expulsar os opositores". Uma vez consumada a separação das colônias em relação à pátria-mãe, os "lealistas do Império Unido" foram obrigados a fugir em massa "para se salvar do clima de intolerância e de injustiça criado pelos republicanos vitoriosos dos Estados Unidos, que, depois da Guerra da Independência, tornavam impossível a vida de seus adversários políticos de outrora"[61]. Talvez se perceba o eco de uma certa nostalgia do historiador inglês em relação ao "Império Unido". Porém, esse quadro, pelo menos, tem o mérito de problematizar a imagem estereotipada da Revolução Americana, construída sobre o recalque da dura guerra civil

---

[57] Thomas Pakenham, *The Year of Liberty: The History of the Great Irish Rebellion of 1798* (Nova York, Random House, 1969), p. 164 e 265-6.

[58] William E. H. Lecky, *A History of England in the Eighteenth Century*, cit., v. I, p. 285.

[59] Karl Marx e Friedrich Engels, *Werke*, v. XVI (Berlim, Dietz, 1955 sq.), p. 552.

[60] Thomas Pakenham, *The Year of Liberty*, cit., p. 30.

[61] George M. Trevelyan, *Storia d'Inghilterra*, cit., p. 468 e 506.

58 GUERRA E REVOLUÇÃO

que certamente foi real. Basta pensar na gigantesca emigração que se segue à derrota inglesa. Mais de 60 mil desses refugiados partiram para o Canadá e para províncias marítimas. Milhares de outros emigraram para as Índias Ocidentais, enquanto uma multidão de desesperados se espalhava pela Inglaterra. "Dificilmente se encontra na Inglaterra um vilarejo sem poeira americana"[62].

O já citado historiador estadunidense Palmer realiza uma comparação com a Revolução Francesa:

> Em 1776, havia cerca de 2,5 milhões de pessoas nos Estados Unidos, um quinto delas escravizadas [...]. A França, à época da Revolução, contava com cerca de 25 milhões de habitantes. Havia, portanto, 24 emigrantes para cada mil habitantes na Revolução Americana, e somente 5 para cada mil na Revolução Francesa.[63]

Ainda mais dramático é o quadro traçado pelos descendentes dos opositores da Declaração de Independência, que teria sido imposta por uma minoria militante: "Desde o início, os lealistas foram privados da liberdade de imprensa e de reunião e submetidos a uma espionagem onipresente, incessante e perversa". Seguem-se então o sequestro dos bens, as medidas coletivas de punição contra os suspeitos de fidelidade à Coroa, os sérios obstáculos inclusive para a vida dos "neutros". A Convenção do Estado de Nova York "decreta que toda pessoa fiel ao rei da Grã-Bretanha seja considerada culpada de traição e condenada à morte". O terror vindo de cima, exercido pelas novas autoridades, se combina com aquele vindo de baixo: os lealistas se tornam "objeto de uma caçada humana e são mortos por capricho". O historiador que seguimos aqui relata o urgente convite de John Adams a "multar, prender e bater em todos que sejam hostis à causa, sem indulto ou compaixão [...]. Estaria pronto a enforcar até meu irmão se ele se pusesse ao lado dos inimigos"[64]. Se recorrermos à autoridade de um historiador como Furet, a usual contraposição maniqueísta entre Revolução Americana e Revolução Francesa resulta claramente de um método que atinge o cúmulo da falta de senso crítico: para a primeira, compõem-se os argumentos com base em imagens estereotipadas dos vencedores; para a segunda, confia-se exclusivamente nas ressentidas denúncias de seus inimigos.

---

[62] Allan Nevins e Henry S. Commager, *Storia degli Stati Uniti* (Turim, Einaudi, 1960), p. 120.

[63] Robert R. Palmer, *L'età delle rivoluzioni democratiche* (Milão, Rizzoli, 1971), p. 211.

[64] Egerton Ryerson, *The Loyalists of America and their Times: From 1620 to 1816*, v. II (Nova York, Haskell, 1970), p. 5, 30, 123-8 e 183.

Os ecos do conflito que acompanha a Revolução Americana são tão persistentes que a tentativa estadunidense de se apoderar do Canadá no decorrer da guerra de 1812-1815 contra a Inglaterra é, sem dúvida, estimulada por uma velha aspiração expansionista, mas também por um desejo de acertar as contas de uma vez por todas com os ex-lealistas que se opuseram à revolução e que continuam se considerando e comportando como súditos fiéis da Coroa inglesa. Publicada em Toronto em 1879, a ampla história documental dos lealistas, que já utilizamos aqui, é sintomaticamente dedicada à rainha da Inglaterra. Estamos diante do primeiro exemplo de revisionismo histórico relativo à Revolução Americana, que – enfatizam – não pode mais continuar a ser escrita apenas pelos vencedores, ou "pelos inimigos e depredadores" dos lealistas e dos peles-vermelhas[65].

Este último ponto chama a atenção para um trágico acontecimento totalmente recalcado, ainda que uma das acusações mais graves dirigidas a Jorge III pela Declaração de Independência seja a de ter "tentado voltar contra os habitantes das nossas fronteiras os impiedosos selvagens índios, cujo modo de guerrear é, como bem se sabe, um massacre indiscriminado, sem distinção de idade, sexo ou condição". Nessa acusação, os peles-vermelhas são considerados um tipo de Vendeia bárbara. E, de fato, em sua maioria eles se posicionam ao lado da Coroa inglesa, depois de terem experimentado na pele que havia muito menos a temer em relação aos remotos governantes e comerciantes de Londres que aos colonos brancos vizinhos, os quais aspiram se apoderar a qualquer custo de suas terras. A repressão dessa Vendeia é não somente impiedosa, mas via de regra marcada pelo sadismo puro. Destruição sistemática das plantações e das aldeias; varíola espalhada aos quatro cantos; mulheres e crianças "massacradas a sangue-frio ou queimadas vivas"; "todas as mulheres e crianças mortas, com exceção de algumas jovens mulheres, levadas para uso dos soldados e em seguida assassinadas de forma ainda mais ignóbil": são apenas alguns detalhes do quadro que surge dos depoimentos[66]. E é um quadro que lança sombras pesadas sobre Washington, Jefferson e os Pais Fundadores em geral, diretamente empenhados na cruzada exterminadora.

A Guerra de Independência contra os ingleses se entrelaça com a guerra civil e social no interior da comunidade branca. Historiadores de diversos países

---

[65] Ibidem, v. I, p. iii.

[66] Colin G. Calloway, *The American Revolution in Indian Country: Crisis and Diversity in Native American Communities* (Cambridge, Cambridge University Press, 1995), p. 5 e 50-3.

GUERRA E REVOLUÇÃO

e de diversas orientações políticas e de ideias concordam que a luta contra os ingleses se tornava

> mais longa e frequentemente cruel, e se somava à guerra civil entre os próprios americanos, uma parte deles favorável à causa realista em vez da revolucionária. Obviamente, os realistas ou *tories* eram recrutados mais frequentemente, embora não exclusivamente, entre os mais abastados [...]: a luta entre os partidos não raro adquiriu caráter de conflito social.

Os proprietários lealistas tornam-se alvo de uma política colossal de sequestro de bens e de redistribuição da propriedade. A julgar pelas indenizações sucessivamente pagas aos proprietários,

> a França revolucionária, dez vezes maior [em número de habitantes] do que os Estados Unidos revolucionários, confiscou de seus emigrantes bens com um valor apenas doze vezes maior [...]. A diferença, mesmo com certa margem de erro, é menor do que normalmente se imagina.[67]

Mas vamos à segunda etapa da revolução democrática. Como vimos, Furet ressalta que a Constituição promulgada na Filadélfia "ainda perdura, depois de ter se tornado a lei sagrada da cidadania estadunidense". Pena que, para introduzir algumas emendas, tenha sido necessária uma guerra civil extremamente sanguinária, com um número de vítimas superior àquele sofrido pelos Estados Unidos pelos dois conflitos mundiais juntos. Na esteira da guerra civil e do estado de exceção, o terror também faz sua aparição na outra margem do Atlântico. Basta ler algum panfleto "democrático" da época que seja escravista ou pró-escravista para perceber como é vibrante a condenação dos métodos jacobinos de Lincoln, denunciado por ter imposto "governos militares" e "tribunais militares" e por ter interpretado "a palavra 'lei'" como a "vontade do presidente" e o *habeas corpus* como o "poder do presidente de encarcerar qualquer um e pelo período de tempo que lhe aprouver"[68].

---

[67] Robert R. Palmer, *L'età delle rivoluzioni democratiche*, cit., p. 211; Giorgio Spini, *Disegno storico della civiltà*, v. II (7. ed., Roma, Cremonese, 1963), p. 385.

[68] Em Arthur M. Schlesinger Jr. (org.), *History of United States Political Parties* (Nova York/Londres, Chelsea House-Bawker, 1973), p. 915-21.

No decorrer da guerra civil, a União é obrigada a usar mão de ferro não somente contra o Sul secessionista, mas também em seu interior. No momento em que se introduz no Norte o recrutamento obrigatório, "a massa de imigrantes miseráveis – especialmente irlandeses – de Nova York" se insurge; quem marcha sobre a cidade e esmaga com mão de ferro a revolta é um corpo do Exército[69].

6. Saturno e a dinâmica das "crises históricas"

Há um momento em que Furet parece perceber que é insustentável a contraposição total entre a história da França, de um lado, e a história do mundo anglo-saxão, de outro. Eis que o historiador francês retoma a polêmica desenvolvida por Quinet contra Louis Blanc:

Comparou-se a conduta dos ingleses na Índia ao regime de 1793. Onde está a analogia? O mundo está cheio de violências e guerras. Quem duvida disso? Mas não é essa a questão aqui. Por acaso os generais ingleses se mataram reciprocamente na Índia? Isso seria necessário para que pudéssemos fazer uma comparação. Não percebem que um dos traços típicos da Revolução Francesa é que os revolucionários foram mortos por revolucionários, os jacobinos pelos jacobinos, os montanheses pelos montanheses? Por que isso aconteceu?

E Furet sobe o tom da acusação contra "essa incapacidade de especificar as características da violência social que prevaleceu por tanto tempo na ideologia de esquerda"[70]. É o tema caro a uma vasta crônica política e caro também a Arendt, para quem a Revolução Francesa deve ser considerada um fracasso por ter se colocado inteira "sob o signo de Saturno"[71].

Na realidade, não há ciclo revolucionário que não possa ser interpretado segundo esse esquema. Vejamos o que acontece nas colônias inglesas na América. A frente que combate unida contra o "despotismo" da pátria-mãe, reivindicando o direito a uma representação autônoma, se divide mais tarde quanto à independência. E basta dar uma olhada na crônica política dos lealistas

---

[69] Raimondo Luraghi, *La guerra civile americana* (Bolonha, Il Mulino, 1978), p. 53.

[70] François Furet, *La Gauche et la révolution au milieu du XIXe siècle: Edgar Quinet et la question du jacobinisme* (Paris, Hachette, 1986), p. 95-6.

[71] Hannah Arendt, *Sulla rivoluzione* (Milão, Comunità, 1983), p. 43 e 49 [ed. bras.: *Sobre a revolução*, trad. Denise Bottmann, São Paulo, Companhia das Letras, 2001].

para perceber o desânimo com que observam a repressão cair sobre suas cabeças, repressão essa sentida e denunciada como feroz, e de uma ferocidade inexplicável, pois infligida por ex-aliados. São os anos em que "um ditado cruel se difunde nas ex-colônias inglesas da América, segundo o qual somos obrigados a perdoar nossos inimigos, mas não nossos amigos"[72]. A dialética em questão não termina com a conquista da independência. A Constituição Federal promulgada na Filadélfia é invocada em nome da necessidade de enfrentar com adequado poder de execução a "violência das facções" e a "guerra civil" desencadeada por Daniel Shays, coronel da reserva do Exército que combateu e derrotou os ingleses e que agora, em Massachusetts, encabeça a revolta dos camponeses pobres e endividados[73].

É a segunda dissidência que se constata na frente que desafiou o poder de Jorge III. Mas, obviamente, a cisão mais profunda e sanguinária é a que se observa algumas décadas depois. Essa cisão envolve as forças que, após derrotarem *tories* e lealistas, de um lado, e os camponeses pobres, de outro, promulgam, com uma espécie de "golpe de Estado", a nova Constituição Federal. Esta se caracterizava pelo compromisso de que os estados meridionais continuassem gozando da escravidão negra sem serem incomodados. Essas forças se enfrentam em um duelo mortal algumas décadas mais tarde, quando as contradições – antes atenuadas ou ocultadas por um compromisso que se revelou instável – se aguçam até o ponto de ruptura. Compreende-se então que tanto os abolicionistas quanto os defensores da escravidão remetam, ao longo da guerra civil que se segue, à luta de independência contra a Inglaterra e às declarações e aos textos constitucionais dela derivados. Os seguidores de Lincoln remetem à Constituição da Filadélfia com aquela sua solene declaração de que "o povo dos Estados Unidos" quer posteriormente "aperfeiçoar a União"; a crônica política da Confederação reivindica a herança da luta dos patriotas contra um poder central opressivo, destaca a centralidade do tema dos direitos de cada estado no processo de fundação e na tradição jurídica do país, chama a atenção dos abolicionistas para o fato de que Washington, Jefferson e Monroe eram todos senhores de escravos. Ambas as formações em confronto declaram

---

[72] Egerton Ryerson, *The Loyalists of America and their Times*, cit., v. II, p. 128.

[73] Domenico Losurdo, *Democrazia o bonapartismo: trionfo e decadenza del suffragio universale* (Turim, Bollati Boringhieri, 1993), p. 89-90 [ed. bras.: *Democracia ou bonapartismo: triunfo e decadência do sufrágio*, trad. Luiz Sérgio Henriques, São Paulo/Rio de Janeiro, Editora da Unesp/Editora UFRJ, 2004].

seguir os passos dos pais fundadores. Não há dúvidas: Saturno devora seus filhos; a revolução democrática, iniciada com a rebelião contra a Inglaterra, vai além, não se reconhece mais, não consegue mais se reconhecer no velho compromisso constitucional.

O conflito é tão duro que se estende para além do fim da Guerra de Secessão: enquanto o Sul ainda sente a mão de ferro do regime de ocupação militar imposto pela União, começa a contraofensiva pela restauração da supremacia branca, com o recurso ao esquadrismo da Ku Klux Klan, à violência e até mesmo a formas de guerrilha. Nas palavras de um renomado historiador estadunidense, "assim como a luta de 1861 a 1865 foi uma guerra civil, tal foi o conflito de 1865 a 1877, e foi uma guerra civil conduzida com a mesma dureza e com o mesmo ódio, apenas com menor derramamento de sangue"[74].

Ao comparar a Revolução Francesa a um Saturno que devora seus filhos, Furet retoma Quinet, mas deixando de lado que, para este último, a dialética em questão compromete menos a ideologia jacobina do que a permanente herança católica da França[75]. No entanto, vimos como é falso o quadro que tal afirmação implica quanto ao desenvolvimento histórico dos países protestantes. No que se refere a Saturno, vale dar a palavra novamente a Burckhardt: ao indagar a fenomenologia das grandes "crises históricas" desde a Antiguidade, ele assim resume suas características gerais:

> Quem, ainda que minimamente, se cansa ou não está em condições de se adequar ao movimento cada vez mais impetuoso é substituído com surpreendente rapidez; em brevíssimo tempo amadureceu uma segunda geração de expoentes daquele movimento, os quais representam apenas a crise e sua essencial e específica força propulsora como tal, e se sentem já muito mais distantes da situação preexistente do que os expoentes da primeira geração [...]; onde um único indivíduo ou um partido entra em colapso pelo cansaço ou sucumbe, já existe imediatamente outro, que, por sua vez, pode ser insuficiente pelo *seu* momento, mas, apesar disso, vê *nesse* momento todos se reunirem solidamente ao seu redor [...]. *La révolution dévore ses enfants*: cada etapa da crise devora, como moderados, os representantes da crise imediatamente anterior.

---

[74] John H. Franklin, *Negro. Die Geschichte der Schwarzen in den USA* (2. ed., Frankfurt/Berlim/Viena, Ullstein, 1983), p. 286-305.

[75] Edgar Quinet, *Le Christianisme et la Révolution française* (Paris, Fayard, 1984), p. 240-1.

Pode-se observar com "tolo estupor" a dialética de Saturno. Mas, longe de remeter ao catolicismo ou ao jacobinismo, ela se revela plasticamente também na Revolução Puritana:

> No primeiro estágio da crise, enquanto o velho regime opressor é abatido e seus representantes são perseguidos, já começa o fenômeno que suscita tão tolo estupor – qual seja, a marginalização e a substituição dos primeiros líderes. Estes eram órgãos de forças muito diferentes entre si, quando já se revelou como líder efetiva *uma só* força que aniquila e carrega consigo as demais: iniciada pelos cavaleiros, a Revolução Inglesa foi decididamente levada adiante apenas pelos "cabeças redondas". Desse modo, fica evidente que a força propulsora essencial era não a preocupação legal e constitucional, mas o independentismo.
>
> Ou ainda, sem plena consciência, eram carregados pela fantasia (própria ou de outros) e, talvez pelo simples dom da eloquência, levados à cabeça do movimento.[76]

Não somente Burckhardt, mas outros notáveis historiadores contemporâneos destacam que o "processo de cisão no âmbito da oposição originária" caracteriza a Revolução Puritana em todo o seu desenvolvimento[77]. Limitemo-nos aqui a tratar de sua fase final. Em 1646, os exércitos reais já foram totalmente derrotados e o próprio Carlos I é prisioneiro das forças revolucionárias. Isso, porém, não significa o fim de fato da guerra civil: inicia-se a batalha entre presbiterianos e congregacionistas ou independentes, lado ao qual pertence Cromwell – que, no entanto, depois de conquistar a vitória, ataca as correntes mais radicais dos *levellers*.

As sucessivas cisões não representam, portanto, uma característica peculiar e exclusiva da Revolução Francesa. Sintomaticamente, antes mesmo da eclosão desta, Herder afirma que, por causa dos incessantes desarranjos que caracterizam a história dos "governos", "nossa Terra, em sua maior parte, não deveria se chamar Terra, mas Marte ou Saturno, o qual devora seus filhos"[78]. Ainda mais interessante é o fato de que uma das primeiras denúncias dessa dialética se deve aos iluministas, que, enquanto preparam ideologicamente a Revolução Francesa,

---

[76] Jacob Burckhardt, "Weltgeschichtliche Betrachtungen", cit., p. 128-31.

[77] Hans-Christoph Schröder, *Die Revolutionen Englands im 17. Jahrhundert* (Frankfurt, Suhrkamp, 1986), p. 83.

[78] Johann G. Herder, *Idee per la filosofia della storia dell'umanità* (Bolonha, Zanichelli, 1971), p. 237.

com o olhar dirigido à Reforma e a seus desdobramentos, acusam o fanatismo clerical de reproduzir na prática "o culto abominável de Saturno e de Moloch"[79]. De fato, o esquema de Saturno pode muito bem ser aplicado às décadas ou séculos de lutas político-religiosas que se originam na Reforma Protestante e se prolongam até a *Glorious Revolution* ou mesmo até a Revolução Americana. No início, Müntzer era discípulo de Lutero, e discípulo estimado e amado por esse mestre que, depois, será um dos primeiros a exigir, com implacável determinação, até mesmo sua eliminação física. Essa dialética ganha uma dimensão internacional, primeiro com a chegada da Reforma ou de seus desenvolvimentos na Inglaterra, e depois com a Revolução Americana, guiada pelos descendentes dos puritanos exilados: não por acaso, Tucker define os rebeldes na Inglaterra como "os dissidentes do dissenso, o protestantismo da religião protestante"[80].

7. "Triunfo" e "falência" das revoluções

Dissemos que, à primeira vista, os três países aqui analisados apresentam ao final do século XIX um quadro político bastante parecido. Trata-se, de fato, de uma primeira impressão. Se, com o advento da Terceira República e de uma democracia parlamentar fundada sobre o sufrágio universal (masculino), pode-se considerar o Antigo Regime definitivamente superado na França, ele continua vigendo na Grã-Bretanha, dados a permanência de restrições censitárias do sufrágio e o papel exercido pela Câmara dos Lordes, monopolizada pela aristocracia. Ademais, encontra-se sem solução a questão da Irlanda, onde, na prática, até nossos dias, a revolta segue ardendo sob as cinzas, queimando ou mesmo lançando chamas – neste último caso, sendo enfrentada pelo estado de exceção ou pela lei marcial.

Ainda mais desolador, em sua especificidade, é o quadro dos Estados Unidos. Depois de 1877, quando a União renuncia à mão de ferro e à ditadura militar exercida até então e estipula um compromisso com os brancos do Sul, os antes

---

[79] "Tolérance", *Encyclopédie ou Dictionnaire raisonné des sciences, des arts et de métiers*, v. XXXIII (nova edição, Genebra, Pellet, 1778), p. 596 [ed. bras.: *Enciclopédia ou dicionário razoado das ciências, das artes e dos ofícios*, trad. Luís Fernandes do Nascimento et al., São Paulo, Editora da Unesp, 2015].

[80] Em John G. A. Pocock, *Virtue, Commerce and History* (Cambridge, Cambridge University Press, 1988), p. 164n. É uma reversão polêmica da defesa que Burke havia feito dos rebeldes estadunidenses como "a dissidência do dissenso e o protesto da própria religião protestante". Em Edmund Burke, *The Works*, cit., v. III, p. 53.

66 GUERRA E REVOLUÇÃO

escravizados perdem não somente os direitos políticos conquistados logo após a Guerra de Secessão, mas também uma parte dos direitos civis, por meio de uma legislação que sanciona a segregação racial nas escolas, nos espaços públicos, nos meios de transporte e nos elevadores, e de uma justiça monopolizada pelos brancos e que discrimina os negros. Nesse sentido, importantes historiadores estadunidenses tratam a Guerra de Secessão e a sucessiva Reconstrução como uma segunda revolução, mas uma segunda revolução que deve ser considerada incompleta ou fracassada[81]. O destino dos indígenas, ainda mais trágico, é selado no massacre de Wounded Knee de 1890, que abate indiscriminadamente homens adultos, idosos, mulheres e crianças.

Nesta altura, o resultado da comparação entre os três países parece se inverter – inversão que pode ser detectada na própria Arendt. No balanço que ela traça em 1970, enquanto os protestos dos negros se espalham e ganham ainda formas radicais, não é mais a Revolução Francesa, como em 1963, mas a Revolução Americana que apresenta um quadro de falência, cuja responsabilidade é fortemente atribuída, aliás, aos Pais Fundadores. Existe um "crime originário" que pesa na história dos Estados Unidos, e esse é o "simples e terrível fato" de que negros e indígenas

> nunca foram incluídos no *consensus universalis* originário da República estadunidense. Não há nada na Constituição ou nas tentativas de seus redatores que pudesse ser interpretado de modo a englobar os escravizados no pacto originário. Até mesmo aqueles que se declaravam favoráveis a uma eventual emancipação pensavam em termos de segregação dos negros ou, melhor ainda, de expulsão.

É verdade que, concluída a Guerra de Secessão, houve a 15ª Emenda, que, contudo, não modificou substancialmente os termos da questão: "ao contrário, a exclusão *tácita* do consenso *tácito* ficou mais evidente pela incapacidade ou relutância do governo federal em fazer respeitar as próprias leis"[82]. Não somente "as disposições relativas à igualdade racial não foram aplicadas por quase uma

---

[81] Eric Foner, *Reconstruction: America's Unfinished Revolution 1863-1877* (Nova York, Harper & Row, 1989); Harold J. Laski, *The American Democracy: A Commentary and an Interpretation* (Fairfield, Kelley, 1977), p. 462.

[82] Hannah Arendt, *Crisis of the Republic* (San Diego/Nova York/Londres, Harcourt Brace Jovanovich, 1972), p. 90-1 [ed. bras.: *Crises da república*, trad. José Volkmann, São Paulo, Perspectiva, 1999 (Coleção Debates)].

centena de anos", mas se deve acrescentar que a mudança posterior resulta não de um processo indolor, mas de uma pressão de baixo que não hesitou em desafiar autoridades e instituições:

> Não a lei, mas a desobediência civil denunciou e fez ser conhecido o "dilema estadunidense" e, quiçá pela primeira vez, forçou a nação a reconhecer a enormidade do crime, não somente da escravidão, mas da escravidão como propriedade.[83]

O "crime originário" continua projetando suas sombras inquietantes até o presente. Talvez fosse necessária "uma emenda constitucional explícita, dirigida especificamente ao povo negro dos Estados Unidos", com a única finalidade de sanar as sanguinárias injustiças sofridas pelos antigos escravizados. Embora necessária, essa medida não é tomada, e então o movimento de protesto dos negros assume formas cada vez mais radicais e não se atém "às regras da não violência". As tentativas de integração estão fadadas ao fracasso enquanto a nação como um todo não realizar uma profunda e real autocrítica[84].

Como explicar a inversão do resultado da comparação entre os três países? Para isso, é preciso ter em mente as diversas modalidades do processo revolucionário. Na Inglaterra, após a fracassada Revolução Popular Puritana, a Revolução de 1688-1689 se configura como uma revolução vinda de cima, com escassa ou nula participação popular. Desde o início, é decisivo ou muito relevante o papel da aristocracia inglesa, que pode conservar assim, por muito tempo, seu domínio na Irlanda e seu papel social e seus privilégios na Inglaterra. Considerações análogas podem ser feitas para os Estados Unidos. Mesmo com significativa participação dos negros (os quais, na última fase da Guerra de Secessão, se alistam em massa nas fileiras do Exército Federal e ajudam, também, participando de uma capilarizada rede de informações e de cumplicidade[85]), a Segunda Revolução Americana se desenvolve, sobretudo, como revolução vinda de cima. Quando as tropas federais se retiram do Sul em 1877, pondo fim ao período da Reconstrução, os descendentes dos proprietários de escravos se valem do consenso ou da benévola neutralidade do Norte para restabelecer a "supremacia branca", contendo os negros por meio da Ku Klux Klan e da violência esquadrista.

---

[83] Ibidem, p. 81.

[84] Ibidem, p. 92.

[85] Eric Foner, *Reconstruction*, cit., p. 3-4 e 8; William E. B. Du Bois, *Black Reconstruction in America, 1860-1880* (Nova York, Atheneum, 1992), p. 94 e 104-5.

É por isso que alguns historiadores consideram a Segunda Revolução Americana um fracasso. Os anos 1960 e 1970 veem o governo federal, também sob o impulso de um forte movimento dos negros, intervir energicamente para quebrar a resistência dos estados do Sul e impor o reconhecimento da cidadania política aos negros, o fim da segregação racial e o cancelamento das normas que vetam as relações sexuais e os matrimônios mistos – por vezes, esses anos são vistos como os anos da Segunda Reconstrução. Nesse sentido, eles constituem a terceira fase da Revolução Democrática Americana, e o espectro da falência recai inclusive sobre esta, como se infere do amargo juízo de Arendt. É certo que importantes resultados foram conquistados. No cômputo geral, o regime de "supremacia branca" terminou. Mas, nos últimos tempos, a distância entre as duas raças, no que se refere ao nível de instrução, de ocupação, de renda, de participação nos cargos públicos e na vida política, não apenas não foi suprimida como novamente aumentou, e de forma nítida. No plano mais propriamente cultural e ideológico, enquanto voltam a ter sucesso textos que demonstram a irremediável mediocridade do quociente intelectual dos negros (e, com isso, a inutilidade da primeira e da segunda Reconstrução), desenvolvem-se, por outro lado, movimentos separatistas negros. A palavra de ordem da secessão, proclamada pelos senhores de escravos durante a segunda etapa da Revolução Americana, é agora assumida pelos descendentes dos escravizados, que, considerando falidas as duas reconstruções ou as últimas duas fases da Revolução Americana, parecem aspirar a uma problemática separação territorial. Enquanto isso, a separação vai sendo conduzida no plano religioso, com negros escolhendo uma religião diferente e contraposta àquela dos brancos, apresentando-se como a Nação do Islã.

É evidente que, hoje, a sociedade francesa se apresenta relativamente mais homogênea que a estadunidense ou a britânica. Se procedermos a uma comparação considerando a longa duração dos diferentes ciclos revolucionários, o francês revela um maior grau de sucesso.

8. DUAS FORMAS DE "DESESPECIFICAÇÃO"

Mas seria um erro inverter a interpretação feita pelo revisionismo histórico, ignorando as diferentes situações objetivas dos três países confrontados. Não podemos perder de vista a ligação entre situação objetiva, ideologia e movimento político. Pretendemos aqui começar retornando ao passado – para sermos exatos, a uma revolta popular na Bretanha de 1675, reprimida "com uma atrocidade sem igual". Quem se expressa assim é Tocqueville, que chama a atenção para o tom sereno e quase divertido com que uma nobre senhora, madame de Sévigné, se refere aos "horrores" de que é "testemunha":

> Meu Deus, minha caríssima filha, quanto me agrada sua carta de Aix [...]. Querem saber as novidades de Rennes? Impuseram uma taxa de 100 mil escudos, e, se não se encontrar essa soma no prazo de 24 horas, será dobrada e cobrada pelos soldados. Um bairro inteiro foi evacuado e posto para correr, e proibido de receber habitantes sob pena de perderem a vida; assim se viam todos esses miseráveis, mulheres grávidas, velhos, crianças, a vagar chorando em sua saída da cidade, sem saber para onde ir, sem comida e sem abrigo. Antes de ontem capturaram o imbecil que havia iniciado o tumulto e o roubo do papel selado, foi esquartejado e teve suas partes expostas nos quatro cantos da cidade. Uns sessenta homens foram presos, e amanhã começarão a enforcá-los. Esta província será um bom exemplo para as outras.

E, em uma outra carta: "Vocês me falam de modo muito ameno sobre as nossas misérias. Agora não há tantos esquartejados, apenas um em oito dias, para fazer parecer que a justiça funciona. É verdade que parece que os enforcamentos voltaram...". Devemos, então, julgar madame de Sévigné – se pergunta Tocqueville – "uma criatura terrível e bárbara"? Não é disso que se trata. O fato é que a nobre senhora "não fazia a menor ideia do que fosse sofrer quando não se era senhor". Em uma sociedade rigidamente hierarquizada, nem mesmo os sentimentos conseguem superar as barreiras de classe ou casta. Poderíamos dizer que, como não surgem "ideias realmente gerais", tampouco surge uma compaixão geral capaz de ser dirigida ao ser humano "abstrato". E somente numa sociedade democrática, em que já prevalece a ideia de igualdade, pode começar a emergir "uma compaixão geral por todos os membros da espécie humana".

Esse processo não pode ser considerado definitivamente completo. Na democracia estadunidense, mais que a um desaparecimento, assistimos a um deslocamento diferente das barreiras sentimentais que caracterizam a sociedade do Antigo Regime. De fato, "os escravos ainda padecem terríveis sofrimentos e são continuamente expostos a punições muito cruéis", sem que isso perturbe a serenidade e a consciência tranquila de seus senhores, que, aliás, desenvolveram, sim, um sentimento de "compaixão geral", mas apenas no que se refere à comunidade branca[86]. Mas até mesmo no interior de uma comunidade restrita

---

[86] Alexis de Tocqueville, *Oeuvres complètes*, cit., t. I, v. 2, p. 173-5 (e também em "De la démocratie en Amérique", em *Scritti politici*, org. Nicola Matteucci, Turim, Utet, 1968, p. 657-9

70 GUERRA E REVOLUÇÃO

pode haver novas cisões. A "compaixão geral", produzida pelo sentimento de unidade da espécie humana, é um obstáculo ao desenvolvimento da violência mais brutal. Para que essa violência possa ser praticada sem muitos constrangimentos e inibições, por ocasião de conflitos de grande virulência, é preciso neutralizar a "compaixão geral", recolocando em discussão a unidade da espécie. Nesse sentido, os conflitos totais pressupõem um ato de "desespecificação" do inimigo; comportam a exclusão ou expulsão de determinados grupos étnicos, sociais e políticos da comunidade reunida em torno de valores, do mundo civilizado e até do gênero humano.

A desespecificação pode, no entanto, se desenvolver por meio de modalidades sensivelmente diferentes. Podemos distinguir dois procedimentos ideal-típicos. Aos olhos dos defensores do ordenamento social existente, os intelectuais revolucionários são loucos, ao passo que as massas populares que irrompem na cena histórica com suas reivindicações descabidas e seus modos plebeus e vulgares se assemelham aos bárbaros, inclusive no sentido original do termo, pois remetem a uma comunidade, povo ou grupo étnico estranho, diferente e colocado num degrau inferior na escala civilizatória. Fazendo referência ao processo de radicalização da Revolução Francesa, Mallet du Pan lança um grito de alerta: "Os hunos [...] estão entre nós". Quatro décadas mais tarde, depois da revolta dos fiandeiros de seda de Lyon, Saint-Marc Girardin denuncia a "nova invasão dos bárbaros"[87]. Após a revolta operária de junho de 1848, o próprio Tocqueville acaba evocando o espectro "dos vândalos e dos godos"[88], ainda que apenas para descrever os sentimentos coletivos da época. E, remetendo particularmente à Comuna de Paris, Nietzsche teme a irrupção de uma "classe bárbara de escravos"[89]. É nesse sentido que Burke tacha os jacobinos de "selvagens" ou "turcos" ou, pior ainda, de antropófagos[90] – e é como antropófagos, membros de uma "raça detestável" à qual não se deve desejar

---

[ed. bras.: *A democracia na América*, trad. Eduardo Brandão, São Paulo, Martins Fontes, 2004]).

[87] Em Volker Hunecke, "Tendenze anticapitalistiche nella rivoluzione francese", *Società e Storia*, v. I, n. 1, 1978, p. 164.

[88] Alexis de Tocqueville, *Oeuvres complètes*, cit., t. XII, p. 93.

[89] Friedrich Nietzsche, *Sämtliche Werke, Kritische Studienausgabe*, v. I (orgs. Giorgio Colli e Mazzino Montinari, Munique, DTV, 1980), p. 117.

[90] Edmund Burke, *The Correspondence of Edmund Burke*, v. VII (orgs. Thomas W. Copeland et al., Cambridge/Chicago, Cambridge University Press/The University of Chicago Press, 1958-1970), p. 382; *The Works*, cit., v. V, p. 146 n.

senão sua "extirpação", que também aparecem para Constant[91]. Mais tarde, a campanha contra os bolcheviques recorre a formulações e categorias semelhantes. Churchill os define como sinônimo de "barbárie", além de acusá-los de terem "reconduzido o homem da civilização do século XX a uma condição de barbárie pior que a idade da pedra"[92]. Com a ascensão dos bolcheviques ao poder – escreve Spengler –, a Rússia joga fora a "máscara 'branca'" para se tornar "de novo uma grande potência asiática, 'mongol'", já parte integrante "de toda a população de cor da Terra", movida pelo ódio à "humanidade branca"[93]. Esse argumento é obsessivamente utilizado pelo nazismo anos depois.

A partir, pelo menos, da Revolução Francesa e do universalismo que a caracteriza, os revolucionários realizam a desespecificação do inimigo principalmente no plano político-moral. A moral é o único fundamento de uma sociedade que se respeite, afirma Robespierre – que, mais tarde, em nome justamente da moral, criminaliza todos os outros ordenamentos políticos:

> O vício e a virtude fazem os destinos da terra: são esses os dois genes opostos que a disputam. A fonte de ambos está nas paixões do homem [...]. O único fundamento da sociedade civil é a moral. Todas as sociedades que fazem guerra repousam sobre o crime: essas não são, aos olhos da verdade, mais que hordas de selvagens incivilizados e de ladrões disciplinados.
>
> A que se reduz, então, toda essa ciência misteriosa da política e da legislação? A colocar nas leis e na administração as verdades morais relegadas nos livros dos filósofos e a aplicar à conduta dos povos as noções elementares de probidade que cada um deve adotar em suas ações privadas [...]. Com que falta de pudor eles [os reis e seus cúmplices] fazem leis contra o furto ao mesmo tempo que invadem a fortuna pública! Condenam-se os assassinos em nome deles, enquanto eles próprios matam milhões de homens com a guerra e com a miséria.[94]

Robespierre também equipara seus inimigos a uma horda de bárbaros, mas fazendo uso de categorias político-morais em vez de antropológicas ou étnicas.

---

[91] Em Henri Guillemin, *Benjamin Constant muscadin, 1795-1799* (6. ed., Paris, Gallimard, 1958), p. 13-4.

[92] Em Alex P. Schmid, *Churchills privater Krieg. Intervention und Konterrevolution im russischen Bürgerkrieg, November 1918-März 1920* (Zurique, Atlantis, 1974), p. 50 e 293.

[93] Oswald Spengler, *Jahre der Entscheidung* (Munique, Beck, 1993) [ed. bras.: *A decadência do Ocidente*, trad. Herbert Caro, São Paulo, Forense Universitária, 2014], p. 150.

[94] Maximilien Robespierre, *Oeuvres*, cit., v. X, p. 446.

72 GUERRA E REVOLUÇÃO

Não se deve pensar que esse comportamento tenha a ver exclusivamente com o "delírio" jacobino. Na Inglaterra, a revolta dos negros escravizados em São Domingos é assim saudada por Percival Stockdale:

> *Nós* somos os selvagens; os africanos agem como *homens*, como seres dotados de alma racional e imortal, com sentimentos calorosos e generosos [...] Os [seus] gritos [...] contra os tiranos são a *Voz*, sua vingança é o *Ato* da *Natureza* e de *Deus*.

Não satisfeito com esse apoio apaixonado a uma revolta definida como brutal por grande parte da opinião pública, o abolicionista inglês introduz em seu panfleto um poema, publicado em 1773, que apela aos escravizados a "se insurgirem com fúria irresistível contra seus inimigos" e a "exterminarem a raça de seus pálidos diabos"[95].

> Verifica-se aqui um paradoxo. No próprio momento em que marca com indignação a desespecificação sobre base natural, o *pathos* moral pode desembocar num tipo distinto de desespecificação com a expulsão de um estrato social (os proprietários de escravos, neste caso) da comunidade moral (e humana). Segundo Condorcet, "ou a moral não existe de fato", ou é preciso considerar escandalosa e criminosa a instituição da escravatura, bem como o comportamento dos Estados que a toleram ou a sancionam legalmente. Dirigindo-se aos negros escravizados, e polemizando duramente com seus senhores, o filósofo francês escreve: "Caros amigos, embora eu não seja da mesma cor de vocês, sempre os considerei como meus irmãos. A natureza os formou para que tivessem o mesmo espírito, a mesma razão, as mesmas virtudes dos brancos. Falo aqui apenas dos brancos da Europa; porque, no que se refere aos brancos das colônias, não cometo a injúria de compará-los a vocês [...]. Se fôssemos procurar um homem nas ilhas da América, certamente não iríamos encontrá-lo entre as populações de carne branca".[96]

Um dos expoentes mais radicais do abolicionismo estadunidense parece argumentar de modo semelhante. Depois de condenar a instituição da escravatura

---

[95] Em David Geggus, "British Opinion and the Emergence of Haiti, 1791-1805", em James Walwin (org.), *Slavery and British Society, 1776-1846* (Londres, Macmillan, 1982), p. 127.

[96] Nicolas de Condorcet, *Oeuvres*, v. VII (orgs. Arthur Condorcet O'Connor e François Arago, Stuttgart-Bad Cannstatt, Frommann-Holzboog, 1968), p. 69 e 63.

como uma "combinação de morte e inferno" e de se referir à Constituição dos Estados Unidos como um "contrato com a morte e um acordo com o inferno", Garrison exige, em 1841, que os proprietários de escravos sejam destituídos de seus assentos no Congresso:

> Com eles não é lícita nenhuma associação, política ou religiosa: eles são os mais vulgares ladrões e os piores bandidos (melhor pensar num acordo com os presos de Botany Bay e da Nova Zelândia) [...]. Não podemos reconhecê-los como membros da cristandade, da república, da humanidade.[97]

Reconstituída por meio da rejeição ao preconceito racial, a unidade do gênero humano é de novo estremecida pelo *pathos* ou pelo fanatismo moral ou político-moral.

É uma dialética possível de observar também em revolucionários radicalmente diferentes daqueles citados até aqui e antagonistas mortais entre si. Stalin atribui a Lenin o mérito de ter "desmascarado" uma "disparidade escandalosa" e de ter "derrubado a barreira que separava brancos e negros, europeus e asiáticos", abalando assim "a opressão nacional nas suas formas mais brutais e mais ferozes" sofrida por "dezenas e centenas de milhões de homens pertencentes aos povos da Ásia e da África", sofrida pelos "escravos do imperialismo", que eram considerados estranhos à civilização[98]. Por outro lado, ao lançar a coletivização da agricultura, Stalin retoma a terrível acusação de Lenin contra os *kulaks*, que seriam "os exploradores mais ferozes, mais brutais, mais selvagens", "sanguessugas [que] se enriqueceram com a miséria do povo durante a guerra", "sugadores de sangue [que] beberam o sangue dos trabalhadores", "vampiros"[99] que, ainda em 1928, preferem alimentar o rebanho com seus cereais para aumentar seus lucros futuros do que vendê-los a preços razoáveis aos operários da cidade, também açodados pelo perigo da fome e da inanição[100]. Por trágica ironia, os milhões de vítimas dessa impiedosa "revolução de cima" que é a coletivização do campo se encontram, sobretudo, entre as populações asiáticas, cuja discriminação baseada em critérios naturalistas e tendencialmente racistas suscitou uma tão eloquente indignação moral. À acusação feita aos comunistas de que seriam

---

[97] Em Charles E. Merriam, *A History of American Political Theories*, cit., p. 209.

[98] Josef W. Stalin, *Questioni del leninismo* (Roma, Rinascita, 1952), p. 59-60.

[99] Ibidem, p. 402.

[100] Josef W. Stalin, *Werke*, v. XI (Hamburgo, Roter Morgen, 1971), p. 1-2.

74 Guerra e revolução

inspirados pela "moral dos cafres" ou por uma "moral de hotentotes", Trotski responde reivindicando orgulhosamente a íntima solidariedade e unidade entre "revolucionários" e "raças de cor", em luta não apenas contra as "normas biológicas e zoológicas" impostas pelo nazifascismo, mas também contra os "escravistas brancos" em geral, esses indivíduos desprezíveis que "fazem reserva do sangue operário para a próxima guerra mundial"[101]. Depois de denunciar com gravidade a ideia da "raça alemã eleita" e os *pogroms* e massacres das tropas hitleristas, Stalin as classifica como "gente com uma moral animalesca" que, "em sua degradação moral", perdeu qualquer traço de humanidade[102], a ponto de se configurar como "não homens"[103].

Somente um espírito filisteu pode reduzir a tradição revolucionária ao culto de uma *Realpolitik* totalmente surda às razões morais. Também aqui se revela a superioridade de Schmitt em relação aos atuais expoentes do revisionismo histórico (e do neoliberalismo). Ele tem total consciência de que o *pathos* moral pode influenciar o projeto revolucionário, mas ao mesmo tempo destaca a carga de violência que pode ser detonada. O politólogo alemão atribui a Donoso Cortés o mérito de ter sabido enxergar nos "abismos das forças que se servem da ideia de humanidade absoluta para rotular todo adversário como fera". O conceito de homem como tal pode muito bem ser utilizado para expulsar o inimigo como estranho à humanidade, como "não homem"[104]. Entretanto, a forma político-moral é apenas uma das possibilidades de desespecificação. Em relação à outra, Schmitt se cala, assim como se calam, ou ignoram, os diversos expoentes do revisionismo histórico.

As duas formas de desespecificação são duas formas diferentes de fanatismo ideológico. Mas, em outro exemplo de conformação à experiência dos antagonistas da Revolução Francesa, Furet denuncia somente os jacobinos como manifestantes de um "credo maniqueísta", visto como uma consequência exclusiva da "ideologia escatológica"[105]. De modo semelhante se comporta

---

[101] Leon D. Trotski, *La loro morale e la nostra* (Bari, De Donato, 1967), p. 57-60, 69, 84-85 e 102 [ed. bras.: Leon Trotski, "A nossa moral e a deles", em Micheline R. Ishay (org.), *Direitos humanos: uma antologia*, trad. Fábio Duarte Joly, São Paulo, Edusp, 2006, p. 547-55].

[102] Josef W. Stalin, *Über den Grossen Vaterländischen Krieg der Sowjetunion* (Frankfurt, Dokumente der Kommunistichen Weltbewegung, 1972), p. 31-2.

[103] Ibidem, p. 154.

[104] Carl Schmitt, *Donoso Cortés in gesamteuropäischer Interpretation* (Colônia, Greven, 1950), p. 110-1.

[105] François Furet, *Penser la Révolution française*, cit., p. 92 e 242.

Nolte: para ele, Burke tem o mérito de haver esclarecido que os revolucionários franceses não governaram exatamente um Estado, mas "uma associação de fanáticos armados, comparáveis ao Islã nos tempos de Maomé"[106]. Como se nota, embora partindo de pressupostos diversos, o *whig* inglês chega à mesma conclusão de Robespierre: ao inimigo não se reconhece a dignidade de Estado, ele é apenas um bandido. Mas, para o historiador alemão, o fanatismo se encontra de um único lado, ou seja – como esclareceu mais uma vez Burke –, é a doença incurável daqueles "ateus entusiasmados que querem abalar o mundo em suas bases com seu slogan de igualdade natural dos homens, tão contrário à realidade"[107]. Quanto à posição assumida pelo *whig* inglês em relação à ameaça jacobina, pode ser comparada àquela assumida por Hitler quanto à ameaça bolchevique – o mesmo Hitler que[108], pelo visto, deveria ser absolvido também da acusação de fanatismo. Qualificando o bolchevismo como simples sinônimo de barbárie "asiática", Nolte acaba por se identificar até as raízes com o tipo de desespecificação próprio dos opositores da Revolução de Outubro.

É claro que não estamos diante de uma conotação geográfica, mas de um processo claro de desespecificação. Basta lembrar que Lenin, leitor de Hegel e Marx, não tem nenhum envolvimento com os eslavófilos (zomba daqueles que esperam "a luz" do "Oriente místico, religioso"); até mesmo a condenação do colonialismo e do imperialismo nele se entrelaça fortemente com a celebração do "espírito europeu" e da "cultura europeia" que brotam nas colônias, as quais, tomadas pelas "ideias de liberdade", começam a se rebelar contra seus senhores (que são em geral as potências ocidentais ou aqueles que gozam do apoio delas)[109]. Para seus opositores, os bolcheviques são asiáticos e gente de cor da mesma forma que os jacobinos são turcos; uns e outros formam parte do Islã pelas mesmas razões que, nos Estados Unidos, os *communards* e os socialistas ou comunistas (ou mesmo os grevistas comuns) são igualados aos "peles-vermelhas" ou, uma vez mais, aos "turcos"[110], enquanto os abolicionistas

---

[106] Ernst Nolte, *Weltbürgerkrieg 1917-1989?*, cit., p. 33.

[107] Ibidem, p. 34.

[108] Idem, *Der europäische Bürgerkrieg 1917-1945. Nationalsozialismus und Bolschewismus* (Frankfurt/Berlim, Ullstein, 1987), p. 543.

[109] Vladimir I. Lenin, *Opere complete* (Roma, Editori Riuniti, 1955 sq.), v. V, p. 69; v. XVIII, p. 152-5.

[110] Richard Slotkin, *The Fatal Environment: The Myth of the Frontier in the Age of Industrialization, 1800-1890* (Nova York, Harper Perennial, 1994), p. 443-4, 450-1, 463 e 484.

são rotulados, se não como negros, como proponentes da miscigenação e da degeneração da raça[111].

9. Vendeianos, irlandeses, negros e peles-vermelhas

Quando ocorrem conflitos agudos, assiste-se a uma espécie de excomunhão recíproca da civilização (e essa é a essência do processo de desespecificação). A dicotomia amigo/inimigo tende a coincidir com a dicotomia civilização/ barbárie. Contudo, as duas formas de desespecificação não são de fato equivalentes: uma estabelece entre si e o inimigo uma distância político-moral, ao passo que a outra, uma distância mais carregada de elementos naturalistas, pois identifica no inimigo o estrangeiro e o bárbaro – ou então, sobretudo quando se faz referência aos líderes revolucionários, o louco, ele próprio estranho a uma comunidade na qual o conflito insurge não mais por suas contradições internas, mas por uma agressão patogênica ou étnica proveniente de fora. O primeiro tipo de desespecificação refere-se a um comportamento determinado e mutável por definição; o segundo remete não apenas ao comportamento, mas também a características que tendem a assumir uma rigidez naturalista. Vimos revolucionários e rebeldes serem comparados a turcos, hunos, vândalos, negros e peles-vermelhas. A comparação não é uma afirmação de identidade. Não se pode assemelhar totalmente duas entidades heterogêneas, uma definível com base na história e na política, a outra, na "natureza". Revolucionários e rebeldes podem ser ameaçadoramente comparados a negros e peles-vermelhas, mas é sobre estes últimos que a desespecificação naturalista pesa em toda sua rigidez, até se revelar inexorável e irrevogável.

Uma maldição "natural" parece pesar também sobre os irlandeses, vítimas da conquista e da dominação inglesa. Mais do que a impiedosa repressão, são reveladoras as medidas tomadas pelos governantes ingleses para impedir os matrimônios mistos[112] (à maneira das normas que vetam a miscigenação dos brancos com os negros nos Estados Unidos). Segundo uma lei de 1725, um padre culpado de celebrar clandestinamente um matrimônio misto pode ser até condenado à morte[113]. Ainda mais significativa é uma proposta de lei de 1719, proveniente dos colonos ingleses na Irlanda (mas posteriormente rejeitada pelo

---

[111] Ibidem, p. 149.

[112] William E. H. Lecky, *A History of England in the Eighteenth Century*, cit., v. II, p. 371 e seg.

[113] Ibidem, v. II, p. 373; cf. v. I, p. 289.

governo de Londres), pela qual se almeja substituir a pena então vigente, de marcar a fogo a pele dos sacerdotes não registrados, pela castração (o "método mais eficaz que possa existir para depurar a nação desses perturbadores da paz e da tranquilidade do reino")[114]. Essa medida também remete à história da discriminação racial. Note-se, ademais, que os irlandeses são privados da instrução[115]: somos reconduzidos, aqui, a América descrita por Tocqueville, em cujos estados do Sul é rigidamente vetado que se ensine os escravizados a ler e escrever. O historiador anglo-irlandês citado conclui dizendo que a legislação inglesa visa retirar a "propriedade" e a "indústria" dos irlandeses, "mantê-los em condição de pobreza, esmagar neles qualquer germe de empreendedorismo, rebaixá-los à posição de uma casta servil que jamais esperaria ascender ao nível de seus opressores"[116].

Em suma, assim como os negros e os peles-vermelhas na América do Norte, os irlandeses também são uma população colonial, uma raça de alguma maneira inferior. Os dominadores ingleses não têm certeza se põem essa raça inferior no mesmo patamar dos negros, de quem exploram o trabalho forçado, ou dos peles-vermelhas, expropriados de suas próprias terras e dizimados por meio da castração ou de outras medidas mais drásticas. Essa oscilação já pode ser observada em Cromwell, que dá impulso à política de colonização da Irlanda, massacrando e vendendo como escravos na América do Norte inúmeros rebeldes. Sintomaticamente, ao final do século XIX, quando o historiador aqui citado convida o governo de Londres a realizar uma política de conciliação com os irlandeses, argumenta que, ao final das contas, os irlandeses também são parte da "grande raça Ariana"[117]!

Obviamente, a desespecificação naturalista não está ausente na história da França. Ela se manifesta nas colônias. Se na América, segundo observa Tocqueville, os brancos se recusam a reconhecer nos negros (bem como nos índios) "os traços gerais da humanidade" e assim os degradam quase a "animais"[118], na Argélia "os árabes são como feras maléficas"[119] aos olhos

---

[114] Ibidem, v. I, p. 296-7.

[115] Ibidem, v. I, p. 287.

[116] Ibidem, v. I, p. 288.

[117] Ibidem, v. II, p. 380.

[118] Alexis de Tocqueville, *Oeuvres complètes*, cit., t. I, v. 1, p. 357 e 332 (e em "La démocratie en Amerique", cit., p. 402 e 374).

[119] Ibidem, t. XV, v. 1, p. 224.

dos oficiais franceses. E, no entanto, a história do colonialismo não remete ao jacobinismo, que, em certos momentos cruciais, soube discuti-lo, assim como, ao sancionar a abolição da escravatura nas colônias, soube colocar em discussão a desespecificação naturalista e racial. Pode ser esclarecedor comparar duas declarações. "Nenhum homem, vermelho, preto ou branco, que tenha nascido pode ser propriedade de seu semelhante", proclama Toussaint Louverture, o jacobino negro que, levando a sério a Declaração dos Direitos do Homem, dirige a revolução dos escravizados de São Domingos. "Sou pelos brancos porque sou branco. Não há outra razão além desta, que é suficiente", responde Napoleão Bonaparte, empenhado em reintroduzir nas colônias a escravidão abolida pela Convenção jacobina[120]. E, ao menos de acordo com historiadores negros, as tropas francesas comandadas por Lecler, cunhado de Napoleão, levam a cabo uma "guerra de extermínio" de um sadismo gratuito na tentativa de reconquistar São Domingos[121].

Quer dizer, então, que a desespecificação naturalista jamais se apresentou ao longo da Grande Revolução e no âmbito do jacobinismo? Tal conclusão seria precipitada. As duas formas de desespecificação não são equivalentes, mas isso não significa que estejam separadas por uma barreira intransponível. Vejamos o que ocorre no curso da impiedosa repressão aos vendeianos. Os insurgentes são submetidos à desespecificação político-moral que os rotula como servos abjetos do despotismo. Age então a lógica da guerra total contra uma guerrilha em que se empenha toda a população civil, e no âmbito de uma espiral infernal de massacres e represálias, de um lado e de outro. Explica Carrier: "Todos os habitantes desta região participam, de modo mais ou menos ativo, desta guerra". Mais: "As crianças de 13 ou 14 anos empunham armas contra nós, e aquelas de idade mais tenra são os espiões dos bandidos"[122]. Mas a repressão ultrapassa os limites das exigências mais impiedosas da guerra total. O fato é que a desespecificação político-moral vai aos poucos cedendo espaço à naturalista: os "selvagens vendeianos"[123] se tornam uma "horda de bandidos"[124],

---

[120] Em Florence Gauthier, *Triomphe et mort du droit naturel en Révolution* (Paris, PUF, 1992), p. 282.

[121] Aimé Césaire, *Toussaint Louverture: la Révolution française et le problème colonial* (Paris, Présence Africaine, 1961), p. 302-4.

[122] Reynald Secher, *Le Génocide franco-français: la Vendée-Vengé* (Paris, PUF, 1986), p. 297.

[123] Ibidem, p. 296.

[124] Ibidem, p. 158-9

ou melhor, uma "raça de bandidos", ou a "raça de homens da Vendeia", "malvada" em sua totalidade: é a "raça maldita"[125]. É verdade que, no final do século XVIII, o termo *raça* ainda não havia assumido o significado que tem nos dias de hoje, mas, mesmo assim, é cristalina a tendência à leitura naturalista do conflito: segundo o general Turreau, a revolta deve, sim, ser explicada pela "ignorância, os hábitos, a superstição desse povo", desde sempre "palco e berço" das "guerras de religião", mas também pela "própria natureza da região", que a torna inacessível à civilização. É uma representação da Vendeia bem anterior à Revolução[126], representação favorecida pelo fato de que a população da região rebelde se apresenta como "alógena" ao povo francês[127].

Já questionada, no momento mais trágico da guerra civil, pelos generais que se recusam a participar de massacres indiscriminados, a passagem à desespecificação de tipo naturalista se revela precária e instável. A lógica da desespecificação político-moral acaba prevalecendo: ao final do ciclo revolucionário, diferentemente dos indígenas e negros nos Estados Unidos e dos irlandeses na Grã-Bretanha, os vendeianos têm pleno acesso aos direitos de cidadania.

10. ABORDAGEM IDEOLÓGICA E ANÁLISE HISTÓRICA CONCRETA

Claro que, a essa conclusão, se pode objetar dizendo que é preciso considerar as características peculiares da Grã-Bretanha e, sobretudo, dos Estados Unidos (dimensões continentais, mistura de raças etc.). Para que a comparação entre os diferentes países aqui considerados seja correta, não se pode perder de vista que a Terceira República francesa também desenvolve uma grande discriminação e opressão das "raças inferiores", até mesmo fora do território metropolitano. E assim, com esse devido esclarecimento, cai por terra a contraposição meramente ideológica entre revolução boa e revolução ruim.

Para demonstrar que o Terror e a ditadura são um produto exclusivamente francês e o resultado imanente de uma determinada ideologia, o revisionismo histórico – neste ponto, plenamente alinhado com a vulgata neoliberal –

---

[125] Ibidem, p. 336 n. 26 e p. 296.

[126] Alan Forrest, "La Guerre de l'Ouest vue par les soldats républicains", em Jean-Clément Martin (org.), *La Guerre civile entre Histoire et Mémoire* (Nantes, Ouest, 1995), p. 92-3.

[127] Antonio Gramsci, *Quaderni del carcere* (org. Valentino Gerratana, Turim, Einaudi, 1975), p. 2.029 [ed. bras.: *Cadernos do cárcere*, trad. Carlos Nelson Coutinho, Rio de Janeiro, Civilização Brasileira, 1999-2001, 5 v.].

80 GUERRA E REVOLUÇÃO

procede a uma dupla ou tripla abstração arbitrária: uma recalca as circunstâncias; outra isola uma única etapa (a relativamente mais indolor) dos ciclos revolucionários inglês e norte-americano para contrapô-las, de modo triunfal, ao ciclo revolucionário francês como um todo; o isolamento dessa única etapa (a *Glorious Revolution* e a Guerra de Independência Americana) é, ao mesmo tempo, a abstração do episódio da comunidade propriamente civilizada em relação àquele dos bárbaros e selvagens (irlandeses e escoceses num caso, negros e peles-vermelhas no outro). É esse o fundamento sobre o qual se ergue aquilo que poderíamos chamar de sofisma de Talmon, para fazer referência a um dos autores que mais se destacou na contraposição binária das diferentes tradições políticas com a finalidade exclusiva de glorificar o liberalismo anglo-saxão. O sofisma reside na comparação entre grandezas totalmente heterogêneas: uma tradição política, considerada a partir de um estado de exceção, numa situação de grande perigo, é comparada a outra tradição política, considerada exclusivamente em seus períodos de normalidade – plenamente desfrutados, aliás, apenas pela fração privilegiada da população. É nessa base que Talmon (e também, na essência, o pensamento de Furet) consegue celebrar a tradição liberal anglo-saxã como sinônimo, desde suas origens, de liberdade para todos e de rejeição a toda forma de "coerção" e "violência"[128]! Claramente, com tais hinos se abandona o terreno da historiografia para lançar-se ao céu por entre as nuvens da hagiografia.

Se também as abstrações anteriormente analisadas visam glorificar a tradição liberal, em contraposição à Revolução Francesa, é preciso reconhecer que a primeira soube desenvolver, com seus expoentes e nos seus melhores momentos, uma análise bem mais lúcida e realista. Em 1787, na vigília da promulgação da nova Constituição federal, Hamilton explica que a limitação do poder e a instauração do governo das leis teve sucesso em dois países territorialmente insulares, protegidos pelo mar das ameaças das potências rivais e concorrentes. Se o projeto de União falisse, e sobre seus escombros se delineasse um sistema de Estados semelhante àquele existente no continente europeu, apareceriam também nas ex-colônias os fenômenos do exército permanente, de um forte poder central e, até, do absolutismo[129]. Nesse mesmo sentido Tocqueville

---

[128] Jacob L. Talmon, *Le origini della democrazia totalitária*, cit., p. 12 e 15.

[129] Alexander Hamilton, James Madison e John Jay, *Il Federalista* (Bolonha, Il Mulino, 1980), p. 76-82 (art. n. 8) [ed. bras.: *Os artigos federalistas*, trad. Maria Luiza X. de A. Borges, Rio de Janeiro, Nova Fronteira, 1987].

observa que os norte-americanos empenhados na Guerra de Independência são favorecidos pelo fato de estarem "separados por 1,3 mil léguas marítimas de seus inimigos", ao passo que a França revolucionária está "exposta aos ataques da Europa inteira, sem dinheiro, sem crédito, sem aliados", sendo, além do mais, obrigada a enfrentar "o incêndio" que a consome por dentro[130]. Historiadores contemporâneos confirmam a importância da situação geopolítica, inclusive no que se refere aos desdobramentos da batalha entre patriotas e lealistas. Obrigados a fugir, estes últimos se refugiam no Canadá e até na Inglaterra, de onde não retornam, o que contribui, em boa medida, para a estabilização do novo ente estatal[131].

Além disso, a turbulência plebeia da tradição revolucionária francesa não existe ou é reduzida nos Estados Unidos, pois a instituição da escravatura permite que se mantenha sob controle férreo as classes "perigosas" já nos lugares de produção. É a própria geografia político-social dos Estados Unidos que finca suas raízes num contexto material bastante preciso. Os protagonistas da Revolução Americana conhecem bem a diferença radical entre "Estados e reinos europeus" (em primeiro lugar, a França), de um lado, e Estados Unidos da América, de outro. Referimo-nos aqui a um país profundamente rural e com uma esparsíssima densidade demográfica, onde, "atualmente, nove décimos da população é de proprietários de terras" e no qual, graças a uma fronteira ainda aberta, é possível conter o número de "mecânicos e operários" (*manufacturers*). Isto é, a moderação no conflito político-social é a outra face da moeda da política de expansão e opressão colonial, e mesmo de aniquilação dos excluídos (a Irlanda e outros territórios coloniais exercem na história da Inglaterra uma função análoga ao *Far West*)[132].

Quem ajuda a esclarecer esse ponto é um autor particularmente caro ao revisionismo histórico. Ao apresentar, em 1775, sua "moção de conciliação" com as colônias americanas, Burke a justifica com a tese de que não se pode negar a liberdade àqueles que fazem parte de "uma nação em cujas veias circula o sangue da liberdade". Os membros da "raça eleita dos filhos da Inglaterra" são todos adoradores da "liberdade", liberdade esta que se mostra muito mais "nobre" e "liberal" para os proprietários de escravos:

---

[130] Alexis de Tocqueville, *Oeuvres complètes*, cit., t. I, v. 1, p. 114.

[131] George M. Trevelyan, *Storia d'Inghilterra*, cit., p. 506; Robert R. Palmer, *L'età delle rivoluzioni democratiche*, cit., p. 212-3.

[132] Domenico Losurdo, *Democrazia o bonapartismo*, cit., p. 112-3.

Os habitantes das colônias meridionais são mais forte e obstinadamente ligados à liberdade do que os setentrionais [...], e assim serão todos os senhores de escravos que não sejam escravos eles mesmos. Nesses povos, a soberba do império se combina com o espírito de liberdade, o fortifica e o torna invencível.

Isto é, a desespecificação naturalista dos negros e peles-vermelhas torna mais homogênea a comunidade branca e europeia, unida pelo sentimento da dignidade comum própria dos *Englishmen*, e somente dos *Englishmen*, aos quais de forma alguma se pode negar o direito à liberdade: é uma questão de "genealogia", contra a qual os "artifícios humanos"[133] se revelam impotentes. Referindo-se a essa análise de Burke, um político da Virgínia tece loas, em 1832, ao "perfeito espírito de igualdade tão predominante nas populações brancas dos estados escravistas", as quais, por isso, podem reivindicar sua superioridade: No Norte não há a mesma familiaridade entre homens de diversas condições sociais como há no Sul, onde, graças ao fato de que "os trabalhos servis e mais modestos são assumidos pelos negros" – ou seja, pelos escravizados –, "todos os brancos são iguais, não obstante a variedade de ocupações"; "aqui, somente a cor é barreira de distinções"[134].

Explica-se, assim, tanto o triunfo da Revolução Americana (ou seja, da Guerra de Independência), que Arendt enaltece em 1963, quanto a falência de todo o ciclo revolucionário estadunidense que a autora condena em 1970. A relativa moderação do conflito no interior da "raça" civilizada e livre é a outra face da moeda da extrema dificuldade de subsumir integralmente, sob a categoria de homem e cidadão, os membros das raças inferiores. À relativa homogeneidade da comunidade dos *Englishmen* corresponde a total alteridade dos negros e peles-vermelhas, excluídos da civilização e até mesmo da dignidade humana. Com a Guerra de Secessão, entra em crise a desespecificação naturalista dos negros, e com isso Norte e Sul não apenas se enfrentam nos campos de batalha, como também se excomungam reciprocamente da civilização, rotulando um ao outro de bárbaros. Isso faz com que o conflito se torne ainda mais cruel e sanguinário.

O debate produzido nos Estados Unidos confirma de vez a esterilidade da abordagem meramente ideológica. No curso da Revolução Abolicionista, quem encarna as razões do desenvolvimento social espontâneo e quem encarna

---

[133] Edmund Burke, *The Works*, cit., v. III, p. 54, 66 e 124.

[134] Richard Hofstadter e Beatrice K. Hofstadter, *Great Issues in American History*, cit., v. II, p. 320.

as razões de uma engenharia social e de uma filosofia da história opressivas? Para os teóricos da escravidão, não há dúvidas. Basta evitar as especulações abstratas e lançar um olhar para a história. "A escravidão foi mais universal que o matrimônio e mais permanente que a liberdade". Já a liberdade generalizada é "um experimento limitado e recente". Mas "nós não desejamos um mundo novo". Como se notou, para esses ideólogos, a escravidão é uma espécie de *common law* que os abolicionistas gostariam de anular por meio da "ação positiva do Estado" – portanto, de intervenções que pretendem moldar o real a esquemas rígidos e opressivos[135].

Tal debate continua presente nos dias de hoje, ainda que de diferentes maneiras. Sempre remetendo à autoridade de Burke, o revisionismo histórico estadunidense segue insistindo em um ponto essencial. Ao desencadear uma "revolução" sanguinária e, talvez, supérflua (a instituição típica do Sul já está em via de gradual humanização ou extinção) e conduzir uma guerra total ou totalitária, a União acaba produzindo no Sul um regime tendencialmente totalitário que se encerra em 1877, mas reaparece por ocasião da Segunda Reconstrução. Para a historiografia e a mídia revisionistas, qual é o fio condutor da política da União e do Norte durante esses dois períodos históricos? É a tentativa de impor a igualdade racial de cima para baixo, cancelando ou redimensionando drasticamente a autonomia dos estados com uma ditadura pedagógica convocada para eliminar os "preconceitos" raciais do povo do Sul por meio de um experimento de engenharia social. Rompendo com uma tradição secular e pisoteando valores e costumes consolidados entre a grande maioria da população (branca), esse experimento pretende realizar a igualdade e a integração racial com medidas despóticas vindas de cima. Essa política de violência e de opressão, que infligiu ao povo estadunidense a maior tragédia de sua história (a Guerra de Secessão), consegue aplacar a consciência – aliás, adquire uma segurança de si fanática remetendo a uma filosofia da história que proclama a inevitabilidade da emancipação e da igualdade dos negros, e classifica o Sul como um Antigo Regime condenado pelo progresso histórico.

Retornam os argumentos – todos os argumentos – utilizados pelo revisionismo histórico na polêmica contra o jacobinismo e o bolchevismo. E é fácil

---

[135] Eugene D. Genovese, *The Southern Front: History and Politics in the Cultural War* (Columbia, MO/Londres, University of Missouri Press, 1995), p. 105; "The Slaveholders' Dilemma: Freedom and Progress", em *Southern Conservative Thought, 1820-1860* (Columbia, SC, University of South Carolina Press, 1995), p. 13.

84   Guerra e revolução

imaginar as respostas, em especial as dos historiadores afro-estadunidenses. O totalitarismo é representado pelo pesadelo da "Reconstrução" (tanto a primeira quanto a segunda) ou pelo poder absoluto e ilimitado, no Sul anterior à Guerra de Secessão, exercido pelos senhores brancos de escravizados? O que deve ser classificado como engenharia social: a tentativa de impor, de cima para baixo, uma sociedade baseada na igualdade e na integração racial, ou a instituição da escravatura, e, mais tarde, o *apartheid* e a legislação contra a miscigenação? Somente se pode considerar como filosofia da história aquela que proclama o fim inevitável da instituição da escravatura, ou também aquela que legitima primeiro essa instituição e depois a supremacia branca, em nome do "fardo" imposto pela Providência ao "homem branco"[136]?

Esse debate não se reapresenta nos mesmos termos ao tratar da Revolução Francesa simplesmente por causa da distância que separa a França de São Domingos: se o totalitarismo é uma forma de "nova escravidão", como define Hayek[137], não se compreende a necessidade de remontar aos jacobinos negros e brancos, protagonistas da abolição da escravatura, e não aos seus adversários, que, depois do Termidor, restabelecem ou tentam restabelecer essa instituição. O recurso exclusivo à dicotomia liberdade/despotismo, amigos/inimigos da sociedade aberta é esquemático, pois ela recalca os conflitos entre as diferentes liberdades, enquanto as duas categorias mobilizadas pelo revisionismo histórico para liquidar a tradição revolucionária – a de filosofia da história e a de engenharia social – revelam-se totalmente formais e suscetíveis de subsumir os mais diversos conteúdos. E é inútil querer deduzir *a priori* dessas duas categorias o terror ou o totalitarismo, ou recorrer a elas como substitutas de um balanço histórico concreto.

---

[136] Richard M. Weaver, *The Southern Essays* (orgs. George M. Curtis III e James J. Thompson Jr., Indianápolis, Liberty Press, 1987), p. 211, 213, 250 e 253; John H. Franklin, *Race and History: Selected Essays, 1938-1988* (Baton Rouge/Londres, Louisiana State University Press, 1989), p. 38-9 [ed. bras.: *Raça e história: ensaios selecionados*, trad. Mauro Gama, Rio de Janeiro, Rocco, 1999]; cf. Kenneth M. Stampp (org.), *The Causes of the Civil War* (3. ed., Nova York, Simon & Schuster, 1991).

[137] Friedrich A. von Hayek, *The Road to Serfdom* (Londres, Ark Paperbacks, 1986) [ed. bras.: *O caminho da servidão*, trad. Anna Maria Capovilla, José Ítalo Stelle e Liane de Morais Ribeiro, Campinas, Vide, 2013].

11. Puritanos, jacobinos, abolicionistas e bolcheviques

A ausência de uma análise comparada entre as diversas revoluções se faz sentir pesadamente inclusive no que se refere a outro motivo de fundo da historiografia e da crônica política revisionistas: aquele que identifica o intelectual "abstrato" e "fanático", o *homo ideologicus*, como portador da doença revolucionária. Apesar da contínua agitação desse tema, seria vã a tentativa de encontrar na historiografia e na crônica política revisionistas uma análise comparada dos grupos intelectuais produzidos pelas grandes revoluções, ou, então, pelas revoluções que enfrentaram duros conflitos políticos e sociais. Devemos buscar essa análise em outro lugar. Um estudo já célebre realiza uma interessantíssima comparação entre puritanos, jacobinos e bolcheviques. Algumas características comuns essenciais aparecem: o ódio fanático pela ordem existente, pecaminosa ou injusta; o empenho, cheio de confiança, na capacidade de realizar uma nova sociedade e mesmo um "homem novo"; o sentimento de eleição e missão, graças ao qual se superam obstáculos que vão surgindo e se enfrenta o terremoto que balança e provoca o desmoronamento das instituições e dos valores vigentes até então[138]. Particularmente esclarecedora e persuasiva é a analogia entre puritanos e bolcheviques (no jacobinismo, a referência à Providência teológica ou histórica não parece exercer um papel relevante).

Mas aos três grupos intelectuais e políticos comparados pelo estudioso estadunidense aqui citado, Michael Walzer, convém acrescentar um quarto. Quem encarna o tipo ideal do "fanático" melhor que todos são os intelectuais que emergem no decorrer da agitação e da revolução abolicionista. Nas primeiras décadas do século XIX, os expoentes do bastante moderado movimento abolicionista inglês são claramente afetados pelo "fanatismo", pela "maluquice", pela "loucura metafísica", de acordo com o estadunidense Randolph[139]. É o tema da intoxicação ideológica que vimos em Burke, a quem o eminente político conservador do Sul remete explicitamente. O diagnóstico psicopatológico parece adquirir feições claras nas palavras de Calhoun, para quem os abolicionistas – ao menos aqueles mais "fanáticos" e mais fanaticamente envolvidos na "cruzada" – percebem dentro de si a "obrigação mais sagrada"

---

[138] Michael Walzer, *The Revolution of the Saints: A Study in the Origins of Radical Politics* (Cambridge, MA/Londres, Harvard University Press, 1965); Hans-Christoph Schröder, *Die Revolutionen Englands im 17. Jahrhundert*, cit., p. 80-1.

[139] Em Russell Kirk, *John Randolph of Roanoke: A Study in American Politics* (Indianápolis, Liberty Press, 1978), p. 66 e 176-7.

de combater o "pecado", a ponto de poderem se considerar imunes apenas pelo recurso "a todos os meios possíveis" para destruí-lo[140]. Descreve-se aqui uma forma de paranoia.

Quanto mais se adensa a tempestade da guerra civil, mais implacável se torna a acusação de Calhoun. A acusação, agora, é dirigida ao "espírito incendiário"[141], ao "espírito do fanatismo"[142], aos "fanáticos raivosos"[143], aos "cegos fanáticos" que ameaçam entrar em guerra contra o Sul[144], pelo qual revelam "um ódio mais mortal do que aquele nutrido por uma nação hostil em relação a outra"[145]. Sim, esses "zelotes ferozes"[146] criam para si uma "obrigação de consciência"[147] de proclamar "uma cruzada geral contra nós e nossas instituições"[148].

Essa denúncia capta um aspecto essencial da realidade. Depois de estigmatizar com veemência não apenas os proprietários de escravos e seus defensores no Sul, mas também, quiçá com uma impetuosidade ainda maior, aqueles no Norte que demonstram "apatia" ou escasso entusiasmo em relação à "bandeira da emancipação" por ele levantada; depois de reprovar "a doutrina popular, mas perigosa, da abolição *gradual*" e de acusar de substancial filistinismo ou hipocrisia os apelos à "moderação", Garrison exclama:

> Tremam os opressores sulistas, tremam seus cúmplices secretos, tremam seus apologistas do Norte, tremam todos os inimigos dos negros perseguidos! [...] *Quero ser* duro como a verdade e inflexível como a justiça. Neste campo, não quero pensar, falar ou escrever com moderação.[149]

Essa retórica não é diferente daquela dos jacobinos franceses ou de sucessivas gerações de revolucionários. Quando muito, pode-se notar aqui outro *pathos*.

---

[140] John C. Calhoun, *Union and Liberty*, cit., p. 529 e 582-3.

[141] Ibidem, p. 465 e p. 471.

[142] Ibidem, p. 466.

[143] Ibidem, p. 529.

[144] Ibidem, p. 474.

[145] Ibidem, p. 472.

[146] Em David B. Davis, *The Slave Power Conspiracy and the Paranoid Style* (Baton Rouge/Londres, Louisiana State University Press, 1982), p. 37.

[147] John C. Calhoun, *Union and Liberty*, cit., p. 471.

[148] Ibidem, p. 469.

[149] Em Richard Hofstadter e Beatrice K. Hofstadter, *Great Issues in American History*, cit., v. II, p. 321-2.

Ao condenar a escravidão como "um crime odioso perante os olhos de Deus"[150], os agitadores abolicionistas realizam não somente uma criminalização, mas também uma verdadeira excomunhão de seus adversários. Estes são rotulados como responsáveis por passar por cima de todas as normas divinas e humanas de convivência, razão pela qual devem ser expulsos de qualquer comunidade civil possível. Aqui, a carga de exclusão implícita na desespecificação moral atinge o ápice, mas o fanatismo dos abolicionistas não se limita a isso. Desde o princípio, sua campanha assume tons explicitamente escatológicos: trata-se de realizar a "emancipação universal" do homem em relação à dominação pelo homem e ao poder da força bruta; trata-se de promover a libertação da "escravidão" do pecado e do egoísmo, que se expressam de modo mais concentrado e mais desprezível na imposição de correntes a outros seres humanos e a outros cristãos ou cristãos em potencial[151]. Nesse sentido, não sem razão, a Guerra de Secessão foi por vezes descrita como o choque entre "a lei e os profetas"[152]. Dentre os últimos, podemos citar um dos líderes de maior sucesso na campanha militar da União – a saber, Sherman, o "profeta combatente"[153] e protagonista da guerra total.

Desnecessário dizer que a tal fanatismo não corresponde, no outro lado, uma visão mais lúcida ou mais laica. Dissolvida a objetividade da contradição de fundo que atravessa a sociedade escravocrata, esta passa a ser vista por seus ideólogos como um organismo saudável agredido de fora por esses tipos de negros e bárbaros disfarçados, ou ainda, por essa espécie de serpente de bíblica memória que é o agitador tomado pelo delírio ou fanatismo abolicionista[154]. Também nesse caso, o estudioso de hoje não pode se identificar com a experiência de nenhum dos antagonistas. O revisionismo histórico, por seu turno, não apenas assina embaixo da denúncia do fanatismo feita pelos defensores da ordem constituída, mas o faz em certos casos mais do que em outros, sem explicar as razões de sua escolha. E isso não é tudo. Quando Burke fala com

---

[150] Citado em Aileen S. Kraditor, *Means and Ends in American Abolitionism: Garrison and His Critics on Strategy and Tactics, 1834-1850* (Chicago, I. R. Dee/Elephant Paperbacks, 1989), p. 5.

[151] David B. Davis, *The Slave Power Conspiracy and the Paranoid Style*, cit., p. 44; Charles E. Merriam, *A History of American Political Theories*, cit., p. 216-7.

[152] Richard M. Weaver, *The Southern Essays*, cit., p. 245.

[153] Ibidem, p. 170.

[154] Russell Kirk, *John Randolph of Roanoke*, cit., p. 167; Richard Hofstadter e Beatrice K. Hofstadter, *Great Issues in American History*, cit., v. II, p. 319.

desdém dos "*levellers*" franceses ou "dos princípios de nivelamento francês" (*principles of French levelling*)[155], indiretamente institui uma comparação entre radicais da Revolução Francesa e radicais da Revolução Puritana. A uns e a outros também se refere Constant, quando faz sua condenação do "delírio" ideológico[156]. Já o revisionismo histórico abandona até esse esboço de comparação para denunciar apenas na Revolução Francesa e na Bolchevique a presença daninha do *homo ideologicus*.

Pode-se encontrar um germe de sociologia comparada dos distintos grupos intelectuais na denúncia em que Burke define os intelectuais revolucionários franceses como mendigos da pena, ou *gueux plumés*[157], que se servem das classes humildes como de um "corpo de janízaros" para assaltar a propriedade[158]. Constant demonstra certo rigor sociológico quando, baseando-se justamente no balanço da Revolução Francesa, propõe que não sejam atribuídos direitos políticos aos intelectuais não proprietários, pois, em função de sua condição social, eles tenderiam a "pensamentos visionários sobre a sociedade" e a elaborar "teorias quiméricas"[159]. Maistre, em consonância, diretamente de uma São Petersburgo ainda em choque pela revolta camponesa sufocada algumas décadas antes, expressa preocupação pela possível eclosão de uma nova revolução de tipo "europeu", agora dirigida por algum "Pugachev da Universidade"[160]. Para todos esses autores, o fato novo e escandaloso é a emergência de um grupo de intelectuais não organicamente ligados às classes proprietárias, mas abertos ao influxo das massas populares. Tais elementos de análise realista são deixados totalmente de lado pelo revisionismo histórico, que lê, de maneira simplória, a contraposição entre intelectuais-proprietários e "mendigos da pena" como a contraposição entre intelectuais concretos e intelectuais abstratos tomados pelo delírio. No calor da luta contra o maniqueísmo e o fanatismo ideológico, o conflito entre classes sociais diversas se transforma em batalha entre sanidade

---

[155] Edmund Burke, *The Works*, cit., v. V, p. 104; *The Correspondence of Edmund Burke*, cit., v. VI, p. 451.

[156] Benjamin Constant, *Oeuvres*, cit., p. 1.094.

[157] Edmund Burke, *The Works*, cit., v. IX, p. 49.

[158] Ibidem, v. VII, p. 135.

[159] Benjamin Constant, *Cours de politique constitutionelle* (3. ed., Bruxelas, Société Belge de Librairie, 1837), p. 106-7; *Oeuvres*, cit., p. 1.050-1.

[160] Joseph de Maistre, *Oeuvres complètes* (Hildesheim/Zurique/Nova York, Olms, 1984), t. XII, p. 59-60.

e loucura; momentos centrais da história moderna e contemporânea correm o risco de serem reduzidos a meros capítulos de psicopatologia.

Furet denuncia a obsessão dos jacobinos e dos bolcheviques, que enxergam por todos os cantos uma maquinação dos aristocratas ou dos inimigos de classe[161]. Mas que papel o medo da conspiração exerce em Burke e nos adversários da Revolução Francesa, e que papel exerce fora da França e da Rússia? É inútil buscar respostas nos historiadores revisionistas, pois a eles falta a própria pergunta. É preciso dirigir-se a outros historiadores, que destacam como a obsessão pela conspiração assume "traços de paranoia" no decorrer da primeira revolução da Inglaterra, e como tal obsessão assume um papel absolutamente decisivo não apenas na primeira e na segunda revoluções estadunidenses, mas em toda a história dos Estados Unidos, de modo que esta seria caracterizada por um "estilo paranoico"[162] peculiar. Tudo isso é ignorado pelo revisionismo histórico, que somente assim pode contrapor de forma absoluta a Revolução Americana (ou Inglesa), de um lado, e a Revolução Francesa, de outro.

12. Balanços históricos e mitos genealógicos

Um notável historiador estadunidense assim responde a quem, polemizando com o quadro tradicionalmente pintado da Revolução Americana, chama a atenção para a sorte dos negros e dos peles-vermelhas, e também a quem chama a atenção para o fato de que o calvário sofrido por estes últimos começou ou deu um salto de qualidade com a formação dos Estados Unidos:

> O iluminado projeto estadunidense não foi realizado então, nem foi plenamente realizado agora. O milagre, à luz das realidades cotidianas do século XVIII, está já na sua existência, no fato de ele ter tido alguma forma de expressão prática, ainda que limitada, num mundo tão brutal e opressivo como o do *Ancien Régime,* e de ter estabelecido ideais a que ainda aspiramos em nossos melhores momentos. Colloway mostra quão turva era a realidade da opressão racial e quão incompletamente realizados eram os ideais da revolução na geração dos Pais Fundadores. O "quadro completo" e o "significado pleno" de que ele fala no início devem incluir os detalhes que emergem de sua descrição acurada da devastação das regiões

---

[161] François Furet, *Le Passé d'une illusion*, cit., p. 56-7 e 172.

[162] Hans-Christoph Schröder, *Die Revolutionen Englands im 17. Jahrhundert*, cit., p. 67; David B. Davis, *The Slave Power Conspiracy and the Paranoid Style*, cit.

Guerra e revolução

indígenas; mas devem também incluir os aspectos fundamentais e as cores radiantes das aspirações iluminadas que definiram propósitos e ideais da nova nação.[163]

Na realidade, o desenvolvimento do espaço de autonomia e de expansão dos brancos se deu *pari passu* com a crescente opressão dos peles-vermelhas (assim como com a persistente escravização dos negros). Mas os conflitos entre as diversas liberdades são aqui reduzidos num esquema gradualista que apaga as contradições objetivas. O balanço histórico é traçado, sobretudo, a partir das boas intenções dos protagonistas da Revolução Americana, as mesmas que, em outros casos, são lidas como expressão de consciência ideológica. Cabe notar que, com os argumentos recém-apresentados, poderíamos defender a Revolução Francesa e até a Revolução de Outubro. Porém, é significativo que tais argumentos só prevaleçam para a Revolução Americana, objeto, pois, de uma hagiografia que o revisionismo histórico se resguarda bem de colocar em discussão. Sua leitura da tradição revolucionária é radical e impetuosa. No entanto, há um limite *a quo* insuperável: não se pode retroceder aquém de 1789. Apesar de sua aparência iconoclasta, a onda revisionista contemporânea também se detém diante de certos tabus ou de certos *topoi* da ideologia dominante. O "sofisma de Talmon", a contraposição dual entre as diferentes tradições políticas, de fato desemboca em um daqueles mitos genealógicos com que desde sempre diversos países, sobretudo as grandes potências, tentam transformar suas origens e sua imagem[164]. Se examinarmos o desenvolvimento do mundo contemporâneo, veremos que no centro desses dois séculos de história existem três gigantescos conflitos, cada qual prolongado por vários lustros, ou até décadas, e desenvolvido mais no plano ideológico do que no político-militar: o primeiro se abre com a Revolução Francesa e se conclui com a Restauração; o segundo abraça o período das duas guerras mundiais; o terceiro, depois de começar a se manifestar com a eclosão da Revolução de Outubro, conhece sua etapa decisiva nos anos e décadas da Guerra Fria até a dissolução da União Soviética. A única entidade político-ideológica que consegue sair vitoriosa de todos os três conflitos é o mundo anglo-saxão. A transfiguração da tradição política anglo-saxá e, em particular, dos Estados Unidos é a consagração desse fato.

---

[163] Bernard Baylin, "An American Tragedy", *The New York Review of Books*, 5 out. 1995, p. 16.

[164] Cf. Léon Poliakov, *Le Mythe aryen. Essai sur les sources du racisme et des nationalismes* (2. ed., Bruxelas, Complexe, 1987), p. 15 [ed. bras.: *O mito ariano*, trad. Luiz João Gaio, São Paulo, Perspectiva/Edusp, 1974].

III
OUTUBRO BOLCHEVIQUE, GUERRA CIVIL
INTERNACIONAL E QUESTÃO COLONIAL

1. O OUTUBRO BOLCHEVIQUE: REVOLUÇÃO OU GOLPE DE ESTADO?

Com a transformação da história da Inglaterra e dos Estados Unidos – por meio de omissões sucessivas e abstrações arbitrárias – e o isolamento do Terror jacobino em relação a seu contexto histórico, eis que o último surge como um delírio a agitar até o futuro distante. No plano desta história puramente ideológica, junto a outros acontecimentos e "circunstâncias", o primeiro conflito mundial recebe até pouca atenção. O ponto de partida da catástrofe do século XX é o bolchevismo, prolongamento e potenciação paroxística do jacobinismo. Pode-se dizer que desta vez a intoxicação ideológica se apresenta em estado puro, dado que o Outubro de 1917 não é sequer uma revolução, mas um golpe de Estado – e um golpe de Estado que abate não o antigo regime e suas ruínas, mas a democracia.

Essa tese remete, em última instância, a Churchill, que em 3 de janeiro de 1920 acusa os bolcheviques de terem destruído não a autocracia tsarista, e sim a "república russa" e o "Parlamento russo"[1]. Entretanto, a fonte dessa acusação é singular, pois se trata do estadista e do país que mais se empenharam em destruir o regime nascido da Revolução de Fevereiro. Depois de aguardar por algum tempo que a queda do tsarismo acabasse recolocando a Rússia na guerra "democrática" contra os Impérios Centrais, a Entente olha com profunda desconfiança para a nova situação e para a "desordem" criada, atirando-se numa busca frenética por um homem forte. O próprio Kerenski denuncia, em suas *Memórias*, o grande apoio fornecido pelos "aliados" a todos os "complôs

---

[1] Alex P. Schmid, *Churchills privater Krieg. Intervention und Konterrevolution im russischen Bürgerkrieg, November 1918-März 1920* (Zurique, Atlantis, 1974), p. 293.

militares" que visassem "instaurar uma ditadura". Churchill se pronuncia explicitamente a favor disso, e da tentativa (em setembro de 1917) do general Kornilov de marchar sobre São Petersburgo para eliminar os sovietes e o governo provisório não só participam tanques de guerra britânicos[2], como os "soldados ingleses em uniformes russos estão entre os poucos que não desertam"[3].

A fim de validar a tese do golpe de Estado, normalmente se faz referência à dissolução da Assembleia Constituinte. É assim, por exemplo, que procede Furet. Contudo, ele não menciona que, na esteira da onda de violência e terror da guerra, inclusive nos Estados Unidos, os organismos representativos são depurados dos elementos considerados indesejáveis, em violação às próprias normas vigentes: em Wisconsin, um socialista, eleito regularmente para a Câmara dos Representantes, é retirado da cadeira a que tem direito; fenômeno análogo, e em maior escala, ocorre no estado de Nova York[4]. Na Itália, o ministro Bissolati ameaça uma limpeza até mesmo física do Parlamento, quando, confrontando os deputados pacifistas ou mesmo os não suficientemente belicosos, brada: "Pela defesa do país, eu estou pronto a atirar contra todos vocês!"[5]. No que concerne à Rússia, os bolcheviques que dissolvem a Assembleia Constituinte tinham passado pela experiência da deportação para a Sibéria de seus deputados contrários à guerra.

Naturalmente, a depuração não é a mesma coisa que a dissolução, assim como não são a mesma coisa a normalidade constitucional vigente, de um lado, e a revolução e a guerra civil (e uma situação de duplo poder, com uma relação de tensão ou antagonismo entre Assembleia Constituinte e sovietes), do outro. Não se pode sequer dizer que o Outubro bolchevique interrompeu o desenvolvimento democrático da Rússia, e não apenas porque, como observa o próprio Furet, a palavra foi dada às armas, dada a "rotina de violência absoluta" perpetrada pela guerra[6]. Vejamos qual é a situação do país às vésperas da revolução ou golpe de Estado:

---

[2] Alexander F. Kerenski, *Memoiren. Rußland und der Wendepunkt der Geschichte* (Hamburgo, Rowohlt, 1989), p. 418-9.

[3] Alex P. Schmid, *Churchills privater Krieg*, cit., p. 15.

[4] Oscar Handlin e Lilian Handlin, *Liberty in Peril, 1850-1920* (Nova York, Harper Collins, 1986), p. 17.

[5] Em Antonio Gramsci, *La città futura, 1917-1918* (org. Sergio Caprioglio, Turim, Einaudi, 1982), p. 409, nota do organizador.

[6] François Furet, *Le Passé d'une illusion: essai sur l'idée communiste au XXe siècle* (Paris, Robert Lafont, 1995) [ed. bras.: *O passado de uma ilusão: ensaios sobre a ideia comunista no século XX*, trad. Roberto Leal Ferreira, São Paulo, Siciliano, 1995], p. 100.

Se no outono de 1917 Lenin também tivesse naufragado, a Rússia não teria vivido uma tranquila evolução democrática, e sim um pavoroso caos anárquico: as imensas massas do povo russo já tinham se lançado, os camponeses não suportavam mais os proprietários, os soldados não suportavam mais os oficiais e os operários, os capitalistas. Nenhuma força no mundo poderia frear aquela raiva cega, uma vez rompida a histórica autoridade dos socialistas revolucionários.

O caos selvagem teria desembocado algum tempo depois no esfacelamento da Rússia, nos "*pogroms*" e no terror branco. Daí que os bolcheviques preservaram o povo russo; assim, não obstante todos os experimentos e erros, preservaram a revolução. Mas não foram os bolcheviques que fizeram a Revolução Russa: Lenin e Trotski perceberam, por assim dizer, que ao meio-dia explodiria a grande revolta anárquica. Então, cinco minutos antes das 12 horas, eles proclamaram a insurreição bolchevique, dando a impressão de que o inaudito acontecimento das 12h ocorrera sob seu comando. Foi assim que conquistaram a autoridade necessária para seguir governando a Rússia.[7]

Mas esta é a opinião de Furet:

> De fevereiro a outubro, nenhum homem, nenhum partido consegue deter a anarquia. De crise em crise, o poder se desloca cada vez mais para a esquerda, até que no outono os bolcheviques se apropriam dele nas praças de São Petersburgo.[8]

Agora, portanto, a tese revisionista do golpe de Estado se torna mais problemática. Se golpe de Estado significa o desmoronamento de um governo e de instituições providas de legitimidade democrática, fica claro que as jornadas que levaram ao fim da monarquia na Alemanha e na Áustria se enquadram nessa categoria. Scheidemann recorda nas suas memórias que, diante do alvorecer impetuoso do movimento de massas e a fim de bloquear sua possível radicalização, se sentiu constrangido, em 9 de novembro de 1918, a proclamar a república. Logo depois, Ebert, que se torna chanceler não por designação do imperador ou pelo voto do Reichstag, mas na onda da revolução, enfrenta com dureza, "vermelho de raiva", seu companheiro de partido: "Você não tem o direito de proclamar a república! O que a Alemanha será, república ou

---

[7] Arthur Rosenberg, *Storia del bolscevismo* (Florença, Sansoni, 1969), p. 111.

[8] François Furet, *Le Passé d'une illusion*, cit., p. 73.

94 GUERRA E REVOLUÇÃO

o que for, deve ser decidido numa Constituinte!"[9]. Eis aí mais um exemplo de como jogar a Constituinte na lata do lixo num momento decisivo! Sempre na lógica da historiografia revisionista, seriam tentativas de golpe de Estado a Comuna de Paris e a revolta operária de 1848 e, no fundo, as próprias jornadas parisienses de fevereiro, que também põem um ponto-final a um governo, em alguma medida, provido de legitimidade democrática (pelo menos no sentido da definição "mínima" de democracia formulada por Bobbio). Todavia, a proclamação da república na Alemanha lembra aquela ocorrida na França algumas décadas antes, sempre sem a autorização de uma Assembleia Constituinte. A história contemporânea como um todo acaba, dessa forma, se configurando como uma sucessão de golpes de Estado.

Aquele de outubro de 1917 se diferencia, entretanto, pelo caráter absolutamente único. Longe de ter sido forjado em segredo, foi repetidamente anunciado, com uma discussão pública em que os próprios dirigentes bolcheviques se posicionaram de formas distintas e contrapostas (Kamenev e Zinoviev contestaram fortemente a postura de Lenin e não hesitaram em apelar às bases do partido). Num certo sentido, já antes de 1914, esse "golpe de Estado" é anunciado pelo movimento operário e socialista como resposta a uma eventual guerra. No lado oposto, alguns meses antes da explosão do primeiro conflito mundial, Piotr Durnovo, ex-ministro do Interior e diretor do departamento de polícia,

> apresentou a Nicolau II um breve texto em que trata dos perigos da guerra para a Rússia. O documento, descoberto e publicado depois da revolução, antecipava o curso dos acontecimentos com tal precisão que, se não possuísse as devidas credenciais de origem, poderia passar por uma falsa mensagem elaborada pós-1917. Segundo as previsões de Durnovo, se a guerra fosse malsucedida, "seria impossível evitar na Rússia uma revolução social em sua forma mais extrema".

Quem atenta para esse documento é o historiador estadunidense Pipes[10], que, mais do que todos, se distingue por negar o caráter revolucionário ao Outubro bolchevique. Teríamos, assim, um golpe de Estado, anunciado por

---

[9] Em Gerhard A. Ritter e Susan Miller (orgs.), *La rivoluzione tedesca, 1918-1919* (Milão, Feltrinelli, 1969), p. 76-7.

[10] Richard Pipes, *La rivoluzione russa: dall'agonia dell'ancien régime al terrore rosso* (Milão, Mondadori, 1995), p. 240-1.

um lado e temido pelo outro já alguns anos antes de sua realização: é preciso admitir que se trata de um evento único na história mundial!

A categoria golpe de Estado indica, então, que seu sucesso se deve exclusivamente à violência? Podemos observar que o recurso à violência não caracteriza exclusivamente a ação dos bolcheviques; além disso, eles conquistam o poder político, em primeiro lugar, em função da hegemonia que exercem no âmbito de um movimento de massas a essa altura incontrolável:

> Sobretudo ao se radicalizar, a rede dos sovietes começava a formar uma espécie de Estado paralelo ao qual, provavelmente, faltava uma cabeça; em outubro, essa cabeça foi o partido bolchevique. Inversamente, o Estado legal, com certeza, tinha uma cabeça – o governo provisório –, mas os vários organismos não respondiam mais às suas ordens desde o momento em que os sovietes passaram a controlar a vida do país.
>
> Em São Petersburgo, mas também em outras cidades e entre as tropas, os bolcheviques já haviam conquistado a maioria no interior dos sovietes: sovietes dos deputados, sovietes dos comitês de fábrica, sovietes dos comitês de bairro etc. Puderam, assim, ascender ao poder e se reforçar graças a uma insurreição armada que marcou, de alguma maneira, sua tomada do controle do país.[11]

E, uma vez mais, essa análise é confirmada por Furet, que enfatiza como a fórmula leniniana da passagem "da guerra à revolução […] vai ao encontro das expectativas de milhões de veteranos"[12]. Mas é principalmente Nolte quem deixa escapar uma descrição bastante admirada da força da agitação e da propaganda do partido protagonista do "golpe de Estado". Eis como, alguns meses antes, as tropas escolhidas de Kornilov – este, sim, empenhado numa tentativa de golpe de Estado – são enfrentadas pelos bolcheviques:

> Estes impuseram um exército de agitadores às tropas avançadas do comandante supremo, para convencê-las de que, ao obedecerem a seus oficiais, agiam contra seus próprios interesses, prolongando a guerra e pavimentando a estrada para a restauração do tsarismo. E assim, na marcha para São Petersburgo, e mesmo antes em diversas localidades do país, as tropas sucumbiram ao poder de persuasão

---

[11] Marc Ferro, *Nicolas II* (Roma/Bari, Laterza, 1990) [ed. port.: *Nicolau II: o último czar*, trad. Maria Lígia Guterres, Lisboa, Ed. 70, 2002], p. 229.

[12] François Furet, *Le Passé d'une illusion*, cit., p. 100.

de argumentos que simplesmente articulavam seus desejos e suas angústias mais profundas, dos quais elas nem sequer tinham plena consciência. Para nenhum dos oficiais presentes foi possível esquecer como seus soldados lhes escapavam não sob o fogo das granadas, mas sob a tempestade das palavras.[13]

Quando, depois de outubro, Kerenski tenta uma contraofensiva, suas tropas se dispersam "sob o ímpeto da agitação", como ocorrera anteriormente com as tropas de Kornilov[14]. Como se nota, os fatos alegados pelo historiador desmentem categoricamente o posicionamento do ideólogo revisionista. Não somente a conquista, mas também a conservação do poder por parte dos bolcheviques não se explica sem sua capacidade de exercer a hegemonia política. Em 1919, enquanto está em curso a ofensiva contra o poder soviético detonada por Koltchak, Churchill se opõe à ideia de uma trégua militar entre os dois blocos (que deveria tornar possível o provimento alimentar a uma população civil combalida). Seu argumento é digno de reflexão: a trégua só traria prejuízos às tropas de Koltchak, que acabariam por se dispersar sob o choque da "propaganda bolchevique, que é ainda mais considerável do que suas armas"[15].

Poderíamos, então, concluir com o Nolte de 1968, que ainda não havia embarcado no revisionismo: não compreenderam a "Revolução Russa" aqueles que "lhe negaram fundamento apenas por causa de um antimarxismo visceral"[16]. A tese do golpe de Estado se faz compreensível não pela análise da Rússia de 1917, mas da história por trás desse *topos*. Vale retomar a Revolução Americana: mesmo um século depois, os historiadores lealistas definem substancialmente como um golpe de Estado a Declaração da Independência com que uma minoria militante e prepotente consuma a fratura com a pátria-mãe, quebrando a ampla frente unida que, até aquele momento, se limitava a reivindicar reformas profundas[17]. E poderíamos chegar à Revolução de Fevereiro na Rússia, que, segundo Pipes, seria definida mais apropriadamente

---

[13] Ernst Nolte, *Der europäische Bürgerkrieg 1917-1945. Nationalsozialismus und Bolschewismus* (Frankfurt/Berlim, Ullstein, 1987), p. 55.

[14] Ibidem, p. 58.

[15] Alex P. Schmid, *Churchills privater Krieg*, cit., p. 156.

[16] Ernst Nolte, *La crisi dei regimi liberali e i movimenti fascisti* (Bolonha, Il Mulino, 1970), p. 38.

[17] Egerton Ryerson, *The Loyalists of America and their Times: From 1620 to 1816*, v. II (Nova York, Haskell, 1970), p. 57, 137 n. e 147.

Outubro bolchevique, guerra civil internacional e questão colonial   97

como um "motim" militar[18]. Não existe revolução que seus adversários não tenham tentado deslegitimar, rebaixando-a a um golpe de Estado ou complô. E o já citado historiador estadunidense se refere ao Outubro bolchevique ora como um golpe de Estado, ora como um complô, sem estabelecer distinções[19].

O fato é que a Revolução de Outubro provocou um enorme entusiasmo para além dos limites da Rússia. Paradoxalmente, os expoentes do revisionismo histórico não o ignoram, e não podem ignorá-lo justamente porque a enorme repercussão desse acontecimento faz explodir uma guerra civil internacional destinada a convulsionar o planeta por décadas.

2. DA GUERRA CIVIL INTERNACIONAL AO OUTUBRO BOLCHEVIQUE

Com o apelo de Lenin de transformar a guerra imperialista em guerra civil revolucionária, irrompe outra vez na Europa a cruzada ideológica e a guerra religiosa que, em seu furor teológico contra os hereges, não tolera distinções entre combatentes e população civil. Tem início ou recomeça, depois do ciclo provocado pela Revolução Francesa, a "guerra civil mundial da inimizade revolucionária de classe", que visa aniquilar aquele que é odiado e combatido como inimigo de classe, o "inimigo absoluto", a ser tratado como um criminoso[20]. Assim se pronuncia Schmitt. Nolte segue essa trilha e também identifica e denuncia a guinada desastrosa do século XX no Outubro de 1917. Ali, o primeiro conflito mundial deixa de ser "exclusivamente uma guerra de Estados", ou "uma guerra convencional entre Estados com base no direito internacional europeu", para se tornar uma guerra civil mundial, impiedosa e sem regras[21]. Na realidade, ainda três anos antes da Revolução Bolchevique, na Itália, Salvemini assim caracteriza o conflito deflagrado havia poucas semanas: "Mais do que a uma guerra entre nações, nós assistimos a uma guerra civil mundial"[22], convocada para marcar "o fim do imperialismo alemão – isto é, a liquidação dos Hohenzollern e dos Habsburgo, bem como de suas clientelas feudais – e a democratização da Áustria

---

[18] Richard Pipes, *La rivoluzione russa*, cit., p. 311.

[19] Ibidem, p. 5.

[20] Carl Schmitt, *Teoria del partigiano* (Milão, Il Saggiatore, 1981), p. 76 e 40.

[21] Ibidem, p. 75-6; Ernst Nolte, *Weltbürgerkrieg 1917-1989?*, em *Dramma dialettico o tragedia? La guerra civile mondiale e altri saggi* (org. Francesco Coppellotti, Perugia, Settimo Sigillo-University Press, 1994), p. 36.

[22] Gaetano Salvemini, *Opere*, v. III (Milão, Feltrinelli, 1964-1978), p. 1, p. 366.

98 GUERRA E REVOLUÇÃO

e da Alemanha", lançando as bases para a instauração da "sociedade jurídica entre as nações" e da paz permanente entre elas. Essa "guerra pela paz"[23] é uma verdadeira revolução que se desenvolve no plano europeu ou mundial:

> Nós queríamos que o princípio democrático saísse vitorioso dessa dura prova: que desatasse no império alemão aquele nó de forças conservadoras contra as quais, até o momento, os esforços do partido socialista se manifestaram sempre de forma ineficaz.[24]

A obra que o movimento operário alemão não conseguiu realizar é confiada agora aos Exércitos da Entente. São evidentes os elementos de "guerra civil internacional" presentes na ideologia do *front* antigermânico, como mais tarde se confirma pela recorrente contraposição de Weimar a Potsdam e pela tentativa de abrir um fosso entre a Prússia militarista e despótica, de um lado, e as demais regiões do Estado guilhermino, fundamentalmente pacíficas, de outro. Tais tendências encontram sua mais completa expressão no discurso em que Wilson anuncia a intervenção dos Estados Unidos: para aplainar a estrada para o triunfo da causa da "democracia", da "paz", do "domínio universal do direito", é preciso derrotar o Segundo Reich. O que Wilson lança é um "desafio a toda a humanidade"; é preciso abraçá-lo e encará-lo vitoriosamente, de modo que se conquiste a "libertação" de todos os povos do mundo, "incluídos os povos germânicos". Estes últimos são implicitamente convidados a dar sua contribuição à cruzada convocada, que os seguidores do presidente estadunidense definem como uma "guerra santa, a mais santa de todas as guerras", cruzada e guerra santa que são, ao mesmo tempo, uma "admirável revolução" democrática[25].

Embora com um relativo atraso, os alemães se deram conta da força de tal ideologia, que, embora não chegue a provocar a guerra civil nas filas do inimigo, se revela, em certa medida, capaz de comprometer sua mobilização ideológica, que é agora parte constitutiva da guerra total. É daqui, da percepção patologicamente dilatada de um modestíssimo fato, que se deve partir para compreender

---

[23] Ibidem, p. 360-1.

[24] Ibidem, p. 349.

[25] Em Henry S. Commager (org.), *Documents of American History*, v. II (7. ed., Nova York, Appleton-Century-Crofts, 1963), p. 128-32; Stuart I. Rochester, *American Liberal Disillusionment in the Wake of World War I* (University Park/Londres, Pennsylvania State University Press, 1977), p. 58 e 44.

OUTUBRO BOLCHEVIQUE, GUERRA CIVIL INTERNACIONAL E QUESTÃO COLONIAL

a gênese do mito da "punhalada nas costas". Não se deve considerar apenas os chauvinistas mais exaltados. A guerra ainda estava em curso quando Thomas Mann denunciou o intelectual radical de seu país como um traidor: "desde o primeiro momento" este se coloca "do lado do inimigo", "automaticamente assume o ponto de vista da Entente", à qual "pertence de corpo e alma". Será que tal traição deveria ser colocada na conta, se não da Revolução de Outubro (que ainda não havia sido detonada no momento que são redigidas as *Considerações de um apolítico*), ao menos na do movimento político de inspiração marxista? Não é essa a opinião do grande escritor, para quem, ao realizar sua escolha de campo, o intelectual radical alemão certamente não se deixa influenciar pela social-democracia, à qual olha com o desprezo que reserva aos "filisteus" em razão da lealdade patriótica dela. Não, "a estrutura de seu espírito" é, sim, "antinacional" (*unnational*), mais exatamente "nacional-francesa"[26]. É um elemento que não se deve perder de vista: Thomas Mann sustenta que, em última análise, a Alemanha foi derrotada no decorrer de uma espécie de guerra civil internacional bem orquestrada pela Entente, que, no desenrolar da campanha ou cruzada contra a Alemanha, soube se valer da obra da "seita internacional dos Illuminati", da "loja mundial dos maçons"[27].

Mesmo empenhado em apontar o Outubro de 1917 como o início desastroso da guerra civil internacional, Schmitt objetivamente acaba sugerindo uma datação distinta e apontando responsabilidades que não a dos bolcheviques quando acusa, pela crise do *jus publicum europaeum*, o Tratado de Versalhes (que também Lenin detestava) e a Sociedade das Nações (que em seus primeiros anos de vida exclui a Rússia soviética). Às vésperas da Segunda Guerra Mundial, o organismo internacional sediado em Genebra é reconhecido como o instrumento de que se servem as potências hegemônicas em seu interior para anunciar a cruzada moral e religiosa contra seus inimigos e para transformar "uma guerra de Estados" numa "guerra civil internacional". No que concerne ao novo conflito que se vislumbra no horizonte, são sempre as "democracias ocidentais" que ameaçam ideologizá-lo e configurá-lo como uma "guerra de doutrinas"[28]. Tal denúncia é sustentada pela experiência do gigantesco conflito

---

[26] Thomas Mann, *Betrachtungen eines Unpolitischen* (org. Hanno Helbling, Frankfurt, Fischer, 1988), p. 49-50 e 375.

[27] Ibidem, p. 24.

[28] Carl Schmitt, *L'unità del mondo e altri saggi* (org. Alessandro Campi, Roma, Pellicani, 1994), p. 187 e 194.

100   GUERRA E REVOLUÇÃO

de duas décadas antes, transformado numa cruzada em prol da democracia e
da paz pela Entente e, com particular eloquência, por Wilson.

Depois da intervenção estadunidense no segundo conflito mundial, o grande
politólogo alemão acusa, em primeiro lugar, os Estados Unidos: enquanto se
consideram "a terra de salvação dos eleitos", veem a Europa como uma espécie
de "zona devastada"[29]. Esse ponto de vista pode dar origem tanto a um isolacio-
nismo cioso da própria pureza e temeroso de qualquer fonte de contaminação
quanto a um intervencionismo missionário, agressivo e igualmente alheio ao
respeito pelo outro: "Quando o autoisolamento em relação ao resto do mundo
se converte em discriminação desse mundo, a guerra se torna uma ação punitiva e expiatória que transforma o adversário em criminoso". Erguendo-se
como juiz, "o governo estadunidense tem nas próprias mãos a discriminação
dos outros", e então fica claro que

> possui, da mesma forma, o direito de sublevar os povos contra seus governos e
> de transformar a guerra entre Estados em guerra civil. Assim, a guerra mundial
> discriminatória de tipo estadunidense se converte em guerra civil mundial de ca-
> ráter total e global, [com a] intervenção armada não somente em todos os espaços
> políticos, mas também em todas as relações sociais da Terra.[30]

O advento da "guerra civil internacional" deveria ser colocado exclusivamente
na conta dos inimigos da Alemanha? É verdade que, entre 1914 e 1918, o Reich
guilhermino desenvolve uma ideologia de guerra fundamentalmente distinta
daquela de seus opositores. Esquivando-se de princípios universalistas, essa ideologia insiste na defesa da peculiaridade da cultura e da história alemãs ou tenta
justificar e transformar a enorme carnificina num gigantesco ritual de sacrifício
ou exercício espiritual que, por meio da experiência da dor e da proximidade da
morte, permite alcançar a autêntica dimensão da existência e da comunidade[31].
Todavia, elementos que apelam à guerra civil internacional não faltam sequer na
Kriegsideologie alemã. É esclarecedor o livro de um deputado social-democrata
que, já no título, apresenta o conflito em curso como uma *Weltrevolution*: sua
protagonista é a Alemanha, que trilha o caminho do socialismo e, portanto, está

---

[29]   Ibidem, p. 282-3.

[30]   Ibidem, p. 288 e 295.

[31]   Domenico Losurdo, *La comunità, la morte, l'Occidente: Heidegger e l'"ideologia della guerra"*
(Turim, Bollati Boringhieri, 1991), cap. 1 e *passim*.

OUTUBRO BOLCHEVIQUE, GUERRA CIVIL INTERNACIONAL E QUESTÃO COLONIAL   101

empenhada numa luta moral contra a coalizão capitalista ou "plutocrática"[32]. Assim, antes mesmo do Outubro, tal como o apelo à "guerra civil mundial", o apelo à "revolução mundial" faz parte do armamento ideológico dos dois blocos contrapostos que se enfrentam no decorrer do primeiro conflito mundial. Os elementos de guerra civil internacional são ainda mais claros quando se fala da campanha no Leste. A propaganda alemã não se priva de assumir temas e posicionamentos típicos do "intervencionismo democrático": a social-democracia retoma até Marx e Engels na tentativa de transformar a guerra contra a Rússia tsarista numa grande contribuição à causa da "vitória da liberdade" e da libertação dos povos oprimidos – e, assim, Hindenburg se transforma no "executante do testamento de Marx e Engels". Quem faz essa irônica observação é Rosa Luxemburgo, que descreve com grande eficácia o clima dominante na Europa em 1916: "Cada soberano pela graça de Deus" acusa "o primo do lado oposto" e todo governo condena o outro governo como digno do "desprezo universal" e como uma "desgraça" para o próprio povo que pretende oprimir, como um inimigo contra o qual se deve combater até o fim para cumprir uma tarefa "sagrada". A guerra civil internacional e a cruzada já são uma realidade[33].

Não apenas a ideologia, mas a realidade da guerra civil internacional também faz sua aparição quando explode o primeiro conflito mundial. Foi bem observado que, enquanto o exército guilhermino avança em direção a Paris, o governo e o Estado-Maior alemães elaboram e executam "um programa de subversão de vasto alcance", que visa em primeiro lugar sublevar os povos em condição colonial ou semicolonial no interior dos impérios inglês e russo[34]. No que se refere propriamente à Europa, se as potências centrais tentam estimular a revolta dos poloneses, dos irlandeses e dos judeus russos, a Entente apela aos armênios e às minorias nacionais do império dos Habsburgo, apontado como uma prisão de nacionalidades. É nesse quadro que se insere a trágica Revolta de Dublin, na segunda-feira de Páscoa de 1916. Talvez sejam menos conhecidos os feitos alcançados pelo império tsarista: em nome da "solidariedade eslava", realiza uma intensa propaganda junto a tchecos e eslovacos, aos quais dá até a esperança da conquista da independência nacional. Cabe dizer que, em 1916,

---

[32] Paul Lensch, *Drei Jahre Weltrevolution* (Berlim, Fischer, 1917), p. 212 e *passim*.

[33] Rosa Luxemburgo, *Politische Schriften*, v. II (org. Ossip K. Flechtheim, Frankfurt, Europäische Verlagsanstalt, 1968), p. 20, 33 e 86-9.

[34] Fritz Fischer, *Griff nach der Weltmacht. Die Kriegszielpolitik des kaiserlichen Deutschland, 1914/18* (4. ed., Düsseldorf, Droste, 1971), p. 138.

Guerra e revolução

estão em mãos russas entre 250 mil e 300 mil prisioneiros tchecos e eslovacos. Não são poucos os que se deixam "convencer a empunhar armas da Entente contra as Potências centrais"[35]. Do lado oposto, um batalhão finlandês combate ao lado da Alemanha, que se empenha em estimular a rebelião dos judeus que vivem no império tsarista, o qual reage deportando-os. O governo turco, contra o qual a Entente tenta colocar árabes e judeus, acredita vislumbrar as mãos de russos e ingleses por trás da agitação dos armênios e responde com um massacre em grande escala – aliás, com um genocídio. A realidade da guerra civil internacional acaba golpeando, ou roçando, grupos étnicos dispersos pelos territórios e que dificilmente constituiriam algum perigo: observam-se "vários *pogroms* antigermânicos" na Rússia[36], e um clima similar se desenvolve até mesmo nos Estados Unidos, em prejuízo dos "hunos" e dos *aliens* em geral.

Ao clamar pela transformação da guerra imperialista em guerra civil revolucionária, Lenin, sob certos aspectos, não faz nada mais que libertar de seu caráter hipocritamente unilateral e generalizar a palavra de ordem que ambos os blocos já lançam uma contra a outra. Compreende-se, assim, a polêmica do dirigente bolchevique com Kautsky, que, "recusando a liberdade de separação às nações oprimidas pela Áustria dos Habsburgo", reconhece, no entanto, essa mesma liberdade de separação "para a Polônia russa"; chauvinistas e social-chauvinistas em geral propagandeiam a guerra civil apenas no campo do inimigo, mas "não defendem a liberdade de separação das colônias e das nações oprimidas de 'suas' nações"[37].

Além disso, a configuração interna dos Estados protagonistas do conflito mundial já comporta uma divisão de certas nações no campo de batalha. Na Conferência de Zimmerwald, a delegação polonesa define o conflito em curso como "duplamente fratricida" para os poloneses[38], obrigados a derramar sangue numa guerra civil entre membros não somente da mesma classe (proletária), mas também da mesma nação (polonesa), desmembrada pelas grandes potências que agora se envolviam num duelo mortal. Ao menos nesse caso, o lealismo em relação ao próprio Estado não só não evita, como também implica a guerra civil no interior de uma nação. Às vezes, diferentes tipos de guerra civil se misturam. É o que se observa particularmente na Pérsia: tanto

---

[35] François Fejtö, *Requiem per un impero defunto* (Milão, Mondadori, 1990), p. 188-9.

[36] Mikhail Agurski, *La Terza Roma: il nazionalbolscevismo in Unione Sovietica* (Bolonha, Il Mulino, 1987), p. 254.

[37] Vladimir I. Lenin, *Opere complete*, v. XXII (Roma, Editori Riuniti, 1955 sq.), p. 160.

[38] Ibidem, p. 159.

OUTUBRO BOLCHEVIQUE, GUERRA CIVIL INTERNACIONAL E QUESTÃO COLONIAL   103

os curdos quanto os camponeses e as massas populares[39] se insurgem contra a classe dominante, a qual se divide em duas facções contrapostas: uma pró--Inglaterra, outra pró-Alemanha. À medida que tem sucesso, o apelo de Lenin estimula guerras civis (no interior de uma determinada comunidade estatal), mas tende a pôr fim a guerras civis de outra natureza (aquelas que a rivalidade e o conflito das grandes potências imperialistas haviam deflagrado no interior de uma comunidade nacional e, às vezes, até de uma mesma comunidade estatal).

O Outubro bolchevique não apenas não marca o início da guerra civil internacional, como é a própria Revolução Russa que precisa ser inserida na guerra civil internacional. De acordo com alguns historiadores, a "facção pró--alemã" teria desenvolvido um importante papel em fevereiro[40]. Mas sobretudo os acontecimentos de alguns meses mais tarde seriam denunciados nas fileiras da Entente como o resultado de um complô "judaico-alemão". Quem nos brinda com essa leitura não é apenas Mussolini[41], mas, como veremos, o próprio Churchill. Dá para entender o raciocínio: depois de tentar incitar os judeus contra a dinastia dos Romanov, eis que a Alemanha joga a Rússia para escanteio por meio de uma revolução em que há a participação ativa de judeus. Kerenski insiste até o fim no papel do Estado-Maior do império guilhermino nos acontecimentos de outubro, falando certamente com o ressentimento e as frustrações de um derrotado, mas de alguma maneira se agarrando a um pedaço de realidade, mesmo que patologicamente inflado[42].

Se, por um lado, a Revolução de Novembro que explode um ano mais tarde na Alemanha é indubitavelmente influenciada pelo modelo russo e bolchevique, por outro, ela não pode ser separada da propaganda e do posicionamento assumidos pela Entente. O governo dos Estados Unidos responde ao pedido de armistício feito pela Alemanha no começo de outubro de 1918 solicitando mudanças políticas profundas no país derrotado:

> Os povos do mundo não podem confiar nas declarações de quem até o momento tem conduzido a política alemã [...], o governo dos Estados Unidos não pode tratar

---

[39] Academia de Ciências da União Soviética, *Storia universale*, v. VII (Milão, Teti, 1975), p. 498-9.

[40] Mikhail Agurski, *La Terza Roma*, cit., p. 256.

[41] Meir Michaelis, *Mussolini e la questione ebraica: le relazioni italo-tedesche e la politica razziale in Italia* (Milão, Comunità, 1982), p. 35.

[42] Alexander F. Kerenski, *Memoiren*, cit., p. 324-45.

com ninguém, senão com representantes do povo alemão que consigam oferecer melhor segurança constitucional do que os atuais comandantes da Alemanha.[43]

Não é por acaso que as potências vencedoras posteriormente solicitam que se processe Guilherme II e o Estado-Maior prussiano! Ainda mais relevante é o papel da Inglaterra e, sobretudo, da França no desmoronamento da dinastia Habsburgo[44].

À queda (estimulada pela Entente) do *front* interno na Alemanha corresponde a queda do *front* interno na Rússia (estimulada pelo império guilhermino), e a teoria da "punhalada nas costas" ventilada pelos chauvinistas alemães é o *pendant* da teoria ventilada pela Entente, que explica o Outubro bolchevique com o complô alemão, ou judaico-alemão. Para concluir, nos países derrotados no curso do primeiro conflito mundial estoura uma revolução ou uma guerra civil que é também resultado da propaganda e das manobras do inimigo. A guerra civil preventiva em muito maior escala, desencadeada por Hitler como nova tentativa da Alemanha de tomar de assalto o poder mundial, nasce também como resposta à "punhalada nas costas" e à vitoriosa condução da "guerra civil internacional" pela Entente.

O regime nascido em outubro de 1917 logo se torna o alvo da guerra civil internacional já em curso. Um episódio marca diretamente essa passagem de uma fase à outra da "guerra civil internacional". Ele é protagonizado pelas legiões da Tchecoslováquia, constituídas com a ajuda da Entente na esperança de dar à luz um Estado tchecoslovaco autônomo sobre as ruínas do império dos Habsburgo e que, sempre instigadas por Inglaterra e França, contribuiriam para o desencadeamento e endurecimento da guerra civil russa antes mesmo do fim do conflito mundial. No plano ideológico, a passagem de uma fase para a outra pode ser bem entendida num autor como Salvemini. Já tendo se diferenciado por interpretar o primeiro conflito mundial como "guerra civil mundial" e revolução democrática antigermânica, Salvemini se apressa em ler com as mesmas categorias a intervenção que invoca, em julho de 1918, contra a Rússia soviética: a fim de "salvar" o país "dos bolcheviques e da penetração alemã", é necessário promover uma

> intervenção predominantemente estadunidense e tcheca [...]; os 60 mil tchecoslovacos que estão concentrados em Vladivostok não deveriam vir à Europa, mas voltar à Rússia, misturados aos estadunidenses, como intérpretes e bons

---

[43] Gerhard A. Ritter e Susan Miller (orgs.), *La rivoluzione tedesca*, cit., p. 18.

[44] François Fejtö, *Requiem per un impero defunto*, cit.

OUTUBRO BOLCHEVIQUE, GUERRA CIVIL INTERNACIONAL E QUESTÃO COLONIAL

conhecedores do país, no qual viveram por três anos [...]. A Entente tem interesse em que a revolução não seja perdida pela causa da democracia mundial.[45]

A derrota dos bolcheviques permitirá, ademais, o recrutamento de um exército voluntário russo, guiado pelos "antigos oficiais", que contribuirá com eficácia para a guerra contra o militarismo e o despotismo prussiano.

3. "Esplêndida pequena guerra", guerra total e guerra civil

O Outubro, portanto, não pode ser separado da guerra civil internacional que os dois blocos combatentes no primeiro conflito mundial tentam desencadear uma contra a outra. Mas a guerra civil de onde explode a Revolução Bolchevique possui também uma complexa dialética autônoma que, enquanto une ou tende a unir soldados que haviam sido convocados para combater e matar uns aos outros, enxerga alguma forma de união dos Estados-Maiores contrapostos, pela preocupação comum de impedir ou reprimir o fenômeno. A análise de Curzio Malaparte não é menos lúcida por ser proveniente de um romancista:

> No princípio de 1917, fatos de excepcional gravidade ocorreram em todos os exércitos combatentes da Europa. Os pronunciamentos, as revoltas, os atos de insubordinação coletiva tornaram-se frequentes. Na França, tal como na Alemanha e na Áustria, na Rússia como na Itália, o povo das trincheiras dava sinais de cansaço e impaciência. A ameaça das mais graves punições não bastava para frear o ritmo das deserções. Divisões inteiras se negavam a voltar à linha de combate.

A rejeição à guerra tende a se expressar em atos de guerra. Homens prontos a se automutilar para poder fugir da morte e do horror da carnificina podem pegar em armas contra aqueles que consideram responsáveis por tudo o que acontece. No *front* italiano, por um lado, se recorre às dizimações; por outro, torna-se "cada vez mais feroz", para utilizar as palavras de Malaparte, a "caça aos *carabinieri*" que compõem os pelotões de execução e que, às vezes, empunhando armas, impelem ao ataque os soldados relutantes: "Os *carabinieri* assassinados nas trincheiras são incontáveis, aqueles enforcados ou apunhalados pelas costas são inúmeros"[46].

---

[45] Gaetano Salvemini, *Opere*, v. III, cit., p. 2, p. 197-9.

[46] Curzio Malaparte, *Viva Caporetto! La rivolta dei santi maledetti* (Milão, Mondadori, 1981), p. 94-108; sobre os episódios de automutilação, cf. Enzo Forcella, "Apologia della paura",

Na Rússia, o Estado-Maior não hesita em recorrer à artilharia contra as divisões suspeitas de não se empenharem diligentemente no combate, a despeito da falta de munições[47]. Até mesmo do outro lado do Atlântico, no Canadá, a metralhadora é empunhada para ceifar a revolta dos "desertores" que, com pistolas e fuzis, protestam contra o recrutamento obrigatório[48].

Enquanto se rebelam e expressam ou preparam a vingança contra quem consideram os responsáveis pelo início ou pela continuidade do massacre, os soldados dos blocos opostos estabelecem relações fraternas entre si. Nesse fenômeno que os oficiais tentam por todas as vias bloquear, Lenin vê o "germe" da "revolução proletária socialista" –, aliás, o próprio início dela: "Viva a confraternização! Viva a revolução socialista do proletariado, que *está começando!*"[49]. Fica claro outra vez que a transformação da guerra imperialista em guerra civil é uma tendência que o dirigente bolchevique não produziu, mas à qual soube conferir forma consciente e organizada.

E eis o paradoxo. Nolte, que tenta reduzir a interpretação de um século tão complexo e contraditório à categoria de guerra civil, acaba por esquecê-la ou omiti-la justamente onde ela se impõe com maior evidência. Dessa forma, o Outubro bolchevique é interpretado como simples golpe de Estado – tese com a qual Furet e outros concordam. Mesmo assim, vamos analisar os fatos com base na reconstrução dos próprios expoentes do revisionismo histórico. 1917 é também o ano de "alguns episódios de motins" no Exército francês: "nada de surpreendente [...]: surpreende, no entanto, que não tenham acontecido antes e de forma mais consistente", tamanho o sofrimento e o horror provocados pela guerra[50]. Dois anos antes do Outubro bolchevique, Alain, "filósofo e moralista do humanismo democrático", denuncia a carnificina em curso: "Pagarão por tudo isso, acreditem, cada um reencontrará seus verdadeiros inimigos"[51]. A Revolução de Fevereiro surge para ele como o início do acerto de contas: "vi apenas almas revoltadas que meditam

---

em Enzo Forcella e Alberto Monticone (orgs.), *Plotone di esecuzione: i processi della prima guerra mondiale* (Bari, Laterza, 1972), p. xvi e xlvii.

[47] W. Bruce Lincoln, *Passage through Armageddon: The Russians in War and Revolution, 1914--1918* (Nova York/Oxford, Oxford University Press, 1994), p. 147.

[48] Martin Gilbert, *The First World War: A Complete History* (Nova York, Henry Holt and Company, 1994), p. 413 [ed. port.: *A Primeira Guerra Mundial*, trad. Francisco Paiva Boléo, Lisboa, Esfera dos Livros, 2013].

[49] Vladimir I. Lenin, *Opere complete*, cit., v. XXIV, p. 328.

[50] François Furet, *Le Passé d'une illusion*, cit., p. 46.

[51] Ibidem, p. 61 e 64.

Outubro bolchevique, guerra civil internacional e questão colonial

sem parar sobre como pôr fim ao massacre e, não encontrando saída, planejam a vingança". Ao citar esses excertos, o historiador francês comenta: "Alain aponta o sentido universal que os acontecimentos na Rússia assumem: mais do que pela queda do tsar, a revolta dos soldados e do povo é contra a guerra"[52].

O Outubro, portanto, já está implícito no Fevereiro. O motim militar e a revolta popular que derrubam o tsarismo não demarcam o fim do conflito em curso. Permanece sem solução o problema central, qual seja, o da guerra e da paz. Miliukov declara explicitamente enxergar nos motins políticos de fevereiro o instrumento para dar novo impulso à guerra e reforçar o "entusiasmo" e o "espírito de sacrifício" do povo russo, de modo a alcançar a conquista dos cobiçados estreitos[53]. Enquanto isso, os sovietes advertem cada vez mais, a despeito das contradições, sobre a maré montante da rejeição ao interminável massacre. Para dar cabo dessa situação, a direita como um todo almeja um Cavaignac, alguém que saiba justificar em todos os âmbitos as razões da guerra, e de uma guerra total. Alçado em julho ao cargo de presidente do conselho, "sob a pressão constante dos embaixadores dos Aliados, Kerenski pensa seriamente em instaurar, nesta situação de emergência, uma espécie de ditadura". Para tanto, se vale da colaboração do general dos cossacos e comandante supremo, Kornilov[54]. Este se lança ao trabalho para restaurar uma disciplina férrea no Exército: reintroduz a pena de morte no *front*; em 9 de julho aparece sua ordem de "disparar com metralhadoras e canhões contra as unidades que viessem a abandonar por iniciativa própria suas posições"[55]. São os prenúncios de uma guerra civil que tende a envolver o país inteiro. No início de agosto, Savinkov, vice-ministro da guerra e intermediário entre Kerenski e Kornilov, redige um programa de quatro pontos que prevê "a extensão da pena capital às tropas de retaguarda, a militarização dos transportes ferroviários, a aplicação da lei marcial às indústrias bélicas, além da restituição da autoridade disciplinar aos oficiais, com a correspondente redução dos poderes dos comitês militares"[56].

Um novo teste de força se impõe. Kornilov afirma ser o homem certo para conduzir até o final a guerra civil latente ou em curso. No entanto, o golpe

---

[52] Ibidem, p. 65.

[53] Arno J. Mayer, *Political Origins of the New Diplomacy, 1917-1918* (Nova York, Vintage, 1959), p. 70-1.

[54] Ernst Nolte, *Der europäische Bürgerkrieg 1917-1945*, cit., p. 54.

[55] Gérard Walter, *La rivoluzione russa* (Novara, De Agostini, 1990), p. 85.

[56] Richard Pipes, *La rivoluzione russa*, cit., p. 521.

108 GUERRA E REVOLUÇÃO

de Estado por ele encenado em setembro – que só foi frustrado por causa da ajuda decisiva do partido bolchevique – provoca um aprofundamento do antagonismo entre oficiais e soldados, de modo que estes últimos tratam de expulsar ou liquidar fisicamente os oficiais que se relacionam, ou são suspeitos de se relacionarem, com o general golpista[57]. As duas opções contrapostas (paz ou guerra) tendem cada vez mais a se encarnarem não somente em dois blocos políticos rivais, mas também em dois órgãos de poder e princípios de legitimação contrapostos: o governo provisório e os sovietes. "Para a grande burguesia, para os chefes militares" da Rússia, chegou a hora de "se desvencilhar dos sovietes, prender os bolcheviques e fuzilar os dirigentes"[58]. Tais preparativos não são ignorados pelos mencheviques, já convencidos da necessidade "de recorrer à força contra seus irmãos rebeldes". Considerando o impasse do conflito, a situação de colapso das estruturas estatais e a presença de um duplo poder, a prova de força é inevitável, "e não importa saber quem começou"[59].

A guerra civil latente ou inflamada, acelerada por Kornilov, termina agora com a vitória dos bolcheviques, vitória essa que ainda não significa, porém, o fim da própria guerra. Ao conseguir a vitória e conquistar o poder, os bolcheviques podem se valer, segundo a observação do próprio Nolte, do "fenômeno universal" das "reações contra os responsáveis pela guerra", identificados com as "classes dirigentes" e a "burguesia" como um todo[60]. Num certo sentido, não somente o Outubro, mas também seus conteúdos socialistas nascem da ideologia bolchevique e da configuração objetiva da luta contra a guerra:

> Esse impulso das grandes massas a se apropriarem daquilo de que tinham sido privadas – a autoestima, a participação, a cultura – assumiu as formas mais distintas, e mesmo que Lenin quisesse, dificilmente conseguiria impedir que os operários submetessem ao próprio controle as fábricas e que se falasse cada vez mais de socialismo, que devia ser realizado por meio da nacionalização da indústria e que logo se estenderia vitorioso por todo o mundo.[61]

---

[57] Gérard Walter, *La rivoluzione russa*, cit. , p. 89.

[58] Marc Ferro, *Nicolas II*, cit., p. 226.

[59] Idem, *La rivoluzione del 1917* (Florença, Sansoni, 1974), p. 349 [ed. bras.: *A Revolução Russa de 1917*, trad. Maria P. V. Resende, São Paulo, Perspectiva, 2004].

[60] Ernst Nolte, *La crisi dei regimi liberali e i movimenti fascisti*, cit., p. 45-6.

[61] Idem, *Der europäische Bürgerkrieg 1917-1945*, cit., p. 58.

Essa identificação dos responsáveis pela guerra nas classes dominantes não é tão ingênua e primitiva quanto Nolte parecia acreditar. Se, por um lado, o primeiro conflito mundial resulta da explosão das contradições entre as grandes potências, por outro, ele também é a linha de chegada de uma aspiração que, de alguma maneira, aproxima as classes dominantes dos diversos países. Nenhuma guerra foi tão ardentemente invocada como "profilaxia", como "instrumento de política interna", como âncora de salvação para um Antigo Regime que se sente cada vez mais ameaçado pela ascensão do movimento operário e socialista[62]. Depois de constatar a agitação dos bairros operários de Londres, Cecil Rhodes chega, em 1895, a uma clara conclusão: "Se não quisermos uma guerra civil, é necessário que nos tornemos imperialistas". Ou, como diz um contemporâneo francês dele, um certo Wahl: "em todos os países da antiga civilização se acumulam inquietações, rancores, ódio, que ameaçam a paz pública"; são "energias [...] que precisam ser gastas fora do país, para que não explodam dentro dele"[63]. Na Alemanha, em termos semelhantes, o almirante Tirpitz justifica sua política de rearmamento naval também pela necessidade de encontrar um antídoto para a "difusão do marxismo e do radicalismo político entre as massas"[64]. Por todos os lados, a saída para a "mortal guerra civil" temida por Rhodes é associada àquilo que o embaixador estadunidense em Londres, depois da derrota da Espanha, celebra como uma "esplêndida pequena guerra"[65]; ou à "pequena guerra vitoriosa" desejada pelo ministro do Interior russo, Pleve[66]; à guerra capaz de acuar o socialismo "ao menos por meio século", para citar Vilfredo Pareto[67]. A aventura bélica é invocada não somente para tirar os holofotes dos conflitos sociais internos, mas também para criar um novo clima espiritual capaz de varrer do mapa o materialismo em que se enraízam as reivindicações do movimento operário. A sede de glória e de conquista do guerreiro é convocada a substituir ou confrontar a contabilidade mesquinha e o filistinismo do agitador socialista. É nesse

---

[62] Arno J. Mayer, *Il potere dell'Ancien Régime fino alla prima guerra mondiale* (Roma/Bari, Laterza, 1982), p. 282-3.

[63] Em Vladimir I. Lenin, *Opere complete*, cit., v. XXII, p. 257 e 262-3.

[64] Em Paul M. Kennedy, *L'antagonismo anglo-tedesco* (Milão, Rizzoli, 1993), p. 576.

[65] Walter Millis, *The Martial Spirit* (Chicago, I. R. Dee/Elephant Paperbacks, 1989), p. 340.

[66] Marc Ferro, *Nicolas II*, cit., p. 68.

[67] Vilfredo Pareto, "Perché?", em *Scritti politici*, v. II (org. Giovanni Busino, Turim, UTET, 1974), p. 414-5.

110   Guerra e revolução

contexto político que precisamos inserir a celebração estética e pedagógica da guerra. No momento da explosão da guerra na Espanha, o *Washington Post* publica um editorial bastante significativo:

> Uma nova consciência parece surgir em nós, a consciência da valentia, e com ela um novo apetite, o desejo de mostrar nossa valentia [...], a ambição, o interesse, a fome de terras, o orgulho, o prazer puro pelo combate, o que quer que isso signifique; estamos animados por uma nova sensação [...], o gosto de sangue na selva.

E agora escutemos Theodore Roosevelt, crítico implacável dos "filantropos sentimentais", considerados por ele piores do que os "criminosos profissionais":

> Todo homem que carrega consigo a capacidade de se regozijar com uma batalha percebe isso quando a fera começa a entrar em seu coração; ele, então, não recua diante do sangue, horrorizado, nem afirma que a batalha deve cessar; mas goza da dor, da pena, do perigo, como se eles adornassem seu triunfo.

Na Alemanha, reencontramos estes mesmos temas e tons em Ernst Jünger[68]. A pequena guerra maravilhosa, longamente desejada, se transforma na "mortal guerra civil" que Rhodes gostaria de ter evitado justamente por meio de uma aventura imperialista de proporções limitadas. A rejeição à guerra tem como principal referência o país onde a revolução já triunfou. De um ponto de vista estritamente militar, os dirigentes da Entente têm interesse em acabar com a guerra na Rússia soviética, enquanto os dirigentes soviéticos, apenas a fim de sobreviver, têm interesse de levá-la também a outros países.

4. Em busca das origens da "guerra civil internacional"

Não se pode ignorar a existência da "guerra civil internacional", em curso antes mesmo da Revolução de Outubro. Schmitt e toda a crônica política que nele se inspira também percebem isso. É, então, a partir do advento do jacobinismo, antes mesmo do bolchevismo, que datam o ocaso do *jus publicum europaeum* e

---

[68] Em Peter Karsten, "Militarization and Rationalization in the United States, 1870-1914", em John R. Gillis (org.), *The Militarization of the Western World* (New Brunswick/Londres, Rutgers, 1989), p. 38; Richard Hofstadter, *The American Political Tradition and the Men Who Made It* (Nova York, A. Knopf, 1967), p. 206 e 209; Domenico Losurdo, *La comunità, la morte, l'Occidente*, cit., cap. 6, § 7.

da tradicional guerra interestatal, agora substituída pela cruzada e por uma edição renovada das guerras religiosas[69]. Cabe dizer que, bem antes dessa crônica, Edmund Burke denunciou na Revolução Francesa "uma revolução da doutrina e do dogma teórico" que, por seu "espírito proselitista", lembrava a Reforma Protestante[70], ainda que esse proselitismo estivesse a serviço de uma doutrina ímpia e ateia. Mas a tese de Schmitt, Schnur e Nolte é desmentida justamente pelo autor e estadista inglês: depois de condenar com palavras incendiárias o caráter inclemente da revolução, ele lança um apelo por uma guerra geral contra a França, uma guerra que se configure explicitamente como "uma guerra de religião" no sentido literal do termo[71]. Trata-se de uma guerra "sob muitos aspectos totalmente diferente" dos tradicionais conflitos entre nações[72], pois se trata de "uma guerra civil" de dimensões internacionais[73]. "Guerra religiosa" (*Religious War*) e "guerra civil" (*Civil War*) internacional: as duas categorias centrais de que Schmitt se serve para acusar a Revolução Francesa encontram sua primeira formulação explícita no primeiro grande antagonista de fato dessa revolução, que as emprega com uma conotação univocamente positiva e como bandeira de luta por uma causa santa!

Estamos em 1790. Os jacobinos ainda não estão no poder, mas a imprensa real de Paris já clama às coroas da Europa para que intervenham na França com uma verdadeira guerra santa a favor do descendente de são Luís, que, como Jesus Cristo, foi obrigado a carregar a cruz e a sofrer ultrajes, infligidos pelos revolucionários e por toda uma nação "pecadora"[74]. O próprio Burke

---

[69] Carl Schmitt, *Il nomos della terra nel diritto internazionale dello "jus publicum europaeum"* (Milão, Adelphi, 1991) [ed. bras.: *O nomos da Terra no direito das gentes do jus publicum europaeum*, trad. Alexandre Franco de Sá et al., Rio de Janeiro, Contraponto, 2014]; *Teoria del partigiano*, cit.; Hanno Kesting, *Geschichtsphilosophie und Weltbürgerkrieg* (Heidelberg, Winter, 1959); Roman Schnur, *Revolution und Weltbürgerkrieg. Studien zur Ouvertüre nach 1789* (Berlim, Duncker & Humblot, 1983); Ernst Nolte, *Weltbürgerkrieg 1917-1989?*, cit.

[70] Edmund Burke, *The Works: A New Edition*, v. VII (Londres, Rivington, 1826), p. 13-4 [ed. bras.: *Reflexões sobre a revolução na França*, trad. José Miguel Nanni Soares, São Paulo, Edipro, 2014].

[71] Ibidem, p. 176 e seg.

[72] Edmund Burke, *The Correspondence of Edmund Burke*, v. VII (orgs. Thomas W. Copeland et al., Cambridge/Chicago, Cambridge University Press/The University of Chicago Press, 1958-1970), p. 387.

[73] Ibidem, p. 432.

[74] Jean-Paul Bertaud, "La Presse royaliste parisienne, l'idée de guerre et la guerre, 1789-1792", em François Lebrun e Roger Dupuy (orgs.), *Les Résistances à la Révolution* (Paris, Imago, 1987), p. 206-7.

também parece querer incitar uma verdadeira cruzada, cujos protagonistas devem ser considerados "os vingadores das injúrias e dos ultrajes infligidos à raça humana"[75]. Note-se que está em jogo aqui "a causa da humanidade" (*the cause of humanity*), a causa da "felicidade do mundo civilizado inteiro"[76], da salvação do "mundo civilizado da impiedade e da barbárie"[77].

Não por acaso, o estadista inglês é destinatário de uma carta do papa que abençoa seu nobre empenho na defesa da "*causa humanitatis*"[78]. Tampouco é por acaso que, ao lançar seu apelo à guerra geral contra a França, Burke remeta ao exemplo do alarme que, tempos antes, a revolta dos anabatistas[79] suscitou na Europa inteira. Nesse sentido, contrariamente à tese de Schmitt, a guerra religiosa de fato não cessou nem mesmo na Europa: a única coisa que ocorreu foi que os hereges se tornaram, de maneira mais clara, os revolucionários e subversores da ordem social. A cruzada aqui teorizada e anunciada não é, obviamente, uma guerra limitada: ela se propõe não somente a enfrentar os exércitos franceses, mas também a extirpar o jacobinismo "em seu lugar de origem"[80] e a garantir a "punição exemplar dos principais autores e idealizadores da ruína da França"[81]. Quem assim criminaliza o inimigo e o trata como um delinquente é o *whig* inglês, tão caro a Schmitt e a Nolte.

Essa criminalização resulta não de uma explosão de cólera, mas de uma teoria ponderada e elaborada. Ao transcrever Vattel – e, naturalmente, omitir todas as passagens em que o jurista suíço insiste sobre o igual direito de autonomia e soberania que todos os Estados têm –, Burke destaca a legalidade (aliás, a obrigação moral) da comunidade dos Estados europeus de "reprimir", "punir", "impedir, de uma vez por todas, de causar danos" uma "nação inquieta e maligna", inclinada a "suscitar desordens internas" nos outros países[82]. Alguns anos mais tarde, Gentz salienta que não é lícito tornar irredutível "o princípio de que nenhum

---

[75] Edmund Burke, *The Correspondence of Edmund Burke*, cit., v. II, p. 472.

[76] Ibidem, p. 354.

[77] Ibidem, p. 382.

[78] Ver a carta de Pio VI em Edmund Burke, *The Correspondence of Edmund Burke*, cit., v. VII, p. 420.

[79] Edmund Burke, *The Works*, cit., v. V, p. 278.

[80] Idem, *The Correspondence of Edmund Burke*, cit., v. VII, p. 387.

[81] Ibidem, p. 384.

[82] Emer de Vattel, "Le Droit des gens ou principes de la loi naturelle", em James Brown Scott (org.), *The Classics of International Law* (Washington, The Carnegie Institution, 1916), v. I, p. 296 (livro II, cap. 4, § 53); cf. Edmund Burke, *The Works*, cit., v. VII, p. 201.

Estado tem o direito de interferir nas questões internas de outro Estado". Um país que levanta a teoria da "derrubada de todas as relações jurídicas" não pode contar com a neutralidade e a inércia da comunidade internacional; claro, não se poderia esperar a passividade de outros Estados diante de uma legislação que proclamasse a legalidade do "assassinato" e do "roubo a mão armada". Isso vale particularmente no que concerne à Europa, ao "sistema de Estados europeu":

> Em função de sua posição geográfica, de seus múltiplos vínculos, da homogeneidade de seus costumes, de suas leis, de suas necessidades, de seu modo de vida e de sua cultura, todos os Estados desta região do mundo constituem uma liga (*Bund*) que, com alguma razão, foi definida como a república europeia. Os diversos elementos dessa liga de povos (*Völkerbund*) fazem parte de uma comunidade tão restrita e indissolúvel que nenhuma mudança significativa verificada no âmbito de um deles pode ser indiferente aos demais.[83]

Longe de ser um obstáculo, é justamente o *pathos* da comunidade dos povos europeus, o *pathos* do *jus publicum europaeum*, que promove a criminalização da França – e de uma França que, neste momento, já não é mais dirigida pelos jacobinos, mas por Napoleão.

O mínimo que se pode dizer é que o retorno da guerra religiosa não pode ser atribuído exclusivamente ao partido revolucionário. Também neste caso, o revisionismo histórico acaba se moldando à experiência dos opositores da revolução e, em sua condenação global, não se preocupa sequer em analisar os contrastes internos da Revolução Francesa. Em diversas ocasiões, Robespierre critica com rigor todas as hipóteses de exportação da revolução. É dura sua polêmica com Cloots, "o intempestivo pregador da república una e universal", que é igualado aos contrarrevolucionários[84]; é aguda sua ironia contra aqueles que mal sabem se querem "a república ou a conflagração universal"[85]; é lúcida sua advertência de que não se deve esquecer que "ninguém ama os missionários armados"[86]; Paris não é "a capital do globo" e o ponto de partida para a "conquista do mundo"[87];

---

[83] Friedrich von Gentz, *Ausgewählte Schriften*, v. II (org. Wilderich Weick, Stuttgart/Leipzig, Rieger, 1836-1838), p. 195-8.

[84] Maximilien Robespierre, *Oeuvres*, v. X (Paris, PUF, 1912-1967), p. 275.

[85] Ibidem, p. 267.

[86] Ibidem, v. VIII, p. 81.

[87] Ibidem, v. X, p. 361.

é desprovida de sentido a "mania de querer tornar feliz e livre uma nação a contragosto". Ao contrário, "todos os reis poderiam vegetar ou morrer impunes em seus tronos ensanguentados se tivessem sabido respeitar a independência do povo francês"[88]. A Europa – prossegue o discurso do 8 Termidor – não deve ser subjugada pelas "gestas guerreiras", mas deve ser influenciada e atraída pela "sabedoria de nossas leis"[89]. Naturalmente, também é possível detectar alguns deslizes em Robespierre, mas, ainda assim, sua mensagem rejeita de maneira inequívoca a teoria da exportação da revolução.

Enquanto, de um lado, equipara a figura de Robespierre à de Cloots e o partido jacobino ao girondino, de outro, o revisionismo histórico se revela outra vez falho, dada sua incapacidade de desenvolver uma perspectiva comparada adequada. Quais são as ideias de missão mais importantes levantadas na história do Ocidente? Às vésperas da Guerra de Secessão, os adversários da Revolução Abolicionista denunciam no Norte uma ideia de missão que não somente ameaça os Estados escravistas, mas também tende a se propagar em nível internacional. É verdade que os expoentes do Sul tacham esse posicionamento[90] de jacobino ou neojacobino, mas, na realidade, mais que à Revolução Francesa, esse posicionamento remete ao puritanismo e, por meio deste, ao Velho Testamento e à ideia de "povo escolhido". Não por acaso, ao longo de sua história, os Estados Unidos frequentemente se atribuem o papel de uma nova Israel investida de um *Manifest Destiny* [Destino Manifesto][91]. É essa a ideia de missão que historicamente se revela mais vital (ainda nos dias de hoje, como veremos, o "democrata" Clinton fala de uma "missão" eterna que competiria a seu país). Mas, se prescindirmos de Schmitt, é difícil encontrar uma crítica da tradição política estadunidense nos demais expoentes do revisionismo histórico, todos exclusivamente dedicados a denunciar a Revolução Francesa e a Revolução Bolchevique.

Deixemos de lado a ideia de missão e examinemos, no que concerne à guerra civil internacional, a discussão dos limites estatais e nacionais em época de crises

---

[88] Ibidem, p. 230.

[89] Ibidem, p. 568.

[90] Eugene D. Genovese, "The Slaveholders' Dilemma: Freedom and Progress", em *Southern Conservative Thought, 1820-1860* (Columbia, SC, University of South Carolina Press, 1995), p. 83.

[91] Domenico Losurdo, *Democrazia o bonapartismo: trionfo e decadenza del suffragio universale* (Turim, Bollati Boringhieri, 1993), cap. 3, § 9-10 [ed. bras.: *Democracia ou bonapartismo: triunfo e decadência do sufrágio*, trad. Luiz Sérgio Henriques, São Paulo/Rio de Janeiro, Editora da Unesp/Editora UFRJ, 2004].

e conflitos de dimensões internacionais. Pode-se colocar na conta da tradição revolucionária aquilo que se verifica durante a Guerra de Secessão, momento em que voluntários provenientes de diversos países neutros se prontificam ao combate contra o Sul, e a União, segundo a denúncia de Lord Russell, estimula os súditos ingleses a desobedecerem a proclamação de neutralidade feita por seu governo[92]. Mas é difícil creditar ao jacobinismo aquilo que acontece, em meados do século XIX, por ocasião da guerra entre Estados Unidos e México: frustrados e ressentidos pelas discriminações sofridas na república estadunidense, não poucos irlandeses e católicos passam para o lado do "inimigo" e combatem valorosamente ao lado de um exército e de uma população que também são vítimas do desprezo racial dos WASP (*White Anglo-Saxon Protestants*)[93].

Enfim, podemos e devemos perguntar-nos se, ao pesquisarmos as origens da "guerra civil internacional", é lícito que nos detenhamos em 1789. Um clima de guerra civil latente se desenvolve na própria Inglaterra quando da revolta dos colonos americanos, aliados – convém não esquecer – aos dois inimigos tradicionais da metrópole: a França e a Espanha. Pois bem, isso não impede Fox, líder da oposição, de se expressar como "um ardoroso partidário dos insurgentes". Uma tempestade afunda algumas embarcações inglesas ao largo da costa estadunidense, provocando a morte de uma tripulação inteira; um notável político lealista observa com desdém que a notícia é recebida por alguns com franca "alegria parricida". O Congresso estadunidense convida um expoente de primeiro escalão do movimento democrático inglês a se transferir para o outro lado do Atlântico, a fim de se ocupar da gestão das finanças do novo Estado. Embora obrigado a declinar do convite por motivos de saúde, o destinatário não poupa elogios à Assembleia, que ele define como "a mais respeitável e importante do mundo". Quem assim se expressa e se sente cidadão ideal da nova república é Richard Price[94], que alguns anos mais tarde demonstrará entusiasmo também pela Revolução Francesa e virá a se tornar objeto de uma dura polêmica de Burke, o qual se empenhará em denunciar o inadmissível espírito missionário dos novos dirigentes de Paris.

---

[92] Em Jefferson Davis, *The Rise and Fall of the Confederate Government*, v. II (Nova York, Da Capo, 1990), p. 224-5.

[93] Richard Slotkin, *The Fatal Environment: The Myth of the Frontier in the Age of Industrialization, 1800-1890* (Nova York, Harper Perennial, 1994), p. 187.

[94] William E. H. Lecky, *A History of England in the Eighteenth Century* (3. ed., Londres, Longmans, Green & Co., 1883-1888), v. IV, p. 68-70.

Investigar a gênese da "guerra civil internacional" significa pesquisar, em última instância, as origens da democracia. À medida que se desenvolve uma opinião pública, esta pode rejeitar a política externa do governo do país e, em caso de guerra, entrar em contradição com o lealismo patriótico. O conflito se torna tanto mais dramático quanto mais a figura do mercenário ou do soldado profissional é substituída pela do cidadão-soldado. Este, em caso de mobilização geral, tende a expressar seu eventual dissenso já no campo de batalha, onde está em jogo sua própria vida. Basta dizer que a rejeição à guerra tem um papel muito importante na Resistência italiana e na formação dos grupos guerrilheiros.

Quem quiser pode lamentar, junto a Joseph de Maistre, o ocaso dos belos tempos de outrora, quando a guerra se configurava como uma espécie de ritual sagrado, a cujo encanto o homem de forma alguma conseguia escapar:

> Vocês não ouvem a terra que grita e invoca o sangue? [...] Não perceberam que no campo de morte o homem nunca desobedece? Ele pode massacrar Nerva ou Henrique IV, mas o mais abominável tirano, o mais insolente açougueiro de carne humana, nunca irá ouvir *"Nós não queremos mais lhe servir"*. Uma revolta no campo de batalha, um acordo para se aliar a fim de renegar o tirano, é um fenômeno do qual não se tem memória.[95]

O desenrolar da Primeira Guerra Mundial e a Revolução de Outubro vieram desmentir Maistre e, apesar de tudo, é muito difícil que sua visão da guerra retorne ao auge.

5. Período histórico e análise concreta das guerras

Segundo Nolte, "se Burke e Robespierre ainda vivessem em 1815, ambos teriam forçosamente constatado que a característica fundamental dos 25 anos subsequentes a 1789 foi a guerra civil mundial"[96]. Na realidade, se o protagonista da acusação contra a Revolução Francesa não teria dificuldade de se reconhecer em Wellington, é difícil imaginar que o dirigente jacobino pudesse se reconhecer em Napoleão. Ainda no decorrer da polêmica contra os girondinos, Robespierre não somente rejeita categoricamente a ideia de exportação da revolução, como

---

[95] Joseph de Maistre, *Oeuvres complètes* (Hildesheim/Zurique/Nova York, Olms, 1984), t. V, p. 24-5.

[96] Ernst Nolte, *Weltbürgerkrieg 1917-1989?*, cit., p. 35.

também alerta os exércitos revolucionários para que não percorram outra vez a funesta estrada do expansionismo de Luís XIV: "Se vocês violarem primeiro os territórios da Alemanha, irritarão os povos de lá [...], para os quais as crueldades cometidas no Palatinato pelos generais deixaram impressões muito mais profundas do que poderiam produzir hoje alguns opúsculos proibidos"[97]; uma invasão francesa só pode "despertar a ideia do incêndio do Palatinato"[98]. A julgar por esses trechos, poderíamos dizer que Robespierre legitima de antemão os *Befreiunskriege*, as guerras antinapoleônicas. Pode-se interpretar que os 25 anos de choques e conflitos armados entre 1789 e 1815 giraram em torno do confronto entre adversários e defensores do Antigo Regime; portanto, pode-se lê-los como um longo período de "guerra civil internacional" latente ou declarada. Mas, com isso, se diz pouco ou nada sobre a natureza concreta de cada uma das fases ou de cada uma das guerras.

A propósito, pode ser interessante examinar o pensamento daquele que, junto ao dirigente jacobino francês, é apontado pela historiografia revisionista como o profeta monomaníaco da guerra civil revolucionária. Observa Lenin:

> As guerras da Grande Revolução Francesa começaram como guerras nacionais, e assim eram. Eram guerras revolucionárias, asseguravam a defesa da Grande Revolução contra a coalizão das monarquias contrarrevolucionárias. Mas, depois que Napoleão fundou o império francês e subjugou toda uma série de Estados nacionais europeus – Estados que já tinham uma longa existência, grandes Estados que eram capazes de se manter –, as guerras nacionais francesas se tornaram guerras imperialistas, que *por sua vez* deram origem a guerras de libertação nacional e *contra* o imperialismo napoleônico.[99]

O fato de que o conteúdo principal do período iniciado em 1789 (ou em 1783, isto é, com a Revolução Americana) é a derrubada do feudalismo em escala internacional – a realidade da assim chamada guerra civil internacional – não exclui de forma alguma a existência de guerras nacionais. Tais guerras nacionais comportam uma inversão no *front*, no sentido de que os agredidos se tornam agressores, o progresso se torna reação, a "esquerda" se torna a "direita" e vice-versa. Isto é, o novo sistema político-social pode também

---

[97] Maximilien Robespierre, *Oeuvres*, cit., v. VIII, p. 61.

[98] Ibidem, p. 82.

[99] Vladimir I. Lenin, *Opere complete*, cit., v. XXII, p. 308.

118 GUERRA E REVOLUÇÃO

emergir da luta contra aqueles que o promoveram. Lenin provavelmente leva em consideração a página em que Engels data o início da revolução burguesa na Alemanha nos anos 1808-1813[100] – ou seja, não com a vitória napoleônica, mas com o desenvolvimento da resistência contra o país responsável por ter transformado a promessa de "paz perpétua" em "uma guerra de conquistas sem fim"[101], e com a realização das reformas antifeudais impostas pela luta de libertação nacional contra a França recém-saída da revolução. Compreende-se, assim, o juízo altamente positivo acerca dos *Befreiunskriege* e da insurreição dos alemães contra os que pretendem constrangê-los até mesmo a fornecer "tropas de apoio ao invasor para a submissão de outros povos"[102].

Considerações análogas valem para aquela que Marx e Lenin consideram a época da passagem do capitalismo ao socialismo. O apelo à luta contra a burguesia capitalista não impede o primeiro de apoiar movimentos nacionais dirigidos pela burguesia (pensemos no Risorgimento italiano) ou mesmo hege-monizados, no plano ideológico, pelo clero católico (a exemplo da Polônia e da Irlanda). A passagem do capitalismo para o socialismo é o conteúdo principal da época que Lenin clama que se abra com a transformação da guerra impe-rialista em guerra civil revolucionária, mas isso define apenas o quadro mais geral. Em julho de 1916 – com o exército de Guilherme II às portas de Paris –, mesmo ressaltando o caráter imperialista da guerra em curso, o dirigente bolchevique observa que, se esta terminasse "com vitórias de tipo napoleônico e com a submissão de todo um conjunto de Estados nacionais capazes de viver autonomamente [...], então seria possível uma grande guerra nacional na Europa"[103]. Portanto, embora o que define a época como um todo seja a passagem ao socialismo, nem mesmo no mundo do capitalismo desenvolvido se pode excluir a possibilidade de uma guerra nacional – que, de qualquer maneira, está na ordem do dia no mundo colonial e semicolonial.

E assim podemos muito bem interpretar o período que se abre com a Revolução de Outubro e se conclui em 1945 ou 1989 como aquele marcado principalmente pelo choque, no âmbito mundial, entre comunismo e capita-lismo ou entre bolchevismo e nazifascismo – choque esse que, afetando em maior ou menor medida todos os Estados envolvidos no conflito, pode ser lido

---

[100] Karl Marx e Friedrich Engels, *Werke*, v. VII (Berlim, Dietz, 1955 sq.), p. 539.

[101] Ibidem, v. XX, p. 239.

[102] Vladimir I. Lenin, *Opere complete*, cit., v. XXVII, p. 90-1 e 165-6.

[103] Ibidem, v. XXII, p. 308.

Outubro bolchevique, guerra civil internacional e questão colonial 119

como uma "guerra civil internacional". Mas tal definição não exime de forma alguma a análise concreta das diversas contradições e dos inúmeros conflitos que marcam esse período histórico. Ao lado do choque entre capitalismo e socialismo estão a rivalidade entre as grandes potências (que explodiu já em 1914, após décadas de incubação) e as guerras de libertação nacional no mundo colonial (que começa a dar sinais de inquietação antes mesmo de outubro de 1917) e, às vezes, na Europa. O mesmo choque entre capitalismo-socialismo pode se manifestar de modos bastante diferentes: como guerra (tanto propriamente guerreada quanto fria) entre Estados; como choque entre movimentos de libertação nacional e potências coloniais; e como verdadeira guerra civil, desenrolada no âmbito de uma única comunidade nacional. Nesses três casos estão presentes elementos de guerra civil (no nível nacional ou internacional), característica esta que, às vezes, é central e, outras vezes, secundária.

Lenin se declara em total acordo com a tese do último Engels, segundo o qual "o proletariado vitorioso não pode impor nenhuma felicidade a nenhum povo estrangeiro sem com isso minar sua própria vitória"[104]. É um princípio "absolutamente internacionalista" aos olhos do dirigente bolchevique, que deriva daí que, se o proletariado vitorioso continuar exprimindo tendências chauvinistas ou hegemônicas, "serão possíveis tanto revoluções – contra o Estado socialista – quanto guerras"[105]. Se, ao menos no plano objetivo, Robespierre parece justificar com antecipação os movimentos de resistência ao expansionismo da França revolucionária ou pós-revolucionária, Lenin teoriza explicitamente a legitimidade dos movimentos de luta e de emancipação que, contra as pretensões hegemônicas do Grande Irmão socialista, se desenvolveram posteriormente na Iugoslávia, na Hungria, na Tchecoslováquia, no Afeganistão. Como se nota, o "internacionalismo" de Lenin tem muito pouco a ver com a teoria da guerra civil internacional a ele atribuída pelo revisionismo histórico, para a qual todos os gatos são pardos.

6. Revolução de Outubro, nazifascismo e questão colonial

Chegamos, assim, ao principal recalque da historiografia revisionista: aquele que se refere à questão colonial e nacional. Não somente se toma como base 1917 em vez de 1914, mas também se esquece de que, além do apelo à transformação da guerra imperialista em guerra civil revolucionária, os bolcheviques

---

[104] Ibidem, v. XXXV, p. 358.
[105] Vladimir I. Lenin, *Opere complete*, cit., v. XXII, p. 350.

também lançam o apelo aos escravizados das colônias para que arrebentem suas correntes, isto é, para que conduzam guerras de libertação nacional contra o domínio imperial das grandes potências. Esse recalque torna impossível uma compreensão adequada do nazifascismo, que se apresenta como um movimento de reação, e de reação extrema, também a esse segundo apelo. Não é por acaso que a iniciativa do desencadeamento da Segunda Guerra Mundial é tomada por três países que, tardiamente chegados ao banquete colonial, se veem frustrados em suas ambições e diretamente ameaçados pelo crescente anticolonialismo: é assim que o Japão busca seu "espaço vital" na Ásia; a Itália, na Etiópia, na Albânia e em outros lugares; a Alemanha, na Europa oriental e nos Bálcãs. Às vésperas do início oficial da Segunda Guerra Mundial, antes ainda de agredir a Polônia e a União Soviética, Hitler desmembra a Tchecoslováquia e declara explicitamente que a Boêmia-Morávia é um "protetorado" do Terceiro Reich: a linguagem e as instituições da tradição colonial são claramente reivindicados, e seu âmbito de aplicação, estendido também à Europa oriental. O modelo de Hitler se baseia no império colonial da Inglaterra, cuja função e missão civilizadora ele leva em altíssima consideração: "desde o fim do Sacro Império Romano não houve na Europa um Estado superior ao da Inglaterra"; no momento do triunfo do Eixo, Hitler se mostra bastante preocupado com o "estado de anarquia que persistirá na Índia quando da partida dos ingleses"; a Ucrânia é o "novo Império das Índias", e seus habitantes, assim como os da Europa oriental em geral, são insistentemente definidos como "indígenas"; o *führer* adverte até mesmo os italianos para que se atenham ao modelo colonial inglês no Egito e na África[106].

A estreita relação entre o nazifascismo e a tentativa de bloquear e reverter o processo histórico de emancipação dos povos coloniais iniciado com a Revolução de Outubro não escapa aos observadores mais atentos do período. Não é apenas a Internacional Comunista que define o fascismo como a "ditadura terrorista dos elementos mais reacionários, mais chauvinistas e mais *imperialistas* do capital financeiro". Nessa mesma época, o futuro líder da Índia independente, Jawaharlal Nehru, observa:

---

[106] Adolf Hitler, *Tischgespräche* (org. Henry Picker, Frankfurt/Berlim, Ullstein, 1989), p. 421 (conversação de 5 jul. 1942, noite); *Monologe im Führerhauptquartier 1941-1944, Die Aufzeichnungen Heinrich Heims* (org. Werner Jochmann, Hamburgo, Albrecht Knaus, 1980), p. 196 (12-13 jan. 1942) e p. 110 (26-27 out. 1941); *Tischgespräche*, cit., p. 434-5 (9 jul. 1942).

Uma vitória do fascismo na Europa ou em qualquer outro lugar reforçará o imperialismo; um retrocesso enfraquecerá o imperialismo. Igualmente, o triunfo de um movimento de libertação em um país colonial ou subjugado é um vento contrário ao imperialismo e ao fascismo.

É óbvio que o fascismo não exaure a realidade do imperialismo. Um então dirigente de um importante movimento de libertação nacional ironiza a Inglaterra, "a maior das potências imperialistas, erguida à defesa da paz mundial enquanto bombardeia e oprime impiedosamente os povos súditos". Dessa ironia transparece a consciência de que ser consequentemente antifascista significa recusar também o imperialismo e o colonialismo. Não por acaso, destaca Nehru, um dos mais fervorosos admiradores do império colonial inglês é justamente Hitler[107].

É um fato para se refletir. A Segunda Guerra Mundial começa como uma guerra colonial (em prejuízo das colônias e dos territórios que os Estados agressores pretendem transformar em colônias). Pensemos na conquista italiana da Etiópia, na conquista japonesa da China e na invasão alemã (mesmo que legalizada pelo Acordo de Munique) da Tchecoslováquia. É o preconceito eurocêntrico que nos impede de perceber um fato que, contudo, não foge a um dirigente do Terceiro Mundo como Mao Tsé-tung, que em maio de 1938 observa:

> Atualmente, um terço da população mundial está em guerra. Observem: a Itália, o Japão, a Abissínia, a Espanha, a China. A população dos países beligerantes no momento soma aproximadamente 600 milhões, quase um terço da população mundial [...]. De quem é a vez agora? Não há dúvida de que a guerra de Hitler contra as grandes potências prosseguirá.[108]

Justamente por isso, o segundo conflito mundial apresenta desde o início características radicalmente diferentes do primeiro, e a principal delas é evidenciada pelo emergir de um novo sujeito político. Sim, este de alguma maneira já se esboça entre 1914 e 1918, com o alistamento das tropas de soldados negros e árabes nas fileiras da Entente – porém, no âmbito de um conflito acerca do qual

---

[107] Giuliano Procacci, *Dalla parte dell'Etiopia: l'aggressione italiana vista dai movimenti anticolonialisti d'Asia, d'Africa, d'America* (Milão, Feltrinelli, 1984), p. 54-5.

[108] Mao Tsé-tung, "Sulla guerra di lunga durata", em *Opere scelte*, v. II (Pequim, Edições em Línguas Estrangeiras, 1971), p. 153-4 [ed. bras.: *Obras escolhidas*, trad. Edições em Línguas Estrangeiras, São Paulo, Alfa Omega, 1979].

elas não sabem nada. Vinte anos depois, na nova onda de expansão colonial promovida pelos Estados nazifascistas, contrapõem-se – como observa sempre Mao Tsé-tung – "guerras revolucionárias" e movimentos de libertação que já atingiram sua subjetividade política, mesmo que graças ao cisma determinante provocado pela Revolução de Outubro.

Após o final da Primeira Guerra Mundial, apesar das promessas feitas aos povos dos quais haviam recrutado buchas de canhão, as potências vencedoras não somente mantiveram intacto seu império, como até se apropriaram facilmente do espólio colonial deixado pelos derrotados (pensemos em particular no Oriente Médio). Porém, o quadro muda de forma radical com a Segunda Guerra Mundial. A Resistência se apresenta como um fenômeno internacional que engloba um vastíssimo leque de países, europeus e não europeus, muitos dos quais se encontram ou foram submetidos a condições coloniais ou semicoloniais. Compreende-se então que essa revolução ocorrida em todo o mundo se prolongue, após 1945, num impetuoso movimento de luta anticolonial que abarca todos os continentes.

Deve-se acrescentar que a tentativa do Terceiro Reich de relançar o expansionismo colonial à custa dos países localizados em sua fronteira oriental e as "vitórias de tipo napoleônico" inicialmente obtidas pelo exército nazista aprofundam a questão nacional na própria Europa, seguindo a previsão de Lenin. Verifica-se até mesmo o caso de um país – a Itália – que, depois de ter ajudado a desencadear o conflito mundial com palavras de ordem explicitamente imperialistas (a conquista do lugar ao sol e o retorno do império às "colinas fatídicas de Roma"), é posteriormente levado a combater para evitar se tornar, ele próprio, uma província do Grande Reich alemão. Neste sentido, a despeito dos elementos cruéis de guerra civil que estão nela presentes (o que vale também, em maior ou menor medida, para qualquer outra guerra de independência), a Resistência italiana também deve ser considerada, em primeiro lugar, uma guerra de libertação nacional.

7. A GUERRA COLONIAL, DA ABISSÍNIA À EUROPA ORIENTAL

Dada a visão tão indiferenciada sobre a guerra civil internacional, não surpreende que a justificação do colonialismo e o recalque da questão colonial e nacional constituam uma constante política e teórica em Schmitt e no revisionismo histórico. A agressão da Itália fascista à Etiópia parece encarnar à perfeição o tipo ideal da cruzada civilizadora e da guerra santa e total em que o grande politólogo exerce sua perspicácia crítica. Mussolini declara desejar contribuir para a difusão da civilização europeia, liquidando de uma vez por todas a "escravidão milenar" que escandalosamente continua em vigor no país africano. A propaganda do regime proclama que se trata de pôr fim aos "horrores da escravidão"; em Milão, o cardeal Schuster abençoa e consagra o empreendimento que, "a preço de sangue, abre as portas da Etiópia à fé católica e à civilização romana", e, abolindo "a escravidão, ilumina as trevas da barbárie"[109]. A conquista civilizadora abre seu caminho mediante o emprego maciço de gás mostarda e gás asfixiante, o massacre em larga escala da população civil e o recurso aos campos de concentração. Mas Schmitt intervém com força, em 1936, na defesa dos cruzados. Para ele, a guerra limitada pressupõe uma "homogeneidade no plano da civilização", e tal homogeneidade não pode ser reconhecida na Abissínia[110]: não há nada a objetar na guerra discriminatória e de aniquilamento dos bárbaros. A Itália fascista tem razão ao considerar e tratar "o negus não como um chefe de Estado, mas como um chefete com um poder feudal extremamente problemático sobre tribos feudais", ou seja, como um sujeito que de modo algum pode gozar dos direitos de "um membro da comunidade geral do direito internacional". A Abissínia, ou melhor, "a propriedade do negus não revela, nem no plano ético-jurídico, nem no organizativo, aquele mínimo necessário para que se possa falar de um Estado e, portanto, muito menos de um membro efetivo da comunidade do direito internacional"[111].

Como explicar o apoio a uma guerra tão declaradamente discriminatória? Seria possível dizer que é inevitável a menor observância das regras quando se trata de países que não se sentem ligados pelo *jus publicum europaeum*. Vejamos, pois, o que acontece na Etiópia. As tropas fascistas italianas violam sistematicamente o *jus in bello*: agridem sem declaração de guerra; recorrem ao "uso sistemático de gases tóxicos", desprezando a Convenção de Genebra; enforcam os prisioneiros; procedem à dizimação sistemática dos intelectuais[112]. E, no entanto, o negus lança um apelo (largamente apoiado pela população)

---

[109] Luigi Salvatorelli e Giovanni Mira, *Storia d'Italia nel periodo fascista*, v. II (Milão, Mondadori, 1972), p. 254-94.

[110] Domenico Losurdo, *La comunità, la morte, l'Occidente*, cit., cap. 3, § 8.

[111] Carl Schmitt, *Positionen und Begriffe im Kampf mit Weimar-Genf-Versailles 1932-1939* (Berlim, Duncker & Humblot, 1988), p. 212-3.

[112] Angelo Del Boca, *Il negus: vita e morte dell'ultimo re dei re* (Roma/Bari, Laterza, 1995), p. 140, 177 e 181-2.

ao "pleno respeito pelas leis de guerra", sem que se faça os italianos pagarem pelas "atrocidades a que submeteram nosso povo"[113].

Pouco depois da agressão de Mussolini à África, Schmitt justifica a intervenção alemã na Tchecoslováquia, o desmembramento do país e a instituição do Protetorado da Boêmia e Morávia, com o argumento de que "o direito internacional pressupõe que todos os Estados tenham um mínimo de organização no plano interno e de força de resistência no plano externo"[114]. Em outras palavras, "um povo incapaz" de construir para si um Estado – ou melhor, um Estado à altura da guerra moderna – não pode ser considerado "sujeito do direito internacional". O politólogo reconhece explicitamente estar aplicando à Europa uma categoria própria da história do colonialismo quando, para confirmar a teoria recém-anunciada, observa: "No início de 1936, por exemplo, revelou-se que a Abissínia não era um Estado"[115].

Assim como à Abissínia, tampouco à União Soviética pode ser reconhecida a "homogeneidade no plano da civilização" ou "o parentesco nacional e o *völkisch* dos povos europeus" – é o que declara o politólogo, remetendo claramente ao "*führer* e *Reichskanzler*"[116]. Com base nisso, fica claro que a campanha de extermínio do leste não pode ser compreendida se ignorarmos a tradição colonial que a sustenta e fizermos referência unicamente à categoria de guerra civil internacional.

Em perfeita continuidade com a defesa das aventuras coloniais da Itália fascista (na Etiópia) e do Terceiro Reich (na Europa oriental), mesmo no pós--guerra, Schmitt rejeita qualquer legitimidade aos movimentos de libertação anticolonial. Agora, porém, seu principal argumento não é a falta de homogeneidade com os povos civilizados, mas o fato de serem expressão da guerra civil internacional desencadeada por Moscou. Aos olhos do politólogo alemão, as revoluções na Argélia, na Indochina ou na China não têm qualquer autonomia. E, no entanto, o início da revolução neste último país é anterior à ascensão dos bolcheviques ao poder. Aliás, não se pode separar a formação do pensamento de Lenin e a maturação da onda anticolonialista iniciada na segunda metade do século XIX: a Rebelião dos Taiping, a dos Boxers e, em seguida, o advento da república na China; a Guerra Mahdista na África; a insurreição dos cubanos

---

[113] Ibidem, p. 193.

[114] Carl Schmitt, *Positionen und Begriffe im Kampf mit Weimar*, cit., p. 285.

[115] Ibidem, p. 310.

[116] Ibidem, p. 212-3.

contra o domínio espanhol e a guerrilha dos filipinos contra os Estados Unidos; a revolução no México etc. A crítica do capitalismo realizada pelo dirigente bolchevique também é a denúncia de sua política colonial.

Tudo isso é apagado ou recalcado. Para Schmitt, o guerrilheiro do século XX que age no Terceiro Mundo, "figura-chave da história universal"[117], está de fato submetido a "uma direção centralizada, internacional e supranacional, que fornece ajuda e sustentação, visando apenas a seus próprios interesses"; "o guerrilheiro, dessa forma, deixa de ser uma figura essencialmente de defesa para se transformar num instrumento, manipulado por um espírito de agressividade", de "agressividade planetária", que "visa à revolução mundial" e à destruição da "ordem social existente"[118]. Condena-se, assim, o movimento anticolonialista como um todo. A luta de guerrilha como guerra popular? Na realidade, "bastam poucos terroristas para coagir massas numerosas"[119]. Seus motivos não são nada nobres: na Ásia, "as hostilidades raciais contra os colonos brancos exploradores" têm um papel importante[120]. E quem carrega a responsabilidade pelo terror de massa? Na Indochina, os guerrilheiros "cometiam ações terroristas de todo tipo, para incitar os franceses a retrucar com represálias antiterroristas contra a população civil indígena, de modo que o ódio desta contra os franceses crescesse ainda mais"[121]. As "ações terroristas" programadas por Salan "contra a população civil de Argel" na realidade "baseavam-se nas experiências da guerra psicológica e do moderno terrorismo de massa" que os oficiais franceses "experimentaram na própria pele" na Indochina[122]. É claro, "só se pode combater os guerrilheiros à maneira dos guerrilheiros"[123]. A simpatia de Schmitt pela OAS* e pelos defensores da Argélia francesa é transparente: Salan "logo perdeu suas esperanças de ver o general [De Gaulle] defender até o fim a soberania francesa no território argelino, que era garantida pela Constituição"[124]. Junto

---

[117] Idem, *Teoria del partigiano*, cit., p. 61.

[118] Ibidem, p. 57-61.

[119] Ibidem, p. 58.

[120] Ibidem, p. 46.

[121] Ibidem, p. 57.

[122] Ibidem, p. 48-9.

[123] Ibidem, p. 64.

* Sigla para Organisation Armée Secrète [Organização do Exército Secreto]. Organização paramilitar clandestina francesa criada para combater a independência da Argélia em relação à França. (N. T.)

[124] Carl Schmitt, *Teoria del partigiano*, cit., p. 49.

126 GUERRA E REVOLUÇÃO

à justificativa das represálias do Exército francês, também emerge, ainda que de modo indireto e alusivo, a justificativa para as represálias da Wehrmacht. E como poderia ser diferente, se no fundo são apenas momentos distintos de uma única luta, empreendida contra a guerra civil internacional desencadeada pelos bolcheviques e pela União Soviética?

8. O REVISIONISMO HISTÓRICO, DA DENÚNCIA À PROCLAMAÇÃO DA CRUZADA

Com a denúncia de que em todo e qualquer conflito, por mais remoto e específico que pareça, há manobras e ambições de um único e onipresente inimigo planetário, a ideia da "guerra civil internacional" pode facilmente recalcar a questão nacional e colonial. No mais, a categoria em questão revela uma imprecisão cronológica e conceitual única. De forma geral, distinguem-se dois períodos dessa "guerra", um que vai de 1789 a 1815 e outro que vai de 1917 até o desfecho da Guerra Fria. No meio, encontram-se 1848 (a "primeira guerra civil europeia"[125]) e também Marx[126]. Segundo Schmitt, uma linha de continuidade leva do *Manifesto do Partido Comunista* de 1847 e da onda revolucionária do ano seguinte à "global guerra civil mundial"[127] ou "guerra civil fria"[128], cuja conclusão Nolte identifica e celebra no ano de 1989[129]. Portanto, a categoria em questão, às vezes, pode ser utilizada para definir um choque agudo entre revolução e contrarrevolução em nível internacional (somente neste sentido é que se pode tratar 1848 como uma "guerra civil europeia"). Noutras vezes, a guerra civil internacional parece pressupor que um Estado apele à insurreição nos países com os quais está em guerra latente ou declarada. (Não se compreende, então, por que a "guerra civil internacional" deva ser considerada concluída em 1989: no decorrer da Guerra do Golfo, Saddam Hussein chamou as massas árabes para que se insurgissem contra os governos "traidores", aliados do Ocidente; ainda hoje os Estados Unidos continuam claramente estimulando, por todos os meios, o povo cubano e o iraquiano a se rebelarem contra as "tiranias".) Por fim, outras vezes se entende por "guerra civil internacional" simplesmente o apelo à revolução numa série

---

[125] Idem, *Donoso Cortés in gesamteuropäischer Interpretation* (Colônia, Greven, 1950), p. 7.

[126] Idem, *L'unità del mondo e altri saggi*, cit., p. 304.

[127] Idem, *Donoso Cortés in gesamteuropäischer Interpretation*, cit. p. 85-6 e 18-9.

[128] Idem, *L'unità del mondo e altri saggi*, cit., p. 299 e seg.

[129] Ernst Nolte, *Weltbürgerkrieg 1917-1989?*, cit.

de países, lançado por um partido ou movimento político (mas, assim, não se compreende por que apenas o partido de Marx seja considerado da "guerra civil internacional", e não também, por exemplo, o de Mazzini).

A imprecisão da definição produz resultados surpreendentes. Segundo Nolte, Hitler é o líder na Alemanha do partido da guerra civil internacional; contudo, para ser preciso, o partido nazista é o da contraguerra civil internacional (a iniciativa da declaração de guerra é de Lenin). Num certo ponto, o *führer* se torna o intérprete não apenas da unidade nacional alemã, mas de uma unidade nacional sem fissuras: apesar dos campos de concentração, depois do triunfo da *Blitzkrieg* contra a França, "todos os alemães, sem exceção, concordaram por um momento, ao menos com parte de suas convicções e emoções, com determinadas afirmações e ações de Hitler"[130].

Schmitt, por sua vez, nos coloca de repente diante da tese de que o período de 1936 a 1938 foram "os anos em que a Espanha soube se defender, com uma guerra de libertação nacional, do perigo de ser esmagada pela máquina do movimento comunista internacional"[131]. Em geral onipresente, a categoria de guerra civil internacional desaparece justamente onde sua evidência parece mais inconteste. Seria errado ler aí apenas uma homenagem à Espanha franquista, país que hospeda Schmitt no momento dessa declaração. Uma razão mais profunda explica a repentina transformação da categoria guerra civil internacional naquela de guerra de libertação nacional. Voltemos a Burke: de um lado, o pensador qualifica os revolucionários franceses como fanáticos animados pelo zelo missionário e, por isso, protagonistas de uma guerra civil internacional; de outro, os tacha de "selvagens" ou "turcos", estrangeiros em relação à Europa e agressores que intervêm de fora. A distância político-moral tende a se traduzir em distância geográfica e territorial. Para o politólogo alemão, parecem ainda mais estrangeiros os comunistas, pois estes remetem à União Soviética, estranha ao *jus publicum europaeum* e à civilização. Por sua vez, Nolte remete a Burke para comparar ao Islã os jacobinos e também os bolcheviques[132], os quais são, assim, uma vez mais reduzidos à categoria de estrangeiros e inimigos externos da Europa e da autêntica civilização.

Quando destaca as raízes ocidentais da ideologia comunista (Marx, a filosofia hegeliana da história, o jacobinismo) e sua perigosa presença no Ocidente,

---

[130] Idem, *Deutsche Identität nach Hitler*, em *Dramma dialettico o tragedia?*, cit., p. 118.

[131] Carl Schmitt, *Teoria del partigiano*, cit., p. 43-4.

[132] Ernst Nolte, *Weltbürgerkrieg 1917-1989?*, cit., p. 40.

128 Guerra e revolução

Schmitt (e o revisionismo histórico) fala de guerra civil internacional; quando sublinha a direção moscovita do movimento subversivo mundial, apela a uma luta de resistência das nações do Ocidente como um todo contra seu inimigo oriental. Dessa perspectiva, até mesmo as guerras conduzidas por esta ou aquela potência europeia para a manutenção de suas possessões coloniais aparecem como guerras de libertação ou de resistência nacional ou ocidental.

Uma vez utilizada para apagar ou recalcar a multiplicidade e complexidade das contradições reais, a categoria de guerra civil internacional acaba produzindo uma espécie de justificativa tortuosa também dos aspectos mais infames da política do Terceiro Reich: "O caráter de guerra civil do conflito germânico--soviético [...] significou a retomada da guerra civil russa entre 'vermelhos' e 'brancos' [...]. Com a 'ordem comissarial', Hitler não fez mais do que retomar uma das regras mais terríveis da guerra civil russa" (a Convenção de Genebra só vale para os conflitos interestatais). Nesse cenário, torna-se "compreensível" aquilo que, de outra forma, "aparece como um fato incompreensível e execrável: por exemplo, a 'ordem comissarial', ou, ainda, a 'solução final da questão judaica'". O horror da "conquista" do leste não somente é dissociado da tradição colonial que o Terceiro Reich pretende reviver e radicalizar, mas é também explicado a partir de uma guerra civil internacional em que, a despeito da barbárie dos métodos utilizados (além de tudo, sob influência asiática e bolchevique), Hitler acaba tendo "razão historicamente"[133].

Mais que reprovada ou analisada, a guerra civil internacional é anunciada a todos e proclamada; simultaneamente a esse anúncio e proclamação, condenam--se aqueles que hesitam em enxergar uma terrível realidade e em se dedicar até o fim à luta sem fronteiras imposta por tal realidade. Vimos Nolte lamentar o atraso com que os Estados Unidos participaram da luta contra os "fanáticos armados" de Moscou. Nos anos 1960, assiste-se, de um lado, ao desenvolvimento dos movimentos anticolonialistas e à emergência do Terceiro Mundo e, de outro, aos primeiros passos da "coexistência pacífica", enquanto o conflito sino-russo deteriora ou racha a solidez do "campo socialista". Mesmo assim, Schmitt sente a necessidade de reafirmar sua concepção de mundo rigidamente bipolar:

A paz de hoje é apenas o aspecto externo de uma inimizade real. Esta não se interrompe nem mesmo na chamada "Guerra Fria". E esta última, por sua vez,

---

[133] Idem, *Der europäische Bürgerkrieg 1917-1945*, em *Dopo il comunismo: contributi all'interpretazione della storia del XX secolo* (Florença, Sansoni, 1992), p. 41 e 44-5.

não é, digamos assim, metade guerra e metade paz, mas uma maneira, adequada à situação contingente, de administrar uma inimizade real com meios outros que não aqueles abertamente violentos. Somente os tolos e os iludidos se enganam quanto a isso.[134]

É significativa a constante referência do politólogo alemão a Donoso Cortés, que durante a "guerra civil europeia de 1848", polemizando contra uma classe política falastrona e incapaz de tomar decisões drásticas, inesperadamente propõe a escolha entre "Cristo" e "Barrabás". Na esteira do autor espanhol, o grande politólogo alemão também exclui os jacobinos do "Ocidente cristão"[135] e convida este último a enfrentar com energia o "satanismo" de Proudhon e o "abismo" representado por Marx[136]. Como os autores que admiram, Schmitt e Nolte exprimem muito mais um espírito de cruzada e uma visão maniqueísta dos conflitos internacionais do que os jacobinos ou os bolcheviques por eles denunciados e, por vezes, brilhantemente analisados.

9. REVISIONISMO HISTÓRICO, NEOLIBERALISMO E REVOLUÇÃO ANTICOLONIAL

O juízo dos dois autores alemães sobre a revolução anticolonial não é muito distinto daquele expresso por Furet, para quem "Mao, Ho Chi Minh, Castro, Che Guevara e até o mais tardio Ortega, o homem da Nicarágua sandinista", não são protagonistas de grandes movimentos que de alguma forma mudaram a cara do mundo, mas excêntricos objetos de culto de um "fanatismo exótico"[137]. Eis aí mais um terreno de encontro entre revisionismo histórico e neoliberalismo. O próprio teórico da "sociedade aberta" é quem procede a uma explícita reabilitação do colonialismo. Popper parece realizar um balanço francamente positivo do domínio de séculos exercido pelas grandes potências europeias e ocidentais sobre o resto da humanidade: "Libertamos esses Estados rápido demais e de maneira muito simplista"[138]. (Parecem muito distantes os anos em que Arendt denunciava a política de genocídio conduzida pelo colonialismo – no Congo, por exemplo – e identificava no domínio colonial o primeiro

---

[134] Carl Schmitt, *Teoria del partigiano*, cit., p. 46-7.

[135] Idem, *La dittatura* (Roma/Bari, Laterza, 1975), p. 11.

[136] Idem, *Donoso Cortés in gesamteuropäischer Interpretation*, cit., p. 34-6 e 81.

[137] François Furet, *Le Passé d'une illusion*, cit., p. 551.

[138] Domenico Losurdo, *Democrazia o bonapartismo*, cit., cap. 7, § 12.

laboratório do regime totalitário.) Para formular sua cortante condenação da revolução anticolonial, Paul Johnson recorre à mesma categoria utilizada pelo revisionismo histórico em relação a outras revoluções: o abandono da estrada do gradualismo, ou, neste caso, da "abordagem gradualista do autogoverno"[139]. Quem operou a ruptura e introduziu uma violência supérflua e desastrosa foi, uma vez mais, o intelectual revolucionário, "o religioso fanático reencarnado como político profissional", que também neste caso se revelou "a grande força destrutiva do século XX"[140]. Na revolução na Rússia, tal como nas colônias ou ex-colônias, vemos em ação as mesmas classes intelectuais e políticas:

> Os bolcheviques de Lenin em 1917, os quadros do partido comunista de Mao em 1949 e os congressistas indianos chegaram ao poder por caminhos distintos, mas tinham um aspecto em comum: os três grupos eram compostos de homens que sempre se interessaram apenas pela política e que dedicaram a vida a explorar um conceito maleável, chamado "democracia".[141]

A contiguidade entre revolução e nazismo se revela até nos movimentos anticoloniais aparentemente mais moderados: Gandhi "era um ano mais velho que Lenin, com quem tinha em comum uma abordagem da política de caráter quase religioso, mas sua excentricidade também o aproximava de Hitler, vinte anos mais jovem do que ele"[142].

Agora, depois da catástrofe, "em muitíssimos países do Terceiro Mundo" não há mais alternativa ao "*revival* do colonialismo", aliás, ao "*revival* altruísta do colonialismo": "é uma questão moral; o mundo civilizado tem a missão de governar esses lugares desesperados". Segundo Johnson, não se trata de intervir apenas nos países incapazes de se governarem sozinhos, mas também naqueles que, ao se governarem, revelam uma tendência "extremista": bem fez Reagan ao intervir em Granada e derrubar seu governo[143].

Ainda mais importante do que as tomadas de posição política imediatas é o balanço histórico que acompanha essa historiografia revisionista. A expansão

---

[139] Paul Johnson, "Colonialism's Back – and Not a Moment Too Soon", *The New York Times*, 18 abr. 1993 (The New York Times Magazine).

[140] Idem, *Storia del mondo moderno (1917-1980)* (Milão, Mondadori, 1989), p. 725.

[141] Ibidem, p. 520.

[142] Ibidem, p. 521.

[143] Idem, "Colonialism's Back – and Not a Moment Too Soon", cit., p. 22 e 43-4.

colonial foi, em certa medida, um "processo relutante e involuntário", iniciado no alvorecer da era moderna com as viagens realizadas pelos comerciantes holandeses, portugueses e britânicos, que desembarcam nas costas africanas em busca de negócios[144]. Nem sequer uma vaga referência ao tráfico negreiro. O gigantesco recalque se revela clamoroso na afirmação de que, com a zona de residência imposta aos judeus pela Rússia tsarista, temos "o primeiro experimento moderno de engenharia social, que trata os seres humanos (neste caso, os judeus) da mesma forma que o barro ou a argila que devem ser moldados"[145]. Na realidade, a partir da definição aqui dada de engenharia social, precisaríamos dizer que um capítulo essencial de sua história é a história do domínio exercido sobre as populações das colônias. Mais: se quisermos levar em consideração os séculos de tráfico de negros e deportação dos peles-vermelhas, veremos que os Estados Unidos são o país que protagoniza o mais colossal experimento de engenharia social.

A reabilitação do colonialismo e o recalque de seus aspectos mais trágicos projetam suas sombras também sobre a Revolução Abolicionista. A historiografia revisionista a condena com o argumento habitual de que ela teria interrompido, com furor jacobino e violência supérflua, um processo já em curso de extinção gradual da escravidão; a crônica política liberal parece ignorar essa revolução porque apaga do quadro histórico a tragédia que a provoca. Explica-se, assim, a celebração contemporânea de Calhoun como "um destacado individualista"[146]: será que podemos considerar correta tal definição para um autor que nega a qualidade de indivíduo ao negro, o qual ele condena à escravidão perpétua e degrada a reles instrumento de trabalho? Noutras ocasiões, Calhoun é alçado à dignidade de protagonista da "defesa dos direitos da minoria contra os abusos de uma maioria inclinada à prevaricação"[147], à dignidade de teórico do senso de proporção e de autolimitação que deve ser característico da maioria[148]. Esquece-se, porém, de explicar que o apelo por ele dirigido à

---

[144] Ibidem, p. 43-4.

[145] Idem, *A History of the Jews* (Nova York, Perennial Library, 1988), p. 358 [ed. bras.: *História dos judeus*, trad. Carlos Alberto Pavanelli, Rio de Janeiro, Imago, 1989].

[146] C. Gordon Post, "Introduction", em John C. Calhoun, *A Disquisition on Government* (Nova York, The Liberal Arts Press, 1953), p. vii.

[147] Ross M. Lence, "Foreword", em John C. Calhoun, *Union and Liberty* (Indianápolis, Liberty Classics, 1992), p. xxiii.

[148] Giovanni Sartori, *Democrazia e definizioni* (4. ed., Bolonha, Il Mulino, 1976), p. 151; *The Theory of Democracy Revisited* (Nova Jersey, Chatham, 1978), p. 239 e 252 [ed. bras.: *A teoria da democracia revisitada*, trad. Dinah de Abreu Azevedo, São Paulo, Ática, 1994].

132   Guerra e revolução

maioria pelo senso de proporção é o apelo ao poder central para que este não interfira naquela "instituição peculiar" que comporta o poder absoluto e sem medida exercido pelo senhor branco sobre os negros escravizados.

O recalque da questão colonial torna impossível uma compreensão adequada da Segunda Guerra dos Trinta Anos. Vimos a tese de Furet segundo a qual os crimes "perpetrados na União Soviética em nome da revolução proletária" superam em larga medida aqueles do Terceiro Reich, "ao menos até 1941". Detenhamo-nos por um instante nessa comparação entre os dois movimentos políticos – um dá impulso ao processo de descolonização, o outro se empenha em conter e perseguir as "raças inferiores" e em reviver a tradição colonial na própria Europa. Pois bem, sugere-se que o confronto seja instituído a partir das vésperas da Operação Barbarossa – como se os projetos de expansão colonial do nazismo na Europa oriental já não estivessem anunciados desde o *Mein Kampf*! Se, para condenar a Revolução Francesa, o historiador francês a separa da abolição da escravatura realizada nas colônias e a compara com uma Revolução Americana na qual foi recalcada a sorte dos negros e dos peles-vermelhas, para liquidar a "revolução proletária" ele antes a separa do movimento anticolonialista que ela promove e depois a relaciona com um Terceiro Reich cuja guerra colonial de extermínio ele gostaria de purgar. Convém lembrar que veremos Hitler comparar os "indígenas" da Europa aos peles-vermelhas do Velho Oeste. A historiografia revisionista imparcialmente passa por cima de uns e outros.

O recalque dos bárbaros do quadro histórico é tão enraizado e óbvio que Furet proclama o início da Segunda Guerra Mundial em 3 de setembro de 1939[149]: são desconsiderados não somente países como China, Etiópia etc., mas até mesmo a Polônia, invadida apenas dois dias antes. O segundo conflito mundial começa com a declaração de guerra de Grã-Bretanha e França à Alemanha, ou seja, com o choque entre as grandes potências ocidentais. O recalque da questão colonial ou a condenação revisionista da revolução anticolonial comportam efeitos em cadeia: por que deveríamos continuar considerando Churchill um herói da história universal se, por causa de sua intransigência antigermânica, acabou liquidando o império colonial que bem queria defender, e cuja conservação lhe havia sido garantida por Hitler? Não seria melhor pactuar com a Alemanha, consentindo com a realização do império colonial ao qual também ela aspirava? O fato é que é impossível compreender o grande significado democrático e de emancipação da Segunda Guerra Mundial caso

---

[149] François Furet, *Le Passé d'une illusion*, cit., p. 380.

se apague a questão colonial e nacional, e se recalque a desesperada resistência empreendida pelos "indígenas" da Europa oriental e pelos "sub-humanos" em geral, bem como a luta que se desenvolveu nas colônias contra toda a "raça imperial" na esteira da derrota da "raça dos senhores"[150].

A eclosão do terrível conflito poderia ter sido evitada com oportunas concessões coloniais ao Japão, à Itália e à Alemanha – assim argumentam notáveis representantes do revisionismo estadunidense. Em função também de seu crescimento demográfico, o país do Sol Nascente tinha necessidade de uma área de expansão própria. Promovendo a difusão do capitalismo e da civilização na Ásia, ele exercia um papel positivo e, de fato, se constituía num baluarte contra o perigo soviético[151]. A Manchúria nunca fora realmente parte integrante da China[152], e o Japão, por sua vez, aspirava apenas realizar uma Doutrina Monroe asiática e estabelecer, sobre uma região essencial para a segurança nacional e de seu espaço econômico, um controle análogo àquele exercido pelos Estados Unidos sobre o México. Em ambos os casos, não podem ser levados em consideração os "sentimentos" da população ou dos "políticos" locais[153]. A Etiópia tinha um "comportamento agressivo" em relação às colônias africanas da Itália, a qual, contudo, necessitava expandir seus domínios territoriais para encontrar uma via de escoamento para o colossal fluxo de emigrantes – aos quais os Estados Unidos e outros países negavam ou dificultavam o acesso por meio de uma "legislação restritiva"[154]. E mesmo no que se refere ao Terceiro Reich, setores da própria diplomacia britânica reconheciam a razoabilidade de seu pedido de reaver as colônias perdidas depois de Versalhes[155]; em relação à Europa oriental, Hitler também dá mostras de um espírito de "conciliação"[156], formulando propostas que, ainda às vésperas da guerra, se revelam "surpreendentemente moderadas"[157]. É Stalin, contudo, quem dissemina a discórdia e

---

[150] John Charmeley, *Churchill: The End of Glory* (Londres/Sidney/Auckland, Hodder & Stoughton, 1993), p. 438.

[151] Cf. Frank Paul Mintz, *Revisionism and the Origins of Pearl Harbor* (Boston/Londres, University Press of America, 1985), p. 11-15 e 59.

[152] Charles C. Tansill, *Back Door to War: The Roosevelt Foreign Policy, 1933-1941* (Chicago, Regnery, 1952), p. 137.

[153] Ibidem, p. 141.

[154] Ibidem, p. 168-9.

[155] Ibidem, p. 133.

[156] Ibidem, p. 546.

[157] Ibidem, p. 548.

instiga a guerra entre os países capitalistas[158]. Em vez de favorecer um compromisso razoável, os Estados Unidos anunciam "a cruzada contra os países agressores": deflagram a guerra econômica, primeiro contra a Itália, depois contra o Japão[159]. E, assim, fazem o jogo da União Soviética, que empurra a China e a Etiópia para a intransigência e agita a bandeira do anticolonialismo a fim de enfraquecer os inimigos capitalistas, jogando-os uns contra os outros[160]. Não por acaso, o fartamente citado historiador estadunidense Tansill termina seus dias empenhado na luta contra a Segunda Reconstrução e na defesa da segregação racial[161].

A reabilitação do colonialismo ou o recalque da questão colonial significam, de fato, o triunfo do revisionismo histórico. De resto, interpretar o segundo conflito mundial com base nos esquemas do intervencionismo democrático caros à Entente significa legitimar a ideia de cruzada e exportação da revolução que o revisionismo histórico denuncia no jacobinismo e no bolchevismo. E se a leitura do primeiro conflito mundial como cruzada pela democracia é vista como problemática ou absurda pela presença da Rússia tsarista ou do Japão imperial na formação antigermânica, a interpretação do segundo conflito mundial nesta chave se torna ainda menos crível, dada a aliança das potências ocidentais com uma União Soviética que, segundo os historiadores revisionistas, era decididamente pior que o próprio Terceiro Reich.

---

[158] Harry E. Barnes, *Revisionism: A Key to Peace* (Nova York, The Revisionist Press, 1973), p. 19-20.

[159] Charles C. Tansill, *Back Door to War*, cit., p. 237.

[160] Ibidem, p. 136 e 197.

[161] Warren I. Cohen, *The American Revisionists: The Lessons of Intervention in World War I* (Chicago/Londres, The University of Chicago Press, 1967), p. 240.

IV
"GUERRA DE SECESSÃO DOS BRANCOS", "GUERRA CIVIL INTERNACIONAL", "SÉCULO ESTADUNIDENSE" E "SEGUNDA GUERRA DOS TRINTA ANOS"

1. O REVISIONISMO HISTÓRICO E AS DUAS GUERRAS MUNDIAIS

São inúmeros os historiadores que se referem aos dois conflitos mundiais como a Segunda Guerra dos Trinta Anos. Note-se que já em 1905, enquanto as contradições entre as grandes potências se tornam cada vez mais agudas, Jaurès evoca a catástrofe de três séculos antes, cuja memória histórica inquieta também, às vésperas da conflagração, o chanceler Bethmann-Hollweg[1]. Para compreender o século XX, a categoria Segunda Guerra dos Trinta Anos é bem mais adequada do que a de guerra civil internacional. Tal como em nosso século, também no XVI a guerra ideológica (ou de religião) se entrelaçou intimamente com a batalha pela hegemonia e até mesmo, em alguma medida, com a luta de alguns países pela independência nacional.

Estreitamente ligado ao avanço do revisionismo, o sucesso da categoria guerra civil internacional não apenas encerra um silêncio sobre a questão nacional e colonial, como obscurece, com um posterior achatamento do quadro histórico, o próprio conflito entre as grandes potências – e, no entanto, por uma contradição peculiar, é justamente nesse terreno que essa corrente cultural e política fez suas primeiras experiências. A partir do início dos anos 1920, desenvolve-se nos Estados Unidos uma vigorosa historiografia que, brandindo a palavra de ordem do "revisionismo", leva adiante uma dura polêmica contra o que um de seus principais expoentes, Charles A. Beard (que nos anos precedentes fora fascinado pela cruzada de Wilson), define como a "teoria da escola

---

[1] Arno J. Mayer, *Il potere dell'Ancien Régime fino alla prima guerra mondiale* (Roma/Bari, Laterza, 1982), p. 294-5.

dominical" da guerra. Consagrada pelo Tratado de Versalhes, ela apresenta "três rapazes puros e inocentes" (Rússia, França e Inglaterra) assaltados por dois malvados (Alemanha e Áustria), que conspiram para cometer "atos cruéis na escuridão"[2]. Mas que papel desempenhou na conflagração do conflito a investida da Rússia tsarista contra os estreitos? E o chauvinismo da França, e mesmo sua aspiração de recuperar a qualquer custo a Alsácia e a Lorena? A leitura ideológica e maniqueísta não deixa espaço para a reconstrução da trama dos conflitos geopolíticos e da luta pela hegemonia.

A Segunda Guerra Mundial se torna então o momento para uma nova e intensa temporada revisionista. Apenas o ataque a Pearl Harbor explica a intervenção estadunidense? Na realidade, longe de se configurar como algo muito inusitado, esse é o resultado plenamente previsível – talvez previsto e até mesmo desejado – de um longo braço de ferro entre Estados Unidos e Japão. É relevante a iniciativa, ou o desafio, de Franklin Delano Roosevelt: decidido a desempenhar um papel de protagonista na grande batalha, mas disposto a forçar ou estimular o inimigo asiático ou europeu a desferir o primeiro golpe, de modo que se possa passar por cima da orientação de neutralidade do Congresso e da opinião pública estadunidense. Numa análise mais atenta, Pearl Harbor se revela como uma espécie de "porta dos fundos" (*back door*) que o presidente dos Estados Unidos adentra para poder intervir contra a Alemanha (e contra o próprio Japão) e, em última instância, participar da corrida das grandes potências pela hegemonia e levar adiante a missão planetária de que se sente investido. Esse é o fio condutor de uma historiografia que, publicada na esteira da vitória, é classificada como inútil e provocativamente profanadora e antipatriótica[3].

Ao serem traduzidos, alguns desses textos alcançam particular interesse e receptividade na Alemanha, que em seguida se torna protagonista de uma nova onda de revisionismo histórico. Segundo Hillgruber, ao menos depois da eclosão da guerra na Europa, região em que ele já tinha decidido intervir, Roosevelt tenta empurrar Hitler "a passos precipitados, na tentativa de fugir ao dilema de suas dificuldades com o Congresso". No que se refere ao outro

---

[2] Deborah E. Lipstadt, *Denying the Holocaust: The Growing Assault on Truth and Memory* (Nova York/Toronto, The Free Press-Macmillan, 1993), p. 32.

[3] George Morgenstern, *Pearl Harbor: The Story of the Secret War* (Newport, Institute for Historical Review, 1991); Charles C. Tansill, *Back Door to War: The Roosevelt Foreign Policy, 1933-1941* (Chicago, Regnery, 1952).

"GUERRA DE SECESSÃO DOS BRANCOS", "GUERRA CIVIL INTERNACIONAL"... 137

front, como o Japão é totalmente dependente das importações de petróleo, as medidas de embargo tomadas pelo presidente estadunidense colocam o país asiático "de fato diante da escolha entre a capitulação política aos Estados Unidos ou a tomada à força das matérias-primas na Ásia sul-oriental, desencadeando um ataque contra os Estados Unidos e seus aliados". Eis a verdadeira origem de Pearl Harbor[4].

Aqui está em jogo a leitura de toda a Segunda Guerra dos Trinta Anos. Ao mesmo tempo que encontra sua expressão já no título (*Cruzada na Europa*) do livro do comandante supremo na Europa e futuro presidente, Eisenhower[5], a ideologia oficial dos Estados Unidos é duramente posta em discussão por William Henry Chamberlin em 1950, dois anos depois da publicação do livro. Ele salienta como já a "primeira cruzada", aquela anunciada por Wilson, não é de forma alguma a resposta obrigatória às atrevidas provocações do império guilhermino (o *Lusitania* transportava munições, e seu afundamento por submarinos é o compreensível contra-ataque alemão ao bloqueio naval inglês). O fato é que "os estadunidenses foram levados, mais do que qualquer outro povo, a interpretar seu envolvimento nas duas grandes guerras do século XX nos termos de uma cruzada pela justiça"[6].

Além de ser mistificadora, essa visão produz resultados devastadores. *Guerra perpétua como paz perpétua* é o título de uma coletânea organizada em 1953 por Harry Elmer Barnes. O volume mira a ideologia desenvolvida pela Entente ao longo da guerra que deveria ter derrotado a guerra e assegurado definitivamente a paz – e que, na realidade, ao criminalizar supostos agressores, acabou por lançar as premissas de um novo e ainda mais desastroso conflito mundial[7]. Nesse contexto, o revisionismo se configura como o pressuposto necessário para estabelecer relações de compreensão e respeito recíprocos entre os países do Ocidente, cuja unidade foi imposta quando emergiu uma potência asiática, brutal e ameaçadora, mas teoricamente transformada por sua participação

---

[4] Andreas Hillgruber, *Die Zerstörung Europas. Beiträge zur Weltkriegsepoche 1914 bis 1945* (Frankfurt/Berlim, Ullstein/Propyläen, 1988), p. 284.

[5] Dwight D. Eisenhower, *Crusade in Europe* (Nova York, Doubleday, 1948) [ed. bras.: *Cruzada na Europa*, trad. Vera Lúcia de Oliveira Sarmento, Rio de Janeiro, Biblioteca do Exército, 1974].

[6] William H. Chamberlin, *America's Second Crusade* (Chicago, Regnery, 1950), p. 6 e 3.

[7] Harry E. Barnes, *Revisionism: A Key to Peace* (Nova York, The Revisionist Press, 1973); Harry E. Barnes (org.), *Perpetual War for Perpetual Peace* (Caldwell, ID, The Caxton Printers, 1953).

decisiva na "cruzada" antifascista. Nesse mesmo período, no âmbito de um quadro histórico-teórico muito sugestivo, também encontramos essas teses na obra de Carl Schmitt, que, por sua vez, começou a se mover nessa direção já nos anos entre as duas guerras. Em outras palavras, temas e ideias "revisionistas" circulam nas duas margens do Atlântico.

Percebe-se que a historiografia estadunidense, assim como a alemã, é a principal protagonista do desafio revisionista. Os Estados Unidos são um observatório absolutamente privilegiado. Às vésperas da intervenção no primeiro conflito mundial, o próprio embaixador estadunidense em Londres, Walter Page, envia mensagem telegráfica a seu governo para avisar que "a participação na guerra talvez seja apenas o meio para manter nossa preeminente posição atual nos negócios e evitar uma crise de pânico". Logo depois da intervenção, numa carta ao coronel House, Wilson assim se expressou acerca de seus "aliados": "Quando a guerra tiver acabado, poderemos submetê-los ao nosso modo de pensar, pois eles, entre outras coisas, estarão economicamente em nossas mãos"[8]. Entretanto, isso não impede nem ao presidente nem ao embaixador de celebrar o próprio país como protagonista de uma "iniciativa transcendente", de "uma guerra santa, a mais santa de toda a história", de uma verdadeira cruzada, circundada por uma luz divina. Talvez seja por isso que Wilson pareça a Keynes, em 1919, "o maior impostor da Terra"[9].

Não podemos continuar a ler os dois conflitos mundiais identificando-nos com a vivência dos protagonistas (ou dos antagonistas) das duas cruzadas. Apesar da persistência dos mitos que prosperaram a partir de 1914, pode-se considerar que certos resultados já foram atingidos, em primeiro lugar, justamente pelo mérito da historiografia estadunidense e anglo-saxã em geral, mas também pelo mérito daquela historiografia mais distante do revisionismo histórico propriamente dito. Ao se referir à tese de Wilson segundo a qual, para estabelecer uma paz duradoura ou definitiva, "entrando num acordo recíproco,

---

[8] Henry Kissinger, *Diplomacy* (Nova York, Simon & Schuster, 1994), p. 224 [ed. bras.: *Diplomacia*, trad. Ann Mary Fighiera Perpétuo e Heitor Aquino Ferreira, São Paulo, Saraiva, 1994]; Domenico Losurdo, *Democrazia o bonapartismo: trionfo e decadenza del suffragio universale* (Turim, Bollati Boringhieri, 1993), cap. 5, § 3 [ed. bras.: *Democracia ou bonapartismo: triunfo e decadência do sufrágio*, trad. Luiz Sérgio Henriques, São Paulo/Rio de Janeiro, Editora da Unesp/Editora UFRJ, 2004].

[9] Robert Skidelsky, *John Maynard Keynes: speranze tradite, 1883-1920* (Turim, Bollati Boringhieri, 1989), p. 444. [ed. bras.: *Keynes*, trad. José Carlos Miranda, Rio de Janeiro, Zahar, 1999].

as nações deveriam adotar a doutrina do presidente Monroe como a doutrina do mundo", Kissinger observa:

> O México provavelmente ficou estarrecido ao perceber que o presidente do país que lhe havia arrancado um terço do território no século XIX e que havia enviado suas tropas ao México um ano antes agora apresentava a Doutrina Monroe como garantia da integridade territorial das nações irmãs e como um exemplo clássico de cooperação internacional [...]. Os Estados Unidos não hesitaram nunca em usar a força para sustentar a Doutrina Monroe, invocada constantemente por Wilson como modelo de uma nova ordem internacional.[10]

Semelhante leviandade pode ser notada num livro que apareceu na Grã-Bretanha na metade dos anos 1950, no qual Taylor, zombando da ideologia do intervencionismo democrático, comenta a revolta na Irlanda no decorrer da Primeira Guerra Mundial: "Esta foi a única insurreição nacional que aconteceu num país europeu, comentário irônico à pretensão britânica de combater pela liberdade"[11]. Mais que isso, o historiador inglês esclarece, já no título de outra obra, que não se trata exatamente de uma batalha entre despotismo e democracia ou entre militarismo e amor à paz, mas da "luta pelo domínio": "No decorrer de toda uma geração, a potência da Alemanha havia aumentado enormemente, e sua posição na Europa não correspondia mais a essa sua potência"[12]. Portanto, é a mudança das relações de força, no plano econômico, comercial e militar, que explica a ascensão, primeiro, e a explosão, depois, do antagonismo anglo-germânico.

Paul M. Kennedy dedicou a esse tema uma obra fundamental, na qual uma análise histórica concreta contribui para ridicularizar uma vez mais a mitologia do "intervencionismo democrático". Em primeiro lugar, uma implacável dialética objetiva conduz ao conflito: "O comércio exterior da Alemanha em franca expansão dependia, em grande medida, da boa vontade da Grã-Bretanha, uma vez que os navios mercantes alemães precisavam quase sempre atravessar o Canal de Suez"[13]. Daí deriva o intenso programa de rearmamento naval do império guilhermino, que, porém, não podia ficar sem resposta:

---

[10]   Henry Kissinger, *Diplomacy*, cit., p. 224 e 235.

[11]   Alan J. P. Taylor, *Storia dell'Inghilterra contemporanea* (Roma/Bari, Laterza, 1975), p. 71.

[12]   Idem, *L'Europa delle grandi potenze* (Roma/Bari, Laterza, 1977), p. 737.

[13]   Paul M. Kennedy, *L'antagonismo anglo-tedesco* (Milão, Rizzoli, 1993), p. 582.

A impressão que um acurado exame dos documentos de ambas as partes nos deixa é a da *absoluta incompatibilidade* entre as políticas navais de Alemanha e Grã-Bretanha. Aquilo que os seguidores de Tirpitz desejavam – quer se tratasse da relativamente vaga liberdade de agir na política internacional, quer da mais específica proteção do comércio com o exterior da Alemanha em caso de guerra generalizada na Europa – não podia ser obtido sem uma drástica redução da supremacia naval britânica. E vice-versa: aquilo que a Grã-Bretanha queria preservar requeria um drástico redimensionamento das ambições de uma potência em franca expansão demográfica e econômica, como era o caso da Alemanha guilhermina. Aquilo que uma nação desejava, a outra não podia conceder; a segurança de uma das duas implicava a insegurança da outra.[14]

Ao menos no que se refere ao ordenamento político, as duas coalizões que se chocam no campo de batalha da Primeira Guerra Mundial se diferenciam significativamente? Na realidade, quem se apresenta como protagonista de uma cruzada pela democracia é a coalizão que tem entre seus integrantes a Rússia tsarista e um Japão guiado por um imperador envolto em uma aura sagrada e venerado como uma divindade. Deixemos de lado os aliados ideologicamente incômodos: não se entende por que a Alemanha de 1914, marcada pelo pluripartidarismo e na qual ao menos o Reichstag é eleito por meio do sufrágio "universal" masculino, deva ser considerada univocamente menos "democrática" do que a Inglaterra e os Estados Unidos, onde persiste a discriminação censitária ou racial. Sobretudo no que se refere à república norte-americana, cabe notar que neste momento os negros são amplamente excluídos também dos direitos civis, submetidos ao *apartheid*, a relações de trabalho semisservis e a uma violência racista que não raro desemboca em linchamentos.

Se a situação existente no Novo Mundo é peculiar (em sentido positivo e negativo), no Velho Continente os dois blocos contrapostos se apresentam bastante homogêneos no plano da estrutura e das relações sociais internas. Não é por acaso que um notável historiador estadunidense data somente a partir da Primeira Guerra Mundial a queda real e definitiva do Antigo Regime nobiliárquico, que se revela particularmente enraizado e importante justamente na Grã-Bretanha – como observa um historiador inglês[15].

---

[14] Ibidem, p. 584-5.

[15] Arno J. Mayer, *Il potere dell'Ancien Régime fino alla prima guerra mondiale*, cit.; David Cannadine, *Declino e caduta dell'aristocrazia britannica* (Milão, Mondadori, 1991), p. 22-4.

"Guerra de secessão dos brancos", "guerra civil internacional"... 141

Mesmo que consideremos a categoria democracia no sentido de limitação do poder, não alcançaremos resultados substancialmente diferentes. A tese de que a Alemanha guilhermina teria sido uma monarquia semiabsoluta não resiste a uma investigação histórica. Para refutá-la contribuem de antemão a vigorosa dialética parlamentar e sindical e a presença de um partido social--democrata forte que, graças à sua influência ideológica e à sua capilaridade (assegurada por órgãos de imprensa, por redes de cooperativas etc.), ascende à posição de referência do movimento operário europeu e internacional. Com a guerra deflagrada, muito mais do que a Alemanha, são os países da Entente que conseguem realizar uma centralização absoluta do poder político e econômico e uma mobilização total, sem fissuras. Nos Estados Unidos, em particular, os pacifistas e os hesitantes são repreendidos com severidade muito maior que no império guilhermino, enquanto o controle das informações e do ensino de toda ordem e grau alcança a perfeição. A cultura e mídia alemãs do primeiro pós-guerra ficam surpresas e desapontadas diante da capacidade superior de mobilização total e férrea arregimentação da população demonstrada pelos países inimigos da Alemanha, que são dirigidos por chefes bem mais poderosos do que Guilherme II e Nicolau II – aliás, providos de uma plenitude de poderes sem precedentes, ou quase, na história. O nazismo também é uma tentativa de reverter essa imprevista desvantagem, uma espécie de ação prévia a preparar a segunda etapa da Segunda Guerra dos Trinta Anos[16].

Essa segunda etapa se apresenta com características radicalmente distintas. Apesar de bem presente, a rivalidade entre as grandes potências é aspecto secundário do gigantesco conflito que, do lado do Terceiro Reich, se constitui numa tentativa de apagar ou fazer retroceder um secular processo histórico de emancipação. Porém, isto não é razão para nos determos em imagens estereotipadas. Uma vez mais, a cultura estadunidense contribui de forma relevante para refutá-las. Voltemos a Kissinger: é Roosevelt quem "impõe a prova de força" na Ásia[17]. Decretando o embargo e exigindo, para sua revogação, que fossem abandonadas todas as conquistas anteriores, ele "deve ter tido consciência de que não havia a menor possibilidade de que o Japão aceitasse": reagiria, e de fato reage, seguindo o modelo já experimentado durante a guerra contra a Rússia cerca de quarenta anos antes. Um discurso análogo pode ser feito a respeito de outro *front*: antes mesmo de Pearl Harbor, "para todos os efeitos

---

[16] Domenico Losurdo, *Democrazia o bonapartismo*, cit., p. 160-3.

[17] Henry Kissinger, *Diplomacy*, cit., p. 377.

142 GUERRA E REVOLUÇÃO

práticos, os Estados Unidos estavam em guerra nos mares com as potências do Eixo". Ao empreender um conflito militar com o Terceiro Reich, o presidente estadunidense, movendo-se "no limite da constitucionalidade", não esperou pela declaração formal de guerra da parte de Hitler[18].

A historiografia revisionista compara a política de desafio e de provocação executada por Lincoln em relação à Confederação com aquela adotada algumas décadas mais tarde por Roosevelt em relação ao Japão e à Alemanha[19]. Ainda que com um juízo de valor diferente e oposto, uma tese semelhante está presente em Kissinger: "assim como Lincoln, Roosevelt também sentia que estava em jogo a sobrevivência de seu país e os seus valores e que a história o consideraria responsável pelos resultados de suas iniciativas solitárias"[20]. A comparação entre os dois estadistas, hoje, é largamente difundida, e constitui-se no fio condutor de uma coletânea à qual o prefácio de David Eisenhower (neto do comandante supremo na Europa e depois presidente dos Estados Unidos) e a dedicatória "aos soldados estadunidenses da Segunda Guerra Mundial" conferem um quê de oficialidade. Recusando-se a desocupar Fort Sumter, Lincoln pretende incitar a Confederação a disparar o "primeiro tiro", aquele que "uniria e galvanizaria o povo do Norte"; semelhante intenção teriam o embargo petrolífero contra o Japão e as medidas de guerra no oceano Atlântico, adotadas por Roosevelt "na esperança de induzir os submarinos nazistas a atacar". O ataque a Fort Sumter e aquele a Pearl Harbor obtêm o mesmo efeito:

> um afluxo de adrenalina nacional, uma fusão de raiva, energia e princípios numa unidade sem precedentes. Tanto em um caso como no outro, o efeito em longo prazo foi derrubar uma opressão brutal e lançar os fundamentos para uma paz justa e duradoura.[21]

Assim, é análoga a dívida de gratidão, como diz Kissinger, que os "povos livres" têm em relação aos dois presidentes estadunidenses[22].

---

[18] Ibidem, p. 392 e 387.

[19] Conforme Tansill, citado em Deborah E. Lipstadt, *Denying the Holocaust: The Growing Assault on Truth and Memory* (Nova York/Toronto, The Free Press-Macmillan, 1993), p. 40.

[20] Henry Kissinger, *Diplomacy*, cit., p. 393.

[21] Robert V. Bruce, "Toward Sumter and Pearl: Comparing the Origins of the Civil War and World War II", em Gabor S. Boritt (org.), *War Comes Again: Comparative Vistas on the Civil War and World War II* (Nova York/Oxford, Oxford University Press, 1995), p. 24-9.

[22] Henry Kissinger, *Diplomacy*, cit., p. 393.

Truman e sua administração justificaram constantemente o uso da bomba atômica fazendo referência ao ataque surpresa e traiçoeiro a Pearl Harbor. Como justificar agora, à luz da releitura da eclosão da guerra na Ásia, o horror de Hiroshima e Nagasaki? Ainda mais se considerarmos que, de acordo com notáveis historiadores estadunidenses, a eliminação das duas cidades e de sua população da face da Terra não respondeu a qualquer exigência bélica real, pois o Japão, totalmente esfacelado, estava quase se rendendo. Compreende-se, então, o surgimento de um revisionismo japonês em que se empenham não apenas historiadores, mas também, e em primeiro plano, os governos municipais de Hiroshima e Nagasaki. Estes por muito tempo tentam, em vão, obter de sucessivas administrações estadunidenses, senão desculpas, ao menos as condolências pelo "uso dessa arma genocida contra inocentes fora de combate"[23].

O Roosevelt que nasce da mais recente historiografia estadunidense é o presidente que, movendo-se no limite da legalidade constitucional e por vezes ignorando-a, conduz o país à intervenção no intuito de derrotar o nazismo e munido de evidentes "ambições imperiais": sua "ideologia democrática e capitalista sempre foi de natureza expansiva"[24]. Em 1914, ano que marca o início da Segunda Guerra dos Trinta Anos, o futuro presidente escreve: "Nossa defesa nacional deve se estender por todo o hemisfério ocidental, deve penetrar mil milhas nos mares, deve abraçar as Filipinas e os mares, onde quer que possa existir o nosso comércio"[25]. Não é por acaso que na juventude nutriu "uma admiração sem limites" pelo primo Theodore Roosevelt[26], o "mensageiro do militarismo e do imperialismo dos Estados Unidos"[27], e leu com atenção Mahan, o grande teórico estadunidense da geopolítica e da importância estratégica da Marinha de Guerra e das bases navais[28]. "Muito antes do famoso acordo de 1940", em que trocou destroieres por bases militares, Franklin Delano

---

[23] Em Gar Alperovitz, *The Decision to Use the Atomic Bomb and the Architecture of an American Myth* (Nova York, Knopf, 1995), p. 565.

[24] Robert E. Herzstein, *Roosevelt & Hitler: Prelude to War* (Nova York, Paragon House, 1989), p. 247 e 293.

[25] Robert Dallek, *Franklin D. Roosevelt and American Foreign Policy, 1932-1945* (Nova York/ Oxford, Oxford University Press, 1995), p. 9.

[26] Ibidem, p. 6.

[27] Richard Hofstadter, *The American Political Tradition and the Men Who Made It* (Nova York, A. Knopf, 1967), p. 207.

[28] Robert E. Herzstein, *Roosevelt & Hitler*, cit., p. 351 e 411; Robert Dallek, *Franklin D. Roosevelt and American Foreign Policy*, cit., p. 7.

Roosevelt "exprime interesse" pela aquisição das bases britânicas no Caribe. Ele mira com constância e lucidez a conquista da liderança mundial[29], derrotando a Alemanha, mas suplantando também a Grã-Bretanha. Os preparativos bélicos, o colossal rearmamento em tempo de paz e a posterior intervenção na guerra são elementos constitutivos de uma estratégia sintetizada pela palavra de ordem do "século estadunidense". Este era almejado e celebrado, antes mesmo do ataque a Pearl Harbor, por Henry Luce, que controla um império jornalístico e, embora republicano, defende ardorosamente a política externa intervencionista de Franklin Delano Roosevelt[30].

O século estadunidense surge no ocaso do século britânico. Entende-se assim o surgimento de tendências revisionistas também na Grã-Bretanha. Em comparação ao presidente dos Estados Unidos, Churchill parece ingênuo: ele enxerga "os estadunidenses como um ramo dos 'povos de língua inglesa', mas, na realidade, eles são estrangeiros que amam o império inglês ainda menos que Hitler"[31] e transformam a Grã-Bretanha numa espécie de "protetorado" de seu país[32]. Talvez tudo fosse diferente se tivesse sido seguida uma linha de compromisso com Hitler, que sempre fora um fervoroso admirador do império britânico...

2. O DRAMA DA CULTURA ALEMÃ: DE WEBER A NOLTE E HILLGRUBER

Ao traçar o balanço da Segunda Guerra dos Trinta Anos, não encontramos a cultura alemã numa situação fácil. Por um lado, revela-se ainda vital uma tradição que une a lúcida atenção à dimensão material e geopolítica do jogo em curso nos dois conflitos mundiais à tendência ao revanchismo historiográfico, ou mesmo político. Enquanto as armas ainda estrondam, Weber zomba do pretenso intervencionismo democrático da Entente: ele evidencia como nos Estados Unidos, país que àquela altura já assumira a direção da coalizão e da cruzada antigermânica, os negros, excluídos dos direitos políticos, também estão submetidos a um minucioso regime de segregação racial e são fustigados por uma legislação que

---

[29] Robert E. Herzstein, *Roosevelt & Hitler*, cit., p. 288 e 294.

[30] Ibidem, p. 340 e 358.

[31] John Charmeley, *Churchill: The End of Glory* (Londres/Sidney/Auckland, Hodder & Stoughton, 1993), p. 429-30.

[32] Ibidem, p. 431 e 440.

veta com rigor os matrimônios mistos[33]. Mas é sobretudo no decorrer da discussão sobre a "culpa", surgida na esteira de Versalhes, que ele ressalta a presença de uma "ideologia de guerra" também na América, particularmente entre os "melhores estratos da 'juventude' estadunidense": aliás, em 1904, foi justamente um notável estudioso estadunidense quem deu crédito à "teoria" – difundida em todos os países e, todavia, "completamente equivocada" – "sobre a pretensa necessidade de uma guerra para o comércio". No livro de Veblen

> lia[-se] a conclusão abertamente otimista de que se aproximava o tempo em que novamente se tornaria um negócio razoável (*a sound business view*) a disputa pelo comércio mundial por meio da guerra, de modo que o espírito bélico novamente despertaria e um sentimento de dignidade ocuparia o lugar do mero ganho de dólares.[34]

Não por acaso, Weber está entre os primeiros a assinalar o advento daquele que, duas décadas mais tarde, seria chamado de "século estadunidense" – a ascensão irresistível de uma potência que se lança à conquista da "supremacia econômica" e do "domínio mundial", na trilha da antiga Roma[35].

Mas a essa capacidade de desmistificação do caráter banalmente maniqueísta da leitura realizada pelos vencedores do primeiro conflito mundial não corresponde um balanço autocrítico da história do imperialismo alemão, embora tal história não seja estranha ao próprio Weber – também ele, ao final do século XIX, profeta satisfeito com a iminente conclusão do "*intermezzo* de concorrência aparentemente pacífica" entre as grandes potências[36]. Com o olhar voltado para a batalha contra o tsarismo russo, o grande sociólogo, porém, continua justificando as razões da Alemanha: a própria social-democracia alemã não reconheceu que "uma guerra contra *esse* sistema era uma guerra

---

[33] Max Weber, *Zur Politik im Weltkrieg. Schriften und Reden 1914-1918* (org. Wolfgang J. Mommsen, Tübingen, Mohr, 1988), p. 354.

[34] Idem, *Gesammelte politische Schriften* (3. ed., org. Johannes Winckelmann, Tübingen, Mohr/Siebeck, 1971), p. 495 e 585 [ed. bras.: *Escritos políticos*, trad. Regis Barbosa e Karen Elsabe Barbosa, São Paulo, WMF Martins Fontes, 2014]; *Zur Politik im Weltkrieg*, cit., p. 44.

[35] Wolfgang J. Mommsen, *Max Weber. Gesellschaft, Politik und Geschichte* (Frankfurt, Suhrkamp, 1974), p. 92-3.

[36] Sobre Weber e o imperialismo, cf. Domenico Losurdo, *Democrazia o bonapartismo*, cit., p. 176-80.

justa"[37]? Sim, aquela que visava à "*destruição do tsarismo*" era uma "guerra boa"[38]. Criticado no que se refere à Entente, o intervencionismo democrático é plenamente legitimado quanto à campanha oriental do império guilhermino. No entanto, essa ideologia acaba sendo refutada pelo próprio Weber, quando declara: "Destruímos o tsarismo, mas o confronto com o Leste não acabará nunca"[39]. Mais que a um sistema político, a eternidade do conflito aqui teorizada parece se dever à geopolítica ou, pior, à razão da antítese entre eslavos e germânicos. De toda forma, resta o fato de que falta realizar uma reflexão autocrítica não sobre a guerra contra a França, tradicionalmente interessada em ter "um vizinho frágil"[40], e muito menos sobre a inevitável e justa guerra contra a Rússia: "a nossa desgraça era e é que tal guerra se converteu também numa guerra contra o Oeste, contra o mundo anglo-saxão"[41].

É verdade que, no calor das polêmicas relativas à "culpa" e às "atrocidades" da guerra, Weber não hesita em denunciar o "bloqueio naval inglês", "claramente ilegal" e desumano, que causou "cerca de 750 mil" vítimas entre a população civil alemã[42]. Todavia, o projeto historiográfico e político de fundo busca emendar a grave fissura existente entre a Alemanha e os países anglo-saxões, de modo a reforçar a unidade do mundo civilizado – jogando no banco dos réus a Rússia, inicialmente tsarista e, depois, bolchevique. Percebe-se essa mesma tendência em Schmitt. Já no primeiro pós-guerra, ele condena a "guerra marítima" e o "bloqueio naval" inglês como uma forma de guerra total que anula "a distinção continental entre combatentes e não combatentes" e ataca indiscriminadamente "toda a população da zona bloqueada"[43]. A estigmatização como uma guerra que tende a ser uma "pura guerra de aniquilação"[44] é

---

[37] Max Weber, *Gesammelte politische Schriften*, cit., p. 492.

[38] Citado em Wolfgang J. Mommsen, *Max Weber und die deutsche Politik, 1890-1920* (2. ed., Tübingen, Mohr/Siebeck, 1974), p. 528.

[39] Max Weber, *Zur Politik im Weltkrieg*, cit., p. 356.

[40] Idem, *Gesammelte politische Schriften*, cit., p. 492.

[41] Idem, *Zur Politik im Weltkrieg*, cit., p. 356.

[42] Idem, *Gesammelte politische Schriften*, cit., p. 494.

[43] Carl Schmitt, *Positionen und Begriffe im Kampf mit Weimar-Genf-Versailles 1932-1939* (Berlim, Duncker & Humblot, 1988), p. 238; idem, *Verfassungsrechtliche Aufsätze* (3. ed., Berlin, Duncker & Humblot, 1985), p. 382 e seg.

[44] Idem, *Il nomos della terra nel diritto internazionale dello "jus publicum europaeum"* (Milão, Adelphi, 1991) [ed. bras.: *O nomos da Terra no direito das gentes do jus publicum europaeum*, trad. Alexandre Franco de Sá et al., Rio de Janeiro, Contraponto, 2014], p. 423.

depois retomada no segundo pós-guerra, para ser estendida ao comportamento da frota aérea anglo-estadunidense. No entanto, o próprio Schmitt acusa em especial a tradição revolucionária, culminada no Outubro bolchevique, que deve ser considerada responsável pelo advento da guerra total e pelos massacres e genocídios característicos do século XX. A culpa dos inimigos ocidentais da Alemanha é, sobretudo, a de ter colocado em crise o *jus publicum europaeum* e a unidade do mundo propriamente civilizado.

Referências críticas ao bombardeio de Dresden podem ser lidas também em Nolte, que destaca uma intenção "aberta e descaradamente genocida" em Churchill, que, em abril de 1941, declara:

> Existem pelo menos 70 milhões de hunos malvados. Alguns (*some*) deles podem ser curados, outros (*others*) têm de ser mortos: entre os últimos, vários já estão empenhados em oprimir austríacos, tchecos, polacos, franceses e outras numerosas raças antigas que eles agora tiranizam e saqueiam.[45]

Para melhor demonstrar sua tese, o historiador alemão transforma *others* em *die Anderen*, como se a incitação à morte se dirigisse a todos os outros, exceto os poucos alemães passíveis de recuperação. E, todavia, apesar dessa manipulação das palavras (mesmo que do contexto se possa depreender que o estadista inglês visa a uma maciça destruição dos "hunos"), Nolte uma vez mais se concentra em sua denúncia contra a barbárie asiática e bolchevique. A redução dos múltiplos aspectos da Segunda Guerra dos Trinta Anos à categoria de guerra civil internacional se dá também em função da demonstração de que a única, autêntica contradição daquelas décadas é a que opõe o Ocidente como um todo (Alemanha inclusa) ao comunismo. Torna-se, então, difícil explicar o fato de que, até o momento da Operação Barbarossa, o segundo conflito mundial não envolve a União Soviética – o historiador alemão tende a se defender ressaltando o caráter "paradoxal" de tais desenvolvimentos[46].

---

[45] Winston Churchill, *His Complete Speeches, 1897-1963*, v. VI (Nova York/Londres, Chelsea House, 1974), p. 6.384 (discurso de 27 abr. 1941); Ernst Nolte, *Der europäische Bürgerkrieg 1917-1945. Nationalsozialismus und Bolschewismus* (Frankfurt/Berlim, Ullstein, 1987), p. 503.

[46] Luciano Canfora, *Marx vive a Calcutta* (Bari, Dedalo, 1992), p. 96.

Também podemos inserir Hillgruber nesse mesmo contexto. É verdade que ele chama a atenção para o fato de que é o governo inglês que impele a uma "transferência geral da população dos territórios alemães orientais e dos Sudetos"; é o subsecretário de Estado Sargent quem especula sobre uma "transferência geral para a Sibéria dos alemães da Prússia Oriental e da Alta Silésia". Surge até a imagem de um Stalin que, de má vontade, cede "às pressões de Beneš pela expulsão dos alemães dos Sudetos da Tchecoslováquia a ser restaurada"[47]. E, no entanto, tais detalhes se revelam irrelevantes quando se trata de estabelecer um balanço geral: uma vez mais, a barbárie se encontra apenas no plano externo ao Ocidente – Ocidente em que a Alemanha espera finalmente ser readmitida com todas as honrarias. Via de regra, é esse o fio condutor do revisionismo histórico alemão. Os elogios e os reconhecimentos a Nolte, contudo, não impedem o Furet historiador do século XX de limitar-se à experiência dos protagonistas da cruzada antigermânica. E, tal como ocorreu com os conflitos entre as grandes potências, também se tenta resolver os conflitos existentes entre os diversos revisionismos, reconstituindo a unidade do Ocidente e denunciando o Outubro bolchevique e oriental.

É a história da União Soviética que deve ser reescrita. Nos últimos tempos, não faltaram livros dedicados a demonstrar que a Operação Barbarossa antecedeu em pouco tempo o ataque programado de Stalin à Alemanha[48]. Mas essa tese corre o risco de pôr em xeque uma peça de acusação fundamental contra a Revolução Bolchevique: segundo Furet, esta resultara na instauração de um regime que, mais tarde, se revela fiel aliado de Hitler até as últimas consequências. Talvez visando evitar essas contradições, o revisionismo histórico prefere seguir uma estratégia argumentativa distinta. Ele pretende demonstrar que a guerra da União Soviética contra a Alemanha é semelhante àquela iniciada pelo Terceiro Reich com a Operação Barbarossa: a contraofensiva soviética na Europa oriental não poupa nem prisioneiros nem a população civil. Segundo Hillgruber, tudo isso parece "remeter", mais que ao desejo de vingança, "ao modo soviético de conceber a guerra" e a seu caráter intrinsecamente "bárbaro"[49].

---

[47] Andreas Hillgruber, *Die Zerstörung Europas*, cit., p. 365.

[48] Joachim Hoffmann, *Stalins Vernichtungskrieg 1941-1945* (Munique, Verlag für Wehrwissenschaften, 1995), p. 18-64.

[49] Andreas Hillgruber, *Zweierlei Untergang. Die Zerschlagung des Deutschen Reiches und das Ende des europäischen Judentums* (Berlim, Wolf Jobst Siedler, 1986), p. 35; cf. também Joachim Hoffmann, *Stalins Vernichtungskrieg*, cit.

"Guerra de secessão dos brancos", "guerra civil internacional"...   149

O caráter apriorístico de tal afirmação logo emerge, pois não há sequer um mínimo de análise comparada nem com outros *fronts* do segundo conflito mundial, nem com o comportamento das tropas russas antibolcheviques e colaboracionistas, que em Cárnia, por exemplo, semeiam o terror[50]. Falta, sobretudo, uma comparação com o comportamento do exército tsarista na Prússia Oriental durante o conflito de vinte anos antes. Em 23 de agosto de 1914, um colaborador de Ludendorff anota em seu diário: "Aqui nunca houve e certamente nunca haverá uma guerra como esta, combatida com fúria selvagem. Os russos estão incendiando e destruindo tudo"[51]. Faz-se ainda menos presente em Hillgruber uma reflexão autocrítica sobre a contribuição decisiva fornecida pela Alemanha pré-Hitler à leitura racializada do conflito mortal no Leste. Às vésperas do primeiro conflito mundial, Guilherme II vê delinear-se a "batalha final entre eslavos e alemães"; "não se trata de um grande problema político, mas de uma questão racial... Trata-se de ser ou não ser da raça germânica na Europa"[52]. Mesmo os objetivos a serem perseguidos são excepcionais. O Segundo Reich almeja "provocar a decomposição da Rússia para empurrar o vizinho oriental aos limites anteriores àqueles estabelecidos por Pedro, o Grande"[53]. Depois da paz de Brest-Litovsk e da eclosão da guerra civil, importantes círculos do império guilhermino têm em vista uma posterior extensão das conquistas territoriais e até a desagregação completa da Rússia. Para Guilherme II, a paz "de fato não é possível entre eslavos e alemães"[54]. É esse o programa que será herdado e radicalizado por Hitler.

A tese de Hillgruber é refutada ademais pela própria compilação de documentos a que ele faz referência[55]. Evidentemente, fica clara a existência de determinados massacres, mas surgem também os apelos das autoridades políticas e militares soviéticas aos soldados para que respeitem os prisioneiros e a população civil, evitando um "comportamento indigno do Exército

---

[50] Mario Rigoni Stern, "Introduzione", em Leonardo Zanier, *Carnia, Kosakenland, Kazackaja, Zemlja* (Udine, Mittelcultura, 1996).

[51] Martin Gilbert, *The First World War: A Complete History* (Nova York, Henry Holt and Company, 1994), p. 49 [ed. port.: *A Primeira Guerra Mundial*, trad. Francisco Paiva Boléo, Lisboa, Esfera dos Livros, 2013].

[52] Fritz Fischer, *Griff nach der Weltmacht. Die Kriegszielpolitik des kaiserlichen Deutschland, 1914/18* (4. ed., Düsseldorf, Droste, 1971), p. 40-1.

[53] Ibidem, p. 144.

[54] Ibidem, p. 781.

[55] Andreas Hillgruber, *Zweierlei Untergang*, cit., p. 102, nota 9.

150   Guerra e revolução

Vermelho"; várias vezes ressoa a advertência para que se saiba distinguir quem é quem no interior da formação inimiga, uma vez que "nossa tarefa consiste em fazer com que o soldado do Exército alemão se alinhe ao Exército Vermelho". Pode-se bem dizer, como observa o organizador da compilação em questão, que há uma clara discrepância entre as disposições transmitidas do alto e o comportamento real nos campos de batalha e nos territórios ocupados[56]. Resta o fato de que, nos primeiros dias de fevereiro de 1945, as autoridades soviéticas fazem "todo o esforço para frear a sede de vingança de suas tropas"; atravessando "as províncias mais devastadas da Segunda Guerra dos Trinta Anos"[57], elas deparam com um espetáculo que, como veremos, leva Roosevelt a dizer que está "sedento de sangue alemão". No que se refere aos soldados soviéticos, existe ainda o aspecto da vingança pessoal que os camponeses recém-recrutados aspiram perpetrar, já que, em percentual bastante elevado, tiveram parentes mortos, torturados ou deportados na condição de escravos pelos invasores. Não se trata de uma política de extermínio, e não surpreende que "os atos de barbárie russos" sejam enfrentados pelo Estado-Maior com uma repressão por vezes "feroz", a ponto de entregar os responsáveis a "batalhões penais"[58].

Por outro lado, o próprio Hillgruber assume que a "ideia de uma recomposição étnico-racial do território" fez sua aparição "no decorrer das lutas das nacionalidades na periferia da Europa", já a partir da Primeira Guerra Mundial[59] – portanto, antes da Revolução de Outubro. Por que, então, fazer referência "ao modo soviético de conceber a guerra", senão com o intuito ideológico de igualar a "barbárie" nazista e a "barbárie" comunista? Na realidade, a evidente diferença entre uma e outra se revela com clareza no quadro esboçado pelo historiador alemão. Hitler visa à "edificação de um Império Alemão no leste, sobre os escombros da União Soviética, mediante o extermínio da classe dirigente bolchevique, a dizimação das massas eslavas e a eliminação sistemática

---

[56] Alfred-Maurice de Zayas (org.), *Die Wehrmacht-Untersuchungsstelle. Deutsche Ermittlungen über alliierte Völkerrechtsverletzungen im Zweiten Weltkrieg* (4. ed., Munique, Universitas/ Langen Müller, 1984), p. 287-9.

[57] Arno J. Mayer, *Soluzione finale: lo sterminio degli ebrei nella storia europea* (Milão, Mondadori, 1990), p. 436.

[58] Christopher Duffy, *Red Storm on the Reich: The Soviet March on Germany, 1945* (Nova York, Atheneum, 1991), p. 273-5.

[59] Andreas Hillgruber, *Zweierlei Untergang*, cit., p. 67.

dos judeus"[60]; já a "verdadeira luta pela sobrevivência" imposta à União Soviética obriga Stalin "a buscar segurança por meio da expansão do território soviético para o oeste, e por meio de uma espécie de inversão do 'corredor sanitário' montado pelos ocidentais entre 1919-1920 para hostilizar a União Soviética"[61]. Embora realizado com toda a brutalidade, o objetivo da inserção da Alemanha na esfera de influência de Moscou não tem nada a ver com o projeto de reduzir os "indígenas" da Europa oriental à categoria de peles-vermelhas.

Não faz sentido acusar o regime nascido da Revolução de Outubro de ter apelado à guerra civil internacional e, ao mesmo tempo, à guerra de aniquilação racial. Esses dois tipos de conflito são radicalmente distintos, e cada um tem como fundamento um tipo diferente de desespecificação, os quais não podemos confundir. Sabe-se que é frágil a fronteira entre a desespecificação político-moral e a desespecificação naturalista, e essa fronteira é claramente atravessada por certos apelos que desumanizam o povo alemão como tal. Mas o que aparece aqui é o peso da velha tradição cultural e política, mais que o da ideologia da guerra nascida com o Outubro. Veremos os esforços sistemáticos dos soviéticos para atrair para si o maior número possível de soldados, oficiais e até generais do exército inimigo. O desencadeamento da guerra civil na Alemanha pressupõe a fratura transversal da nação, e não sua configuração como uma única massa maldita. Até mesmo Nolte é obrigado a reconhecer "um mérito do comunismo soviético":

> no decurso da guerra, somente em curtos períodos de tempo assumiu a representação hoje chamada de "racista" – os eslavos contra os alemães –, para retornar com bastante celeridade à representação segundo a qual havia, no povo alemão, nacional-socialistas ou fascistas, antifascistas, não nacional-socialistas e antinacional-socialistas. O inimigo a derrubar era constituído pelo nacional-socialismo ou talvez pelo capital monopolista que havia por trás dele. Esta é sobretudo uma representação histórica, ao passo que no Oeste, curiosa e paradoxalmente, manifestou-se uma espécie de réplica da representação cara ao nacional-socialismo, para a qual os protagonistas do conflito são os povos. Assim procedia também a literatura de guerra dos Aliados: de Armínio a Hitler, de Lutero a Hitler etc.[62]

---

[60] Ibidem, p. 45.

[61] Ibidem, p. 56.

[62] Citado em Martin Schmidt e Dieter Stein, *Im Gespräch mit Ernst Nolte* (Potsdam, Junge Freiheit, 1993), p. 29.

Por sua vez, uma historiadora que se posiciona contrariamente ao revisionismo condena os comunistas por terem ensinado que "foram os fascistas (não os alemães) que mataram os comunistas (não os judeus)", apagando assim "o aspecto especificamente judaico da tragédia" consumada no Terceiro Reich[63]. Logo veremos o caráter problemático, até mesmo arbitrário, desta última afirmação. De resto, ressalte-se que, mesmo com um juízo de valor puramente negativo, se reconhece aqui que a lição marxiana da concretude impediu ou obstaculizou a identificação entre nazistas e alemães.

Com sua insistência sobre as características objetivas do imperialismo, Lenin já se recusa a colocar a eclosão da Primeira Guerra Mundial na conta exclusiva de um imaginário povo alemão maciça e coerentemente militarista e provocador de guerras ao longo de sua história. Um fato é particularmente significativo: na época da paz de Brest-Litovsk (que o dirigente bolchevique considerava criminosa), ele compara a luta da jovem Rússia soviética contra o imperialismo alemão à luta antes conduzida pela Prússia contra a invasão e a ocupação napoleônica, ainda que esta luta tenha sido guiada pelos Hohenzollern; do lado oposto, Napoleão é, por sua vez, definido como "um pirata igual àquele que agora são os Hohenzollern"[64]. A linha divisória entre progresso e reação e entre forças da paz e forças da guerra não pode ser estabelecida de uma vez por todas, e, de qualquer maneira, não pode nunca coincidir com uma fronteira étnica. Impõe-se uma análise concreta da situação concreta. Se, no momento das fulgurantes vitórias do Exército guilhermino, Lenin sinaliza a possibilidade de guerras de libertação nacional na própria Europa contra o imperialismo alemão, logo em seguida denuncia a opressão nacional sofrida pelo povo germânico. Seja pelas cláusulas econômicas, seja por atribuir a culpa exclusivamente à Alemanha, o Tratado de Versalhes se revela, aos olhos do dirigente bolchevique, ainda mais vingativo e feroz que o de Brest-Litovsk. Desse modo, é expressão de uma rapacidade imperialista, a qual as potências da Entente em vão consideram uma característica intrínseca da essência dos alemães ou dos hunos. Não há espaço no universo conceitual leniniano para a racialização dos alemães como hunos e vândalos, o que, no entanto, como veremos, se difunde entre os inimigos ocidentais da Alemanha.

---

[63] Deborah E. Lipstadt, *Denying the Holocaust*, cit., p. 7.

[64] Vladimir I. Lenin, *Opere complete*, v. XXVII (Roma, Editori Riuniti, 1955 sq.), p. 165-6 e 90-1.

"Guerra de secessão dos brancos", "guerra civil internacional"... 153

De resto, a ruptura revolucionária despedaça a unidade da própria história russa: os primeiros esquadrões fascistas (as guardas brancas) são comparados por Lenin aos Cem-Negros, isto é, aos grupos armados da reação na Rússia tsarista. Na trilha dessa lição de concretude histórica, depois da ascensão de Hitler ao poder, Kirov denuncia como herdeiro dos Cem-Negros russos "o fascismo alemão, com sua ideologia dos *pogroms*, seu antissemitismo, sua visão das raças superiores e inferiores"[65]. Nem a invasão hitlerista sutura essa ferida da história russa. Apesar das perdas e dos sofrimentos inomináveis provocados pela agressão, e apesar de tal agressão parecer se colocar numa linha de continuidade que remonta até aos cavaleiros teutônicos (aos quais explicitamente se remete *Mein Kampf*[66]), apesar disso tudo, Stalin de fato não se inclina a racializar os alemães como um todo. Em agosto de 1942, declara:

> Seria ridículo identificar a corja hitlerista com o povo alemão, com o Estado alemão. A experiência histórica demonstra que os Hitlers vêm e vão, mas que o povo alemão, o Estado alemão, permanece. A força do Exército Vermelho reside no fato de que ele não nutre e não pode nutrir qualquer ódio de raça contra outros povos, nem mesmo contra o povo alemão.[67]

Stalin é tão pouco propenso a reduzir a história da Alemanha ao Terceiro Reich que, mesmo lançando um apaixonado apelo à unidade nacional na "guerra patriótica" contra os invasores, denuncia o regime nazista como continuador, em alguns aspectos essenciais, do tsarismo abatido pela Revolução Russa:

> Em sua essência, o regime de Hitler é uma cópia daquele regime reacionário que existiu na Rússia sob o tsarismo. É evidente que os hitleristas pisoteiam os direitos dos operários, os direitos dos intelectuais e os direitos dos povos, assim

---

[65] Citado em Robert C. Tucker, *Stalin in Power: The Revolution from Above, 1928-1941* (Nova York/Londres, Norton, 1990), p. 258.

[66] Adolf Hitler, *Mein Kampf* (Munique, Zentralverlag der NSDAP, 1939), p. 154 [ed. bras.: *Minha luta*, trad. J. de Matos Ibiapina, Porto Alegre, Livraria do Globo, 1934].

[67] Josef W. Stalin, Über den Grossen Vaterländischen Krieg der Sowjetunion (Frankfurt, Dokumente der Kommunistichen Weltbewegung, 1972), p. 50. Não fica demonstrada a tese segundo a qual, "no decorrer da Segunda Guerra Mundial", Stalin teria declarado "todo o povo alemão inimigo do socialismo e dos povos soviéticos": cf. Roman Rosdolsky, "Friedrich Engels und das Problem der 'geschichtslosen Völker'", *Archiv für Sozialgeschichte*, v. IV, 1964, p. 149, nota 11.

como os pisoteou o regime tsarista; e que eles realizam *pogroms* medievais contra os judeus, tal como os realizava o regime tsarista.

O partido de Hitler é um partido dos inimigos das liberdades democráticas, um partido da reação medieval e dos *pogroms* mais sombrios.

Não se trata mais de uma referência isolada. Repetidamente os nazistas são tachados de "heróis dos *pogroms*" que tentam, em vão, camuflar ou adornar sua "natureza pogromista reacionária"[68]. Qualquer que seja o juízo político e moral que se faça de Stalin, fato é que ele, levando em consideração a lição leniniana, enfatiza que a gênese e as modalidades da guerra "não podem ser explicadas pelas características pessoais dos japoneses e dos alemães"[69]. Quando, findo o conflito, o escritor Ehrenburg deixa-se levar e afirma que os alemães são "todos um bando", o *Pravda* interfere duramente a fim de condenar esses estereótipos e lembrar a já referida declaração do líder soviético de agosto de 1942[70]. Tal comportamento pode muito bem ter correspondido a cálculos diplomáticos e a exigências de propaganda, mas nem por isso deixa de ser muito significativo.

---

[68] Josef W. Stalin, Über den Grossen Vaterländischen Krieg der Sowjetunion, cit., p. 28-9 e p. 137. Sem se preocupar em dar alguma consistência à sua afirmação, Furet sentencia: "Desde o início do hitlerismo, Stalin nunca manifestou a menor compaixão pelos judeus". Na realidade, com base nos anos aqui analisados, a denúncia do antissemitismo exerce um papel importante e, num caso específico, até mesmo fatal nas tomadas de posição dos dirigentes soviéticos: em Katyn, como veremos, os oficiais polacos são massacrados também por serem "antissemitas". O fervor anticomunista talvez incite o expoente do revisionismo a confundir períodos históricos distintos nas relações entre União Soviética e mundo judaico. Ao fim da guerra, a União Soviética goza de tão grande simpatia junto aos "sionistas do mundo todo" que estes chegam a "admirar tudo o que é russo": quem faz essa observação é Arendt, que, ainda em maio de 1948, deplora a orientação pró-soviética do movimento sionista, propenso a condenar a Grã-Bretanha como "antissemita" e os Estados Unidos como "imperialistas". Ver François Furet, *Le Passé d'une illusion: essai sur l'idée communiste au XXe siècle* (Paris, Robert Lafont, 1995) [ed. bras.: *O passado de uma ilusão: ensaios sobre a ideia comunista no século XX*, trad. Roberto Leal Ferreira, São Paulo, Siciliano, 1995], p. 430, e Hannah Arendt, *Essays und Kommentare*, v. II (Berlim, Tiamat, 1989), p. 36 e 88-90.

[69] Josef W. Stalin, Über den Grossen Vaterländischen Krieg der Sowjetunion, cit., p. 192.

[70] Isaac Deutscher, *Stalin: una biografia politica* (Milão, Longanesi, 1969) [ed. bras.: *Stalin: uma biografia política*, trad. Luiz Sérgio Henriques, Rio de Janeiro, Civilização Brasileira, 2006], p. 755; Giuseppe Boffa, *Storia dell'Unione Sovietica*, v. II (Milão, Mondadori, 1979), p. 273-4.

3. O drama da cultura alemã: de Schumpeter a Habermas

Paralelamente e em contraposição à tradição historiográfica e cultural que desembocou no revisionismo de Nolte e Hillgruber, há na Alemanha outra tradição, caracterizada, por sua vez, pela ilusão de promover a regeneração democrática e antibelicista do país, aceitando de modo subalterno a ideologia dos vencedores. Já nos anos imediatamente posteriores a 1918, nos derrotados Impérios Centrais, os ambientes liberais ou próximos à social-democracia (desejosa que se esquecesse sua aprovação aos créditos de guerra e decidida a se contrapor à influência de Lenin) parecem se render às razões do "intervencionismo democrático" da Entente e, sobretudo, do mundo anglo-saxão. O grande revolucionário russo identifica as causas da Primeira Guerra Mundial na dialética objetiva do capitalismo e da rivalidade entre as grandes potências imperialistas? Pois então Kautsky e Hilferding destacam as radicais diferenças subsistentes entre o mundo anglo-saxão, de um lado, e a Alemanha, de outro: se o primeiro, referindo-se particularmente a Wilson, se transfigura numa chave "pacifista", a segunda é marcada como a única e autêntica sede do militarismo, do culto ao Estado e do "impulso" a ele inerente à "afirmação e ao crescimento de sua potência"[71].

Tal visão encontra sua formulação mais puramente "científica" em Joseph Schumpeter, ministro das finanças da Áustria entre 1919 e 1920. Para ele, longe de remeter à "fase superior do capitalismo", como defende Lenin, o imperialismo é expressão de atraso e de resíduos pré-capitalistas. O exemplo dos Estados Unidos demonstraria isso de forma inequívoca: poderiam ter facilmente anexado o Canadá ou o México e diversas outras zonas do hemisfério ocidental; contudo, permaneceram obstinadamente fiéis à sua vocação pacífica. Surge daí um quadro edificante da política externa de uma grande potência que, mesmo no período histórico considerado por Schumpeter, não hesita em teorizar a necessidade e o caráter benéfico da política do Big Stick [grande porrete]. Fica claro que as repetidas intervenções estadunidenses na América Latina não são subsumidas na categoria de guerra. O grande economista e sociólogo sequer suspeita que seja justamente nessa falta de subsunção que Lenin identifica e denuncia a arrogância típica do imperialismo, o qual desencadeia "toda uma série de guerras que não são consideradas como tal, pois, de forma geral, são simples massacres de habitantes sem armas e indefesos dos países coloniais

---

[71] Domenico Losurdo, *La catastrofe della Germania e l'immagine di Hegel* (Milão, Guerini, 1987), cap. 2, § 12.

156 GUERRA E REVOLUÇÃO

por obra dos exércitos imperialistas europeus e estadunidenses, munidos das armas mais avançadas"[72].

Seria fácil contrapor à tese de Schumpeter o balanço histórico, bem mais realista, formulado por autores anglo-saxões. Kissinger fala sobre a política estadunidense na América Latina com uma franqueza muito diferente. Por outro lado, vimos Veblen, a quem Weber se refere, questionar a relação entre guerra de conquista de mercados e contabilidade econômica capitalista. Respalda tal análise a experiência do entrelaçamento, nos Estados Unidos, entre desenvolvimento industrial e difusão do espírito militar. Em 1895, após celebrar seu país como protagonista de um programa de "conquista, colonização e expansão sem iguais entre os povos do século XIX", o influente senador estadunidense Henry Cabot Lodge reivindica um novo salto para a frente:

> Entre o rio Grande e o oceano Ártico, deve haver apenas uma bandeira e apenas um país… Em nome de nossa supremacia comercial no Pacífico, devemos controlar as ilhas do Havaí e manter nossa influência na Samoa.[73]

É o "século estadunidense" que se anuncia e está em vias de suplantar aquele hegemonizado pela Grã-Bretanha tanto no plano do desenvolvimento industrial quanto no da expansão colonial. À metade do século XIX, um liberal inglês, Richard Cobden, fazendo uma autocrítica, observa:

> Nós fomos a comunidade mais agressiva e combativa que já existiu desde a época do Império Romano. Depois da Revolução de 1688, gastamos mais de 1,5 bilhão [de libras esterlinas] em guerras, nenhuma delas combatida em nossas praias ou em defesa de nossos lares ou nossas casas […]. Essa propensão à batalha sempre foi reconhecida, sem exceção, por todos os que estudaram nosso caráter nacional.[74]

Nos autores aqui citados, não há qualquer traço da transfiguração do mundo anglo-saxão e da sociedade industrial desenvolvida, tão evidente para Schumpeter. Este pretende demonstrar a natureza intrinsecamente pacífica

---

[72] Vladimir I. Lenin, *Opere complete*, cit., v. XXXI, p. 206; v. XXIV, p. 412.

[73] Citado em Walter Millis, *The Martial Spirit* (Chicago, I. R. Dee/Elephant Paperbacks, 1989), p. 27.

[74] Citado em Daniel Pick, *La guerra nella cultura contemporanea* (Roma/Bari, Laterza, 1994), p. 33.

do capitalismo em função de sua pretensa recusa em organizar "exércitos profissionais". Note-se que justamente o país tomado como modelo pelo autor austro-estadunidense se caracteriza, hoje, por seu formidável poderio militar, contando com profissionais prontos a intervir em todos os lugares ou a bombardear o mundo até fazê-lo retornar à Idade da Pedra. Mas o que mais estarrece é outra coisa. Obrigado a reconhecer a presença de forças não exatamente pacifistas no interior dos mesmos Estados Unidos, Schumpeter se desembaraça da questão atribuindo o fato a resíduos pré-capitalistas representados pelos imigrantes provenientes dos países mais atrasados da Europa[75]! Portanto, no centro de uma explicação "científica" do imperialismo se encontram, na realidade, estereótipos nacionais, que rapidamente se revelam inconsistentes: basta pensar que os imigrantes europeus engrossam as fileiras do movimento socialista e pacifista nos Estados Unidos e que, ao denunciar, em meados do século XIX, o expansionismo de seu país, Cobden acusa o "caráter nacional" dos ingleses, que constituem a estirpe originária da república norte-americana.

Podemos dizer que essa república é analisada e avaliada por Schumpeter não a partir da objetividade das relações políticas e sociais, mas da imagem autoapologética com que ela tradicionalmente adora transfigurar sua realidade e sua ação no cenário político internacional. Considerações análogas podem ser feitas para autores como Hayek, Mises e Popper (também eles intelectuais de origem austríaca que se aproximam do cobiçado mundo anglo-saxão, enaltecendo-o com o zelo típico dos neófitos). Para termos clareza de que se trata disso, basta compararmos seus juízos acerca do papel da Grã-Bretanha e dos Estados Unidos nos dois conflitos mundiais com os que lemos em autores como Taylor ou Kissinger – isso para não falar de Keynes, por vezes até depreciativo em relação a Wilson!

A interiorização da ideologia dos vencedores ainda parece marcar presença de todas as formas na moderna historiografia e cultura alemã. É fato que a poderosa monografia de Fritz Fischer, que aparece no início dos anos 1960, tem o mérito de refutar de uma vez por todas a lenda piedosa de um deslize inadvertido e involuntário do Segundo Reich em direção à tragédia do primeiro conflito mundial. Todavia, ela comete o erro de reduzir o imperialismo ao singular, como se só existisse em sua forma alemã[76], e como se a Alemanha, inclusive a

---

[75] Joseph A. Schumpeter, *Sociologia dell'imperialismo* (Roma/Bari, Laterza, 1974), p. 76 e 79-80.

[76] Fritz Fischer, *Griff nach der Weltmacht*, cit.

158   Guerra e revolução

hitlerista, não tivesse constantemente olhado com inveja e admiração o modelo representado pelo Império Britânico! Habermas insere-se nesse mesmo contexto. Sua dura polêmica com o revisionismo histórico se desenvolve sob a égide da celebração das "formas de vida ocidentais"[77]. Neste ponto, o filósofo alemão, sem querer, se aproxima de Nolte – entre todos, o mais zelosamente dedicado a demonstrar o caráter oriental e asiático do nazismo. Tanto em um quanto em outro vemos, uma vez mais, a omissão da influência exercida pela tradição colonial ocidental, e sobretudo anglo-saxã, sobre os projetos imperiais de Hitler e a guerra de extermínio no Leste.

4. A guerra na Ásia: brancos e populações de cor

Se Hillgruber denuncia a "barbárie" na condução da guerra "soviética", Nolte é obrigado a reconhecer que os elementos de racialização do povo alemão são muito mais difundidos entre seus inimigos ocidentais do que na União Soviética: é um "mérito", porém, que provém necessariamente da guerra civil internacional e da tradição revolucionária, por ele culpada de ser a fonte de todos os males. Onde essa tradição não age ou age com debilidade, a desespecificação naturalista do inimigo encontra poucos obstáculos. Isso é o que se verifica no decorrer da guerra nipo-estadunidense. São vastamente conhecidos os crimes de guerra perpetrados pelos japoneses, por vezes até em reação aos bombardeios indiscriminados sofridos por suas cidades: eles se enfurecem contra os prisioneiros, fuzilando-os ou, mais comumente, reduzindo-os à condição de escravos destinados a morrer em função da fadiga e dos esforços na construção de obras militares[78]. Convém, agora, voltarmos o olhar para um capítulo bem menos conhecido da história. A ideologia que anima os soldados dos Estados Unidos foi assim descrita: para "99 por cento" desses soldados, as "motivações mais fortes são a) o nacionalismo... b) o preconceito racial" em relação aos inimigos, equiparados aos "negros" – em geral definidos como "chacais", "homens-macacos" ou "sub-humanos", e sistematicamente desumanizados"[79].

---

[77] Jürgen Habermas, "Nachspiel", em Gian Enrico Rusconi (org.), *Germania: un passato che non passa* (Turim, Einaudi, 1987), p. 164.

[78] Eric Markusen e David Kopf, *The Holocaust and Strategic Bombing: Genocide and Total War in the Twentieth Century* (Boulder/São Francisco/Oxford, Westview, 1995), p. 170; Robert S. La Forte e Ronald E. Marcello, *Building the Death Railway: The Ordeal of American POWs in Burma, 1942-1945* (Wilmington, SR Books, 1993).

[79] Paul Fussell, *Tempo di guerra* (Milão, Mondadori, 1991), p. 177-8 e 152-3.

"Guerra de secessão dos brancos", "guerra civil internacional"... 159

Contra esses "sub-humanos" – que constituem, de acordo com numerosos órgãos de imprensa estadunidenses, uma "ameaça racial" – deve-se conduzir uma guerra de tipo e dureza particulares, uma "guerra racial". Esta guerra *é definida*, antes mesmo de Pearl Harbor, como "impiedosa" pelo general (e futuro secretário de Estado) George C. Marshall[80].

E eis o que ocorre no *front*, de acordo com o quadro traçado por dois autores estadunidenses, aliás, distantes do revisionismo histórico:

Os fuzileiros navais adoravam usar os poucos japoneses que se rendiam como divertidos alvos para seus próprios fuzis, e se regozijavam de satisfação ao vê-los se contorcerem e se debaterem quando eram atingidos pelo napalm dos lança--chamas. Os crânios dos japoneses não eram os únicos troféus almejados: também eram muito apreciados os dentes de ouro, às vezes arrancados da boca dos inimigos ainda vivos com o cabo das facas Ka-bar usadas pelos fuzileiros.[81]

Essas são as palavras de um historiador. Escutemos agora um correspondente de guerra:

Abrimos fogo a sangue-frio contra prisioneiros, destruímos hospitais, metralhamos barcos salva-vidas, matamos ou maltratamos civis inimigos, demos tiros de misericórdia nos inimigos feridos, sepultamos os moribundos numa fossa, junto aos mortos, e, no Pacífico, removemos a carne dos crânios inimigos para que servissem como ornamentos de mesa para apaixonados ou para transformar os ossos em abridores de cartas.[82]

Convencido de que "o crânio dos japoneses é cerca de 2 mil anos menos evoluído do que o nosso", um respeitável antropólogo acha oportuno advertir o presidente a respeito[83]. Essa descoberta ajuda a diminuir as costumeiras inibições: "Agir dessa forma com o crânio de um alemão ou de um italiano, isto é, de 'um homem branco', seria claramente inconveniente, e, talvez, um

---

[80] Eric Markusen e David Kopf, *The Holocaust and Strategic Bombing*, cit., p. 191 e 165.

[81] Paul Fussell, *Tempo di guerra*, cit., p. 155.

[82] David E. Stannard, *American Holocaust: The Conquest of the New World* (Oxford, Oxford University Press, 1992), p. 252.

[83] Idem.

sacrilégio". O comandante em chefe da frota do Pacífico é obrigado a intervir para impedir ou dificultar esses comportamentos contra os "amarelos"[84].

Dada a desespecificação naturalista do inimigo, pode-se compreender o surgimento de projetos de caráter genocida. O mais brando talvez seja o de Franklin Delano Roosevelt, que por algum tempo cultiva a ideia da esterilização forçada ("as pessoas atravessam uma passagem estreita e o... brrrr de um aparelho elétrico") ou de um "cruzamento forçado com os habitantes do mar do Sul, de modo a erradicar a barbárie dos japoneses". Mais ousado do que o presidente estadunidense se mostra seu filho Elliott, que defende o bombardeio do país inimigo "até que destruamos a metade de sua população civil"[85]. Não faltam sugestões e tentações ainda mais radicais. De acordo com uma pesquisa feita em novembro de 1944, 13% dos estadunidenses estão propensos à aniquilação de todo o povo japonês. Interrogados sobre o que fazer com o país asiático, já então destruído e prostrado, um grupo de oficiais preparados para integrar o futuro governo militar responde: "Deixar morrer de fome esses amarelos bastardos"[86]. Enfim, Paul V. McNutt, presidente da "War Manpower Commission", se pronuncia em prol de uma espécie de solução final e exige "o extermínio total dos japoneses"[87].

Fica uma pergunta: existiria alguma relação entre os processos de racialização e o recurso a uma campanha de bombardeios indiscriminados, que culmina em Hiroshima e Nagasaki? O ódio aos "amarelos" é vastamente difundido no período anterior à eclosão das hostilidades. Antes mesmo de Pearl Harbor, a guerra "impiedosa" prevista e programada pelo general George C. Marshall mira explicitamente os "civis" e prevê ataques incendiários generalizados, a fim de atear fogo às estruturas de madeira e papel de bambu das cidades densamente povoadas. Projetos do tipo surgem já no início dos anos 1930. No decorrer da guerra, junto às bombas incendiárias, são lançadas bombas-relógio, que dificultam as operações de salvamento[88]. No momento de decidir sobre o uso da bomba atômica, Truman abafa as críticas e seus

---

[84] Paul Fussell, *Tempo di guerra*, cit., p. 152-3.

[85] Citado em Hugh Thomas, *Armed Truce: The Beginnings of the Cold War, 1945-46* (Londres, Sceptre, 1988), p. 891 e 585.

[86] George Friedman e Meredith Lebard, *The Coming War with Japan* (Nova York, St. Martin Press, 1991), p. 95.

[87] Eric Markusen e David Kopf, *The Holocaust and Strategic Bombing*, cit., p. 190.

[88] Ibidem, p. 165, 173 e 178.

"Guerra de secessão dos brancos", "guerra civil internacional"...   161

escrúpulos morais com este argumento significativo: "Quando lidamos com animais, devemos tratá-los como animais"; "em sua conduta de guerra, os japoneses foram selvagens, cruéis e depravados"[89].

A cor da pele certamente teve papel importante nos processos contrapostos de racialização. Mas seria um erro isolar ou absolutizar esse fator. O Japão, às vezes, parece invocar à luta contra os "impérios brancos"[90]; no entanto, seus crimes mais graves são perpetrados na China e na Coreia contra outros "amarelos" – que têm o azar de fazer parte dos povos coloniais a serem subjugados, submetidos ao trabalho forçado ou utilizados como cobaias nos experimentos para a guerra bacteriológica[91]. Também remetem à tradição colonial a ideologia e o comportamento dos estadunidenses. Os inimigos amarelos são comparados aos negros ou aos peles-vermelhas, fazem parte dos povos de cor. A prática de "trabalhar" o crânio ou os ossos dos mortos remete às guerras contra os indígenas, quando o próprio presidente Jackson distribui souvenirs do tipo "aos senhores do Tennessee"[92]. Um historiador estadunidense, por nós várias vezes citado (Fussell), aproxima a ideologia de seu país durante a guerra na Ásia àquela do Terceiro Reich na Europa oriental, mas veremos que é o próprio Hitler que compara os "indígenas" poloneses ou russos aos peles-vermelhas.

5. *Pathos* moral e racialização do inimigo

Agora voltemos o olhar para a guerra no Oeste. A partir de 1914, a Alemanha se torna o alvo de uma campanha de desespecificação político-moral: é rotulada como expressão do despotismo, do militarismo e do Antigo Regime. Isso implica, em última instância, a tradição revolucionária (deixemos de lado aqui, obviamente, o debate que se desenrola, na esteira do 1789 e do 1917, acerca da validade ou da viabilidade de se exportar a revolução). Porém, a tal motivo se entrelaça outro, que remete à horda bárbara dos "godos", ou dos "descendentes

---

[89] Gar Alperovitz, *The Decision to Use the Atomic Bomb and the Architecture of an American Myth*, cit., p. 563-4.

[90] George Morgenstern, *Pearl Harbor*, cit., p. 101.

[91] Sheldon H. Harris, *Factories of Death: Japanese Biological Warfare and the American Cover Up* (Londres/Nova York, Routledge, 1994).

[92] Paul Fussell, *Tempo di guerra*, cit., p. 177-8 e 152-3; David E. Stannard, *American Holocaust*, cit., p. 252.

dos hunos e dos vândalos"[93]. Considerações semelhantes podem ser feitas a propósito da ideologia de guerra dos Estados Unidos: a cruzada democrática às vezes cede espaço à caracterização dos alemães como "bárbaros" que desafiam a "civilização", como "hunos" ou como selvagens que se encontram abaixo até "dos peles-vermelhas da América e das tribos negras da África"[94].

A alternância e o entrelaçamento da desespecificação político-moral com a naturalista, e a tendência à passagem de uma para a outra, se acentuam durante o segundo conflito mundial. Churchill[95] e Eisenhower[96] fazem uma denúncia implacável dos hunos. O último escreve à sua esposa: "Deus, como odeio os alemães"[97]. É um "ódio eterno" sem saída[98], "não podemos permitir que o povo alemão fuja do sentimento de culpa, da cumplicidade na tragédia que acometeu o mundo"[99]. E se trata – note-se a precisão – de um "sentimento *pessoal* de culpa", que implica todo indivíduo desse povo[100]. O *pathos* moral produz uma indignação e um ódio cada vez mais incontidos: "O alemão é uma fera". Não parece haver espaço para distinções no interior dessa comunidade maldita: "Pretendo puni-los seriamente, quando puder me ocupar deles"[101]; é preciso tratá-los "rudemente"[102]. O Estado-Maior estadunidense como um todo parte do pressuposto de que "todos os alemães são culpados, embora alguns

---

[93] Domenico Losurdo, *Hegel e la libertà dei moderni*, cit., cap. 12, § 1.

[94] Ralph H. Gabriel, *The Course of American Democratic Thought* (3. ed., Nova York/Westport/ Londres, Greenwood Press, 1986), p. 394-99.

[95] Fraser J. Harbutt, *The Iron Curtain: Churchill, America and the Origins of the Cold War* (Nova York/Oxford, Oxford University Press, 1986), p. 28.

[96] Stephen E. Ambrose, "Eisenhower and the Germans", em Günther Bischof e Stephen E. Ambrose (orgs.), *Eisenhower and the German POWs: Facts against Falsehood* (Baton Rouge/ Londres, Louisiana State University Press, 1992), p. 31.

[97] Günther Bischof e Stephen E. Ambrose, "Introduction", em Günther Bischof e Stephen E. Ambrose (orgs.), *Eisenhower and the German POWs*, cit., p. 25.

[98] Dwight D. Eisenhower, *Crusade in Europe* (Nova York, Doubleday, 1948), p. 470 [ed. bras.: *Cruzada na Europa*, trad. Vera Lúcia de Oliveira Sarmento, Rio de Janeiro, Biblioteca do Exército, 1974].

[99] Ibidem, p. 287.

[100] Stephen E. Ambrose, "Eisenhower and the Germans", cit., p. 33; o grifo é meu.

[101] James Bacque, *Gli altri Lager: i prigionieri tedeschi nei campi alleati in Europa dopo la 2ª guerra mondiale* (Milão, Mursia, 1993), p. 35-6 [ed. port.: *Outras perdas: uma investigação sobre a morte de prisioneiros alemães na sequência da Segunda Guerra Mundial*, trad. J. Teixeira de Aguilar, Porto, ASA Portugal, 1995].

[102] Ibidem, p. 21.

sejam mais culpados do que outros". Explica-se, assim, uma política que parece tratar "todos os alemães como leprosos"[103] e que, inicialmente, proíbe as tropas de ocupação de confraternizar com a população do país derrotado[104].

O fanatismo moral parece exercer um papel no plano Morgenthau (secretário do Tesouro estadunidense), que propõe um desmantelamento radical do aparato industrial da Alemanha e sua conseguinte "ruralização". Por um lado, esse projeto responde a objetivos econômicos e políticos bem concretos: a União Soviética pensa na possibilidade de incorporar uma considerável massa de máquinas alemãs (como compensação às perdas e ao desmantelamento sofridos no decurso da guerra) e a Inglaterra pretende aproveitar a cobiçada ocasião para jogar um perigoso rival para fora do mercado, de uma vez por todas. Por outro lado, não faltam expoentes da administração estadunidense que têm o objetivo consciente de manter a população da Alemanha num mero "nível de subsistência", de modo que os alemães sofram "por seus pecados", impondo-lhes "as torturas que eles infligiram a outros"[105].

Recalcando por completo as impiedosas perseguições a que o Terceiro Reich submeteu seus opositores internos, a indignação moral agora investe, sem distinções, sobre um povo inteiro. Mas isso só é possível pelo entrelaçamento já indissolúvel da desespecificação moral com a desespecificação naturalista. Assim, o inimigo pode ser considerado totalmente culpado ou pecador, à medida que vai sendo visto como uma raça ou uma estirpe cujo comportamento remete menos à história do que à natureza. Vimos Churchill estigmatizar os alemães como "hunos malvados". Depois de declarar, em Ialta, que se sentia "mais do que nunca sedento de sangue alemão" em razão das atrocidades por eles cometidas[106], Franklin Delano Roosevelt acaba retomando, sem saber, uma proposta apresentada, ainda no decorrer do primeiro conflito mundial, por um crente e respeitável pastor estadunidense[107]. Assim se expressa o presidente:

---

[103] Stephen E. Ambrose, "Eisenhower and the Germans", cit., p. 33; Günther Bischof e Stephen E. Ambrose, "Introduction", cit., p. 12.

[104] Stephen E. Ambrose, "Eisenhower and the Germans", cit., p. 33-4.

[105] Quem faz a afirmação polêmica é o secretário de Guerra estadunidense, Stimson; cf. Henry L. Stimson e McGeorge Bundy, *On Active Service in Peace and War* (Nova York, Octagon Books, 1971), p. 571-9.

[106] James Bacque, *Gli altri Lager*, cit., p. 27.

[107] Susan Canedy, *America's Nazis: A Democratic Dilemma* (Menlo Park, Markgraf, 1990), p. 10-1.

164 GUERRA E REVOLUÇÃO

Devemos ser duros com a Alemanha, e me refiro ao povo alemão, não apenas aos nazistas. Devemos castrar o povo alemão ou tratá-lo de tal modo que não possa mais continuar a reproduzir gente que queira se comportar como no passado.[108]

A ideia de "castração" exprime com clareza o processo já completado de racialização do inimigo. Compreende-se a reação indignada de Benedetto Croce. Já durante o primeiro conflito mundial, ele ressaltou que a leitura da guerra como uma batalha entre "germanismo" e "latinidade" não perde nada de seu caráter de ódio, uma vez que é retomada pelo lado italiano (ou francês ou inglês) invertendo apenas o juízo de valor: a tese que condena todo o povo alemão como "povo maldito" não é "menos estúpida" do que aquela que o alça à condição de "povo escolhido"[109]. No decorrer da Segunda Guerra Mundial, enquanto reitera a "natureza histórica" do "mal" constituído pelo regime e pela ideologia hitleristas, o filósofo sublinha como as evocadas "esterilizações" imitam, na realidade, o "exemplo dado pelos próprios nazistas"[110]. De fato, nos anos do Terceiro Reich, a "solução final" é precedida por recorrentes programas ou sugestões de "esterilização em massa dos judeus"[111].

Conferindo-lhe características permanentes, senão imutáveis, e não tolerando mais distinções em seu interior, a desespecificação naturalista do inimigo abre as portas para formas de violência que levam ao genocídio. Também neste caso existe, provavelmente, uma relação entre os processos de racialização analisados e a decisão do governo e do Estado-Maior britânicos de proceder ao bombardeio aéreo com o objetivo de provocar o maior número possível de vítimas entre a população civil alemã, destruindo sistematicamente, em primeiro lugar, os bairros populares (onde é mais elevada a densidade populacional)[112]. Entre os protagonistas do lançamento desse plano está o porta-bandeira da cruzada contra os "hunos malvados": Churchill não

---

[108] James Bacque, *Gli altri Lager*, cit., p. 21.

[109] Benedetto Croce, *L'Italia dal 1914 al 1918: pagine sulla guerra* (Bari, Laterza, 1950), p. 75 e 64.

[110] Idem, *Scritti e discorsi politici (1943-1947)*, v. I (org. Angela Carella, Nápoles, Bibliopolis, 1993), p. 157-8.

[111] Richard D. Breitman, *Himmler: il burocrate dello sterminio* (Milão, Mondadori, 1993), p. 184 e 199-200.

[112] Frederick J. P. Veale, *Advance to Barbarism: The Development of Total Warfare* (Newport, Institute for Historical Review, 1979), p. 18-9; David Irving, *Apocalisse a Dresda: i bombardamenti del febbraio 1945* (Milão, Mondadori, 1992), p. 44 e seg.

se deixa frear pela lembrança de que, ao final da Primeira Guerra Mundial, lutou para que os pilotos alemães fossem processados como criminosos de guerra – autores de bombardeios, sem dúvida, bastante limitados[113]. Uma consideração análoga pode ser feita em relação a Roosevelt: em 1939, convidou os beligerantes a se absterem da "barbárie desumana" do bombardeio dos civis[114]; no desenvolvimento ulterior da guerra total contra inimigos cada vez mais caracterizados como bárbaros e selvagens, o presidente estadunidense promove destruições muito maiores e indiscriminadas do que aquelas que ele próprio lamentara.

A racialização do inimigo continua a provocar consequências nefastas mesmo após o fim da guerra. Recentemente, o historiador canadense James Bacque acusou Eisenhower de ter conscientemente provocado a morte, por fadiga e inanição, de centenas de milhares de prisioneiros de guerra alemães, razão pela qual o estudioso pediu para que fossem derrubadas as estátuas erigidas em honra ao general e estadista estadunidense. Embora empenhado em defender a memória de seu herói e negar as acusações mais graves, o diretor do Centro Eisenhower da Universidade de Nova Orleans admite:

> Os maus-tratos de prisioneiros alemães na primavera e no verão de 1945 foram disseminados. As pessoas eram surradas, deixavam-nas sem água, obrigadas a viver ao ar livre, sem qualquer abrigo, com quantidade insuficiente de comida e cuidados médicos insuficientes. Suas cartas eram retidas; em alguns casos, para enfrentar a fome, os prisioneiros preparavam uma "sopa" de água e grama.[115]

Entretanto, guardas dos campos de concentração, que se declaram "testemunhas das atrocidades", traçam um quadro ainda mais trágico:

> Certamente não havia escassez de água: estávamos às margens do Reno, e não dávamos água suficiente para os prisioneiros. Ensandecidos pela sede, alguns rastejavam sob os fios e corriam em direção ao rio pelos campos abertos à plena luz do dia, enquanto os guardas estadunidenses os metralhavam.

---

[113] Alex P. Schmid, *Churchills privater Krieg. Intervention und Konterrevolution im russischen Bürgerkrieg, November 1918-März 1920* (Zurique, Atlantis, 1974), p. 322.

[114] Paul Johnson, *Storia del mondo moderno (1917-1980)* (Milão, Mondadori, 1989), p. 470.

[115] Stephen E. Ambrose, "Ike and the Disappearing Atrocities", *The New York Times Book Review*, 24 fev. 1991, p. 35.

166 GUERRA E REVOLUÇÃO

Um amigo da cozinha do campo me mostrou os abundantes estoques de comida
e admitiu que poderíamos alimentar melhor os prisioneiros. Quando levei alguma coisa do meu estoque suplementar para o outro lado da cerca, fui ameaçado
de prisão. Protestei com meus oficiais, e estes me disseram que a dieta da fome era
uma ordem de "lá de cima" e era uma política geral.

Outra testemunha conclui: "Às vezes, fomos além dos limites do comportamento civilizado e, em certa medida, acabamos nos igualando àqueles contra
quem combatíamos"[116].

Enquanto o tema da cruzada democrática tem por trás de si, de alguma
maneira, a tradição revolucionária, a caracterização do inimigo como uma
estirpe bárbara remete a uma tradição bastante diferente. Esta, com frequência,
tem como alvo os próprios revolucionários, equiparados por seus antagonistas
aos "turcos", aos "selvagens", aos bárbaros que, vindos do exterior, irrompem
para destruir ou ameaçar a civilização. Se, depois do junho parisiense de 1848,
os operários revoltosos se transformaram em "vândalos" e "godos" junto a

---

[116] The New York Times Book Review, *Letters*, 14 abr. 1991, p. 26-7; cf. também Michael C.
C. Adams, "Retelling the Tale: Wars in Common Memory", em Gabor S. Boritt (org.),
War Comes Again, cit., p. 217. A ausência de uma reflexão autocrítica sobre os processos
de racialização do inimigo explica a persistência de um balanço histórico no qual continua
viva a tendência a culpar um povo inteiro. Um historiador estadunidense de sucesso define
o antissemitismo, e até mesmo o "antissemitismo exterminacionista", como uma "característica comum do povo alemão". Uma vez omitidos do quadro histórico os campos de
concentração, a emigração e a impiedosa guerra civil preventiva desencadeada pelo nazismo
a fim de impedir que a Revolução de Novembro se repetisse, o que seria uma acusação
inexorável acaba se transformando em seu oposto: Hitler se torna protagonista de "uma revolução pacífica à qual o povo alemão consente de bom grado" (paradoxalmente, retoma-se
um mote recorrente da propaganda do Terceiro Reich). O historiador estadunidense não
se cansa de enfatizar o consenso de massa na Alemanha à perseguição contra os judeus, que
desemboca na "solução final". Mas – poderíamos perguntar – com qual consenso contaram
nos Estados Unidos o encarceramento dos cidadãos de origem japonesa nos campos de
concentração, as bombas atômicas em Hiroshima e Nagasaki, e as sugestões de desabasteci-
mento maciço ou de aniquilamento do inimigo "amarelo"? Claro, a tentação do genocídio
não pode ser colocada no mesmo plano do genocídio realmente consumado. Todavia, na
ausência de qualquer análise comparativa, a insistência do historiador estadunidense não
somente é privada de validade historiográfica, mas é duvidosa até como prova de indignação moral. Cf. Daniel J. Goldhagen, *Hitler's Willing Executioners: Ordinary Germans and
the Holocaust* (Londres, Little, Brown and Company, 1996), p. 454-6, 49 e seg. [ed. bras.:
Os carrascos voluntários de Hitler, trad. Luís Sérgio Roizman, São Paulo, Companhia das
Letras, 1997].

"Guerra de secessão dos brancos", "guerra civil internacional"... 167

uma imensa parte da opinião pública – segundo a já referida observação de Tocqueville –, os alemães se transformaram em "vândalos", "godos" e "hunos" no decorrer da Segunda Guerra dos Trinta Anos. Esse tipo de desespecificação, em que se estabelece uma distância geográfica, antropológica ou étnica entre si próprio e o inimigo, atinge sua completude no comportamento assumido diante das populações instaladas nas áreas de expansão colonial. Mas, com a explosão de conflitos particularmente graves, sequer os povos "civilizados" são poupados dos processos de racialização. Acostumados há tempos às campanhas contra negros e peles-vermelhas, os estadunidenses não tiveram dificuldade para estigmatizar os japoneses como "amarelos". Mais complexa e mais interessante é a dialética que se desenvolve na Europa. Nos primeiros meses da Segunda Guerra Mundial, após ter comparado Hitler a Átila, Churchill convida os italianos a recusarem – apesar de Mussolini – a aproximação com a Alemanha exatamente nestes termos: "Na última guerra contra os hunos bárbaros, nós fomos seus aliados [...]. *É só um homem que conseguiu obrigar vocês, beneficiários e herdeiros da antiga Roma, a estarem lado a lado com ferozes bárbaros pagãos*"[117]. Se, antes do início da Segunda Guerra dos Trinta Anos, mesmo aos olhos do estadista inglês, a barbárie se situava exclusivamente fora da Europa, nos territórios coloniais, agora ela também é identificada com os hunos, que ameaçam a civilização desde os tempos dos antigos romanos. Podemos compreender assim o cartaz que adverte os soldados que entram, pela Holanda, na Alemanha já derrotada no segundo conflito mundial: "Aqui termina o mundo civilizado"[118]. Tendo em vista que a fronteira entre civilização e barbárie resulta de um ato de autoproclamação, são suscetíveis de serem relegados à condição de bárbaros, a qualquer momento, os povos e os países com os quais se trava um sério conflito: a ideologia desenvolvida em função da legitimação e celebração das iniciativas contra os bárbaros acaba surgindo, aliás, no interior da metrópole capitalista.

Tal processo se torna ainda mais ágil porque, já em tempos de paz, é possível delimitar a área da civilização de forma diferente e contraditória. Quem chama a atenção para esse fato é o próprio Schmitt, que, deixando de lado sua habitual acusação à tradição revolucionária, vê-se obrigado a fazer referência à Doutrina Monroe e à visão de mundo que a fundamenta. Os Estados Unidos traçam a fronteira entre civilização e barbárie de forma diferente e contraditória

---

[117] Winston Churchill, *Great Destiny* (org. F. W. Heath, Nova York, Putnam's & Sons, 1965), p. 687-9 (mensagem radiofônica de 23 dez. 1940).

[118] Günther Bischof e Stephen E. Ambrose, "Introduction", cit., p. 17.

168 GUERRA E REVOLUÇÃO

em comparação aos estadistas e pensadores europeus. A civilização continua a ser sinônimo de Ocidente, mas este, agora, atravessa o Atlântico:

> Estranhamente, a fórmula do hemisfério ocidental era dirigida justamente contra a Europa, o antigo Ocidente. Não era dirigida contra a antiga Ásia ou a antiga África, mas contra o antigo Oeste. O novo Oeste alegava ser o verdadeiro Oeste, o verdadeiro Ocidente, a verdadeira Europa.

E assim, a "antiga Europa" acaba sofrendo a mesma sorte da Ásia e da África, já excluídas para todo o sempre da civilização[119].

De fato, na mensagem de despedida, Washington convida seus concidadãos a se manterem bem distantes do "afã das ambições, rivalidades, interesses, humores ou caprichos da Europa"[120], cujo comportamento lembra aquele dos indígenas:

> enquanto, na Europa, guerras e desordens parecem afetar quase todas as nações, paz e tranquilidade prevalecem entre nós, exceção feita a algumas áreas de nossas fronteiras ocidentais, onde os índios provocaram transtornos. Estamos tomando as medidas necessárias para educá-los ou castigá-los.[121]

A tendência a expulsar a Europa da civilização ocidental volta a se manifestar com a guerra de 1812 contra a Inglaterra. Antes já acusada pela Declaração de Independência de ter recorrido à ajuda dos "selvagens" em sua luta contra os colonos, a Inglaterra é agora acusada por Madison de assumir ela própria um comportamento semelhante àquele dos "selvagens" peles-vermelhas, como demonstram os bombardeios de sua frota, que atingem indiscriminadamente a população civil, sem poupar mulheres ou crianças[122].

Essa tendência à expulsão se reforça posteriormente por ocasião da Segunda Guerra dos Trinta Anos. Nas semanas e nos meses imediatamente seguintes à eclosão do primeiro conflito mundial, a condenação atinge indiscriminadamente todos os contendores, os quais – observa um editorial do *Times* de 2 de

---

[119] Carl Schmitt, *Il nomos della terra*, cit., p. 381.

[120] George Washington, *A Collection* (org. William B. Allen, Indianápolis, Liberty Classics, 1988), p. 525.

[121] Ibidem, p. 555.

[122] Em Henry S. Commager (org.), *Documents of American History*, v. I (7. ed., Nova York, Appleton-Century-Crofts, 1963), p. 208-9.

"Guerra de secessão dos brancos", "guerra civil internacional"... 169

agosto de 1914 – "recaíram na condição de tribos selvagens"[123]. Ainda em seu discurso de 26 de outubro de 1916, Wilson acusa "todo o sistema europeu" que, com suas "'alianças' e suas 'ententes', uma complicada rede de intrigas e espionagens", conseguiu "capturar firmemente em suas tramas" e arrastou a uma guerra destruidora "uma família inteira de povos"[124]. Sucessivamente, à medida que se delineia a intervenção estadunidense ao lado da Entente, a denúncia passa a se concentrar exclusivamente nos alemães – rotulados, como sabemos, de "hunos" e "bárbaros", localizados abaixo até mesmo "dos peles--vermelhas da América e das tribos negras da África". Uma dialética semelhante se desenvolve quando da Segunda Guerra Mundial. Ainda em abril de 1939, Franklin Delano Roosevelt acusa os países europeus como um todo de não terem encontrado métodos melhores para resolver suas divergências do que os utilizados "pelos hunos e vândalos 1,5 mil anos atrás". Por sorte, graças a uma "instituição tipicamente americana" – isto é, a união que abraça todos os países da "família americana" –, "as repúblicas do mundo ocidental" (*Western world*), ou do continente americano, conseguem "promover sua civilização comum sob um sistema de paz" e proteger o "mundo ocidental" da tragédia que acomete "o Velho Mundo"[125]. Logo após sua intervenção na guerra, o presidente estadunidense concentra o foco exclusivamente sobre a Alemanha, sem sequer se preocupar em distinguir quem é quem no interior do país, como fica absolutamente claro na ideia já referida da esterilização forçada do povo alemão.

6. Guerra de secessão dos brancos a Oeste e guerra colonial a Leste

Nos anos e décadas que antecedem a eclosão da Segunda Guerra dos Trinta Anos, todos os países do Ocidente se vangloriam por fazerem parte de uma família, ou melhor, de uma raça (ou de uma família de raças) bastante exclusiva, destinada a subjugar as "raças inferiores". Trata-se de uma "raça grande", uma "raça expansionista" (para usar a linguagem de Theodore Roosevelt)[126] ou

---

[123] Citado em Ralph H. Gabriel, *The Course of American Democratic Thought*, cit., p. 388.

[124] Citado em Carl Schmitt, *Il nomos della terra*, cit., p. 348.

[125] Citado em Henry S. Commager (org.), *Documents of American History*, cit., v. II, p. 414.

[126] Theodore Roosevelt, *The Letters*, v. II (orgs. E. E. Morison, J. M. Blum e J. J. Buckley, Cambridge, MA, Harvard University Press, 1951 sq.), p. 377 e 620; *The Strenuous Life: Essays and Addresses* (Nova York, The Century, 1901), p. 251 e 275.

GUERRA E REVOLUÇÃO

uma "raça imperial" (para retomar Macaulay[127]), uma raça alternadamente definida como nórdica, ariana ou teutônica. É "quase universalmente aceito" – escreve em 1842 um reconhecido etnólogo inglês – que o "corpo coletivo das nações europeias" descende da "raça ariana ou indo-europeia". Algumas décadas mais tarde, um admirador do imperialismo britânico celebra os ingleses e os alemães como as "duas grandes correntes da raça teutônica"[128]. Em 1899, é o próprio ministro inglês das colônias, Joseph Chamberlain, que convoca os Estados Unidos e a Alemanha a firmarem com seu país uma aliança "teutônica"[129]. É somente com o primeiro conflito mundial que, de instrumento de autocelebração em coro da Europa e do Ocidente (e, sobretudo, dos países-líderes), as categorias em questão se tornam instrumentos de luta "fratricida". Nos Estados Unidos, com a intervenção na guerra contra a Alemanha, o termo *teutão* perde a conotação positiva e celebratória que teve até aquele momento em diversos ambientes culturais e políticos para se tornar um insulto dirigido aos novos inimigos[130].

Essa cisão da Europa e do Ocidente, e da raça ariana, suscita duras polêmicas e amargos arrependimentos. A guerra se intensifica, mas não faltam autores alemães que lamentam por assistir, de um lado, à batalha sanguinária das duas "nações irmãs do ramo germânico" e, de outro, à "irmanação da Grã-Bretanha indo-germânica com o Japão mongol"[131]. Adverte-se, de modo particularmente doloroso, a presença, nas fileiras da Entente e, ainda pior, entre as tropas que ocupam a Alemanha derrotada, de soldados negros, que teriam uma condenável inclinação ao estupro. A vingança dos vencedores quer chegar até a "mulatização" dos derrotados? Os protestos contra essa violação sem precedentes da solidariedade branca e da hierarquia racial (e social) conclamam todo o mundo civilizado e a Santa Sé.

> A Alemanha, com horror e desgosto, se vê ameaçada na pureza de seu sangue [...] arruínam nosso sangue, arruínam a pureza de nosso sangue que, por anos e anos,

---

[127] Citado em John Charmeley, *Churchill: The End of Glory*, cit., p. 424.

[128] Hugh A. MacDougall, *Racial Myth in English History: Trojans, Teutons, and Anglo-Saxons* (Montreal/Hanover, NH, Harvest/University Press of New England, 1982), p. 120 e 98.

[129] Henry Kissinger, *Diplomacy*, cit., p. 186.

[130] Thomas F. Gosset, *Race: The History of an Idea in America* (Nova York, Schocken, 1965), p. 341.

[131] Ver Ernst Haeckel, em Rudolf Buchner e Winfried Baumgart (orgs.), *Quellen zum politischen Denken der Deutschen im 19. und 20. Jahrhundert. Freiherr vom Stein – Gedächtnisausgabe*, v. VII (Darmstadt, Wissenschaftliche Buchgesellschaft, 1976 sq.), p. 417.

terá de se misturar com o sangue das raças mais primitivas e nos tornaremos um povo de mulatos. Ah! Essa última afronta não queremos sofrer! E como os demais povos europeus não têm, sequer neste ponto, o senso de solidariedade europeia, não enxergam o perigo que ameaça toda a Europa se a Alemanha for habitada por uma população proletarizada, ímpia e mulatizada.

O "Grito de dor das mulheres alemãs" clama por um fim imediato a essa espécie de guerra civil racial.

Com a cabeça coberta nós nos apresentamos diante de vós, homens e mulheres de raça branca, mostramos a vós nosso coração dilacerado [...] para que [...] também vós levantais uma palavra de protesto que seja prova da indignação de todos contra a raça bruta que avilta em nós toda a raça branca do mundo.[132]

Esses são argumentos que circulam amplamente também do outro lado do Atlântico. Lothrop Stoddard (erguido à rápida fama internacional e elogiado por dois presidentes estadunidenses, Harding e Hoover) lamenta a "Guerra de secessão dos brancos", a "guerra civil branca", ou a "nova guerra do Peloponeso" da "civilização branca"[133]. Trata-se de um conflito fratricida que, destruindo a "solidariedade branca" e ferindo, antes de tudo, a Europa, "o país dos brancos, o coração do mundo branco", representa "o suicídio da raça branca". Assim como a Guerra de Secessão propriamente dita significou o alistamento dos negros nas fileiras da União, o primeiro conflito mundial comportou o recurso maciço às tropas de soldados de cor por parte da Entente. Esse aviltamento do mundo branco e civilizado, e a conseguinte anulação das fronteiras entre civilização e barbárie, foram conduzidos pelo bolchevismo, que, empenhado em construir uma aliança global com os povos coloniais

---

[132] Emma Fattorini, "Il colpo di grazia sessuale: la violenza delle truppe nere in Renania negli anni venti", em Anna Bravo, *Donne e uomini nelle guerre mondiali* (Roma/Bari, Laterza, 1991), p. 47-50.

[133] Lothrop Stoddard, *The Rising Tide of Color Against White World-Supremacy* (reed., West-port, CT, Negro University Press, 1971), p. vi e 172; o juízo lisonjeiro do presidente Harding é declarado na abertura da tradução francesa – cf. *Le Flot montant des peuples de couleur contre la suprematie mondiale des blancs* (Paris, Payot, 1925); sobre o reconhecimento de Hoover a Stoddard, ver Stefan Kühl, *The Nazi Connection: Eugenics, American Racism and German National Socialism* (Nova York/Oxford, Oxford University Press, 1994), p. 61.

172 GUERRA E REVOLUÇÃO

contra o Ocidente e os brancos, bem como em estimular a "maré montante dos povos de cor", deve ser considerado como "o renegado, o traidor no interior de nosso campo, pronto a vender a cidadela", um "inimigo mortal da civilização e da raça"[134].

À mesma conclusão chega Spengler, que denuncia o "ódio ardente contra a Europa" e contra a "humanidade branca" nutrido pelos bolcheviques – aliados e parte integrante de "toda a população de cor da Terra". O autor alemão se empenha na reconstrução histórica dessa parábola desastrosa: ela começa com o recurso da Inglaterra à ajuda dos peles-vermelhas, em sua luta contra os colonos rebeldes (retoma-se aqui um argumento consagrado na Declaração de Independência estadunidense); prossegue com a aliança dos jacobinos franceses com os negros do Haiti, em nome dos "direitos do homem"; desenvolve-se, posteriormente, com o recurso da Entente às tropas de homens de cor[135]; e, por fim, culmina na Revolução Bolchevique.

Tais motivos e sugestões atuam ainda em Hitler, que, no *Mein Kampf*, anuncia um programa de expansão colonial no Leste europeu, com a finalidade justamente de evitar uma batalha fratricida com a Inglaterra. Logo após ascender ao poder, declara a um repórter britânico que o primeiro conflito mundial foi uma tragédia para as "duas grandes nações germânicas". Um ano depois, conversando com outro grande jornalista britânico, o *führer* exprime a ideia de que as "nações germânicas como as nossas deveriam ser amigas simplesmente pela força natural do instinto. O movimento nazista consideraria um crime racial a guerra entre a Alemanha e a Inglaterra". Em 4 de setembro de 1937, o *Daily Mail* reporta uma carta de Hitler em que ele, depois de celebrar "a atitude colonial única na história e a força naval da Grã-Bretanha", expressa o desejo de um acordo desta com a Alemanha, a ser estendido posteriormente a uma "adesão da nação estadunidense", de modo a manter hasteada a bandeira e "os interesses do povo branco". Alguns anos antes, o líder nazista definira como "crime racial" uma eventual guerra entre Alemanha e Grã-Bretanha e entre as "nações germânicas" em geral[136]. De modo semelhante, Rosenberg louva os

---

[134] Lothrop Stoddard, *The Rising Tide of Color Against White World-Supremacy*, cit., p. vi, 179, 196 e 219-21.

[135] Oswald Spengler, *Jahre der Entscheidung* (Munique, Beck, 1933), p. 150.

[136] Louis C. Kilzer, *Churchill's Deception: The Dark Secret that Destroyed Nazi Germany* (Nova York, Simon & Schuster, 1994), p. 122-3 [ed. bras.: *A farsa de Churchill*, trad. Isolina Guimarães Salles, Rio de Janeiro, Revan, 1996].

"valores criativos" e "toda a cultura do Ocidente", ou os "valores germânico-
-ocidentais", ameaçados pelo "caos dos povos"[137].

Uma vez que não consegue evitar a guerra a Oeste, o *führer* respeita substancialmente o *jus publicum europaeum* no decorrer do conflito com a França,
a Inglaterra e os Estados Unidos – a repressão da resistência guerrilheira
mereceria uma discussão à parte, dados os problemas peculiares de direito
internacional que ela levanta. Porém, desde o início, Hitler teoriza e pratica
a guerra de extermínio contra os "índios" do império colonial que se propõe
a erguer. Enquanto critica os ingleses (desde sempre habituados, ao contrário
dos alemães, a guerrear contra "estrangeiros" e bárbaros) pelos bombardeios
às cidades e pela falta de respeito aos "usos da guerra cavalheiresca", Hitler declara não atribuir "qualquer importância a um fim jurídico da guerra no *front*
oriental"[138]. É uma guerra explicitamente colonial, contra os bárbaros. Depois
da conquista e colonização dos novos territórios, é preciso erguer um "fosso
gigantesco [...] contra as massas da Ásia central"[139]. O *pathos* da unidade das
nações germânicas, que continua a inspirar o Terceiro Reich, é a outra face da
moeda da contraposição racial com o Oriente, assim como a clara e radical
desespecificação naturalista do inimigo "asiático" inibe – não obstante a guerra
total – a desespecificação de tipo naturalista dos inimigos ocidentais, colocados
desde sempre no âmbito da civilização.

Com o fim da guerra, Himmler se entrega ao "inimigo racialmente semelhante", àqueles "anglo-saxões" que desde sempre pertencem à "família racial
nórdica". O líder nazista se ilude ao crer que será compreendido[140]; afinal, foi
no Leste, contra os "índios", que o Terceiro Reich lutou ferozmente. Esse comportamento tem uma longa história às suas costas. Falou-se certa vez de "um
duplo padrão no modo estadunidense de conduzir a guerra", a depender de o
inimigo ser constituído por brancos ou por peles-vermelhas. Isso se manifesta
também por ocasião da batalha entre Norte e Sul. A virulência que a caracteriza não é de maneira alguma comparável à das campanhas de extermínio

---

[137] Alfred Rosenberg, *Der Mythus des 20. Jahrhunderts* (Munique, Hoheneichen, 1937), p. 81-2.

[138] Adolf Hitler, *Monologe im Führerhauptquartier 1941-1944, Die Aufzeichnungen Heinrich
Heims* (org. Werner Jochmann, Hamburgo, Albrecht Knaus, 1980), p. 110 e 393-4 (conversações de 26-27 out. 1941 e 6 set. 1942).

[139] Idem, *Tischgespräche* (org. Henry Picker, Frankfurt/Berlim, Ullstein, 1989) (conversações de
9-10 set. 1941, 23 abr. 1942 e 21 jul. 1942), p. 69, 237 e 449.

[140] Richard D. Breitman, *Himmler*, cit., p. 9.

174   GUERRA E REVOLUÇÃO

que, nessa mesma época, abatem populações indígenas rebeldes, as quais não representam nenhum perigo real para a União. As ordens são inequívocas: não é preciso fazer prisioneiros; "no infame massacre de Sand Creek", de 1864, são mortas inclusive mulheres e crianças[141]. Na realidade, o "duplo padrão" é uma característica da história do Ocidente como um todo: na América, ele se torna imediatamente evidente apenas pelo fato de que as populações coloniais estão instaladas no próprio território metropolitano. O "duplo padrão" celebra então seus triunfos com o Terceiro Reich: o duelo mais ou menos "cavalheiresco" almejado no Oeste, no âmbito da persistente e fatídica Guerra de secessão dos brancos, é inseparável da campanha colonial de extermínio contra os bárbaros jogados para fora da civilização.

7. GUERRA TOTAL E "BÁRBAROS"

Entra em crise, assim, a tese cara a Schmitt (e ao revisionismo histórico), segundo a qual o advento da guerra total deve ser atribuído exclusivamente à tradição política revolucionária e à guerra civil internacional que essa tradição declara. É uma tese insustentável, e não somente porque, em momentos de crise aguda, os próprios teóricos da conservação e da reação também defendem a cruzada. Mais ainda que o fanatismo ideológico, mais ainda que a desespecificação político-moral, é a irrupção dos bárbaros que coloca radicalmente em crise o *jus publicum europaeum* e o *jus in bello*. O que se observa na Guerra de Secessão é esclarecedor. À medida que essa guerra se prolonga e se torna mais dura, os negros do Sul e do Norte são recrutados em massa pelo Exército da União. Jefferson Davis e a Confederação não apenas clamam para que a opinião pública mundial dos brancos se insurja contra o escândalo representado pelo recrutamento, nas fileiras da União, de bárbaros, membros de uma "raça inferior", mas se recusam também a considerar prisioneiros de guerra normais os negros e os oficiais brancos que comandam as unidades militares de cor, eles próprios dignos de morte como responsáveis por instigar a "insurreição servil"[142].

Somos levados a pensar na Guerra de secessão dos brancos, deplorada sobretudo na Alemanha e nos Estados Unidos, em função da intervenção das

---

[141] Mark Grimsley, *The Hard Hand of War: Union Military Policy Toward Southern Civilians, 1861-1865* (Cambridge, Cambridge University Press, 1995), p. 18.

[142] William E. B. Du Bois, *Black Reconstruction in America, 1860-1880* (Nova York, Atheneum, 1992), p. 113-4.

tropas de cor num conflito entre povos civilizados. Se, apesar de tudo, o *jus publicum europaeum* consegue resistir à primeira etapa da Segunda Guerra dos Trinta Anos, ele entra radicalmente em crise na segunda. Assim como a Confederação faz com os negros, o Terceiro Reich situa fora do escopo do direito internacional os "índios" da Europa oriental. Já o tratamento previsto para os comandantes brancos das unidades negras faz lembrar o tratamento reservado por Hitler aos comissários políticos do Exército Vermelho, aos quadros do Estado e do partido, bem como aos judeus – considerados a espinha dorsal do bolchevismo, e, por tal razão, equiparados às categorias anteriores. É por isso que a crise mais devastadora do *jus publicum europaeum* se verifica no Leste e tem como protagonista o país que lidera a cruzada pela reconquista branca e ariana.

A Guerra de Secessão propriamente dita também é significativa por outro aspecto. Para subjugar o Sul, a União realiza a destruição sistemática da lavoura e incendeia algumas cidades. Mas é importante notar que "a marcha de Sherman tem suas raízes nas campanhas contra os indígenas da era colonial e revolucionária", campanhas que fornecem também "o pessoal e a doutrina militar a que os estadunidenses recorrem em suas aventuras imperiais na América Latina e nas Filipinas"[143]. Isto é, por ocasião de conflitos agudos entre membros da comunidade civilizada, tendem também a emergir em seu interior formas de guerra tradicionalmente utilizadas contra os bárbaros. Aparentemente, é em Sherman que se inspira Hitler[144], o qual, no decorrer de sua guerra de extermínio contra os "índios" da Europa oriental, remete explicitamente à guerra contra os peles-vermelhas.

Neste ponto, aparece sob outra luz a acusação de Schmitt de que a tradição política revolucionária teria destruído o *jus publicum europaeum*, as limitações que regiam o conflito entre povos civilizados. Esse argumento provém de uma longa tradição que pode ser traçada desde Platão. Este faz uma distinção entre *polemos*, a guerra propriamente dita e sem limites em que os gregos enfrentam os bárbaros (em caso de derrota, cabe a morte ou a escravização), e a *stasis*, a guerra civil que contrapõe helenos e helenos e que, se de fato não pode ser evitada, deve se desenvolver com limites precisos (não é permitida a matança ou a redução dos derrotados à escravidão). O confronto armado com um

---

[143] Richard Slotkin, *The Fatal Environment: The Myth of the Frontier in the Age of Industrialization, 1800-1890* (Nova York, Harper Perennial, 1994), p. 304 e 322.

[144] Louis C. Kilzer, *Churchill's Deception*, cit., p. 53 e 185.

"consanguíneo" (*suggenes*) não pode se desenrolar segundo o mesmo modelo que rege a guerra total de um *genos* contra um *genos* totalmente estrangeiro e bárbaro[145]. Cícero, por sua vez, diferencia claramente as guerras em que está em jogo a hegemonia entre os contendentes (que, de alguma maneira , se respeitam e se reconhecem) daquelas em que está em jogo a própria sobrevivência, e nas quais há a contraposição não de um *competitor* (um concorrente) a outro, e sim de um *inimicus* (um inimigo total) a outro: é este último o caso, por exemplo, da guerra contra os cimbros e os teutões, quando se tratava de decidir "quem deveria sobreviver, e não quem deveria exercer o domínio" (*uter esset, non uter imperaret*). Nesse contexto, enquanto a destruição dos alicerces de Cartago e Numância não é um problema, suscita reservas o destino análogo de Corinto, uma cidade e um povo civilizados (desde os tempos da antiga Troia, a Grécia está engajada contra os "bárbaros")[146].

A comunidade pan-helênica de Platão se transforma na *respublica christiana* em Erasmo, que traduz *polemos* como *bellum*, e *stasis* como *seditio* – a qual deve ser limitada e contida ao máximo[147]. Por vezes se chega a contemplar com admiração o fim de cada conflito no interior da comunidade cristã: é o caso de Saint-Pierre, para quem, dessa forma, os Estados europeus podem colher "as oportunidades para cultivar o gênio e os talentos militares" na luta contra os "turcos", os "corsários da África" e os "tártaros"[148]. Com algumas décadas de distância, Fichte condena Napoleão por ter infringido, com suas guerras, a unidade da "Europa comum", a "única e verdadeira pátria" dos "cristãos europeus"[149]: a vitalidade expansionista do comandante francês teria sido mais bem aproveitada se tivesse agido fora do "reino da civilização", onde ainda existem "bárbaros em quantidade suficiente" para subjugar por meio de guerras em que a "juventude europeia" pode se fortalecer[150]. A comunidade pan-helênica, a *res publica christiana*, a "Europa comum", por fim se transforma, com Schmitt, na comunidade ocidental – unida não pela paz perpétua,

---

[145] Platão, *A República*, 469c-471b.

[146] Cícero, *Sobre os deveres*, I, 35-38 e III, 99.

[147] Erasmo de Roterdá, *Querela pacis* (Turim, Einaudi, 1990), p. 54-5 [ed. port.: *A guerra e Queixa da paz*, trad. António Guimarães Pinto, Lisboa, Edições 70, 1999].

[148] É assim ao menos de acordo com a síntese feita por Rousseau. Em Jean-Jacques Rousseau, *Oeuvres complètes*, v. III (orgs. Bernard Gagnebin e Marcel Raymond, Paris, Gallimard, 1959 sq.), p. 585-6.

[149] Johann G. Fichte, *Werke*, v. VII (org. I. H. Fichte, Berlim, de Gruyter, 1971), p. 204-5.

[150] Ibidem, v. XI, p. 426.

mas pelo *jus publicum europaeum*: o *polemos* e o *bellum* de que falam Platão e Erasmo se tornam, agora, uma guerra discriminatória e de aniquilação que pode e deve ser absolutamente evitada no interior, e tão somente no interior, do mundo civilizado. A *stasis* ou a *seditio* é a guerra-duelo que não deve jamais se tornar "civil" a ponto de dilacerar a comunidade europeia ou ocidental, e os próprios Estados que a ela pertencem, com apelos à cruzada e com um conflito sem limitação de golpes. Segundo o politólogo alemão, o universalismo exaltado da tradição política revolucionária esquece ou apaga a concretude histórica e geográfica do *nomos*. Com isso, essa tradição se mancha de culpa, por anular ou atenuar as diferenças entre civilizados e bárbaros, e, assim, fazer entrar em crise a distinção entre *stasis* e *polemos*, *seditio* e *bellum*, guerra-duelo e guerra discriminatória e de aniquilação.

Schmitt relembra o "grande e corajoso pensador do *ancien régime*" que é Joseph de Maistre. Primeiro a acusar a Revolução Francesa de tornar bárbara e impiedosa também a cavalheiresca "guerra europeia", no âmbito da qual "somente o soldado combatia o soldado, ao passo que as nações jamais entravam em guerra", o autor caro ao politólogo alemão exalta o "entusiasmo da carnificina" e parece até justificar o extermínio dos indígenas, esses "homens degradados" que com justiça "os europeus" se recusam a reconhecer como "seus semelhantes". O desaparecimento das guerras cavalheirescas é lamentado somente no que concerne àquela parte do globo em que resplandece, de modo todo particular, "o espírito divino". Para o resto é evidente que, no âmbito da "carnificina permanente" que recai na economia do "grande todo", há "certas nações" que o "anjo exterminador" se "obstina" a imergir no sangue[151]. É um dado concreto que, no poderoso balanço histórico que *O nomos da Terra* traça do surgimento da guerra discriminatória e de aniquilação, não há lugar para a análise crítica das guerras de extermínio coloniais, inclusive aquela deflagrada por Hitler contra os "indígenas" da Europa oriental.

A exclusão da Europa é também a exclusão da cristandade (se trata, na verdade, de uma excomunhão). Como explica Schmitt, dado que a "distinção entre povos civilizados e povos incivilizados ou semicivilizados", na realidade, "securaliza" a "distinção entre povos cristãos e não cristãos"[152], eis que, em pleno século XIX, a guerra contra os bárbaros ainda tende a se configurar como

---

[151] Joseph de Maistre, *Oeuvres complètes* (Hildesheim/Zurique/Nova York, Olms, 1984), t. IV, p.83; t. V, p. 18-28; Carl Schmitt, *Teoria del partigiano* (Milão, Il Saggiatore, 1981), p. 41.

[152] Carl Schmitt, *Positionen und Begriffe im Kampf mit*, cit., p. 163.

guerra de religião no sentido literal da palavra: Boutroux condena a Alemanha por não se ter ainda "convertido plenamente à doutrina cristã do Deus do amor e da bondade"[153]; Churchill, como vimos, chama para a luta contra aqueles "ferozes bárbaros pagãos" que são os alemães, ou melhor dizendo, os hunos.

A condenação da tradição revolucionária por ter anulado a distinção ou a dicotomia civilização/barbárie se consolida em Schmitt com a condenação da revolução anticolonial: a figura do guerrilheiro inspirado pelo marxismo e ativo nos movimentos de libertação anticolonial "provocou nada menos que a ruína do velho mundo eurocêntrico, que Napoleão havia esperado salvar e o Congresso de Viena, restaurar"[154]. Simultaneamente a essa ruína, dá-se também o ocaso de "um direito internacional eurocêntrico, o *jus publicum europaeum*"[155].

---

[153] Émile Boutroux, Études d'histoire de la philosophie allemande (Paris, Vrin, 1926), p. 234.

[154] Carl Schmitt, *Teoria del partigiano*, cit., p. 41.

[155] Idem, *Il nomos della terra*, cit., p. 29.

V
TRADIÇÃO COLONIAL, GUERRA TOTAL E GENOCÍDIO

1. Guerra total e manipulação total

É compreensível o interesse todo particular dos círculos conservadores alemães em tirar dos ombros o peso da infâmia de Auschwitz. A Alemanha deve poder se tornar novamente, como diz Franz Joseph Strauss, "uma nação normal" e "caminhar de cabeça erguida"[1]. O caminho mais simples para alcançar esse objetivo é negar a realidade do genocídio. Não é preciso alardear logo que está escandalizado. Entre as vítimas mais ilustres da Segunda Guerra dos Trinta Anos está a Verdade. Claro, desde sempre os conflitos foram acompanhados por tentativas de difamação do inimigo e pela construção consciente de uma propaganda tecida também com mentiras. Trata-se de uma arma utilizada, sobretudo, contra os grupos étnicos considerados estranhos à civilização. A estigmatização dos "bárbaros" ocorre também por meio da referência a suas práticas "atrozes". Nos Estados Unidos, os peles-vermelhas eram retratados de forma cada vez mais repugnante à medida que o processo de sua aniquilação da face da Terra avançava com maior impiedade. A guerra discriminatória e de aniquilação das populações coloniais, externas ou internas às metrópoles, é justificada com o recurso à sua desumanização, o que se consegue graças à invenção pura e simples de "atrocidades" ou à dilatação e à leitura unilateral das atrocidades realmente cometidas. Pode ser inserida nesse contexto a própria lenda do homicídio ritual atribuído por séculos aos judeus, o que selaria sua irremediável estranheza à civilização como tal.

---

[1] Em Jürgen Habermas, "Nachspiel", em Gian Enrico Rusconi (org.), *Germania: un passato che non passa* (Turim, Einaudi, 1987), p. 163.

180   GUERRA E REVOLUÇÃO

À medida que o endurecimento dos conflitos entre povos "civilizados" comporta expulsar o inimigo do interior da comunidade civilizada, recorre-se, contra este, a uma arma tradicionalmente reservada à luta contra os "bárbaros". É assim que procedem as duas partes beligerantes, em especial o Norte, no curso da Guerra de Secessão. Mas é no nosso século que assistimos a um salto de qualidade. Junto à produção industrial e em grande escala da morte, aparece também a produção industrial e em grande escala das mentiras ou das meias-verdades destinadas a criminalizar o inimigo e destruir sua imagem. Os Estados Unidos já preparam ideologicamente a Guerra Hispano-Americana, que encerra o século XIX e inaugura o século XX, por meio da difusão de "notícias", totalmente inventadas, que tacham os espanhóis como responsáveis pela morte de prisioneiros desamparados e pelo massacre de 300 mulheres cubanas[2]. Assiste-se a uma posterior escalada no decorrer do primeiro conflito mundial. Embora realizada por ambas as partes, a campanha de difamação registra uma sólida prevalência da Entente:

> As denúncias ocidentais de atrocidades alemãs começaram com a violação da neutralidade da Bélgica por parte dos alemães em agosto de 1914. Os alemães – foi o que se disse – violentaram mulheres e até crianças, empalaram e crucificaram homens, cortaram línguas e seios, furaram olhos e incendiaram vilarejos inteiros. Essas notícias não eram publicadas apenas em jornais sensacionalistas, mas também eram assinadas por escritores famosos, de John Buchan e Arthur Conan Doyle a Arnold Toynbee, apenas para citar alguns. Essa propaganda continuou por 1914 e 1915, diminuiu um pouco de intensidade em 1916, mas atingiu um novo pico em abril desse último ano, quando a imprensa britânica começou a publicar notícias e comentários sobre o uso dos cadáveres dos soldados, por parte dos alemães, na produção de lubrificantes como glicerina e sabão. Além disso, provavelmente em favor da China e de países muçulmanos, acrescentou-se que dos cadáveres se obtinha também alimento para os porcos.
> De fato, existiam na Alemanha esses tipos de instalações (*Kadaververwertungsanstalten*), mas utilizavam-se cadáveres de animais, não de seres humanos. Seja como for, tais notícias não eram uma exceção. Até jornais reconhecidos, como o *Financial Times*, publicavam relatórios segundo os quais o próprio kaiser ordenava a tortura de crianças de 3 anos e especificava quais tipos de torturas deviam

---

[2]   Walter Millis, *The Martial Spirit* (Chicago, I. R. Dee/Elephant Paperbacks, 1989), p. 60.

ser aplicadas. O *Daily Telegraph*, em março de 1916, afirmou que os austríacos e os búlgaros haviam matado 700 mil sérvios usando gás asfixiante.

Em meados dos anos 1920, numa intervenção na Câmara dos Comuns, o ministro das Relações Exteriores inglês, Austen Chamberlain, admite que "a história da fábrica de cadáveres carecia de fundamento"[3]. Hoje sabemos que os testemunhos, as declarações, as imagens, os fotogramas que documentam as atrocidades da Alemanha guilhermina resultam em sua totalidade de uma manipulação consciente. Para isso, contribui de forma decisiva a nascente indústria cinematográfica estadunidense, que filma em Nova Jersey as cenas do comportamento feroz e bárbaro das tropas guilherminas na Bélgica[4]. Fazem pensar, em especial, duas "atrocidades" atribuídas aos alemães. Uma delas, a das mulheres estupradas e dos seios arrancados, nos leva às representações com as quais, na América, a ideologia oficial tentava estimular, ao mesmo tempo, os "temores sexuais e raciais" em relação aos indígenas[5]. Além disso, temos também os homens "crucificados": é como se agora a prática do homicídio ritual fosse atribuída aos alemães. Sobre eles começa também a pesar, desde o primeiro conflito mundial, uma suspeita ainda mais grave. Segundo Bergson, na condição de "raça eleita", a "raça germânica" reserva a si mesma "o direito absoluto à vida". "Toleradas", quando muito, em tempos de paz, "as outras raças" são destinadas à "aniquilação" em tempos de guerra. A Alemanha "não se lançará apenas contra os combatentes: ela massacrará as mulheres, as crianças, os idosos; ela saqueará, incendiará. O ideal seria destruir as cidades, as vilas, a população inteira"[6]. Como se observa, a acusação de genocídio é aqui deduzida *a priori* da ideologia atribuída à Alemanha guilhermina – ideologia, aliás, eterna.

Compreendem-se, então, os argumentos do revisionismo histórico, ou do assim denominado "negacionismo". Por que o extermínio sistemático dos judeus atribuído ao Terceiro Reich não deveria também ser considerado um mito? Estaríamos na presença de uma nova e mais acurada formulação da acusação,

---

[3]   Walter Laqueur, *Il terribile segreto: la congiura del silenzio sulla "soluzione finale"* (Florença, Giuntina, 1995), p. 18-9.

[4]   Martin Gilbert, *The First World War: A Complete History* (Nova York, Henry Holt and Company, 1994), p. 432 [ed. port.: *A Primeira Guerra Mundial*, trad. Francisco Paiva Boléo, Lisboa, Esfera dos Livros, 2013].

[5]   Colin G. Calloway, *The American Revolution in Indian Country: Crisis and Diversity in Native American Communities* (Cambridge, Cambridge University Press, 1995).

[6]   Henri Bergson, *Mélanges* (org. André Robinet, Paris, PUF, 1972), p. 1.113.

182 Guerra e revolução

dirigida aos alemães, de homicídio ritual, o qual leva a cabo o Holocausto de um povo consagrado pela Bíblia? Vejamos quem são os principais acusadores da Alemanha. Na condição de expoente da administração Wilson, Franklin Delano Roosevelt participou ativamente da campanha contra as "atrocidades alemãs" no decorrer da Primeira Guerra Mundial[7]. No que se refere a Stalin, ele até mesmo tenta, no processo de Nuremberg, atribuir aos nazistas a execução dos oficiais poloneses perpetrada em Katyn pelo exército soviético.

Enfim, cabe notar que, quando se trata de massacres e genocídios, é muito tênue e impossível definir de forma categórica a linha que separa historiadores revisionistas e negacionistas, de um lado, e historiadores que respeitam a tragédia das vítimas, inclusive no plano da memória histórica, de outro. Vimos Laqueur introduzir na coleção de atrocidades inventadas a liquidação de centenas de milhares de sérvios mediante o uso de gás asfixiante. Não parece ser essa a opinião de Hillgruber, embora ele seja geralmente incluído entre os "revisionistas". Se também deixa de lado os austríacos e culpa exclusivamente os búlgaros (orientais), para demonstrar o caráter genocida que a guerra já tende a assumir a partir do primeiro conflito mundial, o historiador alemão reporta a seguinte declaração de von Kühlmann, secretário de Estado, a um jornalista na edição de 20 de novembro de 1917 do *Frankfurter Zeitung*: "os sérvios estão sendo 'varridos' (*erledigt*) pela via administrativa: nós os levamos, por uma questão de higiene, a centros de desinfestação e os eliminamos usando gás tóxico"[8].

Ainda mais interessante é a polêmica desenvolvida em nossos dias a propósito da tragédia armênia. Neste caso, são os descendentes das vítimas dos massacres promovidos pelos turcos que acusam de negacionistas ou revisionistas, em primeiro lugar, notáveis representantes da cultura judaica internacional, empenhados em demonstrar o caráter único e incomensurável do Holocausto. Então, por que deveria ser lícito negar ou redimensionar o genocídio sérvio ou armênio e não o judeu? Ainda mais que, se a Alemanha pode estar interessada em tirar dos ombros o peso da infâmia de Auschwitz, as potências rivais ou potencialmente rivais poderiam estar interessadas em colar para sempre nela

---

[7] Robert E. Herzstein, *Roosevelt & Hitler: Prelude to War* (Nova York, Paragon House, 1989), p. 65.

[8] Bernhard Guttmann, *Schattenriss einer Generation 1888-1919* (Stuttgart, Koehler, 1959), p. 146; a respeito disso, cf. Andreas Hillgruber, *Die Zerstörung Europas. Beiträge zur Weltkriegsepoche 1914 bis 1945* (Frankfurt/Berlim, Ullstein/Propyläen, 1988), p. 110.

Tradição colonial, guerra total e genocídio   183

a etiqueta da responsabilidade por um crime "único" na história. Querer fixar por lei uma verdade oficial, como se tende a fazer em certos países, contraria toda a ética da pesquisa científica e, mais que isso, pode levantar a suspeita de que os vencedores querem ocultar a verdade com mais obstinação do que o fizeram no dia seguinte ao fim da Primeira Guerra Mundial.

Veremos que a investigação histórica não carece de fundamentos outros para documentar a trágica peculiaridade da sorte reservada aos judeus pelo nazismo. Talvez seja por isso que o revisionismo tenta redimensionar o horror do Terceiro Reich recorrendo a uma estratégia diferente, de segunda ordem. Pelo menos em sua fase inicial, a reclusão dos judeus nos campos de concentração alemães seria comparável àquela dos cidadãos alemães nos campos de concentração franceses e ingleses ou dos cidadãos estadunidenses de origem japonesa nos campos de concentração dos Estados Unidos. Tanto num caso como no outro, se trataria de uma medida típica da guerra total, que não hesita em atacar em bloco grupos étnicos suspeitos de escassa lealdade patriótica ou passíveis dessa suspeita. E que a suspeita nutrida por Hitler não fosse menos legítima que aquela nutrida por Roosevelt seria demonstrado pela "declaração de guerra" contra a Alemanha pronunciada por Chaim Weizmann em nome das organizações sionistas[9].

De nada adianta proclamar, para polemizar com essa tese, a inocência dos judeus. Esse argumento obviamente vale também para os cidadãos estadunidenses de origem japonesa (ainda mais porque nos campos de concentração dos Estados Unidos também são encarceradas mulheres e crianças), e para os exilados alemães, principalmente os antifascistas, encarcerados nos campos de concentração franceses logo após a eclosão da guerra com a Alemanha. Como instituição total, o campo de concentração comporta a anulação do princípio da responsabilidade individual. Ademais – que se diga pela honra deles –, os judeus não são vítimas que aguardam passivamente a realização do sacrifício. Normalmente tentam contrariar, no plano internacional, os planos de seus opressores e algozes; colaboram com a Resistência; atuam na luta de guerrilha. Nessa época, Arendt anseia que os combatentes judeus, já em "guerra" contra o nazismo desde a ascensão de Hitler e envolvidos "em todos os *fronts* do mundo", finalmente se reúnam em um "Exército judeu" autônomo que desenvolva a luta com uma identidade própria, ao lado dos demais exércitos

---

[9]   Ernst Nolte, *Der europäische Bürgerkrieg 1917-1945. Nationalsozialismus und Bolschewismus* (Frankfurt/Berlim, Ullstein, 1987), p. 317-8 e p. 509-10.

184 GUERRA E REVOLUÇÃO

da coalizão antifascista[10]. Do outro lado, não se trata de menosprezar a sorte dos estadunidenses de origem japonesa. Considerando o elemento de negação e diferenciação presente na perspectiva comparada, pode-se posteriormente desenvolver uma comparação entre os dois grupos étnicos de que falamos aqui. Também sobre os estadunidenses de origem japonesa pesa um preconceito racial de longa data que há décadas alerta a "raça branca" contra o "perigo amarelo" ou brada contra eles sua "procedência de escravos asiáticos". Acusados de nunca terem desejado se "assimilar" ao povo que os recebeu, a fim de permanecerem obstinadamente aferrados à sua "solidariedade racial"[11], os estadunidenses de origem japonesa sofrem uma espécie de expropriação (são obrigados a vender seus bens) – tal como acontece com os judeus alemães sob o nazismo. Tem início, assim, a viagem rumo ao desconhecido, que ocorre em condições muito desconfortáveis, em geral, em "vagões de carga abarrotados", e que dura até dez dias: "cortinas pretas cobrem as janelas dos trens dia e noite", enquanto "guardas armados" controlam os passageiros com "fuzis apontados" em direção a eles. Os desafortunados são finalmente instalados "em desertos e pântanos, as áreas mais desoladas e hostis do país", o que leva a um posterior "choque para os refugiados, muitos dos quais viviam antes na temperada Califórnia". Os centros habitados, mesmo os de proporções bastante modestas, não distam menos de trinta milhas[12]. A tentação de medidas ainda mais drásticas aparece: vimos Roosevelt pensar na esterilização dos japoneses propriamente ditos (e de novo salta à vista a analogia com os projetos que, na Alemanha, visam os judeus). O *Los Angeles Times* brada ameaçadoramente: "Uma víbora é sempre uma víbora, onde quer que seus ovos sejam incubados. Sendo assim, um estadunidense de origem japonesa, nascido de genitores japoneses, cresce como japonês, não como estadunidense". Como confirma um general, trata-se de uma "raça" bem mais perigosa do que a dos ítalo-estadunidenses ou a dos teuto-estadunidenses – e, portanto, não se pode ficar tranquilo enquanto

---

[10] Hannah Arendt, *Essays und Kommentare* (Berlim, Tiamat, 1989), v. I, p. 154; v. II, p. 167 e seg. e 171.

[11] Peter Irons, *Justice at War: The Story of the Japanese American Internment Cases* (Nova York/Oxford, Oxford University Press, 1983), p. 9-10, 225 e 237.

[12] Eric Markusen e David Kopf, *The Holocaust and Strategic Bombing: Genocide and Total War in the Twentieth Century* (Boulder/São Francisco/Oxford, Westview, 1995), p. 190; Deborah Gesensway e Mindy Roseman, *Beyond Words: Images from America's Concentration Camps* (Ithaca/Londres, Cornell University Press, 1987), p. 43-4.

essa raça não for "varrida da face da Terra"[13]. O que teria acontecido em caso de invasão do território estadunidense ou de real perigo de invasão? Depois da Batalha de Midway, não se pode mais falar de problemas de segurança militar. E, todavia, os estadunidenses de origem japonesa continuam sendo privados de liberdade: permite-se que abandonem os campos de concentração somente em 1946, quase um ano depois do fim do segundo conflito mundial. Ainda mais lenta é a volta para casa dos cidadãos de origem japonesa de treze países latino-americanos que haviam sido deportados para os Estados Unidos: apenas em 1948, podem abandonar o "campo de internação" ou concentração de Crystal City, no Texas[14].

São potencialmente terríveis os efeitos da mistura entre a guerra total (que atinge indiscriminadamente os grupos étnicos e sociais suspeitos de escassa lealdade) e a desespecificação naturalista, que tende a bloquear qualquer via de fuga aos membros desse grupo. Mas, todavia, veremos que a comparação sugerida pelo revisionismo histórico não é persuasiva, e não apenas pelo fato de que a tentação ao genocídio possa ser mais ou menos forte, mais ou menos radical. No entanto, não se pode contrapor a essa comparação uma indignação que não considere possível entrar no mérito do problema levantado. É assim que reage Furet: por um lado, reconhece em Nolte o mérito "de ter superado desde cedo a proibição de comparar comunismo e fascismo", rompendo "um tabu" por muito tempo difundido nos ambientes antifascistas europeus; e, por outro, tacha como "desconcertante e ao mesmo tempo falso" o argumento em questão, que "provavelmente remete àquele fundo de nacionalismo alemão humilhado que há vinte anos os adversários de Nolte lhe atribuem e que constitui um dos motivos da existência de seus livros"[15]. É inegável que o desejo de redimensionar a culpa da Alemanha exerce um papel importante na obra do historiador alemão, mas não se compreende por que razão isso é invocado para liquidar *a priori* algumas de suas teses, mas não outras. Por outro lado, a evidenciação da gênese psicológica, ou político-social, de uma determinada proposição ainda não é sua contestação. Contudo, poderíamos dizer que a

---

[13] Eric Markusen e David Kopf, *The Holocaust and Strategic Bombing*, cit., p. 189-91.

[14] Peter Irons, *Justice at War*, cit., p. 7; *International Herald Tribune*, "Redress for Abductions", 30 ago. 1996, p. 6.

[15] François Furet, *Le Passé d'une illusion. Essai sur l'idée communiste au XXe siècle* (Paris, Robert Lafont, 1995), p. 578-9, n. 13 [ed. bras.: *O passado de uma ilusão: ensaios sobre a ideia comunista no século XX*, trad. Roberto Leal Ferreira, São Paulo, Siciliano, 1995].

hermenêutica da suspeição política torna supérflua, para Furet, a resposta científica a um argumento que ele considera incômodo ou inquietante. O fato é que, mesmo que involuntariamente e de modo bastante parcial, Nolte violou um tabu, bem mais enraizado e bem mais temível do que aquele a que se refere o historiador francês. Este parece aceitar uma abordagem comparativa, desde que se limite a confrontar o Terceiro Reich e a União Soviética, sem envolver os demais atores, os verdadeiros vencedores da Segunda Guerra dos Trinta Anos.

Em relação aos últimos, o próprio Nolte tampouco faz qualquer alusão ou menção rápida. Não se trata tanto de falta de coragem, nem apenas de cautela diplomática na condução de uma operação cujo resultado deve relativizar ou minimizar o horror do Terceiro Reich, mas de readmitir no sagrado coração do Ocidente uma Alemanha reabilitada e resgatada de seu breve parêntese "asiático". Existe uma outra razão. Uma vez configurada a história do século XX como a história de uma guerra civil internacional que durou até 1989 e que contrapôs os vários países ocidentais à União Soviética, em distintos tempos e formas, fica claro que a polêmica deve se concentrar nos bolcheviques. De fato, todo o horror deste século começa, segundo Nolte, com o infame Outubro de 1917. E este é, essencialmente, o ponto de vista do próprio Furet, que destaca o caráter histórico da guinada de 1914 apenas para rotular o permanente ímpeto guerreiro de personalidades como Lenin, Mussolini e Hitler. Não há, porém, qualquer investigação sobre o tipo de ordenamento político que, a partir da "mobilização total", começa a se delinear em todos os países envolvidos no conflito.

2. Mobilização total, totalismo e totalitarismo

A título de exemplo, concentremo-nos num país liberal como a Itália. Foi corretamente observado que a situação que se seguiu à intervenção na guerra parece "antecipar os 'universos concentracionários' que o mundo experimentará nas décadas seguintes"[16]: recrutamento obrigatório, tribunais militares, pelotões de fuzilamento; legislação de emergência ou estado de sítio trancam numa gaiola de aço não apenas o Exército, mas toda a população civil. No *front*, para não morrerem, para não serem obrigados a morrer, não poucas vezes os soldados se automutilam, às vezes com consequências terríveis. Mas a justiça

---

[16] Enzo Forcella, "Apologia della paura", em Enzo Forcella e Alberto Monticone (orgs.), *Plotone di esecuzione: i processi della prima guerra mondiale* (Bari, Laterza, 1972), p. xxi.

militar é vigilante, seus espiões estão por todos os lados, e não poucos desses automutilados acabam sendo condenados à morte. Para não perder tempo, um general, Andrea Graziani, constantemente inspeciona as trincheiras, acompanhado de um pelotão de execução[17]. Também não faltam as dizimações, às quais – recorda o Estado-Maior – os comandantes têm a "obrigação absoluta e indeclinável" de recorrer em caso de necessidade[18]. Mesmo gravemente feridos, os soldados continuam sem ter trégua; Gaetano Salvemini adverte o governo de que não é aconselhável mandá-los passar o período de convalescença com a família, pois seus relatos da trágica realidade da guerra poderiam ocasionar "efeitos psicológicos perigosíssimos"[19]. Os parentes dos soldados deveriam ser mantidos o mais longe possível dos horrores do *front*, mas ao mesmo tempo são corresponsáveis pelo comportamento de seus familiares: "o comando supremo pede, sempre visando à ordem psicológica, ações punitivas contra os familiares dos desertores, mesmo que eles sejam absolutamente alheios ao delito provocado por seus parentes"[20].

Com as dizimações e as punições ou vinganças transversais, estamos muito além do terror de tipo jacobino, que não anula propriamente o princípio da responsabilidade individual, mesmo que se limite a "verificá-la" baseando-se em meros indícios ou suspeitas. Agora, porém, o universo totalitário emerge com clareza: dizima-se para liquidar inúmeras vidas humanas ao acaso, baseando-se nem sequer numa vaga suspeita, mas apenas numa exigência pedagógica de restabelecer a disciplina mais inflexível entre os soldados-escravizados, dedicados ao sacrifício e à morte. Acrescente-se a isso uma caça paranoica aos agentes estrangeiros que exige a demissão de cidadãos de ascendência ou com parentesco austro-germânico, bem como uma férrea e capilarizada rede de controle que, agindo sobre toda a população, determina do alto até as características e o tamanho dos anúncios fúnebres[21], e espiona a vida privada, a correspondência e as conversas, de modo que se barre e puna qualquer difusão de vozes ou notícias "pelas quais possa ser perturbada a tranquilidade pública ou possam ser ultrajados os interesses públicos"[22]. Os tribunais militares, manipulados

---

[17] Ibidem, p. xvi e xlvii.
[18] Mario Isnenghi, *Il mito della grande guerra* (Bari, Laterza, 1970), p. 293-4.
[19] Citado em Enzo Forcella, "Apologia della paura", cit., p. lvi-lvii.
[20] Idem.
[21] Ibidem, p. lii e liv.
[22] Ibidem, p. xiv.

pelo Estado-Maior em cada um de seus componentes e em cada uma de suas atividades, são chamados a julgar – e, por essas razões, parecem exigir não somente obediência, "mas também entusiasmo". Aliás, eles prefeririam até que certas "expressões não fossem sequer pensadas"[23].

Em 1917, Weber observa que "ao Estado atribui-se hoje um poder 'legítimo' sobre a vida, a morte e a liberdade"[24]. Isso também vale para os países de tradições liberais mais antigas. Nos Estados Unidos, cria-se um Comitê para a Informação Pública que parece constituir um primeiro exemplo eficaz de mobilização total dos meios de informação; uma legislação de emergência permite impor até vinte anos de prisão a qualquer pessoa que se expresse "de modo desleal, irreverente, vulgar ou abusivo em relação ao governo dos Estados Unidos, ou à Constituição dos Estados Unidos, ou às forças militares ou navais dos Estados Unidos, ou à sua bandeira [...] ou ao uniforme do Exército ou da Marinha dos Estados Unidos"[25]. A lógica subjacente a esses desdobramentos é bem esclarecida pelo Departamento de Justiça estadunidense, que, ao solicitar a rápida promulgação das leis contra a sedição (aprovadas pela Câmara dos Representantes em menos de quatro horas), faz a seguinte observação:

> Nossos soldados renunciam temporariamente à sua liberdade de pensamento, expressão e ação, de modo que possam salvar o futuro dela. Toda a nação deve se submeter a essa disciplina até o fim da guerra. Caso contrário, defendendo as liberdades em particular, corremos o risco de perder a liberdade como um todo.[26]

A disciplina militar tende a se estender do front às retaguardas, segundo a lógica inexorável da "mobilização total", da "guerra total", da "política total". É justamente daqui que se deve partir para explicar a gênese do termo e da realidade do "totalismo", conforme a designação inicial, ou do totalitarismo propriamente

---

[23] Ibidem, p. lviii.

[24] Max Weber, "Der Sinn der 'Wertfreiheit' der soziologischen und ökonomischen Wissenschaften", em *Methodologische Schriften, Studienausgabe* (Frankfurt, Fischer, 1968), p. 276 [ed. bras.: "O sentido da 'neutralidade axiológica' nas ciências sociais e econômicas", em *Metodologia das ciências sociais*, v. II, trad. Augustin Wernet, São Paulo/Campinas, Cortez/ Editora da Unicamp, 2001].

[25] Henry S. Commager (org.), *Documents of American History* (7. ed., Nova York, Appleton--Century-Crofts, 1963), p. 146.

[26] Christopher N. May, *In the Name of War: Judicial Review and the War Powers since 1918* (Cambridge, MA/Londres, Harvard University Press, 1989), p. 140.

dito[27]. Integra esse totalismo ou totalitarismo a combinação entre o terror vindo do alto e o terror de baixo. Nos Estados Unidos, as leis contra a sedição também são motivadas pela necessidade de conter o linchamento praticado por "patriotas" exacerbados e prontos a fazer justiça com as próprias mãos. Na realidade, os esquadrões de vigilantes são abertamente encorajados pelas autoridades, o que resulta na difusão de uma "postura de 'enforquemo-los todos ao amanhecer'" em relação aos suspeitos de traição ou de pouco zelo patriótico[28].

Para que o quadro seja completo, é preciso dar uma olhada rápida no que acontece nas colônias. No Egito, camponeses surpreendidos nos bazares são "presos e enviados aos centros de mobilização mais próximos". Aqueles que fogem não vão muito longe: na maioria dos casos, são "capturados nos vilarejos periféricos e enviados sob escolta para os quartéis"[29]. Como diz um historiador inglês, "cerca de 50 milhões de africanos e 250 milhões de indianos" são lançados pela Inglaterra, "sem que sejam interpelados", no fogo de uma guerra sobre a qual nada sabem[30]. A esse uso como buchas de canhão é preciso acrescentar que a metrópole extraía das colônias uma força de trabalho mais ou menos forçada.

Embora de formas e com intensidades diferentes, a lógica totalitária da guerra total se manifesta em todos os países envolvidos no conflito. Nos Estados Unidos, Theodore Roosevelt proclama não haver lugar para uma dupla lealdade: quem se diz capaz de professá-la "é necessariamente um traidor em relação a pelo menos um país". É preciso, pois, ter cuidado: "entre nós, o huno se disfarça de diferentes formas; é um inimigo perigoso que deve ser abatido sem piedade". Dado que a pena de morte aqui evocada está ligada a

---

[27] Essas palavras de ordem se consagram mais tarde em duas obras publicadas na Alemanha entre as duas guerras: Ernst Jünger, "Die totale Mobilmachung", em *Sämtliche* Werke, v. VII (Stuttgart, Klett-Cotta, 1978) [ed. bras.: "A mobilização total", trad. Vicente Sampaio, *Natureza humana*, v. IV, n. 1, São Paulo, jun. 2002]; Erich Ludendorff, *Der totale Krieg* (Munique, Ludendorff, 1935), p. 35 e *passim*. Se a primeira celebra a "mobilização total", a segunda identifica na "política total" o pressuposto da "guerra total" e de sua condução vitoriosa. Imediatamente após a guerra, começa a surgir o termo *Totalismus*. Ver Alfons Paquet, *Im Kommunistischen Rußland. Briefe aus Moskau* (Iena, Diederichs, 1919), p. 111; Ernst Nolte, *Der europäische Bürgerkrieg 1917-1945*, cit., p. 563.

[28] Christopher N. May, *In the Name of War*, cit., p. 136-8.

[29] Academia de Ciências da União Soviética, *Storia universale*, v. VII (Milão, Teti, 1975), p. 496.

[30] Alan J. P. Taylor, *Storia dell'Inghilterra contemporanea* (Roma/Bari, Laterza, 1975), p. 4.

190 GUERRA E REVOLUÇÃO

um comportamento concreto, resta ainda uma via de fuga – que, no entanto, tende a se restringir ou desaparecer totalmente, à medida que o inimigo se torna objeto de um processo de racialização. Suspeitos de serem uma quinta coluna, os *"aliens"* alemães são obrigados por Wilson a se registrarem oficialmente e tornam-se o alvo de uma campanha de terror: suas propriedades e suas empresas são confiscadas por iniciativa do ministro da Justiça. Em algumas ocasiões, junto a outros traidores em potencial, eles são marcados com um sinal amarelo e tornam-se passíveis de reconhecimento; e, como sabemos, não faltam aqueles que invocam a esterilização de uma raça geneticamente doente[31]. Seja pelas medidas de expropriação em prejuízo de uma minoria nacional (suspeita de escassa lealdade patriótica, o que torna razoável neutralizá-la e puni-la no plano econômico), seja pela marca amarela, seja, enfim, pelo surgimento da ideia da esterilização forçada (e liquidação "indolor", por assim dizer) de grupos étnicos inteiros, é inevitável a relação com o Terceiro Reich.

Ao pretender deduzir *a priori* do projeto revolucionário o universo concentracionário, o revisionismo histórico prescinde desses fatos macroscópicos. No entanto, é justamente a tradição política sob acusação que denuncia antecipadamente os efeitos totalitários da guerra, que, em dois momentos cruciais da história contemporânea, ela em vão tenta evitar. A guerra – observa Robespierre entre o fim de 1791 e o princípio de 1792 – concentra "todas as forças do Estado nas mãos do Poder Executivo", que ademais vê sua "popularidade" e sua "ascendência"[32] crescerem. O Poder Executivo é autorizado, ou se sente autorizado, "a tomar sozinho as decisões"[33], eliminando toda resistência também por meio da difusão de um "espírito de obediência cega e absoluta", ou, eventualmente, recorrendo à lei marcial e concedendo "aos comandos militares nossas cidades de fronteira"[34]. Em suma:

> A guerra sempre é a primeira aspiração de um governo poderoso que almeja se tornar ainda mais poderoso [...]. É durante a guerra que o Poder Executivo

---

[31] Susan Canedy, *America's Nazis: A Democratic Dilemma* (Menlo Park, Markgraf, 1990), p. 10-2. No que se refere à tomada de posição de Theodore Roosevelt e à marca amarela, cf. H. C. Peterson e Gilbert C. Fite, *Opponents of War, 1917-1918* (Madison, University of Wisconsin Press, 1957), p. 81 e 197.

[32] Maximilien Robespierre, *Oeuvres*, v. VIII (Paris, PUF, 1912-1967), p. 37 e 87.

[33] Ibidem, p. 100.

[34] Ibidem, p. 87 e 48.

manifesta a mais terrível energia e exerce uma espécie de ditadura, a qual só pode amedrontar a liberdade nascente; é durante a guerra que o povo esquece as deliberações que envolvem essencialmente seus direitos civis e políticos a fim de se ocupar exclusivamente dos acontecimentos externos.[35]

Trata-se, pois, do "maior flagelo que possa ameaçar a liberdade nas circunstâncias em que estamos"[36] e que cria o risco de colocar o "destino do Estado" nas mãos de "um exército, um general"[37]. De fato, após ter estimulado a instauração do Terror, o interminável conflito com a coalizão antifrancesa desemboca, em 1799, no golpe de Estado de um chefe militar que se utiliza da glória conquistada nos campos de batalha para instaurar um despotismo de novo tipo. Paradoxalmente, Robespierre analisa e denuncia com antecedência não somente o bonapartismo, mas a própria ditadura jacobina que ele protagonizará.

Algo semelhante se percebe na relação entre o movimento marxista e bolchevique, de um lado, e o totalitarismo do século XX, de outro. No final do século XIX, Engels alerta para os efeitos desastrosos que a iminente conflagração europeia está destinada a provocar; já então a crescente militarização e "a concorrência nas conquistas levou o poder público a uma dimensão que ameaça engolir toda a sociedade, inclusive o Estado"[38]. Com a guerra já deflagrada, Lenin faz referência a essa análise[39], mas é Bukharin quem a desenvolve. Este vê surgir no horizonte um "novo Leviatã, perante o qual a imaginação de Thomas Hobbes parece uma brincadeira de criança". Esse Leviatã não se limita a controlar a produção e a força de trabalho, reduzida a condições próximas às de servidão. O salto de qualidade vai muito além da esfera propriamente política e econômica: "A filosofia, a medicina, a religião e a ética, a química e a bacteriologia – tudo foi 'mobilizado' e 'militarizado', tal como a indústria e as finanças". Sem dúvida, trata-se de uma primeira análise do totalitarismo, mesmo que o termo ainda não apareça. Ademais, Bukharin interpreta com lucidez o fenômeno que mais tarde será chamado de "nacionalização das massas", enumerando meticulosamente as incontáveis associações que se

---

[35] Ibidem, p. 47-8.

[36] Ibidem, p. 40.

[37] Ibidem, p. 61.

[38] Karl Marx e Friedrich Engels, *Werke*, v. XXI (Berlim, Dietz, 1955 sq.), p. 166.

[39] Vladimir I. Lenin, *Opere complete*, v. XXV (Roma, Editori Riuniti, 1955 sq.), p. 370.

propagam capilarmente na sociedade (por exemplo, na sociedade francesa) e que a organizam e a arregimentam num amparo unânime à expansão colonial e à política militar[40]. É possível dizer que esse super-Leviatã tomou corpo também no Estado do qual Bukharin foi dirigente e, depois, vítima; mas o fato é que a primeira análise crítica do fenômeno totalitário foi desenvolvida com base numa ideologia da qual, porém, o revisionismo histórico pretende deduzir o próprio fenômeno em questão.

E isso não é tudo. No final do século XVIII, a imprensa jacobina chama a atenção para a dinâmica por meio da qual a guerra estimula os "horrores do fanatismo" e familiariza soldados e cidadãos "com o sangue, a carnificina e o espetáculo diário dos combates". Isso acaba provocando o desprezo por "essa liberdade tranquila e pacífica que é a nossa felicidade"[41]. Esse diagnóstico pode muito bem ser aplicado ao desejo de aventura bélica e de sangue que se manifesta depois, no século XX, em autores como Theodore Roosevelt e Ernst Jünger. Também na ocasião do primeiro conflito mundial, é a tradição marxista a primeira a evidenciar as tendências genocidas por ele alimentada. Se Bukharin[42] fala de uma "horrenda fábrica de cadáveres", Rosa Luxemburgo vai além: nos campos de batalha, tornam-se "tarefa cotidiana e enfadonhamente monótona" o "extermínio de massas" e o "genocídio" (*Völkermord*), enquanto na retaguarda se difunde "uma atmosfera de assassinato ritual"[43]. Essa denúncia é contemporânea à tragédia dos armênios. Por causa da Grande Guerra – esse gigantesco e interminável rito de sacrifício –, o homicídio ritual tende a se transformar de mito em realidade.

Nos dois momentos cruciais da história contemporânea aqui evocados, quem celebra os maravilhosos efeitos da regeneração e da recomposição da unidade nacional que a guerra é chamada a produzir são os grupos políticos e sociais sob a mira do movimento revolucionário. Já falamos do mito da "esplêndida pequena guerra", largamente difundido às vésperas do primeiro conflito

---

[40] Nikolai I. Bukharin, *Lo Stato Leviatano: scritti sullo Stato e la guerra, 1915-1917* (org. Alberto Giasanti, Milão, Unicopli, 1984), p. 130-43; sobre a "nacionalização das massas", cf. George L. Mosse, *La nazionalizzazione delle masse* (Bolonha, Il Mulino, 1975).

[41] Citado em Marc Belissa, *Le cosmopolitique du droit des gens (1713-1795): fraternité universelle et intérêt national au siècle des lumières et pendant la Révolution française* (Tese de Doutorado, Paris, Panthéon-Sorbonne, Paris I, 1996), p. 621 e 624.

[42] Nikolai I. Bukharin, *Lo Stato Leviatano*, cit., p. 45.

[43] Rosa Luxemburgo, *Politische Schriften*, v. II (org. Ossip K. Flechtheim, Frankfurt, Europäische Verlagsanstalt, 1968), p. 19-20, 31 e 33.

mundial. É importante considerar que a produção da "harmonia" política e social, bem como a paralisação e o retrocesso do movimento revolucionário, também são objetivos perseguidos pelos defensores franceses da aventura bélica[44]. Invocado como antídoto para a revolução, o conflito internacional a acelera poderosamente. E essa aceleração acaba por fazer o próprio movimento revolucionário carregar aqueles efeitos nocivos que ele mesmo denunciara na guerra. Uma dialética análoga se manifesta em 1792 e em 1917.

3. O TERROR, DA GUERRA AO PÓS-GUERRA

Diga-se de uma vez por todas: não se pretende aqui de forma alguma negar o peso exercido pela ideologia no terror jacobino ou no *gulag* bolchevique. Não há dúvida: além das "circunstâncias" rotundamente desprezadas por Furet, o Terror também decorre do descompasso entre projeto político e situação histórica. Perseguindo a utopia fantástica de reconstituição da pólis antiga, Robespierre se lança numa aventura quixotesca, acreditando ser possível eliminar mediante a violência tudo o que não corresponda a seu projeto ou utopia. Entretanto, tudo acaba inevitavelmente reemergindo das relações econômicas e sociais modernas, muito diferentes daquelas próprias à pólis antiga à qual remete a apaixonada aspiração dos dirigentes jacobinos. Nesse sentido, existe no Terror um excedente de violência em relação à situação objetiva. É o próprio Marx quem destaca esse ponto. Ele repetidamente acentua as fraquezas, as ilusões, as miragens da ideologia jacobina, que, por sua vez, não é o mero produto de uma loucura individual, mas o resultado de um contexto histórico mais amplo. Não há motivo para não estender essa mesma metodologia à análise da revolução inspirada em Marx. As debilidades teóricas de base presentes no projeto político dos dirigentes bolcheviques exercem um papel claramente negativo: a ideia de uma transição rápida para uma sociedade sem Estado, sem mercado, sem religião, sem fronteiras e identidades nacionais determinou um excesso de violência em relação à sociedade civil. A espera pela iminente realização de uma sociedade sem mais conflitos de qualquer espécie desviou o foco da necessidade de regulamentar juridicamente, por meio de normas e formas gerais, os conflitos que continuavam subsistindo. O utopismo de derivação marxiana não permitiu que se enfrentasse adequadamente o estado de exceção, prolongando-o, assim, para além do necessário. Tudo isso é verdadeiro, mas não significa que

---

[44] Marc Belissa, *Le cosmopolitique du droit des gens*, cit., p. 618 e 621.

se possa ignorar o estado de exceção e derivar tudo da ideologia. Entretanto, é assim que procede o revisionismo histórico. As abstrações arbitrárias já vistas na liquidação do jacobinismo se reapresentam agora, com poucas variações, a propósito do bolchevismo: silêncio sobre a guerra total e ausência de qualquer análise comparada das tendências totalitárias que na esteira dela se delineiam nos mais diferentes países.

Vejamos como Lenin descreve a situação que ainda persiste no pós-guerra: "Ou o terror dos guardas brancos, o terror burguês estadunidense, inglês (na Irlanda), italiano (os fascistas), alemão, húngaro e de outros tipos, ou o terror vermelho, proletário. Não há uma via intermediária, não há e não pode haver uma 'terceira' via"[45]. Nos Estados Unidos, não obstante o armistício de 11 de novembro de 1918, o estado de guerra só é considerado formalmente concluído três anos mais tarde, com a assinatura dos tratados de paz. O governo federal se aproveita disso para fazer uso, sem qualquer impedimento prático por parte do Poder Judiciário, de "toda panóplia de seus poderes de guerra", que lhe permitem, entre outras coisas: controlar os correios, exercer uma censura cuja "extensão é difícil superestimar", "empreender ações civis e penais contra os grevistas, perseguir os radicais", lançar "um ataque frontal aos dissidentes", até mesmo proclamar e conduzir uma "guerra contra o radicalismo". Quem usa essa última expressão é o *New York Times*, que insiste para que se use contra os bolcheviques e subversivos a mão de ferro já mobilizada contra os possíveis apoiadores da Alemanha: de fato, "por mais perigoso que pudesse ser um espião alemão, certamente não era pior ou mais perigoso do que aqueles que desejam destruir todos os governos civilizados"[46]. É particularmente importante a persistência da combinação de violência vinda do alto e de baixo, com a participação de grupos armados e, sobretudo, da Ku Klux Klan, que voltou à vida em 1915. A xenofobia alimentada pelo gigantesco conflito sobrevive ao encerramento dele e se desencadeia contra católicos, judeus, comunistas e, sobretudo, negros, todos considerados estranhos ao autêntico "americanismo". Em 1921, depois de serem objeto da violência de esquadristas brancos (tolerados ou protegidos pela polícia), os bairros negros de Tulsa (em Oklahoma) são atacados por terra e bombardeados com dinamite por um ou mais aviões. Para um habitante atacado por essa ofensiva bélica em grande escala (lançada para prevenir uma temida reação dos negros às agressões esquadristas anteriores), é como se assistisse à

---

[45] Vladimir I. Lenin, *Opere complete*, cit., v. XXXII, p. 335.

[46] Christopher N. May, *In the Name of War*, cit., p. 1, 133-4 e 144.

invasão alemã da França ou da Bélgica: "o fogo das armas é incessante. Pode-se ver as pessoas fugirem de suas casas em chamas, algumas com recém-nascidos nos braços e crianças aterrorizadas aos gritos, além de velhos debilitados, todos fugindo para se salvar". Os fugitivos são sucessivamente deportados em massa pelas forças da polícia ou presos nos "campos de internação"[47].

Passemos à Irlanda: os patriotas ou nacionalistas acreditam poder se aproveitar da guerra para coroar o sonho da independência. Na Páscoa de 1916, em 22 de abril, eles se insurgem em Dublin. Por mais secular que seja seu ódio pela Inglaterra, tão secular quanto a experiência da dureza da repressão, os irlandeses ainda não compreenderam bem a realidade da guerra total: "A preparação dos insurgentes tinha se baseado na convicção de que enfrentariam somente armas leves; consideravam impossível o uso da artilharia por parte dos britânicos em uma cidade histórica". A desilusão é trágica. Poucos dias depois, o centro da cidade está em ruínas. Obrigados a se render, embora gravemente feridos, os insurgentes são eliminados depois de "processos" sumários e secretos, celebrados com base na lei marcial. Os suspeitos de serem simpatizantes são presos aos milhares, sem processo, em campos de concentração. Mas o pior ainda estava por vir. Com o fim da guerra, tem novo fôlego a luta pela independência, que se configura cada vez mais como luta armada. A espiral do terror e do contraterror se torna infernal. O poder recorre a represálias: grupos paramilitares abrem fogo indiscriminadamente contra uma torcida de futebol enlouquecida; bairros inteiros são destruídos. Um cartaz adverte: "Se um policial for morto nesta vizinhança, cinco seguidores do Sinn Fein serão assassinados [...]. Ponham um ponto-final nos atentados contra a polícia; caso contrário, destruiremos todas as casas que cheirem a Sinn Fein". Tal prática não escandaliza Lloyd George: "Na atual situação da Irlanda, não se pode punir um policial que mate um homem que, por qualquer razão, considere envolvido no assassinato de policiais. Esse tipo de coisas só pode ser enfrentado por meio de represálias". Ou, como diz outro expoente do governo, "o terror deve ser enfrentado com um terror maior"[48]. É exatamente o ponto de vista de Lenin.

Ainda nos anos imediatamente posteriores ao fim do primeiro conflito mundial, entram em ação na Alemanha os assim chamados corpos francos

---

[47] Scott Ellsworth, *Death in a Promised Land: The Tulsa Race Riot of 1921* (Baton Rouge/Londres, Louisiana State University Press, 1992), p. 59-72.

[48] Paul Johnson, *Ireland: A Concise History from the Twelfth Century to the Present Day* (Chicago, Academy, 1992), p. 178-94.

196   Guerra e revolução

(*Freikorps*). Eles não se limitam a restabelecer a "ordem" na pátria, mas intervêm até nos países bálticos em defesa, ao mesmo tempo, das persistentes ambições imperiais alemãs e da civilização, contra a "barbárie asiática" e bolchevique. Na Riga por eles "libertada" (com o consenso ao menos inicial do governo social-democrata e da própria Entente), os corpos francos realizam, em 22 de maio de 1919, maciças execuções sumárias sem processo. Algumas vezes recorrem à ficção da lei marcial, que impõe a pena de morte para crimes como "não comparecer ao tribunal marcial, simpatia pelo bolchevismo, ser flagrado nas ruas de Riga após as 18 horas, uso de um telefone privado"[49]. No que se refere à Alemanha propriamente dita, ainda mais do que a ação sem qualquer escrúpulo jurídico e humanitário dos corpos francos (os quais, não por acaso, mais tarde confluirão extensamente para o nazismo e constituirão a ossatura inicial das SS[50]), é importante considerar que "as impiedosas medidas repressivas de Noske" e do governo social-democrata vão muito além dos "feitos dos espartaquistas", como o próprio Nolte reconhece – embora seja o Nolte ainda não simpatizante do revisionismo histórico. Da mesma maneira, na Hungria o "terror branco" de Horthy se revela muito mais radical do que o "terror vermelho"[51] precedente. O que talvez melhor defina a atmosfera desses anos é a tomada de posição assumida pelo ministro da Justiça, Schiffer, para quem, diante do estado de exceção, o presidente federal "poderia também espalhar gás venenoso sobre cidades inteiras se isso fosse, no caso concreto, uma medida necessária para restabelecer a segurança e a ordem"[52].

Aos grupos paramilitares ingleses, aos corpos francos alemães, correspondem os esquadrões fascistas italianos e o Ku Klux Klan estadunidense. Nesse quadro que apresenta o Ocidente nos primeiros anos do pós-guerra, o que é particularmente significativo não é o terror exercido pelo aparato estatal em sentido estrito, mas o recurso a corpos armados de caráter aparentemente "privado" ou "semiprivado". O direito de represália, e de represália indiscriminada, não pode ser oficialmente proclamado pelo governo inglês, que, no entanto, tolera

---

[49] Robert G. L. Waite, *Vanguard of Nazism: The Free Corps Movement in Postwar Germany, 1918-1923* (Cambridge, MA, Harvard University Press, 1970), p. 118-9.

[50] Arno J. Mayer, *Soluzione finale: lo sterminio degli ebrei nella storia europea* (Milão, Mondadori, 1990), p. 143.

[51] Ernst Nolte, *La crisi dei regimi liberali e i movimenti fascisti* (Bolonha, Il Mulino, 1970), p. 43.

[52] Citamos da paráfrase que se lê em Carl Schmitt, *La dittatura* (Roma/Bari, Laterza, 1975), p. 212-3.

e encoraja o exercício desse direito por meio de uma espécie de aparato estatal de reserva não vinculado pela lei ordinária.

Lenin se refere a tais acontecimentos no campo "burguês" para explicar e justificar o terror bolchevique. Contudo, nesse mesmo período, Churchill declara que deseja enfrentar o estado de exceção na Irlanda inspirando-se nas medidas do "governo russo" e "tornando a vida intolerável" na "área" em que agem os rebeldes[53]. Quem realmente deu início ao terror? Foram os bolcheviques ou seus opositores? Foi a Revolução de Outubro ou a guerra total contra a qual ela se insurgiu? Mais do que participar do cabo de guerra das responsabilidades, o estudioso moderno deveria se esforçar em analisar a dialética objetiva do fenômeno em questão e a influência que as diversas situações, assim como as diversas ideologias e os diversos grupos dirigentes, tiveram sobre seus desenvolvimentos. Entretanto, contrariamente às declarações programáticas de Furet, o revisionismo histórico prefere se identificar, inclusive neste caso, com a experiência de um dos contendores envolvidos na gigantesca batalha.

Ainda mais horrível é a face da guerra na Rússia. Sem poupar sua artilharia na busca por assegurar a disciplina em seu interior, o exército tsarista em retirada recorre à tática da terra arrasada. Mas vejamos em que condições: "As pessoas são afastadas de seus próprios lares, dispondo de poucas horas para recolher seus pertences. Seus estoques de alimentos e, às vezes, suas próprias casas são incendiados sob seus olhos". Deriva daí uma migração forçada de massa: um rio humano de milhares, de centenas de milhares, enfim, de um milhão de exilados, sem teto, sem meios de transporte, sem meta, sem comida: as mulheres carregam no colo os recém-nascidos que morrem de inanição[54]. Histeria patriótica e exigências da guerra total dão origem a uma caçada aos alemães: um "bárbaro *pogrom* antigermânico" ocorre em maio de 1915, em Moscou; de forma geral, corre o risco de "linchamento" quem quer que seja "ouvido falar em alemão"[55].

Mas as vítimas privilegiadas são, obviamente, os judeus. O Estado-Maior russo alerta contra seu trabalho de espionagem. Alguns são presos como reféns e ameaçados de morte caso a "comunidade judaica" dê prova de falta de

---

[53] Paul Johnson, *Ireland*, cit., p. 190.

[54] W. Bruce Lincoln, *Passage through Armageddon: The Russians in War and Revolution, 1914--1918* (Nova York/Oxford, Oxford University Press, 1994), p. 156-7.

[55] Richard Pipes, *La rivoluzione russa: dall'agonia dell'ancien régime al terrore rosso* (Milão, Mondadori, 1995), p. 250.

lealdade ao exército tsarista. Supostos "espiões" são eliminados[56]. Sobretudo, decide-se a deportação de judeus que haviam fugido do avanço das Forças Armadas guilherminas. Um deputado da Duma assim descreve as modalidades da operação: em Radom, às 23 horas,

> a população é informada de que deve abandonar a cidade, sob a ameaça de que qualquer um que seja visto ao amanhecer será enforcado [...]. Em função da falta de meios de transporte, idosos, inválidos e paralíticos devem ser transportados nos braços. Policiais e guardas tratam os judeus como criminosos. Em um episódio, um trem é completamente vedado, e quando finalmente é reaberto, a maior parte dos que estão lá dentro já está moribunda.

Do meio milhão de judeus submetidos à deportação, 100 mil não sobrevivem[57]. Em seguida às duas revoluções, a agitação antissemita experimenta novo recrudescimento; agora, à caça aos judeus tachados como bolcheviques se mistura a guerra civil e internacional contra o novo poder soviético. Enquanto este último se dedica a combater a sangrenta agitação com leis draconianas, do outro lado, as forças britânicas fazem, no verão de 1918, uma difusão maciça de panfletos antissemitas[58], lançando-os de aviões. Alguns meses mais tarde, verificam-se *pogroms* de proporções chocantes, nos quais cerca de 60 mil judeus perdem a vida – uma ação que, aparentemente, goza do apoio secreto dos "Aliados, então empenhados na invasão da Rússia"[59]. É um capítulo da história que parece anunciar diretamente o genocídio nazista[60].

---

[56]   W. Bruce Lincoln, *Passage through Armageddon*, cit., p. 141.

[57]   Nora Levin, *The Jews in the Soviet Union since 1917*, v. I (Londres/Nova York, Tauris, 1990), p. 28-9.

[58]   Léon Poliakov, *Storia dell'antisemitismo*, v. IV (Florença, La Nuova Italia, 1974-1990), p. 233 [ed. bras.: *A Europa suicida: 1870-1933*, trad. Hilde Pereira, Jacó Ginsburg e Geraldo Gerson de Souza, São Paulo, Perspectiva, 1985 (História do Antissemitismo, v. IV)].

[59]   George L. Mosse, *Le guerre mondiali: dalla tragedia al mito dei caduti* (Roma/Bari, Laterza, 1990), p. 176.

[60]   Norman Cohn, *Histoire d'un mythe: la "Conspiration" juive et les "Protocoles des Sages de Sion"* (Paris, Gallimard, 1967), p. 128. Em termos análogos se expressa Arno J. Mayer em *Soluzione finale*, cit., p. 7.

4. A EVOLUÇÃO DE NOLTE

Porém, aos olhos de Nolte, o horror do Terceiro Reich se configura como uma réplica e uma medida profilática em relação ao horror proveniente da Rússia soviética. E, no entanto, o ideólogo revisionista que pretende identificar no Outubro de 1917 a fonte originária da catástrofe do século XX está em contradição com o historiador obrigado a reconhecer que a deportação dos armênios marca o "início dos grandes extermínios do século XX"[61] – uma deportação que começa antes mesmo daquela fatídica data, ou melhor, no decorrer da mesma guerra contra a qual os bolcheviques se rebelaram. Mas essa não é a única oscilação ou incongruência presente em Nolte. Detenhamo-nos nisso.

Em sua primeira fase, o historiador alemão busca as origens do nazismo e do genocídio seguindo uma direção totalmente diferente. Insiste na ligação dos motivos de Hitler com o darwinismo social e em seus vínculos com a "grande corrente do pensamento contrarrevolucionário"[62]; sublinha o papel decisivo do apelo à luta contra a conspiração judaico-bolchevique, da denúncia do judeu como agente patogênico da sociedade, como bacilo da dissolução e da subversão que deve ser aniquilado de uma vez por todas:

> a eficácia explosiva, no âmbito político, dessa identificação entre judaísmo e bolchevismo é patente [...]. Essa certamente não era uma descoberta de Hitler, mas o patrimônio comum de toda uma literatura que vai de Henry Ford a Otto Hauser (pode-se dizer, quando muito, que Hitler foi inventado *por ela*).[63]

Particularmente interessante é a referência ao primeiro autor que vemos defender a tese da origem racial (judaica), mais que política, do Outubro bolchevique. Nessa fase, Nolte explica Hitler olhando não para a União Soviética, para Lenin ou Stalin, mas para os Estados Unidos e para um magnata da indústria automobilística estadunidense; vê-se a inspiração do Terceiro Reich não mais no modelo "asiático" constituído pelo bolchevismo, mas, ao contrário, na ideologia que pretende tachar o bolchevismo e o judaísmo como fenômenos asiáticos estranhos ao Ocidente. Se podemos encontrar analogias

---

[61] Ernst Nolte, "Vergangenheit die nicht vergehen will. War nicht der 'Archipel Gulag' ursprünglicher als Auschwitz?", *Frankfurter Allgemeine Zeitung*, 6 jun. 1986, p. 7

[62] Idem, *I tre volti del fascismo* (Milão, Mondadori, 1978), p. 463.

[63] Ibidem, p. 465.

com o nazismo entre os inimigos da Alemanha, elas devem ser buscadas no interior dos movimentos nacionalistas: em sua exaltação chauvinista, um autor como Charles Maurras integra indissoluvelmente nazismo e povo alemão, de modo que a única forma possível de "desnazificação" seria a "desgermanização". Para o historiador ainda não adepto do revisionismo, esse ponto de vista "expressa de modo inequívoco a tendência (efetiva, mesmo que não pessoal) ao genocídio, que iguala Maurras e Hitler"[64]. O primeiro Nolte tem perfeita clareza quanto ao caráter naturalista e racial da desespecificação do inimigo realizada pelo Terceiro Reich: precedentes e analogias devem ser buscados em direção diferente e contrária da tradição revolucionária.

Nessa fase da evolução do historiador alemão, longe de constituir apenas uma resposta ao bolchevismo, fascismo e nazismo apresentam uma pré-história que começa antes do Outubro de 1917 e que, ademais, não remete exclusivamente à luta contra o movimento democrático e socialista. Exercem um papel de primeira importância as crescentes tensões internacionais, o antagonismo cada vez mais evidente entre os diversos países capitalistas. Na França, antes mesmo da eclosão da Primeira Guerra Mundial, se difundem movimentos em cujo centro encontramos "a idolatria dos heróis e o fascínio pelo sangue". Tais movimentos proclamam a "guerra santa" contra a república, suplicam pela morte de Jaurès e expressam o intuito de afogar o Parlamento no rio Sena, sentem em todo lugar o cheiro da espionagem e da traição judaica, desencadeiam o esquadrismo contra socialistas e antimilitaristas. Junto à Action Française, se distinguem, sobretudo, os Camelots du Rois, cujo nome é "sinônimo de terror", um terror claramente em função da preparação do gigantesco conflito que se vislumbra no horizonte. Depois de varrer das praças qualquer resquício de resistência à introdução do serviço militar trienal, esses esquadristas franceses se vangloriam de terem agido como "guardas suplementares". O primeiro Nolte oportunamente comenta: "Os aviltadores da lei em vestes de policiais auxiliares: de fato, uma aliança única, prenhe de consequências futuras!"[65]. É claro, os elementos constitutivos do fascismo já estão bastante presentes, e, segundo o historiador alemão ainda não revisionista, a primeira experiência do terror é derivada por Mussolini não de Lenin, mas justamente dos *camelots*, mesmo que num primeiro momento a notícia de suas maldades encha "de desdém e desprezo o coração marxista"[66].

---

[64] Ibidem, p. 139.

[65] Ibidem, p. 119 e 146-8.

[66] Ibidem, p. 147.

Se passarmos da França para a Alemanha, veremos que aqui emerge o "totalitarismo de direita" antes do Outubro, e emerge numa "formulação clássica". Nolte neste caso se refere ao livro, publicado anonimamente em 1912, do presidente da Liga Pangermânica[67]. Somos mais uma vez levados ao clima que precede e anuncia a eclosão da Grande Guerra. Ela é invocada por Heinrich Class – é dele que se trata – como remédio para a "doença atual" e como "momento de despertar no povo todas as forças boas, sadias e enérgicas", as forças necessárias para fazer retroceder definitivamente o movimento democrático – se necessário, até mesmo por meio de um golpe de Estado. É claro que a batalha com as outras potências se prenuncia dura e difícil, e poderia até terminar com uma derrota e com um caos agravado. Mas não há por que se preocupar em demasia: a "vontade poderosa de um ditador" reconstituiria a "ordem" e prepararia a revanche, depois de eliminar a "propaganda judaico-socialista" em prol de uma "revolução convocada para aniquilar eternamente o povo alemão"[68]. Somente uma "catástrofe" que sirva para liquidar o judaico "fermento da decomposição" e a "dissolução judaica" e socialista pode preparar o terreno para um renascimento real da "política nacional"[69].

Esse discurso soa lúcido e sinistro, e parece profetizar o nazismo e enunciar com clareza a justificativa do regime hitlerista: trata-se de impedir a ameaça de aniquilamento que judeus e socialistas fazem pesar sobre a Alemanha. Esse motivo ideológico da "contra-aniquilação", em princípio não levado a sério por Nolte, está, contudo, no centro de sua leitura posterior do século XX. Em toda a trajetória de sua evolução, o historiador alemão dedicou, corretamente, grande atenção a Nietzsche e, sobretudo, ao apelo que o filósofo lança, em seus últimos anos de vida consciente, à "aniquilação", à destruição "sem piedade" de tudo o que é degenerado. Dessa maneira, destaca o primeiro Nolte, contrapõe-se ao movimento operário de inspiração marxista "a desesperada comunidade armada da sociedade guerreira e da civilização que traz consigo o grito de guerra da 'salvação' e do 'extermínio'". A impiedosa batalha se encerrará com o triunfo

---

[67] Heinrich Class (Daniel Frymann), *Wenn ich der Kaiser wär'. Politische Wahrheiten und Notwendigkeiten* (Leipzig, Dieterich'sche, 1912); Ernst Nolte, *La crisi dei regimi liberali e i movimenti fascisti*, cit., p. 49.

[68] Citado em Rudolf Buchner e Winfried Baumgart (orgs.), *Quellen zum politischen Denken der Deutschen im 19. und 20. Jahrhundert. Freiherr vom Stein – Gedächtnisausgabe*, v. VII (Darmstadt, Wissenschaftliche Buchgesellschaft, 1976 sq.), p. 313-5.

[69] Heinrich Class, *Wenn ich der Kaiser wär*, cit., p. 36-9.

202 GUERRA E REVOLUÇÃO

dos "futuros senhores da Terra": surgirá um tipo de homem capaz – para usar as palavras do filósofo citadas pelo historiador – de "suportar a crueldade ao ver tanto *sofrimento*, tanta extinção, tanta destruição": ele mesmo será "cruel com a mão e com a ação (e não somente com os olhos do espírito)" e será capaz de "causar com prazer a dor". Assim, Nietzsche "forneceu ao radical antimarxismo político do fascismo, com décadas de antecipação, um modelo espiritual, do qual o próprio Hitler nunca soube se colocar à altura"[70]. Nesta fase, o nazismo é herdeiro de um radicalismo reacionário que alimenta em si mesmo uma terrível carga de violência e que se desenvolve por muitas décadas antes do Outubro bolchevique. Sim, pode-se dizer que Nietzsche é uma resposta a Marx. Mas, para o historiador alemão ainda não convertido ao revisionismo, não faz sentido colocar os dois filósofos no mesmo plano:

> É certo dizer que a burguesia temeu ser exterminada como entidade política pelo programa socialista. Mas também é verdade que, se os partidos socialistas praticamente nunca tentaram realizar um programa de extermínio da burguesia (mesmo na Rússia o fizeram com grande hesitação, e apenas no decorrer da luta pela própria sobrevivência), isso em si é uma herança do marxismo. "Expropriação dos expropriadores" significa, de fato, na acepção marxiana, mais a retirada elementar de um obstáculo há tempos vacilante do que uma verdadeira luta, e em nenhum caso significa extermínio físico. É exatamente o pensamento de Nietzsche que demonstra que a ideia fascista do extermínio não pode ser propriamente entendida como uma reação homogênea [em relação ao desafio representado por Marx].[71]

Enquanto conecta o nazismo à reação antidemocrática do século XIX, a ideia de extermínio físico resulta estranha não somente a Marx, mas também aos bolcheviques. Alguns anos depois, embora destacando com razão o "horror" do *gulag*, ao reportar a afirmação de um jornal bolchevique segundo o qual "nossa guerra não é dirigida a indivíduos, mas queremos aniquilar a burguesia como classe", o historiador alemão considera "inegável" que a 'aniquilação da burguesia como classe' não significa matar todos os indivíduos burgueses"[72]. Um pouco antes de sua virada revisionista, Nolte de fato definiu os bolcheviques como "a maior força de aniquilação planificada", mas fez duas considerações

---

[70] Ernst Nolte, *I tre volti del fascismo*, cit., p. 616-7.
[71] Ibidem, p. 712, n. 42.
[72] Idem, *La crisi dei regimi liberali e i movimenti fascisti*, cit., p. 38.

importantes: "o terror branco foi pelo menos igual ao terror vermelho" e, além disso, a aniquilação planificada dos bolcheviques deve ser considerada "antimarxista". Essa aniquilação é estranha a Marx em razão da própria metodologia científica dele. De fato – observa uma vez mais o historiador alemão –, a definição de classe nunca é meramente sociológica (pode-se dizer, aliás, que em Marx "a análise realmente sociológica" é "relativamente irrelevante"): as "lutas de partido" não se identificam de imediato com as "lutas de classe". A depender das circunstâncias ou do "comportamento", um mesmo grupo social ou indivíduos de um mesmo grupo social podem ser subsumidos à categoria proletariado, lumpemproletariado ou plebe. Isso também vale para a burguesia; elementos provenientes de suas fileiras podem passar a fazer parte do movimento operário e até se tornar dirigentes desse movimento[73]. A categoria de genocídio de classe, que mais tarde se torna o cavalo de batalha do revisionismo histórico, revela-se aqui um contrassenso: o que define o genocídio é justamente a irrelevância do comportamento do indivíduo, subsumido de forma naturalista a um grupo de cuja sorte ele não pode de forma alguma escapar.

No moderno revisionismo histórico, caem por completo as referências a Maurras e a Ford. Trata-se de acusar exclusivamente a tradição revolucionária que vai de 1789 a 1917. Ao traçar a história da teoria da conspiração, Furet institui uma impetuosa linha de continuidade que vai da Revolução Francesa ao nazismo: os "aristocratas" e os inimigos de classe farejados em todos os lugares – primeiro pelos jacobinos, depois pelos bolcheviques – tornam-se os judeus aos quais se dirige a paranoia de Hitler[74]. O historiador francês não gasta sequer uma palavra para falar do Burke que tanto admira, um dos primeiros, como veremos, a suspeitar de pegadas judaicas nos inauditos acontecimentos que se verificam do outro lado da Mancha. Furet reserva pouca ou nenhuma atenção à extraordinária vitalidade do mito da conspiração judaica que comandaria os desarranjos revolucionários. No curso da luta contra a Revolução de Outubro, esse mito celebra seus triunfos não somente na Alemanha, mas em todo o Ocidente. Quem se coloca inicialmente à frente da cruzada contra a conspiração judaico-bolchevique é Henry Ford, o magnata da indústria automobilística estadunidense. Para combatê-la, funda uma revista de grande tiragem, a *Dearborn Independent*: os artigos aqui publicados são compilados, em novembro de 1920, num volume denominado *The International*

---

[73] Ernst Nolte, *Marxismus und industrielle Revolution* (Stuttgart, Klett-Cotta, 1983), p. 402-3 e 525-6.

[74] François Furet, *Le Passé d'une illusion*, cit., p. 56-7 e 172.

Jew [O judeu internacional], que logo se torna referência para o antissemitismo internacional, a ponto de ser considerado "sem dúvidas o livro que mais contribuiu para a celebridade dos *Protocolos* [dos sábios de Sion] no mundo"[75]. Mais tarde, hierarcas nazistas de primeiro escalão, como von Schirach e até Himmler, dirão terem se inspirado em Ford ou terem tomado dele as referências. Himmler, em particular, conta que compreendeu "a periculosidade do judaísmo" apenas depois da leitura do livro de Ford: "para os nacional-socialistas, foi uma revelação". Em seguida, leu os *Protocolos dos sábios de Sião*: "Estes dois livros nos indicaram o caminho a percorrer para libertar a humanidade aflita do maior inimigo de todos os tempos, o judeu internacional"[76]. E mais: para Himmler, junto aos *Protocolos*, o livro de Ford teria exercido um papel "decisivo" (*ausschlaggebend*) não somente em sua formação, mas também na do *führer*[77]. Certo é que *The International Jew* continua sendo publicado com muita honra no Terceiro Reich, com prefácios que destacam o decisivo mérito histórico do autor e industrial estadunidense (por lançar luz sobre a "questão judaica") e estabelecem uma espécie de linha de continuidade entre Henry Ford e Adolf Hitler[78]!

Se tudo isso é ignorado tranquilamente por Furet, acaba caindo no esquecimento do último Nolte, empenhado no objetivo de reintroduzir a Alemanha no Ocidente autêntico. A partir desse momento, a atenção deve se concentrar exclusivamente sobre o Oriente. Agora tudo está claro: o genocídio nazista é jogado na conta da "barbárie asiática", imitada por Hitler com olhos na Revolução de Outubro. A ideia de aniquilação já estaria presente de maneira sólida na cultura do final do século XIX? Bem, na realidade essa é uma ideia de "contra-aniquilação", que reage aos programas de liquidação física da burguesia e das classes consideradas exploradoras, já claramente identificados no

---

[75] Norman Cohn, *Histoire d'un mythe*, cit., p. 157; cf. também Léon Poliakov, *Storia dell'antisemitismo*, cit., v. IV, p. 285-6.

[76] No que se refere a von Schirach, ver William L. Shirer, *Storia del Terzo Reich* (4. ed., Turim, Einaudi, 1974), p. 230 [ed. bras.: *Ascensão e queda do Terceiro Reich*, trad. Pedro Pomar e Leônidas Gontijo de Carvalho, Rio de Janeiro, Agir, 2008, 2 v.]; a Himmler, ver Léon Poliakov, *Storia dell'antisemitismo*, cit., v. IV, p. 293 e nota. Este último menciona, de forma muito sumária, o testemunho de Felix Kersten, massagista finlandês de Himmler, em publicação conservada no Centre de Documentation Juive et Contemporaine (Das Buch von Henry Ford, 22 dez. 1940, n. CCX-31).

[77] Veja-se o testemunho já referido do massagista finlandês de Himmler.

[78] Veja-se, por exemplo, o prefácio da editora alemã à 29ª e à 30ª edição, datado de "junho e agosto de 1933": Henry Ford, *Der internationale Jude* (Leipzig, Hemmer, 1933), p. 3-5.

movimento socialista[79]. "Com a Revolução Bolchevique, pela primeira vez na história europeia, realizou-se uma negação do direito de existência em termos não apenas teóricos, mas de efetividade histórica. Tudo isso havia sido postulado pelo marxismo"[80]. À ameaça de aniquilação reagem, primeiro, Nietzsche e, depois, Hitler: o *Anticristo* responde ao *Manifesto do Partido Comunista*, assim como o *Mein Kampf* aceita o desafio de *O Estado e a revolução*!

5. O SELVAGEM, O INSTRUMENTO DE TRABALHO E O BACILO

Pena que essa engenhosa reconstrução não resista a uma análise textual! A implacável polêmica do último Nietzsche contra os socialistas não deve nos fazer esquecer do tema da "aniquilação das raças decadentes"[81]. O filósofo expressa a esperança de que a "'barbárie' dos meios" empregados pelos conquistadores "no Congo ou onde quer que seja" e a tomada de consciência da necessidade de manter "o domínio sobre os bárbaros" acabem por liquidar de uma vez por todas o habitual, e detestável, "sentimentalismo europeu"[82]. Voltemos aqui ao outro colossal recalque do revisionismo: se o primeiro recalque ignora a guerra total, o segundo suprime a história do colonialismo. Segundo Nolte, ao elaborar seu programa e seus métodos de luta, Hitler levou sempre em consideração o tratamento reservado pela "Tcheka chinesa" a seus prisioneiros: "é amarrada ao seu rosto uma gaiola com um rato preso, morto de fome. O funcionário que o interroga ameaça abrir a gaiola"[83]. É a esse horror que o nazismo se sente obrigado a responder. O argumento utilizado pelo historiador revisionista é o argumento clássico com que o colonialismo justificou sua brutalidade. Leiamos um historiador estadunidense contemporâneo:

> Os filipinos conduziam um tipo de guerra baseado no terror; os estadunidenses responderam com a mesma crueldade. Estes desenvolveram uma "tortura da

---

[79] Ernst Nolte, *Nietzsche und der Nietzscheanismus* (Frankfurt/Berlim, Propyläen, 1990), p. 193.

[80] Idem, *Intervista sulla questione tedesca* (org. Alberto Krali, Roma/Bari, Laterza, 1993), p. 54.

[81] Friedrich Nietzsche, *Sämtliche Werke, Kritische Studienausgabe*, v. XI (orgs. Giorgio Colli e Mazzino Montinari, Munique, DTV, 1980), p. 69.

[82] Ibidem, v. XII, p. 471.

[83] Ernst Nolte, "Vergangenheit die nicht vergehen will", cit., p. 8. Sobre as imprecisões de Nolte a esse respeito, cf. Hans-Ulrich Wehler, *Le mani sulla storia* (Florença, Ponte alle Grazie, 1989), p. 115-21.

água" que provocou calafrios até nos espanhóis. Se um filipino capturado se recusasse a divulgar informações militares, cinco ou seis galões de água eram despejados à força em sua garganta até que o corpo se tornasse um "objeto horrível de se ver". Em seguida, a água era expelida do corpo por meio de joelhadas no estômago. O tratamento era repetido até que o prisioneiro falasse ou morresse.[84]

A tortura não é uma invenção estranha ao Ocidente, que o nazismo apenas poderia ter imitado se observasse a barbárie asiática e bolchevique. Mesmo assim, Nolte insiste em sua representação: assim como a barbárie dos métodos de luta em geral, os genocídios do século XX são provenientes da Revolução de Outubro. Com ela, entra "na história do mundo" a "novidade qualitativa" da "atribuição coletiva da culpa", com as subsequentes "medidas de extermínio"[85]. E, de novo, desaparecem do horizonte do historiador revisionista tanto a guerra total (e a prática da dizimação) quanto a história do colonialismo. Entretanto, no final do século XIX, é justamente a essa história que um deputado antissemita faz referência explícita ao reivindicar no Reichstag a expulsão em massa dos judeus, sem vacilar diante da compaixão por este ou aquele indivíduo: na Índia, "os ingleses fizeram bem ao exterminar toda a seita" dos Thugs, "sem se preocupar se cada membro tinha cometido um assassinato ou não"[86].

Mas voltemos à revolta nas Filipinas, baseando-nos na reconstrução elaborada por outro historiador estadunidense. A guerrilha é enfrentada não apenas com a destruição sistemática das colheitas e do gado, mas também com o encarceramento em massa da população em campos de concentração, onde ela é dizimada por inanição e doenças. Um general (Jacob H. Smith) ordena explicitamente que se transforme um vilarejo em "terra arrasada", recorrendo, entre outros métodos, à eliminação de todos os indivíduos de sexo masculino acima de dez anos. Não se trata de um gesto isolado: como esclarece o próprio secretário da Guerra, é preciso valorizar "os métodos que experimentamos com sucesso no Oeste durante nossas campanhas contra os índios"[87].

---

[84] Robert Leckie, *The Wars of America* (ed. ampl., Nova York, Harper Collins, 1992), p. 570.

[85] Ernst Nolte, "Die Sache auf den Kopf gestellt", *Die Zeit*, Hamburgo, 31 out. 1986, p. 92.

[86] Raul Hilberg, *The Destruction of European Jews*, v. I (Nova York/Londres, Holms & Meier, 1985), p. 18 [ed. bras.: *A destruição dos judeus europeus*, v. I, trad. Carolina Barcellos et al., Barueri, Amarilys, 2016].

[87] Brian McAllister Linn, *The U.S. Army and Counterinsurgency in the Philippine War, 1899--1902* (Chapel Hill/Londres, The University of North Carolina Press, 1989), p. 27 e 23.

Hitler se refere constantemente à expansão branca e europeia no Velho Oeste estadunidense, bem como à conquista inglesa da Índia. O que fundamenta o genocídio é um ato de desespecificação naturalista, e esta nos remete, em primeiro lugar, à história do colonialismo. A desespecificação naturalista pode, no entanto, se apresentar de formas bastante diversas. Convém tomar como base a observação de um historiador da escravidão, que sintetiza assim alguns séculos da história ocidental: "Os negros são raptados na África para que trabalhem nas terras que foram roubadas dos indígenas na América"[88]. Ou, como diz Hobson (o liberal inglês de esquerda que é lido por Lenin com atenção), a expansão colonial procede *pari passu* com "o extermínio das raças inferiores" que "não podem ser exploradas de forma rentável pelos colonizadores brancos superiores"[89].

Assim, por um lado, temos os instrumentos de trabalho, aos quais se aplicam as categorias elaboradas por Aristóteles e pelo pensamento antigo para definir a instituição da escravidão – que, até a Guerra de Secessão, os ideólogos do Sul dos Estados Unidos continuam celebrando como o fundamento da civilização. A utilidade dos negros está fora de discussão. A posse de escravizados é indicador de riqueza e desenvolvimento da produção: a "reprodução dos negros" se torna, por vezes, uma rentável atividade econômica em determinados estados do Sul. Naturalmente, o pressuposto da rentabilidade de tais investimentos é que os instrumentos de trabalho – ou "animais de carga", como costumam ser chamados[90] – permaneçam como tais. Eis por que – lembra Tocqueville – penas severas, incluindo a de morte, impedem que se ensinem os escravizados a ler e a escrever[91].

Claro, mal tocados pela civilização, os negros continuam sendo tratados como "bárbaros". Embora assuma posições ligeiramente abolicionistas, Jefferson se pronuncia pela deportação dos negros emancipados para a África, partindo do pressuposto de que não se pode superar ou discutir "as reais distinções

---

[88] Eric Williams, *Capitalism and Slavery* (Londres, Deutsch, 1990), p. 9 [ed. bras.: *Capitalismo e escravidão*, trad. Denise Bottmann, São Paulo, Companhia das Letras, 2012].

[89] John A. Hobson, *Imperialism: A Study* (Ann Arbor, The University of Michigan Press, 1983), p. 253.

[90] John H. Franklin, *Negro. Die Geschichte der Schwarzen in den USA* (2. ed., Frankfurt/Berlim/Viena, Ullstein, 1983), p. 148-9.

[91] Alexis de Tocqueville, *Oeuvres complètes*, t. I, v. 1 (org. J.-P. Mayer, Paris, Gallimard, 1951), p. 377 (e também em "De la démocratie en Amérique", em *Scritti politici*, org. Nicola Matteucci, Turim, UTET, 1968, v. II, p. 425 [ed. bras.: *A democracia na América*, trad. Eduardo Brandão, São Paulo, Martins Fontes, 2004]); *Oeuvres complètes*, cit., t. III, p. 117.

208 GUERRA E REVOLUÇÃO

instituídas pela natureza". Desse modo, a deportação evitaria um conflito que acabaria desembocando no "extermínio (*extermination*) de ambas as raças"[92] (não são aplicáveis neste caso as normas do *jus publicum europaeum*). No final do século XIX, Theodore Roosevelt afirma que, se "uma das raças inferiores" viesse a agredir a "raça superior", esta não poderia reagir senão com uma "guerra de extermínio" (*extermination*): como "cruzados", os soldados brancos seriam chamados a "matar homens, mulheres e crianças"[93]. São os anos em que disseminam os grupos empenhados em reafirmar a supremacia branca, apesar da derrota do Sul escravista. Em certos ambientes, surge a tentação de "matar e apagar da face da Terra" os negros e frustrar, assim, de uma vez por todas, "a ameaça nacional assustadora, infausta", que pesa sobre a civilização estadunidense[94]. A fim de "desatar o nó górdio da política estadunidense", pode--se recorrer à dinamite para que os negros sejam "gradualmente exterminados (*exterminated*) da face da Terra", da mesma maneira que aconteceu, ou está acontecendo, com os índios[95].

Ressalte-se que o destino dos peles-vermelhas deve servir de aviso para escravizados ou libertos: estes – declara um ideólogo da escravidão, às vésperas da Guerra de Secessão – "estão sob a ameaça de extermínio violento. O destino dos indígenas mostra que eles [os negros] serão exterminados se continuarem a ser inúteis ou irrequietos"[96]. Mas, enquanto vigorar a normalidade ou for possível restabelecê-la, seria tolice renunciar a instrumentos de trabalho úteis ou a uma força de trabalho barata.

Se o extermínio dos negros só emerge com o estado de exceção, a tentação do extermínio dos peles-vermelhas é constante. Seu valor econômico é muito reduzido: "O indígena escravizado era ineficiente. Os espanhóis descobriram que um negro valia por quatro indígenas"[97]. A diferença na sorte reservada

---

[92] Thomas Jefferson, *Notes on the State of Virginia* (org. William Peden, Chapel Hill, University of North Carolina Press, 1955), p. 139.

[93] Theodore Roosevelt, *The Letters*, v. I (orgs. E. E. Morison, J. M. Blum e J. J. Buckley, Cambridge, MA, Harvard University Press, 1951 sq.), p. 377.

[94] C. Vann Woodward, *Le origini del nuovo Sud: 1877-1913* (Bolonha, Il Mulino, 1963), p. 332.

[95] Citado em Thomas F. Gosset, *Race: The History of an Idea in America* (Nova York, Schocken, 1965), p. 262-3.

[96] Ver Fitzhugh, citado em Richard Slotkin, *The Fatal Environment: The Myth of the Frontier in the Age of Industrialization, 1800-1890* (Nova York, Harper Perennial, 1994), p. 233.

[97] Eric Williams, *Capitalism and Slavery*, cit., p. 9.

pelos brancos às duas raças se torna clara com a leitura de Tocqueville: "Os europeus não conseguiram mudar totalmente o caráter dos índios, e, embora tivessem poder para destruí-los, nunca tiveram a capacidade de civilizá-los e subjugá-los". Isto é, o indígena se deixa reduzir a instrumento de trabalho mais dificilmente do que o negro. E, de toda forma, se os europeus esperam explorar do negro sua força de trabalho, do indígena visam se apossar de suas terras. Uma realidade que o autor liberal expressa de modo ideológico e sutilmente apologético, quase como se o negro e o indígena fossem os responsáveis pelo destino a eles reservados pelos brancos: "O servilismo de um o atira na escravidão, e o orgulho do outro, na morte". O fato é que, no caso dos peles--vermelhas, "a civilização tem pouca aderência". "Longe de quererem subjugar seus costumes aos nossos, se afeiçoam à barbárie como a uma marca distintiva de sua raça, e atacam a civilização". Eis por que "esses selvagens foram não apenas afastados, mas destruídos"[98].

Surge, assim, a radical diferença na sorte destinada às duas raças infelizes: o negro é deportado da África, e a sua presença é bem-vinda, desde que não coloque em discussão a hierarquia social e natural – algo, aliás, que se pode conseguir com facilidade, pois a própria natureza tornou os escravos, ou os instrumentos de trabalho, imediatamente reconhecíveis pela cor da pele. O índio, no entanto, deve ser removido daquelas terras férteis que a Providência reservou aos europeus. As deportações sucessivas, cada vez mais para o Oeste, rumo a um horizonte cada vez mais remoto, são ao mesmo tempo uma terrível realidade e a metáfora de uma viagem para o nada. O branco se limita tão somente a colaborar com o plano divino, de modo mais ou menos direto, dependendo da força de seus escrúpulos morais. Além da retirada dos indígenas, a colaboração pode se dar de outras formas. Em 1790, Franklin escreve:

> Se está nos planos da Providência extirpar esses selvagens a fim de ceder espaço para os cultivadores da terra, parece-me provável que o rum seja o instrumento apropriado. Ele já aniquilou todas as tribos que habitavam anteriormente o litoral.[99]

O rum é uma espécie de eutanásia para uma raça já condenada e moribunda. Não há uma barreira insuperável separando o uso do álcool da

---

[98] Alexis de Tocqueville, *Oeuvres complètes*, cit., t. I, v. 1, p. 334-7 (e em "La démocratie en Amerique", cit., p. 376-9).

[99] Em Richard Slotkin, *The Fatal Environment*, cit., p. 79.

210 GUERRA E REVOLUÇÃO

propagação sem controle de doenças contagiosas, da devastação do território, do incêndio de aldeias, do uso das armas de fogo, inclusive contra a população civil. E tal barreira é mais facilmente superada quanto mais obstinada e insensata se mostrar a resistência das vítimas. Entre o final do século XIX e o começo do século XX, Theodore Roosevelt conclama a "eliminar tudo o que for selvagem e bárbaro" (*put down savagery and barbarism*) da face da Terra: "Não chego ao ponto de dizer que índio bom é índio morto, mas creio que seja o caso de nove em cada dez. E não gostaria de indagar muito a fundo sobre o décimo"[100].

Quem sofre uma sorte semelhante àquela dos peles-vermelhas são "os homens da selva e os hotentotes" da África austral, que os "bôeres cristãos" consideram e tratam "como 'seres' (*Geschöpfe*) que é lícito exterminar como a caça no bosque", como observa Gumplowicz[101].

O destino dos judeus é diferente. A diáspora e a legislação contra eles os afastaram há tempos da propriedade da terra, razão pela qual não podem ser comparados aos "selvagens", cuja terra é necessária para que se obtenha lucros de uma riqueza de outra forma condenada à esterilidade. Além disso, dadas a cultura e a habilidade profissional que os enraizaram profundamente na sociedade burguesa e moderna, os judeus não podem ser comparados àquela espécie de lastro constituído pelos índios e raças afins, do qual o barco da civilização precisa se desvencilhar para poder avançar mais rapidamente. Eles não podem sequer ser comparados aos negros. É difícil encaixar na categoria de instrumentos de trabalho o povo das escrituras, que, além do mais, em função de uma série de razões históricas, está perfeitamente inserido nas artes liberais. Por causa de sua cultura, em função da própria cor de pele, os judeus não são a alteridade imediatamente reconhecível como tal. Mas, quanto menos visível, mais essa alteridade se torna insuperável e, assim, deve ser evidenciada (com o gueto ou marcas de reconhecimento) a fim de conter e controlar esse elemento estranho e traiçoeiro que se esconde no próprio coração da civilização e ameaça corroer sua solidez e saúde. É por isso que Lutero fala de "praga

---

[100] Theodore Roosevelt, *The Strenuous Life: Essays and Addresses* (Nova York, The Century, 1901), p. 294; citado em Richard Hofstadter, *The American Political Tradition and the Men Who Made It* (Nova York, A. Knopf, 1967), p. 209.

[101] Ludwig Gumplowicz, *Der Rassenkampf. Soziologische Untersuchungen* (Innsbruck, Wagner'sche Universitätsbuchhandllung, 1883), p. 249.

pestilenta"[102]. E é daqui que surge a metáfora do *foetor judaicus*. Como observa um pastor inglês do século XVIII, Thomas Woolston, "embora seus corpos não fedam nem nunca tenham fedido", o fato é que, "segundo o provérbio e a opinião comum do gênero humano, o mundo está empesteado pelos judeus"[103]. A categoria *foetor judaicus* é apenas uma primeira formulação, ainda não suficientemente "científica", da posterior acusação dirigida aos judeus de serem o veículo de infecção, o bacilo que, por sua própria presença, ameaça a saúde do organismo social.

6. O Terceiro Reich e os nativos

Com o desencadeamento da guerra no Leste, Hitler se prepara para a construção das "Índias alemãs", como às vezes a região é chamada, ou para a conquista de um espaço vital semelhante ao Velho Oeste. A Primeira Guerra Mundial e o bloqueio naval inglês demonstraram a vulnerabilidade geopolítica da precedente expansão colonial da Alemanha. Fazendo o balanço dessa experiência negativa, *Mein Kampf* destaca a necessidade de recolocar-se "em marcha seguindo o caminho dos cavaleiros teutônicos de outrora"[104], a fim de construir um sólido império continental. Trata-se de aproveitar a desagregação da Rússia tsarista, evitando o choque "fratricida" com as potências anglo-saxãs e mantendo intacta a solidariedade germânica ou ariana. Nessa perspectiva, a guerra contra os "nativos" da Europa oriental é comparável à "guerra contra os índios", à luta "contra os índios da América do Norte". Tanto num caso quanto no outro "a raça mais forte triunfará"[105], e o triunfo se dará com as modalidades próprias da guerra colonial: "na história da expansão da potência de grandes povos, os métodos mais radicais sempre foram aplicados com sucesso"[106].

---

[102] Citado em Raul Hilberg, *The Destruction of European Jews*, cit., p. 17.

[103] Léon Poliakov, *Storia dell'antisemitismo*, cit., v. III, p. 85 [ed. bras.: *De Voltaire a Wagner: 1700-1870*, trad. Ana M. Golderger Coelho, São Paulo, Perspectiva, 1985 (História do Antissemitismo, v. III)].

[104] Adolf Hitler, *Mein Kampf* (Munique, Zentralverlag der NSDAP, 1939), p. 154 [ed. bras.: *Minha luta*, trad. J. de Matos Ibiapina, Porto Alegre, Livraria do Globo, 1934].

[105] Idem, *Monologe im Führerhauptquartier 1941-1944, Die Aufzeichnungen Heinrich Heims* (org. Werner Jochmann, Hamburgo, Albrecht Knaus, 1980), p. 377 e 334 (conversações de 30 ago. 1942 e de 8 ago. 1942).

[106] Citado em Hans-Adolf Jacobsen, "Kommissarbefehl und Massenexekutionen sowjetischer Kriegsgefangener", em *Anatomie des SS-Staates*, v. II (Munique, DTV, 1989), p. 216.

Pode-se dizer que Hitler procurou fazer do Leste o seu Velho Oeste e identificou nos *Untermenschen* da Europa oriental e da União Soviética os índios a expulsar – em nome da marcha da civilização, avançando sempre mais – para além dos montes Urais. Não se trata de uma ideia passageira, mas de um programa longamente meditado e articulado em seus detalhes. Oportunamente, Furet atenta para o fato de que Hitler compara a um "deserto" os grandes espaços que se dispõe a conquistar[107]; mas o francês não faz qualquer referência à história por trás dessa metáfora, que é a própria história do colonialismo e, sobretudo, da expansão dos impérios continentais. Na metade do século XIX, o México aparece como um conjunto de "desertos estéreis", "pisados apenas por selvagens e animais", para os círculos chauvinistas dos Estados Unidos, que aspiram conquistá-lo, ao menos parcialmente[108]. Procedendo em retrospectiva, Tocqueville assim descreve os imensos territórios da América do Norte, às vésperas da chegada dos europeus:

> Embora o enorme país fosse habitado por numerosas tribos indígenas, pode-se afirmar com razão que no momento da descoberta ele não passava de um deserto. Os índios o ocupavam, mas não o possuíam, pois somente com a agricultura o homem se apropria do solo, e os primeiros habitantes da América do Norte viviam dos produtos da caça. Seus implacáveis preconceitos, suas paixões indomáveis, seus vícios e, talvez mais ainda, suas selvagens virtudes os expunham a uma destruição inevitável. A ruína dessas populações começou no dia em que os Europeus desembarcaram em seu litoral, e, levada adiante sem descanso, hoje está quase completa.

O genocídio que se consuma, de alguma forma, faz parte de um plano divino, daquele que, cerca de uma década depois, será chamado de *Manifest Destiny* de que estão investidos os colonizadores brancos:

> Parece que a Providência, ao colocar essa gente entre as riquezas do Novo Mundo, lhes deu apenas um breve usufruto dessa terra. Num certo sentido, eles estavam lá apenas "no aguardo". Aquele litoral tão apto para o comércio e a indústria,

---

[107] François Furet, *Le Passé d'une illusion*, cit., p. 381; Adolf Hitler, *Monologe im Führerhauptquartier*, cit.

[108] Richard Slotkin, *The Fatal Environment*, cit., p. 184.

aqueles rios tão profundos, aquele inexaurível vale do Mississipi, aquele continente inteiro, apareciam então como o berço vazio de uma grande nação.[109]

É irrefreável e benéfica a marcha do estadunidense branco, empenhado somente "na luta contra os obstáculos que a natureza lhe impõe", na luta contra "o deserto e a barbárie"[110]; sim, "à perfeição das nossas artes, ele [o pele-vermelha] quer opor somente os recursos do deserto"[111]. Há uma expressão particularmente significativa: "quando os índios habitavam sozinhos os desertos de que hoje foram expulsos..."[112]. O deserto se torna habitado apenas a partir da entrada dos europeus e da fuga ou deportação dos indígenas.

É essa tradição colonial que está por trás de Hitler, que se preocupa também em povoar o "deserto" da Europa oriental: "Daqui a cem anos, milhões de camponeses alemães terão fincado raízes aqui". O estabelecimento da população civilizada acontece simultaneamente a medidas de contenção e deportação dos bárbaros:

> Dada a proliferação dos indígenas, devemos considerar uma benção que as mulheres e jovens pratiquem o aborto em grande escala [...]. Devemos tomar a qualquer custo as medidas necessárias para evitar que nessas regiões cresça a população não alemã. Nessas condições, seria uma loucura pretender criar serviços de saúde como os da Alemanha. Por isso, nada de vacinações nem de outras medidas preventivas em relação aos indígenas. É preciso, aliás, evitar que se desperte neles esse desejo – é melhor mantê-los convencidos de que a vacinação é uma prática de alta periculosidade.

Mesmo os acidentes em estradas ou de outra natureza podem ser úteis: "Jodl tem toda razão ao considerar supérfluos os avisos em língua ucraniana que advertem ser perigoso atravessar a linha férrea. Que importa para nós que um indígena a mais ou a menos seja atropelado por um trem?". Para que os processos de desespecificação racial funcionem sem percalços, "devemos

---

[109] Alexis de Tocqueville, *Oeuvres complètes*, cit., t. I, v. 1, p. 25 (e em "La démocratie en Amerique", cit., p. 42).

[110] Ibidem, p. 430 (e em "La démocratie en Amerique", cit., p. 483).

[111] Ibidem, p. 335 (e em "La démocratie en Amerique", cit., p. 377).

[112] Ibidem, p. 337 (e em "La démocratie en Amerique", cit., p. 379).

214 GUERRA E REVOLUÇÃO

permanecer completamente separados da população para evitar que, com o tempo, possamos nos enternecer ou nos humanizar em relação a ela"[113].

Conforme a conquista avança, é necessário impelir os *Untermenschen* – ou seja, os índios da Europa oriental – cada vez mais para trás, se possível para além dos montes Urais, de modo que se abra espaço para o elemento germânico e a civilização. *Ao mesmo tempo, a situação objetiva impõe que seja rápida a colonização dos territórios conquistados e a concessão de uma nova identidade étnica a eles. Derivam daí gigantescas* "tarefas de política populacional" (*volkspolitische Aufgaben*). O processo que, no Velho Oeste ou em outras colônias, se desenvolveu durante séculos, deve ser concluído ou largamente implementado em suas linhas mestras no curso de poucos anos e nas condições de uma guerra total. A "catástrofe de massa" (*Volkskatastrophe*) dos povos subjugados e a morte de "dezenas de milhões de homens" são inevitáveis[114]. A dizimação dos povos nativos não pode ser confiada aos efeitos de longo prazo do rum, das doenças infecciosas ou da destruição dos bisões: onde a inanição e a brutalidade das deportações não forem suficientes, os bombardeiros podem ser convocados para assolar por completo Leningrado e Moscou (segundo o plano de Hitler de julho de 1941), e os pelotões de execução podem ser encarregados de eliminar as populações "de composição predominantemente asiática" e "asiáticos de má qualidade"[115].

Até aqui os nativos são comparados aos peles-vermelhas, passíveis de serem eliminados sem muitos pudores. Ao mesmo tempo, eles podem se tornar instrumentos de trabalho, como "escravos a serviço da nossa civilização"[116]; portanto, como negros. O novo império continental, por um lado, deve arrancar a terra dos "índios" (condenados assim à dizimação e à deportação); por outro, deve buscar os instrumentos de trabalho, os escravos, que não podem ser importados da África, e que são muito necessários em função das exigências produtivas e militares impostas pela guerra.

Desde o início, a política colonial do Terceiro Reich sofre dessa contradição ou tensão: nos novos territórios é preciso conquistar tanto o Velho Oeste

---

[113] Adolf Hitler, *Monologe im Führerhauptquartier*, cit., p. 336; *Tischgespräche* (org. Henry Picker, Frankfurt/Berlim, Ullstein, 1989), p. 453-4 (conversações de 9 ago. 1942 e de 22 jul. 1942).

[114] Helmut Krausnick, *Hitlers Einsatzgruppen. Die Truppen des Weltanschauungskrieges 1938--1942* (Hamburgo, Fischer, 1985), p. 96 e 114.

[115] Ibidem, p. 137-8.

[116] Ver o Reichsführer das SS, citado em Hans-Adolf Jacobsen, "Kommissarbefehl und Massenexekutionen sowjetischer Kriegsgefangener", cit., p. 141.

quanto a África, deportando e dizimando os selvagens, mas utilizando de modo adequado a força de trabalho servil ou semisservil. Resolver esse último problema – isto é, reduzir a população "indígena" residual a simples reservatório de escravos para a raça dos senhores – não é fácil. Claro, tal como para os escravizados do Sul dos Estados Unidos de que fala Tocqueville, trata-se de lhes negar instrução. Hitler explica: "É somente para poder melhor dominar os indígenas que admito lhes dar a possibilidade de aprender o alemão nas escolas. Do contrário, poderiam se esquivar às nossas ordens alegando não compreendê-las"[117]. Mas a Europa oriental não é a América conquistada pelos brancos nem a África dos séculos de ouro do tráfico negreiro. O índio selvagem e o escravo negro não estão ali em estado bruto: é preciso produzi-los apagando séculos de história e de artifício (do ponto de vista do darwinismo social nazista), restabelecendo as leis e a aristocracia da natureza. A tentativa de dar nova vitalidade à tradição colonial na Europa oriental do século XX comporta um gigantesco programa de desemancipação e uma carga assustadora de atrocidades e barbáries. A condenação à morte que, de acordo com Tocqueville, o Sul escravista ameaçava infligir àqueles que davam instrução aos escravos agora deve alcançar a todo um grupo social. O *führer* explica com clareza a lógica inexorável que rege a construção do novo império: "Para o polonês deve existir *um só* chefe, e este é o alemão; [...] portanto, todos os representantes da intelectualidade polonesa devem ser mortos. Isso soa cruel, mas é a lei da vida". O grupo dirigente nazista propala obsessivamente a diretiva formulada por Hitler já no início da campanha na Polônia: é preciso "impedir que a intelectualidade polonesa se configure como grupo dirigente", é necessário liquidar sistematicamente o clero, a nobreza[118], os estratos sociais capazes de manter viva a consciência nacional e a continuidade histórica da nação, de modo que as novas colônias possam fornecer os escravos desejados. À medida que o negro é destruído pelo trabalho servil ou semisservil que é obrigado a realizar, ele então se transforma em pele-vermelha, num peso de que se deve desvencilhar, segundo os esquemas já vistos da tradição colonial – que agora assumem sua face mais sanguinária e mais repugnante. A pressão do tempo e da guerra elimina qualquer resíduo de escrúpulo.

---

[117] Adolf Hitler, *Tischgespräche*, cit., p. 454 (conversações de 22 jul. 1942).

[118] Helmut Krausnick, *Hitlers Einsatzgruppen*, cit., p. 27, 70, 35 e 51.

7. "Indígenas", judeus e bolcheviques

Nos novos territórios coloniais os judeus estão presentes em grande número, eles próprios "indígenas" e, portanto, partícipes da condição de negros (inserem-se totalmente no universo do trabalho forçado) e de peles-vermelhas (destinados à dizimação ou liquidação). Porém, na medida em que fazem parte da intelectualidade dos novos territórios coloniais, os judeus são destinados a cumprir uma sorte ainda mais dura do que a da massa dos "indígenas"; é necessário liquidá--los para que os outros se conformem à condição de peles-vermelhas ou negros.

Semelhante à sorte dos judeus é aquela dos bolcheviques na Rússia, que são um elemento constitutivo essencial dessa intelectualidade a ser aniquilada, já que, por sua simples existência, criam obstáculos ou impossibilitam a construção do almejado império colonial. Hitler define com clareza seu objetivo: uma vez eliminada a "intelectualidade judaico-bolchevique", graças à "aplicação da violência mais brutal", acabaria por se "estilhaçar o povo russo"[119]. A liquidação dos intelectuais judeus e bolcheviques (as duas categorias tendem a se identificar) é a condição preliminar para que o gigantesco Estado asiático seja destituído de qualquer elemento dirigente e conectivo e se configure como um conjunto desagregado e dilacerado por lutas internas de tribos resignadas com a própria submissão.

Até aqui, estamos ainda no quadro das operações necessárias à construção do império colonial alemão. Com a agressão à União Soviética, entretanto, intervém um elemento novo: a guerra santa em defesa da civilização. A denúncia da Revolução de Outubro como uma conspiração judaico-bolchevique aproxima-se agora de suas conclusões mais trágicas. O general Blume comunica as disposições recebidas: "O judaísmo oriental constitui a reserva intelectual do bolchevismo e, portanto, de acordo com a opinião do *führer*, deve ser eliminado"[120]. Além da edificação do novo império colonial, a cruzada no Leste visa agora encontrar e eliminar o bacilo da dissolução onde quer que ele esteja escondido. Trata-se de neutralizar de uma vez por todas o "veneno da dissolução" que atua por meio dos quadros bolcheviques[121], mas sem esquecer que os "principais responsáveis pela infecção bolchevique" são os judeus[122]. Segundo Goebbels, o coração do

---

[119] Ibidem, p. 101.

[120] Ibidem, p. 138.

[121] Ibidem, p. 101.

[122] Arno J. Mayer, *Soluzione finale*, cit., p. 318.

"bolchevismo oriental" é o "terror judaico", esse inimigo mortal da civilização[123]. Os judeus são duplamente orientais e duplamente bárbaros: trata-se de um "povo asiático" estranho à Europa e ao Ocidente, como já ressaltam Chamberlain e a tradição antissemita que conflui no nazismo[124]; assim, para todos os efeitos, fazem parte das populações "indígenas". Além do mais, são os inspiradores do "bolchevismo oriental" e constituem o fundamento étnico do vírus dissolutivo da civilização, o qual deve ser liquidado para sempre.

8. Do vírus revolucionário ao bacilo judaico

Mas qual é a história que está por trás da fatal identificação entre subversão e judaísmo? Retornemos à tradicional configuração do judeu como fonte de contágio. É essencial neutralizar esse agente patogênico representado por uma alteridade (cultural, religiosa ou racial) desagregadora de uma sociedade homogênea ou que aspira à homogeneidade. Trata-se de uma tarefa que se impõe com maior urgência e dramaticidade em momentos de crise que colocam em discussão, ou parecem colocar, a própria identidade da comunidade.

São significativos os acontecimentos observados durante a primeira Cruzada, quando, antes de se voltarem para a Terra Santa contra os árabes, os guerreiros cristãos invadem as cidades alemãs em que a presença judaica é mais sensível. A lógica de tal desvio é clara: antes do inimigo externo, convém enfrentar o inimigo interno, ainda mais que este poderia estar em conluio com o primeiro e, de qualquer maneira, sua mera presença já cria obstáculos à mobilização coletiva e àquele entusiasmo sem reservas de que a cristandade necessita. Esses acontecimentos são um paradigma do destino posterior dos judeus. Quanto mais total for o conflito em que uma determinada comunidade estiver envolvida, mais pesada será a sombra de desconfiança que se projetará sobre eles. O *crescendo* trágico da sorte dos judeus desde a Primeira até a Segunda Guerra Mundial, da Rússia tsarista ao Terceiro Reich, determina o ritmo do *crescendo* "total" e "totalitário" da Segunda Guerra dos Trinta Anos.

Em caso de revolução, mostram-se ainda mais essenciais o isolamento e a neutralização do foco de contágio. Na medida em que uma classe dominante

---

[123] Joseph Goebbels, *Reden 1932-1945*, v. II (org. Helmut Heiber, Bindlach, Gondrom, 1971--1972), p. 175.

[124] Houston S. Chamberlain, *Die Grundlagen des neunzehnten Jahrhunderts* (Munique, Bruckmann, 1937), p. 382.

tenta externalizar o conflito, atribuindo-o à influência ou à agressão de agentes patogênicos externos que atacam um organismo social fundamentalmente sadio, a referência ao bacilo judeu se torna óbvia e inevitável. Escrevendo depois da guerra dos camponeses – os quais haviam pretendido interpretar e realizar, de maneira mundana, a liberdade própria do cristão – e insistindo que "a liberdade espiritual pode muito bem coexistir com a escravidão civil", Calvino declara: "É loucura hebraica procurar ou limitar o Reino de Cristo aos elementos deste mundo"[125]. À medida que vem à tona e se difunde a teoria que explica a revolução por meio da conspiração armada por um grupo de intelectuais, os judeus são cada vez mais comparados aos *philosophes* e aos maçons, e passam a ser alvos junto com eles. É o que se verifica em Barruel e em Maistre. Este último, em particular, chama a atenção "para o papel muito importante que os judeus exercem na revolução atual e na sua aliança com os *Illuminati*"; os intelectuais judeus, por sua vez, podem usufruir do apoio da potência financeira da "seita maldita". Portanto, esse é "um monstro composto por todos os monstros, e se nós não o matarmos, será ele que nos matará".

Em sua análise da Revolução Francesa, Burke insiste no efeito danoso exercido pelas teorias gerais e pelos princípios abstratos. Nesse sentido, a condenação da Revolução Francesa é, ao mesmo tempo, denúncia da filosofia e dos intelectuais que a conceberam ideologicamente. E mais uma vez os judeus são chamados à baila. Já em 1790, ao denunciar um "autêntico plano (*a regular plan*) para a destruição da religião cristã" orquestrado por enciclopedistas e *philosophes*, o *whig* inglês acena também para as obscuras manobras do mundo financeiro judeu. Ele recebe depois, em Londres, com todas as honras, o abade Barruel, cuja obra comenta com grande entusiasmo: "Todo esse maravilhoso relato é sustentado por documentos e provas com uma precisão e exatidão de valor quase legal"[126].

O tradutor de Burke para o alemão é Gentz, que, muito empenhado em arrancar dinheiro dos judeus, fala deles em público de maneira favorável ou com cautela, chegando até a retocar algumas passagens mais indelicadas das

---

[125] João Calvino, *Istituzione della religione cristiana* (Turim, UTET, 1971), p. 1.712 [ed. bras.: *A instituição da religião cristã*, trad. Carlos Eduardo de Oliveira, São Paulo, Editora da Unesp, 2008].

[126] Edmund Burke, *The Works: A New Edition*, v. V (Londres, Rivington, 1826), p. 207 [ed. bras.: *Reflexões sobre a revolução na França*, trad. José Miguel Nanni Soares, São Paulo, Edipro, 2014]; a declaração relativa aos "documentos" de valor mais ou menos "legal" é relatada em Johannes Rogalla von Bieberstein, *Die These von der Verschwörung 1776-1945* (Berna/Frankfurt, Lang, 1976), p. 163 e 111, nota 3.

Reflexões sobre a revolução na França. Mas, em conversas privadas, seu discurso muda radicalmente.

A inteligência é o pecado mortal dos judeus. Todos eles são mais ou menos inteligentes, mas ainda não nasceu nenhum em que se possa encontrar uma centelha de amor ou de verdadeiro sentimento. A maldição que os persegue até a milésima geração é, para o tormento deles e dos outros, de não poder sair nunca da esfera da inteligência, no sentido estrito da palavra, e de ter de girar em torno dela até que suas almas negras sigam para o inferno. É por esse motivo que esses monstros se sentem à vontade sempre que a inteligência, a estúpida e criminosa inteligência, tem a pretensão de governar sozinha. São representantes natos do ateísmo, do jacobinismo, do iluminismo e assim por diante.

A revolução é atribuída por Gentz aos "revolucionários de profissão" (*Revolutionisten von Profession*)[127]. A expressão aqui utilizada evoca uma célebre fórmula de Lenin, mas convém evitar aproximações apressadas e superficiais. O conselheiro de Metternich certamente não se refere a uma vanguarda engajada, em tempo integral, em estabelecer uma relação com as massas tendo em vista a revolução. A expressão "revolucionários de profissão" foi cunhada com base na expressão "intelectuais de profissão" (*Gelehrte von Profession*)[128], introduzida por Gentz a partir da tradução livre da denúncia que Burke faz dos intelectuais politizados, dispostos a apoiar toda "inovação" (*innovation*) e mesmo "um autêntico plano para a destruição da religião cristã". Capta-se com maior precisão o pensamento de Gentz em outra expressão: "incitadores profissionais da revolução" (*Revolutionsstifter von Profession*)[129]. O agente patogênico externo é identificado nos intelectuais (e por excelência, de modo bastante particular, nos membros do povo do Livro).

Praticamente no mesmo período, Bonald compara "o Sinédrio dos judeus à Convenção dos filósofos"[130]. A "superstição" que, segundo Engels, reconduz

---

[127] Friedrich von Gentz, *Ausgewählte Schriften*, v. II (org. Wilderich Weick, Stuttgart/Leipzig, Rieger, 1836-1838), p. 45n.

[128] Para Burke traduzido por Gentz, cf. Edmund Burke, *Betrachtungen über die französische Revolution* (Frankfurt, Suhrkamp, 1967), p. 180; para o texto original do autor inglês, *The Works*, cit., v. V, p. 207.

[129] Friedrich von Gentz, *Ausgewählte Schriften*, cit., v. II, p. 53.

[130] Léon Poliakov, *Storia dell'antisemitismo*, cit., v. III, p. 272.

"a revolução à maldade de um punhado de agitadores"[131] termina remetendo à conspiração intelectual e judaica. Uma vez que a revolução é vista como herdeira de teorias abstratas e abstratamente universalistas, elaboradas por intelectuais desenraizados e sem laços com a tradição histórica concreta de um país historicamente determinado, é claro que os judeus – intelectuais abstratos por excelência – são identificados, e denunciados, como o sujeito secreto das conturbações revolucionárias. Na Alemanha, Heinrich Leo escreve que:

> A nação hebraica se distingue, de maneira evidente, de todas as outras nações deste mundo por possuir um espírito claramente apto a corroer e a decompor. Do mesmo modo que certas fontes transformam em pedra todo objeto que se deixa nelas cair, assim os judeus, desde o início dos tempos até hoje, transformaram tudo o que caiu na órbita de sua atividade espiritual em um conceito abstrato geral.[132]

A crítica liberal e conservadora da revolução insiste no fato de que no fundamento das incessantes conturbações na França há intelectuais visionários e com tendências messiânicas, cheios de ressentimento e rancor em relação às classes dominantes, sem contato com a realidade e com a experiência prática. E mais uma vez, de forma cada vez mais explícita, os acusados são os judeus, "o povo do *ressentiment par excellence*"[133]. Quem defende essa tese é Nietzsche, para quem a dialética (essa "forma de vingança" plebeia) também é tipicamente judaica[134], e a palingênese social sonhada pelos revolucionários está em uma linha de continuidade com "a indigna frase judaica do *céu* sobre a terra"[135]. Esses temas são posteriormente desenvolvidos por Sombart: o judeu é perturbado pelo *ressentiment*[136]; "desprovido de raízes" e "fora do mundo", é capaz de se mover apenas "no abstrato, quer se trate do "comércio", quer da "literatura". Nele se encarna o que hoje seria chamado de *homo ideologicus*:

---

[131] Karl Marx e Friedrich Engels, *Werke*, cit., v. VIII, p. 5.

[132] Citado em Zygmunt Bauman, *Modernità e Olocausto* (Bolonha, Il Mulino, 1992), p. 82 [ed. bras.: *Modernidade e Holocausto*, trad. Marcus Penchel, Rio de Janeiro, Jorge Zahar, 1998].

[133] Friedrich Nietzsche, *Sämtliche Werke, Kritische Studienausgabe*, cit., v. V, p. 286.

[134] Ibidem, v. VI, p. 70.

[135] Ibidem, v. VII, p. 121.

[136] Werner Sombart, *Der proletarische Sozialismus* (Iena, Fischer, 1924), v. II, p. 517 e 153; v. I, p. 57.

O espírito judaico é racional, abstrato. Falta-lhe a plasticidade, a concretude sensível. Portanto, o judeu é o doutrinário e o construtor nato, um homem de princípios que pensa de bom grado segundo sistemas e, quando se trata da aplicação prática, julga possível e desejável configurar a realidade concreta segundo esses sistemas lógicos. Ao judeu falta a sensibilidade para aquilo que cresceu e se tornou "orgânico", para a sociedade histórica e suas bases, para o povo concretamente individual, com sua história absolutamente peculiar. O judeu conhece apenas indivíduos abstratos e uma abstrata humanidade [...]. À abstração de seu pensamento corresponde uma capacidade de crítica muito desenvolvida, que, em certas condições, o conduz facilmente a um comportamento de fundo revolucionário.

E nessa mesma direção o empurram um "acentuado *comportamento ético* em relação ao mundo" e o "*fanatismo da justiça*", além do "*messianismo*" e da "esperança do reino milenar, da redenção do mal já *neste* mundo"[137]. Entrelaçando-se à crítica dirigida à Revolução Francesa por Burke, que ele tanto ama e admira, Sombart denuncia no judeu não apenas o intelectual abstrato, mas também o experimentador social ou, ainda, como se diria hoje, o construtivista e engenheiro social por excelência. São temas que depois encontraremos amplamente em Spengler, também ele um admirador do *whig* inglês autor da primeira grande peça de acusação contra o espírito revolucionário. Torna-se um lugar-comum na crônica política nazista a polêmica contra o "intelectualismo judaico"[138] ou contra a "dialética judaica", de que Carl Schmitt fala remetendo explicitamente a *Mein Kampf*[139].

Nem devemos pensar que tais desenvolvimentos se verifiquem apenas na Alemanha. Depois da Revolução de 1905, em todo o império russo eclodem "*pogroms* contra os judeus, acompanhados por agressões a estudantes e intelectuais". Trata-se de uma perseguição que se acentua em 1917[140]; na Rússia, antes ainda do Outubro bolchevique, o judeu tende a ser identificado com o intelectual subversivo que trama revoluções e conspirações nas sombras.

---

[137] Ibidem, p. 154-6.

[138] Karl Löwith, *Mein Leben in Deutschland vor und nach 1933. Ein Bericht* (Stuttgart, Metzler, 1986), p. 75.

[139] Carl Schmitt, "Die deutsche Rechtswissenschaft im Kampf gegen den jüdischen Geist", *Deutsche Juristen-Zeitung*, n. 20, 15 out. 1936, p. 1.198.

[140] Richard Pipes, *La rivoluzione russa*, cit., p. 61 e 55n.

A denúncia do intelectual abstrato se configura em Tocqueville como o diagnóstico do "vírus de uma espécie nova e desconhecida", que explica as incessantes, e insensatas, conturbações revolucionárias. Esse tipo de explicação se difunde largamente em toda a cultura ocidental após a deflagração da Revolução de Outubro. Churchill declara à Câmara dos Comuns, em 5 de novembro de 1919, que, ao favorecer a chegada de Lenin à Rússia, os alemães enviaram algo parecido com "um frasco contendo uma cultura de tifo ou de cólera às reservas de água de uma grande cidade". A fonte de contágio se encarna em uma personalidade que o estadista inglês rotula de "o grande mestre e chefe" de "uma seita formidável, a mais formidável do mundo", dedicada a "destruir todas as fés religiosas" para substituí-las pela idolatria dos "sovietes internacionais dos judeus russos e poloneses". Não por acaso o novo regime poupa "os interesses e os lugares de culto judaicos"[141]. O vírus da subversão é claramente judaico e é por isso que, aos olhos de Henry Ford, "a Revolução Russa é de origem racial, não política"[142].

O intelectual abstrato, carregado de *ressentiment* e visionário, tende cada vez mais a adquirir uma fisionomia étnica e racial. Ademais, às vésperas da queda dos Romanov, o mesmo Lenin evidencia que, exatamente por serem vítimas privilegiadas do "ódio do tsarismo", os judeus fornecem "um alto percentual de dirigentes (em relação ao número total da população judaica) ao movimento revolucionário", e, sobretudo, "têm o mérito, em relação às outras nacionalidades, de oferecer um percentual mais elevado de internacionalistas"[143]. O processo de identificação do vírus subversivo com o judaísmo atinge o ápice no nazismo. As duas metáforas com que a tradição reacionária constantemente enxergou os revolucionários, rotulando-os de loucos e bárbaros estrangeiros, agora se fundem plenamente, o que torna possível identificar a base étnica e racial da doença ou delírio revolucionário. O *homo ideologicus* é, ele mesmo, um bárbaro estranho à Europa e à autêntica civilização: é o judeu. Para Hitler, não há dúvidas: o agente patogênico externo que agride e dissolve a sociedade é o "ardiloso talmudista", prestes a fazer "charlatanices verbais" e dotado exclusivamente da habilidade de "lançar a desordem entre as coisas

---

[141] Léon Poliakov, *Storia dell'antisemitismo*, cit., v. IV, p. 236-7; cf. também Ernst Nolte, *Der europäische Bürgerkrieg 1917-1945*, cit., p. 111.

[142] Henry Ford, *Der internationale Jude*, cit., p. 145.

[143] Vladimir I. Lenin, *Opere complete*, cit., v. XXIII, p. 250.

mais simples, de confundir tudo"[144]. Em defesa dessa tese, agora também pode ser invocada a "ciência":

> O isolamento do vírus judaico é uma das maiores revoluções já feitas no mundo. A batalha empreendida por nós é da mesma natureza da batalha empreendida no século passado por Pasteur e Koch. Quantas doenças têm sua origem no vírus judaico! [...] Apenas eliminando o judeu reencontraremos a saúde. Tudo tem uma causa, nada acontece por acaso.[145]

A partir de tal descoberta, é possível e necessário proceder em âmbito político-social a uma "revisão total" semelhante àquela que se verificou na biologia: "Enquanto se acreditou em geração espontânea, na biologia, não se pôde explicar a presença dos micróbios"[146]. Já é claro: "Uma nação que não elimina os judeus acaba cedo ou tarde sendo devorada por eles", enquanto "um povo livre de seus judeus retorna espontaneamente à ordem natural"[147]. Mas não se trata de um problema apenas nacional:

> É sempre o mundo judaico que destrói essa ordem. Ele instiga constantemente a revolta do fraco contra o forte, da bestialidade contra a inteligência, da quantidade contra a qualidade [...]. O judeu representa no mal a função de um elemento catalisador.[148]

Portanto, estamos falando de um povo que, já desde Paulo de Tarso, instigou os "escravos de todo tipo contra a elite, contra os senhores, contra os dominadores"; de um povo protagonista de todas as subversões ocorridas na história do Ocidente, incluindo aquela enorme subversão e conspiração constituída pelos dois conflitos mundiais, que mirou, ao mesmo tempo, a Alemanha e o ordenamento hierárquico relativo às raças e classes, sancionado pela natureza. Quem toma nota, cuidadosa e religiosamente, dos pensamentos do *führer* é Bormann, que observa:

---

[144] Adolf Hitler, *Monologe im Führerhauptquartier*, cit., p. 130-1 (conversa de 5 nov. 1941).

[145] Ibidem, p. 293 (conversa de 22 fev. 1942).

[146] Ibidem, p. 106-7 (conversa de 25 out. 1941).

[147] Ibidem, p. 379 e 280 (conversas de 31 ago. 1942 e de 17 fev. 1942).

[148] Ibidem, p. 280 (conversa de 17 fev. 1942).

Por todos os lugares os judeus sublevaram a plebe contra a classe dirigente. Por todos os lugares instigam o descontentamento com o poder constituído [...]. Por todos os lugares excitam os sentimentos de ódio pelos seres do mesmo sangue. Foram eles que inventaram a teoria da luta de classes.[149]

Assim, não basta neutralizar na Alemanha o foco do contágio subversivo. É "maravilhoso ver como esse pequeno padre católico que responde pelo nome de Tiszo nos manda os judeus"; Hitler está entusiasmado; a Alemanha, colocando-se à frente da cruzada antijudaica, salva não só a si mesma, mas também a civilização como tal, isto é, a ordem natural fundada na desigualdade e na hierarquia das raças e das classes. A radicalidade do perigo subversivo e a radicalidade do projeto contrarrevolucionário do nazismo impõem uma solução definitiva. Uma vez que o *homo ideologicus* encarna em um povo – aliás, em uma "raça" bem determinada (e cuja natureza se mostra absolutamente imodificável) –, o problema da luta contra a subversão operada pelos intelectuais abstratos se configura agora como a questão judaica. E tal questão, à luz dos novos desenvolvimentos da "ciência", é apenas um capítulo de parasitologia. Agora não bastam mais o gueto e as tradicionais medidas de discriminação dos judeus; de um modo ou de outro, o bacilo, o vírus, deve ser totalmente eliminado: "enquanto o mundo judaico não for exterminado [...], nada servirá a nada"[150].

Resulta evidente a insustentabilidade da aproximação, sugerida por Nolte e outros expoentes do revisionismo histórico, entre os campos de concentração em que os alemães encarceram os judeus e aqueles em que os estadunidenses isolam os cidadãos de origem japonesa. Estes últimos não são os negros, os escravos forçados a trabalhar para a raça dos senhores (os Estados Unidos não têm necessidade de força de trabalho forçada). Se, no furor da guerra, os inimigos japoneses por vezes são comparados a índios, todavia, eles não são os "indígenas" cujas terras devem ser apropriadas em vista da construção do império colonial de tipo continental; muito menos constituem a raça-vírus, a raça do *homo ideologicus*, cuja própria existência é uma ameaça mortal para a civilização. Os campos de concentração comparados pelo revisionismo histórico têm em comum apenas o fato de responder à exigência da guerra total de instituir um controle férreo dos grupos étnicos, ou sociais, considerados inimigos ou suspeitos de pouca lealdade. Claro, na medida em que esses grupos

---

[149] Ibidem, p. 413 (conversa da noite de 29-30 nov. 1944).

[150] Ibidem, p. 377 (conversa de 30 ago. 1942).

são objeto de uma desespecificação naturalista, restringe-se a possibilidade de fuga dos indivíduos que deles fazem parte. Mas se trata exatamente de indagar as modalidades e a intensidade do processo, ou melhor, dos processos convergentes de desespecificação naturalista. Embora distante do revisionismo histórico propriamente dito, a historiografia estadunidense mais inescrupulosa não hesitou em instituir uma comparação entre a eliminação pelo ar de uma cidade inteira, de um lado, e o genocídio dos judeus, de outro[151]. No entanto, assim como no caso dos campos de concentração para estadunidenses de origem japonesa, também nos casos de Dresden, Hiroshima e Nagasaki o aspecto principal é a guerra total: embora legitime o recurso a formas de violência que atingem o inimigo como um todo, sem distinguir entre combatentes e população civil, a desespecificação naturalista ainda não se autonomizou. E não se autonomizou, apesar de agora ter adquirido um peso maior, nem nos campos de concentração estadunidenses que encarceram alemães derrotados. Não por acaso, a deflagração da Guerra Fria logo permite deslocar radicalmente a dicotomia amigo/inimigo e subsumir alemães e japoneses entre os amigos. O processo de racialização e desespecificação naturalista atinge o seu ápice na Europa oriental e, de maneira particular, na campanha contra os judeus.

Neste ponto já está claro o contexto histórico em que se consumou o judeicídio (extraio esse termo do estudioso estadunidense de origem judaica Mayer, que justamente o prefere a Holocausto, pois este último é carregado demais de ecos teológicos e, portanto, suscetível de estimular mais a meditação religiosa do que a investigação científica concreta). Também está bem claro que esse processo se desenvolveu em etapas (desemancipação dos judeus com as leis de Nuremberg; projetos de deportação maciça para uma ilha-gueto fora da Europa, a fim de evitar qualquer contato entre a raça-vírus e a civilização; esterilização forçada das mulheres e do povo gerador do vírus; formação de corpos especiais para acelerar a germanização do império, enfrentando de maneira firme a questão "nativa", bolchevique e judaica; medidas para selecionar depois os judeus e identificar e liquidar o vírus). Tal processo foi marcado por contradições, reconsiderações e conflitos também internos ao Terceiro Reich. Nesse contexto, parece de importância secundária a questão das câmaras de gás. Os "negacionistas" estão empenhados em destruir essa "lenda" ou "mentira"; de toda forma, trata-se de um esforço sem fundamento. Investigações históricas posteriores podem precisar o número de vítimas e as modalidades de extermínio:

---

[151] Eric Markusen e David Kopf, *The Holocaust and Strategic Bombing*, cit.

pelotões de execução; condenação dos judeus escravizados à morte por excesso de trabalho, de esforço físico e por maus-tratos; provavelmente na fase final, utilização de gás, já empregado, de uma forma ou outra, para liquidar os doentes psiquiátricos e outras categorias de pessoas – comparáveis aos peles-vermelhas –, fardo pesado que se deve eliminar para dar lugar aos germânicos e arianos que afluem de todos os lugares em direção ao Grande Reich e a seu império colonial[152]. Das declarações explícitas dos próprios dirigentes nazistas emerge, de forma incontestável, a realidade da dupla desespecificação naturalista de que os judeus são objeto: indígenas estranhos à civilização e cuja drástica supressão é pressuposto para a edificação e germanização do novo império colonial; raça destinada fatalmente a gerar o bacilo da decomposição social e da subversão em suas diversas formas – em particular naquela mais extrema, que remete ao bolchevismo "oriental" e bárbaro. Em condições de guerra total, essa dupla desespecificação deixa livres pouquíssimas vias de fuga.

9. Os bolcheviques e a "liquidação dos *kulaks* como classe"

Porém, a via principal seguida pelo revisionismo histórico para relativizar o horror do judeicídio é a sua equiparação ao "genocídio político" ou "de classe" que se condena na tradição jacobino-bolchevique. Tal categoria se revela imediatamente instrumental se não for investigada em âmbito histórico-comparado e se for considerada de modo unilateral. Ao longo da Revolução Francesa, o girondino Isnard ameaça os jacobinos com a destruição de Paris ("logo se buscaria em vão pelas margens do Sena se Paris já existira")[153]. Quando se fala de genocídios políticos, raramente se menciona o massacre de centenas de milhares de comunistas na Indonésia de 1965. Além da lógica da guerra total, que tende a questionar o princípio da responsabilidade individual (consideremos a prática de dizimação durante o primeiro conflito mundial), neste caso "o costume local da culpa coletiva" contribui para aumentar terrivelmente o número de vítimas, pois grupos familiares inteiros são considerados corresponsáveis e, portanto, acabam exterminados[154]. Justamente esse detalhe é do

---

[152] Arno J. Mayer, *Soluzione finale*, cit.; Götz Aly, *"Endlösung". Volkerverschiebung der Mord an den europäischen Juden* (Frankfurt, Fischer, 1995).

[153] Citado em François Furet e Denis Richet, *La Révolution française* (nova ed., Paris, Hachette, 1999), p. 198.

[154] Paul Johnson, *Storia del mondo moderno (1917-1980)* (Milão, Mondadori, 1989), p. 531.

maior interesse: o massacre tende a se aproximar do genocídio em razão do peso exercido pelas relações sociais e por uma ideologia tribal que certamente não remete à tradição revolucionária (no caso da Indonésia em 1965, pode-se dizer que são pré-modernos). Naturalmente, em determinadas circunstâncias, um movimento revolucionário pode muito bem se vincular a relações sociais e resíduos ideológicos pré-modernos (é provável que um fenômeno desse tipo tenha se verificado no Camboja de Pol Pot); resta, porém, a contradição de fundo entre os dois elementos.

Segundo Nolte, bolchevismo e nazismo são ambos caracterizados por um "pensamento coletivista" que formula condenações das quais "os indivíduos não podem se livrar (ou o podem apenas com extrema dificuldade)", condenações que investem contra "'os' judeus, 'os' russos, 'os' alemães ou 'os' pequeno--burgueses"[155]. Na realidade, já vimos o historiador alemão, quando ainda não revisionista, ressaltando o peso que a história, a ideologia e o comportamento concreto dos indivíduos e dos grupos têm na análise marxiana das classes e dos partidos políticos. Não é apenas o *Manifesto do Partido Comunista* que coloca em evidência o papel revolucionário dos desertores da classe dominante. Tal tese está bem presente no *Que fazer?*, que insiste com vigor ainda maior na contribuição decisiva dos intelectuais provenientes da burguesia ou de outras classes "exploradoras" para o desenvolvimento da teoria revolucionária; por sua vez, o tribuno popular tem a tarefa de difundir essa teoria não apenas no interior do proletariado, mas entre todas as classes do povo. De resto, o pertencimento de classe nem sempre tem o mesmo significado: existe uma burguesia nacional que exerce um papel progressista, e não apenas nos países coloniais, como, segundo Lenin, em todas aquelas situações em que a opressão imperialista também recolocou na ordem do dia a questão nacional. E é o próprio Furet que ressalta, confirmando o caráter displicente da *realpolitik* de Stalin, que "a Espanha republicana sob a influência soviética [...] deixa espaço à burguesia, contanto que seja pró-soviética"[156]; por outro lado, vimos o próprio Nolte revisionista ressaltando que a visão "coletivizadora" dos alemães como uma única massa maldita exerce um papel bem mais relevante entre os inimigos ocidentais da Alemanha do que na União Soviética.

Como exemplo de genocídio de classe, em geral, se menciona a coletivização da agricultura imposta por Stalin. Em particular, faz-se referência à Ucrânia. Na

---

[155] Ernst Nolte, "Vergangenheit die nicht vergehen will", cit., p. 8-10.

[156] François Furet, *Le Passé d'une illusion*, cit., p. 291.

realidade, aqui estamos diante de uma guerra civil impiedosamente conduzida por ambos os lados, uma guerra civil que, longe de se desenvolver segundo linhas tribais, com frequência rasga transversalmente os próprios núcleos familiares[157]. Para refutar a tese de Nolte, lançaremos mão de um testemunho insuspeito de simpatia em relação ao regime soviético, qual seja, aquele contido nos relatórios dos diplomatas da Itália fascista. Vejamos o quadro que se apresenta. Àquela que os historiadores definem como a "revolução pelo alto" ou, ainda, a "guerra contra os camponeses" deflagrada por Stalin, o campo responde com um "movimento insurrecional"[158] e recorre à luta de guerrilha; a título de exemplo, cite-se que uma "mina explode, próximo a Vladikavkaz, à passagem de um trem carregado de agentes da GPU"[159]. A revolta investe contra os centros de poder (em vários locais, "os representantes do governo soviético" em nível local são "obrigados a evacuar a cidade"[160]), ameaçando também os membros do "governo ucraniano, e, acima de qualquer outro, o presidente da República". Reacende-se, assim, a guerra civil que se segue à Revolução de Outubro, e cabe observar que os camponeses revoltosos parecem se inspirar "naqueles ex-socialistas revolucionários que passaram para o comunismo apenas em um segundo momento"[161].

O conflito nos campos se reflete nos vértices do poder. Os dirigentes comunistas ucranianos, já alinhados com Stalin na batalha contra Bukharin e pelo lançamento da coletivização da agricultura, mudam de comportamento diante da evidência dos custos sociais e humanos altíssimos da guinada política. Riutin faz "circular no partido um documento" não apenas vivamente crítico, mas que chega a desejar "abertamente a remoção e talvez até a supressão de Stalin". Em vão, este último exige a prisão de seu adversário e inimigo; do Comitê Central obtém apenas sua própria expulsão do partido[162] (note-se que a ditadura do partido ainda não foi substituída pela ditadura pessoal[163]).

---

[157] Sheila Fitzpatrick, *Stalin's Peasants: Resistance and Survival in the Russian Village after Collectivization* (Nova York/Oxford, Oxford University Press, 1994), p. 248.

[158] Citado em Andrea Graziosi (org.), *Lettere da Kharkov: la carestia in Ucraina e nel Caucaso del Nord nei rapporti dei diplomatici italiani, 1932-33* (Turim, Einaudi, 1991), p. 70.

[159] Ibidem, p. 69.

[160] Ibidem, p. 108.

[161] Ibidem, p. 229-30.

[162] Idem, "Introduzione", em Andrea Graziosi (org.), *Lettere da Kharkov*, cit., p. 20.

[163] Robert C. Tucker, *Stalin in Power: The Revolution from Above, 1928-1941* (Nova York/Londres, Norton, 1990), p. 120.

A insurreição camponesa se configura como "movimento nacionalista" e "separatista" e se liga a um "banditismo de substrato político"[164]. Isso explica as modalidades cruéis que a guerrilha assume: "a uma figura importante do partido [...] foi roubado um filho, que depois foi encontrado morto, numa manhã, em frente de casa, com os olhos arrancados e um cartaz no peito: 'em troca do que vocês nos fazem sofrer'"; no caso de outro expoente do poder, seu filho "foi sequestrado e cortado em pedaços, e seus pedaços foram jogados em frente à porta da casa do pai"[165]. A reação impiedosa não tarda: "quinze vilarejos [que] haviam se rebelado e respondido com armas à intervenção da GPU [...] foram bombardeados pelo alto por aviões, de maneira que deles não sobrasse pedra sobre pedra"[166]. A brutalidade da repressão provoca profundas diferenças nas próprias "tropas vermelhas", que, em alguns casos, "defendem firmemente os camponeses, isto é, os parentes da maioria dos soldados". Até nas altas patentes se manifesta o dissenso, e por vezes de forma trágica, com suicídios e crises nervosas de dirigentes do primeiro escalão militar e do aparato de partido[167].

Nada disso tem qualquer relação com o genocídio aplicado de maneira burocrática a um grupo definido com precisão, e cujos membros não têm via de fuga, seja qual for seu comportamento concreto. Eventualmente, por certos aspectos, isso nos faz pensar nas guerras coloniais. Uma vez que a revolução pelo alto investe contra áreas rurais habitadas por minorias nacionais, a desespecificação moral própria da ideologia revolucionária pode às vezes se entrelaçar a formas de desespecificação naturalista. Logo depois da Revolução de Outubro, Gorki – nesse momento assumindo posições críticas ao bolchevismo – fala com certo desprezo dos camponeses de seu imenso país como "nômades não russos". Falou-se até que o grande escritor "odiava os camponeses russos, que aos seus olhos encarnavam a herança biológica mongol-asiática, a quem atribuía a responsabilidade primeira pela ruína [e pelo atraso] da Rússia"[168]. Mais de uma década depois, no momento em que a repressão ao interior rebelde e "contrarrevolucionário" atinge seu ápice de dramaticidade, a já citada correspondência diplomática traz as palavras de

---

[164] Andrea Graziosi (org.), *Lettere da Kharkov*, cit., p. 74 e 73.

[165] Ibidem, p. 138 e 148.

[166] Ibidem, p. 71.

[167] Ibidem, p. 78 e 173.

[168] Mikhail Agurski, *La Terza Roma: il nazionalbolscevismo in Unione Sovietica* (Bolonha, Il Mulino, 1987), p. 278.

"um judeu, alto funcionário da GPU local" segundo as quais, na Ucrânia, "o 'material etnográfico' está sendo mudado"[169].

Embora a observação relativa ao grande escritor russo dê espaço a certo exagero e o testemunho referente à guerra no campo não seja desprovido de preconceitos antijudaicos, o fato é que na cultura da época – mais na cultura europeia do que na russa – já estão contidos todos os pressupostos para que no interior da Rússia a relação entre cidade e campo se configure como uma relação entre Europa e Ásia e entre civilização e barbárie (a civilização, que coincide tradicionalmente com a cidade capitalista, depois do Outubro identifica-se com a cidade socialista). Antes mesmo que se realize, a industrialização forçada do campo é comparada ao processo de acumulação primitiva do capitalismo por um economista próximo à oposição trotskista, Preobrajenski: ele parece até apontar, como condição para o desenvolvimento da indústria socialista, a "exploração" de um tipo de "colônia" interna constituída pela agricultura e por setores em que predominam "as formas econômicas pré-socialistas". Alertando justamente para a tentação ou o perigo de "'uma Noite de São Bartolomeu' para os camponeses ricos", Bukharin nota que sob a vaga categoria de "colônia" se encontra objetivamente, "com exceção da Grande Rússia, um número enorme de camponeses" e – podemos acrescentar – o conjunto das minorias nacionais. De fato, a questão agrária se vincula estreitamente à questão nacional e religiosa, pois é exatamente no campo que se concentram as minorias nacionais não russas e que se percebem de maneira mais forte os laços com a religião, que, por sua vez, não raro constitui um elemento de expressão e de defesa da identidade nacional.

A repressão impiedosa implica o espraiamento dos elementos constitutivos do universo ligado à experiência dos campos de concentração (o *gulag*, a deportação, o trabalho forçado). Estes, primeiro apresentados à própria Europa durante o processo de acumulação primitiva do capitalismo (considerem-se as "casas de trabalho" em que são aprisionados os "andarilhos" e até os membros de suas famílias, com frequência mantidos em condições de isolamento recíproco), depois marcam constantemente a expansão do Ocidente nas colônias. Poderíamos dizer que o quadro dos métodos de acumulação capitalista primitiva (no âmbito da qual participam "a espoliação, sob a forma de impostos, dos indígenas; a apropriação de seus bens, animais e reservas de metais preciosos; a redução da população à escravidão, e tantos infinitos sistemas de pilhagem

---

[169] Citado em Andrea Graziosi (org.), *Lettere da Kharkov*, cit., p. 168.

violenta"[170]) traçado por Preobrajenski em 1924 termina, em certa medida, valendo também para os métodos a que recorre a acumulação socialista primitiva teorizada por ele.

E, no entanto, não se pode falar em genocídio. Mesmo no período em que é mais impiedosa a repressão dos "contrarrevolucionários", esta se entrelaça com iniciativas que vão em direções diversas e até contrapostas:

> Em vários centros os soldados foram enviados ao campo para colaborar nos trabalhos rurais; as fábricas de máquinas agrícolas, nessa época, estão desguarnecidas dos operários, que atravessam os campos para consertar, da melhor forma possível, as máquinas que funcionam intermitentemente.[171]

Também estamos bem distantes do etnocídio:

> Paralelamente a esta ação de destruição de qualquer veleidade separatista ucraniana, foi se acentuando aquela política de valorização das características nacionais ucranianas [...]. Isto é, pretende-se substituir um nacionalismo ucraniano de tipo separatista, que olha em direção à Polônia, por um nacionalismo de tipo centrípeto, que atraia os ucranianos da Polônia em direção a uma possível ou desejável união com aqueles da União Soviética.

Esse objetivo é perseguido favorecendo a livre expressão da língua, da cultura e dos trajes ucranianos:

> Na revista militar e civil do 1º de Maio, desfilaram umas vinte garotas em suntuosos trajes nacionais ucranianos. Na noite anterior, no teatro da Ópera, depois da comemoração da festa vermelha, feita com um breve discurso, cantaram-se canções ucranianas e no palco foram executadas danças tradicionais ucranianas e cossacas. Nos vários encontros ao ar livre dos dias 1º e 2 de maio não se dançou apenas danças modernas, mas também, e em especial, danças ucranianas.

E ainda:

> Para dar às escolas professores ucranianos decidiu-se arregimentar 10 mil camponeses dos *kolkhozes* ucranianos e fazê-los frequentar cursos rápidos para

---

[170] Nikolai Bukharin e Eugeni A. Preobrajenski, *L'accumulazione socialista* (org. Lia Foa, Roma, Editori Riuniti, 1969), particularmente as p. 14-5, 50-1, 82-3 e nota, e 169.

[171] Citado em Andrea Graziosi (org.), *Lettere da Kharkov*, cit., p. 117.

transformá-los em professores primários ucranianos. Em resumo, está se instaurando um nacionalismo ucraniano ortodoxo, rigorosamente fiel a Moscou, instrumento de atração para os ucranianos da Polônia.[172]

Basta comparar esse depoimento com as declarações explícitas de Hitler sobre a necessidade de criar nas colônias uma casta de escravos, reduzindo ao mínimo possível a instrução reservada a eles, para compreender quão absurda é a tese do revisionismo histórico. Apenas o compromisso ideológico permite a comparação entre essa política e a política do Terceiro Reich em relação aos "indígenas".

Por outro lado, a relação entre o governo central e os ucranianos não é uniformemente tempestuosa ao longo do tempo; ao contrário, passa por altos e baixos. Entre o final da guerra civil na Rússia e a deflagração da guerra contra os camponeses, "a Ucrânia conheceu então aquele que foi, talvez, seu período moderno mais feliz, e numerosos dirigentes nacionalistas – em grande parte, militantes de partidos socialistas adversários dos bolcheviques na guerra civil – voltaram para a pátria". Com o fim da Segunda Guerra Mundial se verifica uma nova guinada, que, de resto, é a consequência de premissas postas já no período de repressão mais violenta: "Paradoxalmente, a vitória na guerra, e a consequente expansão territorial, garantem ao regime e a Stalin novo crédito não apenas entre os russos, mas também entre outras nacionalidades soviéticas, e até entre os ucranianos". A Stalin são gratos "por ter finalmente permitido a unificação de todos os territórios ucranianos"[173].

Podemos, assim, concluir. A criminalização político-moral de uma classe social inteira provoca uma repressão impiedosa. O fato de que tal criminalização atinja em primeiro lugar as populações "atrasadas" e "bárbaras" pode facilitar em certos momentos a passagem da desespecificação moral para a desespecificação naturalista. E, no entanto, também neste caso é clara a falácia da lógica dedutivista que tem a pretensão de buscar a origem do universo concentracionário na ideologia revolucionária. Na realidade, à parte as exigências da guerra total e o fanatismo ideológico, a violência da repressão remete também à tradição colonial pré-revolucionária. Apenas assim é possível compreender o "suicídio do general da GPU Brotski", fora de si durante uma inspeção, quando grita "repetidamente que isso não é comunismo, mas 'horror'"[174].

---

[172] Ibidem, p. 229-32.

[173] Idem, "Introduzione", cit., p. 17 e 47.

[174] Idem, *Lettere da Kharkov*, cit., p. 173.

Um permanente posicionamento do poder soviético e do partido bolchevique sobre a desespecificação naturalista, porém, parece impossível por razões ideológicas. No ano do início da coletivização forçada do campo, Stalin chama a atenção para a tragédia do povo armênio; a condenação dos "assimilacionistas turcos, os mais cruéis entre todos os assimilacionistas", acusa ao mesmo tempo não apenas os "germanizadores teuto-prussianos" (dos territórios poloneses), mas também os "russificadores russo-tsaristas". Essa tomada de posição é ainda mais importante porque se vincula a uma elaboração teórica de caráter mais geral. Em uma polêmica com Kautsky, Stalin ressalta que, longe de significar o desaparecimento da língua e das particularidades nacionais, o socialismo comporta o posterior desenvolvimento e a difusão delas. Toda "política de assimilação" deve, portanto, ser condenada como "inimiga do povo" e "contrarrevolucionária": ela é tanto mais "danosa" pelo fato de que "a estabilidade das nações é grande em medida colossal". Querer declarar "guerra à cultura nacional" significa ser "seguidor da política de colonização"[175]. Por maiores que possam ser as diferenças em relação à política concretamente posta em ação, as declarações de princípio têm algum valor, e mais valor adquirem no âmbito de um regime político em que a formação e a mobilização ideológica dos quadros e dos militantes do partido, bem como a doutrinação de massa, exercem um papel muito relevante.

O ucraniano não é nem o pele-vermelha a ser removido a todo custo de suas terras, nem o bacilo a ser extirpado, nem o instrumento de trabalho que deve ser mantido à distância da escola e destituído de sua identidade cultural. No pior dos casos, pode ser comparado ao negro, pois, como "contrarrevolucionário", é submetido ao trabalho forçado necessário à industrialização da União Soviética. E, todavia, a "mobilidade" ligada ao caráter não naturalista da desespecificação do inimigo se manifesta também no destino reservado aos membros de uma classe social que se pretende liquidar como classe. A identificação de seus membros avança em meio a contradições de todos os tipos e, já na primavera de 1930, volta à discussão e é anulada em um número significativo de casos. De resto, nem todos aqueles que são rotulados como *kulaks* são deportados (o comportamento político concreto tem importância nisso)[176]. Em 1934, os *kulaks* recebem de volta o direito de cidadania de que

---

[175] Josef W. Stalin, *Werke* (Hamburgo, Roter Morgen, 1971), v. XI, p. 305-11; v. X, p. 60-1.

[176] Stefan Merl, "'Ausrottung' der Bourgeoisie und der Kulaken in Sowjetrussland?", *Geschichte und Gesellschaft*, v. XIII, n. 3, 1987, p. 368-81.

GUERRA E REVOLUÇÃO

haviam sido privados anteriormente. No final de 1935, fazendo referência a uma declaração de Stalin segundo a qual "o filho não responde pelo pai", o *Pravda* anuncia a superação das discriminações que impedem os filhos das classes privilegiadas de ingressarem na universidade[177]. De toda forma, permanece o horror do *gulag*. E, no entanto, não se deve apagar ou recalcar as diferenças que podem se manifestar no interior do universo concentracionário. Em 1931, ao enviar algumas sugestões a Molotov sobre o discurso que este viria a pronunciar no Congresso dos Sovietes, Stalin o chama a explicar, "por meio de uma acurada documentação, que, entre os *kulaks* deportados, apenas trabalham aqueles que o desejam, e que tudo se dá com o respeito a todos os direitos do trabalho voluntário"[178]. Naturalmente, aqui nos é oferecida uma imagem fictícia da realidade; e, entretanto, tal imagem é parte integrante da própria realidade, pois expressa uma ideologia que, bem longe de programar o aniquilamento biológico de toda uma classe social, se propõe a liquidá-la socialmente também por meio da "reeducação" dos indivíduos. Com a deflagração da guerra, abre-se aos "contrarrevolucionários" condenados uma via de escape do *gulag* e se oferece até a possibilidade de mobilidade e promoção social: "muitos deportados pediram para serem alistados como voluntários, [...] alguns, sobretudo os oficiais e os quadros técnicos sobreviventes, foram liberados e reintegrados em suas fileiras"[179]. Mais uma vez vem à tona a diferença de fundo entre os diferentes tipos de desespecificação, diferença recalcada ou ignorada pelo revisionismo histórico.

10. UCRÂNIA, BENGALA E IRLANDA

Com frequência a Ucrânia foi lembrada por um "holocausto da fome", pela morte por inanição deliberadamente infligida por Stalin a um povo rebelde. Ainda que assim fosse, a comparação com o genocídio dos judeus seria totalmente enganosa. No limite, um termo de comparação mais adequado seria o episódio que se desenrola na Irlanda entre 1846 e 1848. Após uma praga que destrói a safra de batata, de um total de 9 milhões de habitantes, a Irlanda perde 2,5 milhões deles – metade emigra para o Canadá e os Estados Unidos,

---

[177] Robert C. Tucker, *Stalin in Power*, cit., p. 283 e 329-30.

[178] Josef W. Stalin, *Letters to Molotov* (orgs. Lars T. Lih et al., New Haven/Londres, Yale University Press, 1995), p. 228.

[179] Ver Pasternak, citado em Andrea Graziosi (org.), "Introduzione", cit., p. 47-8.

a outra metade morre de fome. Durante esse terrível momento de penúria, sir Charles Edward Trevelyan, encarregado por Londres de acompanhar e enfrentar o desenrolar da situação, vê em ação uma "Providência onisciente" que visa assim resolver "o problema da desproporção na Irlanda entre população e alimentos". Nesse sentido, o político britânico foi algumas vezes chamado de "proto-Eichmann", protagonista de uma tragédia que pode ser vista como protótipo dos genocídios do século XX[180]. É preciso considerar, porém, em primeiro lugar, a política tradicionalmente adotada na infeliz ilha por seus conquistadores, que vimos apostar na morte por inanição dos rebeldes. Cabe lembrar também da política seguida nos Estados Unidos em relação aos peles-vermelhas, não por acaso várias vezes comparada à política inglesa na Irlanda; e as declarações de Trevelyan apresentam algumas analogias com a reflexão já citada de Franklin, para quem o extermínio dos indígenas atende aos desígnios da Providência. É verdade que nesse momento o político britânico se propõe não a eliminar, mas a reduzir drasticamente um grupo étnico, e sem recorrer a nenhum instrumento suplementar que não aqueles empregados pelo bom Deus. Mas é fato que se vê como "providencial" a inanição em massa que atinge um povo há longo tempo comparado pelas classes dominantes inglesas às outras populações coloniais.

Mas nem esse segundo termo de comparação é adequado. Por um lado, a Irlanda de 1846 a 1848 não é teatro de uma guerra civil impiedosa; por outro, os ucranianos não são objeto de uma racialização permanente. A comparação, quando muito, poderia ser instituída com um episódio que se desenrola na Índia entre 1943 e 1944. Logo após a invasão japonesa da Birmânia, a região de Bengala, já longe da autossuficiência no plano alimentar, se encontra em posição de risco. Recorrendo à sua *denial policy*", as autoridades militares britânicas tentam proteger os recursos alimentares da região de um eventual avanço do inimigo – porém, com consequências catastróficas para a população civil. As correspondências enviadas pelos jornalistas estadunidenses são verificadas pela censura, dedicada a apagar qualquer referência à "morte por inanição", à "fome", aos "cadáveres" abandonados pelas vias. Em fevereiro de 1944, entretanto, o Congresso estadunidense autoriza a Administração das Nações Unidas para Assistência e Reabilitação (UNRRA, na sigla em inglês) a enviar alimentos para a Índia. Mas Churchill nega que as pessoas passem fome na colônia inglesa:

---

[180] Eric Markusen e David Kopf, *The Holocaust and Strategic Bombing*, cit., p. 44.

Desenrola-se um jogo mortal. Todos sabiam que em Bengala as pessoas morriam de fome, mas o governo indiano (que representa Churchill e os interesses britânicos) se recusa a solicitar o apoio da UNRRA. Ao mesmo tempo, os britânicos na Índia depositam uma contribuição à UNRRA de 24 milhões de dólares, de modo que um dos países mais pobres da Terra se classifica em sexto lugar entre os contribuintes mais generosos... [...] Entre 1943 e 1944, o custo humano da fome na região de Bengala foi de 3 milhões de mortes.

Cabe relacionar o comportamento do governo inglês em tal circunstância com a luta conduzida por ele contra os movimentos independentistas, e denunciar, também nesse caso, um "holocausto da fome"? Na realidade, a chave de leitura do episódio descrito nos é fornecida por uma declaração do vice-presidente estadunidense Henry Wallace, que assim explica a falta de socorro alimentar a uma população duramente atingida pela fome: "Quanto mais comida pudermos colocar nos estômagos russos, mais sangue estadunidense vamos poupar"[181]. No âmbito do gigantesco conflito mundial então em curso, a fome na região de Bengala assume uma dimensão irrelevante: a pouca consideração por uma população colonial e a irritação com a sua rebeldia não parecem ter exercido um papel significativo. Podemos chegar a conclusões semelhantes no caso da tragédia ucraniana, que se desenrola ao longo de uma cruel guerra civil e bem no meio da Segunda Guerra dos Trinta Anos – contexto em que a União Soviética, com ou sem razão, vê na coletivização da agricultura a única escapatória de um conflito e de uma "agressão" considerados iminentes. Além da Ucrânia, a fome atinge com igual crueldade algumas regiões da Rússia, e, no entanto, a reserva estatal de trigo prevista para a guerra não é usada de modo algum. As próprias medidas de socorro definidas em fevereiro de 1933 visam, em primeiro lugar, assegurar a semeadura nas regiões atingidas pela fome, e tudo isso sempre levando em conta um novo conflito internacional[182].

11. Guerra civil internacional e o massacre de Katyn

Não demonstraríamos de maneira satisfatória a insustentabilidade da aproximação entre nazismo e bolchevismo sem a análise de um dos crimes mais

---

[181] Ibidem, p. 109-11.

[182] Stefan Merl, "'Ausrottung' der Bourgeoisie und der Kulaken in Sowjetrussland?", cit., p. 379-81.

terríveis perpetrados pelo país nascido da Revolução de Outubro: o massacre de Katyn. Voltemos à guerra civil latente ou aberta que, entre 1914 e 1918, se desenvolve nas trincheiras e vê soldados e oficiais se enfrentando. Esse fenômeno não termina com a conclusão do primeiro conflito mundial; os ódios e o espírito de vingança criaram raízes profundas, muitos países estão bem distantes de um retorno à normalidade e, sobretudo, não é difícil avistar no horizonte novos massacres, cujos responsáveis já se parece saber. É a "casta" dos oficiais, não se cansa de repetir, na Alemanha, Kurt Tucholsky[183], saudando "a enorme cólera dos soldados" que se ergue contra ela. Enquanto profeticamente vê uma nova guerra se avizinhar nos próximos vinte anos, um poema de 1919 expressa um ódio incontido contra "aquele que domina do alto, paramentado de medalhas de cima a baixo, e que ordena sempre e apenas: Mate! Mate!"[184]. O ódio pelos oficiais é ainda mais justificado porque eles, depois de contribuírem decisivamente para o envenenamento chauvinista que desemboca na guerra, continuam em posição de destaque na tentativa de golpe de Estado de Kapp e na conspiração para abater a república e instaurar um regime anunciador de novas guerras. Alguns anos depois, Tucholsky escreve:

> Assim como os mosquitos dançam com naturalidade, igualmente natural é para os assassinos e seus filhos o crime, a execução do crime, a celebração do crime [...]. Que o gás penetre nos quartinhos de seus filhos.[185]

Essa é uma passagem que oportunamente chama a atenção de Nolte, que, porém, dela lança mão para comparar realidades bastante diferentes entre si[186]. Não há dúvidas, a truculenta declaração de Tucholsky demonstra que a guerra civil iniciada nas trincheiras não cessou. Na Europa oriental, onde as fronteiras nacionais e estatais não são nada definidas, essa persistente guerra civil parece ligar, sem que chegue a um bom termo, os dois conflitos mundiais. É nesse contexto que o massacre de Katyn deve ser colocado. Ambas nascidas da dissolução do império tsarista, a Rússia soviética e a Polônia se enfrentam nos campos de batalha em 1920, e o conflito continua a se desenrolar também

---

[183] Kurt Tucholsky, *Gesammelte Werke*, v. II (orgs. Mary Gerold-Tucholsky e Fritz J. Raddatz, Hamburgo, Rowohlt, 1985), p. 29 e 135.

[184] Ibidem, p. 11 e p. 112-3.

[185] Ibidem, p. 336; v. V, p. 266.

[186] Ernst Nolte, "Die Sache auf den Kopf gestellt", cit., p. 95.

nos anos seguintes, ainda que em estado latente. A espionagem polonesa, considerada naquele momento uma das melhores na Europa, consegue se infiltrar tão profundamente no partido comunista polonês que "aos dirigentes soviéticos não resta outra escolha senão dissolver o partido para evitar que o serviço secreto polonês registre a lista completa dos inscritos"[187]. Por algum tempo, a Polônia parece interessada nas manobras da Alemanha para atraí-la para a órbita do "Pacto Anti-Comintern"; de toda maneira, são explícitas "as ambições polonesas na Ucrânia", a se realizarem eventualmente com o auxílio do Terceiro Reich e sob o olhar benevolente do Ocidente, nada hostil à derrocada do país e do regime nascido com a Revolução de Outubro[188].

Um livro soviético de 1935 explica que, em caso de guerra, o soldado comum que se torna prisioneiro deve receber "um tratamento 'fraterno' segundo o princípio da solidariedade proletária"; os oficiais, ao contrário, que na grande maioria "não pertencem ao proletariado", podem "ser convertidos ao comunismo apenas mediante uma educação teórica". Trata-se de regras que remontam a 1920 e à verdadeira guerra civil daqueles anos. Em 1939, no momento do ingresso na Polônia, os soviéticos lançam panfletos dos aviões conclamando os soldados a se rebelarem e a "aniquilarem" seus oficiais e generais[189].

Logo depois da captura, a União Soviética pensa em se desvencilhar do peso incômodo dos oficiais poloneses, tentando trocá-los por prisioneiros ucranianos nas mãos da Wehrmacht. Mas a Alemanha recusa a troca: indesejados de um lado, já que seriam dificilmente conquistados para a causa da "revolução proletária", os oficiais poloneses tampouco são bem-vindos do outro lado, interessado no trabalho forçado e não em bocas improdutivas para alimentar (a Convenção de Genebra proíbe a utilização dos oficiais como força de trabalho e, no início da guerra no Leste, a Wehrmacht ainda demonstra um resto de escrúpulo em relação ao direito internacional)[190]. Os soviéticos iniciam um trabalho de "doutrinação de massa" que, se obtém resultados discretos entre os soldados comuns, decididamente não avança entre os oficiais. Consegue-se formar um pequeno grupo de comunistas, mas, quanto ao resto, se revela desastrosa a ofensiva de

---

[187] J. K. Zawodny, *Zum Beispiel Katyn. Klärung eines Kriegsverbrechens* (Munique, Information und Wissen, 1971), p. 109.

[188] Alan J. P. Taylor, *Le origini della seconda guerra mondiale* (Roma/Bari, Laterza, 1996), p. 259-62.

[189] J. K. Zawodny, *Zum Beispiel Katyn*, cit., p. 106-7.

[190] Ibidem, p. 105-6.

sedução ideológica: os anticomunistas (a grande maioria) contrapõem "o seu espírito de corpo" e "a sua 'honra de oficiais', uma ideia arraigada na cavalaria medieval que se deve conhecer para compreender os oficiais poloneses de 1939"[191]. Chegam a se aproximar de uma resistência ativa: boicotam a projeção de filmes, perturbam aulas[192], envolvem-se em "trocas de socos" com a exígua minoria dos "vermelhos". É esse comportamento que firma a sua condenação à morte. Mesmo em seu horror, o crime de Katyn mostra-se essencialmente diferente das práticas de tipo genocida, no âmbito das quais o comportamento individual é irrelevante. Ao contrário, antes mesmo de seu aprisionamento, os oficiais poloneses são ouvidos um a um, e organizam-se um dossiê e uma biografia sobre cada um deles; são acusados também de "antissemitismo". Estamos tão distantes da ideia de genocídio que, na realidade, a arma homicida dispara exatamente por causa dos obstáculos incontornáveis erguidos pela recusa dos oficiais ao recrutamento e à estruturação de um exército nacional polonês – certamente subalterno a Moscou, mas, de toda forma, polonês[193].

Além do mais, o autor anticomunista que seguimos nesta reconstrução do crime de Katyn é quem chama a atenção para o desgosto ou desapontamento do próprio Beria, que repetidamente declara: "Fizemos uma grande bobagem", "cometemos um grande erro". Sequer está excluída a hipótese de falha de entendimento, por parte de Beria, de uma ordem de Stalin (o que, aliás, acrescentaria uma nota grotesca a um episódio trágico)[194]. O autor citado tira uma conclusão com a qual talvez possamos concordar: o massacre dos oficiais poloneses é, ao mesmo tempo, um episódio cruel de guerra civil e uma tentativa fracassada de doutrinação e recrutamento de quadros do Exército em função da guerra civil internacional; "a experiência feita com os prisioneiros de guerra poloneses muito beneficiou" a polícia secreta soviética "no trabalho de doutrinação dos prisioneiros de guerra alemães e japoneses". Poucas semanas depois da Operação Barbarossa, em 8 de outubro de 1941, já acontece a Primeira Conferência dos Prisioneiros de Guerra Alemães (158 soldados e suboficiais); em julho de 1943, constitui-se o Comitê Nacional "Alemanha Livre" e, dois meses depois, a "Liga dos Oficiais Alemães", à qual aderem oficiais de toda patente[195].

---

[191] Ibidem, p. 110, 87 e 118.

[192] Ibidem, p. 116-8.

[193] Ibidem, p. 100, 110-3 e 123.

[194] Ibidem, p. 105 e 124.

[195] Ibidem, p. 133-4.

240   Guerra e revolução

Tudo isso não impede Stalin de propor, nessa mesma época, na Conferência de Teerã, um brinde ao fuzilamento sumário de 50 mil oficiais alemães (seria, portanto, um massacre de Katyn numa escala muito maior). O fato provoca a indignação de Churchill, que vimos formular, dois anos antes, um programa bem mais "radical" (talvez o estadista inglês já esteja se movimentando com o olhar voltado para a Guerra Fria)[196]. Não levantam objeções a Stalin, porém, nem Roosevelt (que parece lançar novamente a ideia em Ialta), nem seu filho Elliott, que, por sua vez, supera Stalin com um brinde à morte de "não apenas 50 mil, mas também de outras centenas de milhares de nazistas", acrescentando então: "estou certo de que os Estados Unidos estarão totalmente de acordo"[197]. De fato, Eisenhower expressa a ideia de que devem ser "exterminados" não apenas os 3,5 mil oficiais do Estado-Maior alemão, mas também todos os membros da Gestapo, além de todos os líderes do partido nazista que ocupem do cargo de prefeito para cima. O já citado historiador canadense comenta: "teriam sido cerca de 100 mil pessoas"[198]. Revela-se aqui a face terrível da guerra civil internacional: a configuração em termos políticos (mais do que nacionais) da dicotomia amigo/inimigo e a identificação do inimigo com o nazista (mais do que com o alemão) parecem minar o *jus in bello* vigente por tradição no conflito entre Estados pertencentes ao mundo "civilizado".

12. Guerra civil internacional, guerra racial e genocídio

Há, porém, o outro lado da moeda. A guerra civil internacional pode provocar conflitos particularmente duros e massacres, mas parece se deter nos limites do genocídio. Vejamos alguns momentos cruciais da história da guerra civil internacional. Ao proclamar sua cruzada contra a França revolucionária, o duque de Brunswick anuncia ameaçadoramente que os franceses surpreendidos com armas em punho serão considerados rebeldes ao legítimo rei e, por consequência, serão mortos. A mesma sorte terão "todos os membros da Assembleia, do

---

[196] James Bacque, *Gli altri Lager: i prigionieri tedeschi nei campi alleati in Europa dopo la 2ª guerra mondiale* (Milão, Mursia, 1993), p. 20 [ed. port.: *Outras perdas: uma investigação sobre a morte de prisioneiros alemães na sequência da Segunda Guerra Mundial*, trad. J. Teixeira de Aguilar, Porto, ASA Portugal, 1995].

[197] Cf. Frederick J. P. Veale, *Advance to Barbarism: The Development of Total Warfare* (Newport, Institute for Historical Review, 1979), p. 216-20; James Bacque, *Gli altri Lager*, cit., p. 27 e 19.

[198] James Bacque, *Gli altri Lager*, cit., p. 35.

departamento, do distrito, do município, os juízes de paz, as guardas nacionais" etc. No caso de comportamento desrespeitoso em relação ao rei, é a França como um todo que assistirá a "uma vingança sem precedentes, a ser recordada pela eternidade", e Paris, em especial, a "uma execução militar e uma ruína total". Segundo Michelet, tem início assim "uma guerra estranha, nova, totalmente contrária ao direito das nações civilizadas"[199]. Burke exprime o desejo de que aquilo não se limite a um "discurso grandiloquente"[200]. No entanto, a tendência genocida do manifesto de Brunswick é objetivamente contrastada pelos chamados à guerra civil internacional, que dividem transversalmente o povo francês e impedem sua criminalização em bloco (a "parte sã" é chamada a colaborar para o restabelecimento da ordem).

Robespierre refere-se ao manifesto de Brunswick e à lógica que o inspira quando acusa o governo inglês, que "ousou dizer e proclamar que não é preciso respeitar nenhuma fé, nenhuma regra de honra nesta guerra com os franceses, por se tratar de um povo de rebeldes que havia rasgado as leis mais santas"[201]. No momento mais cruento da guerra, na mesma onda de indignação com os atentados contra os dirigentes jacobinos – atribuídos à conspiração britânica –, a Convenção promulga o decreto de 7 de prairial: "não será aprisionado nenhum inglês ou hannoveriano"[202]. Provavelmente não estamos diante de uma ordem de execução dos prisioneiros: não se verificam episódios do gênero (porém, é breve o intervalo entre o prairial e o termidor). Parece tratar-se muito mais de uma instrução superior para que a guerra seja conduzida até o final, apostando em batalhas de aniquilação do inimigo e pondo fim a "essa anglomania mascarada de filantropia". Tais palavras são de Robespierre, que, mais uma vez, ataca: "Não amo os ingleses", "eu odeio o povo inglês", "esta nação desprezível" que, se continuar apoiando o governo que tem, "faria melhor se mergulhasse nas profundezas"[203].

---

[199] Jules Michelet, *Histoire de la Révolution française (1847-53)*, v. I (2. ed. Paris, Gallimard, 1961), p. 945 [ed. bras.: *História da Revolução Francesa*, trad. Maria Lucia Machado, São Paulo, Companhia das Letras, 1989].

[200] Edmund Burke, *The Correspondence of Edmund Burke*, v. VII (orgs. Thomas W. Copeland et al., Cambridge/Chicago, Cambridge University Press/The University of Chicago Press, 1958-1970), p. 169.

[201] Maximilien Robespierre, *Oeuvres*, cit., v. X, p. 349.

[202] Ibidem, p. 473.

[203] Ibidem, p. 348-9.

Aqui são esquecidos ou ignorados os apelos, ouvidos diversas vezes durante a Revolução Francesa, para "desnacionalizar a guerra"[204] e, portanto, deflagrar a guerra civil internacional, em cujo âmbito a dicotomia amigo/inimigo é definida não pelas fronteiras nacionais, mas pela ideologia política. Agora, ao contrário, pode-se afirmar que o inglês é objeto de uma criminalização que não parece deixar dúvidas. Por um lado, isso é resultado do fanatismo moral e da guerra civil internacional. Segundo Robespierre: "Aqueles que fazem guerra a todo um povo para impedir os avanços da liberdade e abolir os direitos do homem devem ser perseguidos por todos, não como inimigos ordinários, mas como assassinos e bandidos rebeldes"[205].

Por outro lado – e este é, de longe, o aspecto mais importante –, sobre o decreto de 7 de prairial atua outra lógica, que fica clara no relatório de Barère ao Comitê de Salvação Pública:

> É necessário que se expresse o ódio nacional. É necessário que, nas comunica-ções comerciais e políticas, exista um oceano imenso entre Dover e Calais; é necessário que as crianças republicanas absorvam do leite de suas amas o ódio ao nome inglês. Ó, meu país! Ao simples nome inglês, meu sangue ferve e mi-nha alma se irrita. O fato é que, tendo nascido naquela região da Guiana, onde, já na época de Carlos VII, os ingleses devastaram tudo e reinaram com um cetro de ferro, meus ouvidos perceberam desde a infância essa tradição de ódio que deve se tornar nacional, a fim de salvar a liberdade na Europa e afirmar a República na França.[206]

Ou seja, a necessidade de mobilizar todas as energias da França leva à renacionalização da guerra e à sua releitura não mais como guerra civil inter-nacional, mas como conflito entre dois inimigos, de alguma maneira, eternos. A renacionalização da guerra é, nesse sentido, sua tendencial renaturalização, com o retorno a uma ideologia pré-revolucionária. Tal ideologia encontrou expressão eficaz, dois anos antes, em um orador da direita (que se refugia em Koblenz e depois em Londres, onde se aproxima do círculo de Burke). Cazalès assim polemiza com aqueles que querem fazer valer "os princípios vagos da humanidade" nas relações internacionais e na guerra:

---

[204] Citado em Marc Belissa, *Le cosmopolitique du droit des gens*, cit., p. 824.

[205] Maximilien Robespierre, *Oeuvres*, cit., v. IX, p. 463.

[206] Citado em Marc Belissa, *Le cosmopolitique du droit des gens*, cit., p. 828-9.

A pátria deve ser o objeto exclusivo de nosso amor [...]. Quanto a mim, digo abertamente, não são os russos, os alemães, os ingleses que amo; são os franceses que me são caros: o sangue de um só de meus compatriotas me é mais precioso do que o sangue de todos os povos do mundo.[207]

Nos revolucionários, a renacionalização e renaturalização da guerra não é nem definitiva nem estável. Robespierre continua a esperar a "explosão que a liberdade deve produzir" no país que dirige a coalizão contrarrevolucionária. Até quando declara seu ódio por aquela "nação desprezível" o dirigente jacobino acrescenta: "Detestarei com toda a minha alma o povo inglês enquanto permanecer vergonhosamente submisso aos déspotas. Tornando-se livre, ele terá talvez direito à minha admiração"[208]. A lógica revolucionária da desnaturalização do conflito acaba prevalecendo.

Tratemos do século XIX. Se há um momento em que Marx e Engels (o segundo bem mais do que o primeiro) quase justificam o massacre indiscriminado – e, portanto, tendencialmente, o genocídio –, é quando, próximo à Revolução de 1848, elaboram a teoria dos "povos sem história". A dicotomia amigo/inimigo parece aqui perder qualquer caráter de historicidade e mobilidade, restringindo perigosamente a via de fuga para um inimigo que corre o risco de ser definido em termos naturalistas. Mas a teorização dos "povos sem história", condenados em bloco e, portanto, não atravessados pela luta de classes, pode ser considerada um resíduo pré-marxiano. Um resíduo superado, ou de alguma forma posto em discussão, pela polêmica desenvolvida por Marx em 1859 contra a visão da Alemanha como "coração da civilização humana"[209].

E cheguemos à Revolução de Outubro. A guerra civil e a intervenção da Inglaterra constituem uma ameaça mortal para o poder dos bolcheviques. Mas eis como se exprime Trotski:

Combatentes vermelhos! Em todos os *fronts* vocês enfrentam a astúcia hostil dos ingleses. As tropas contrarrevolucionárias disparam contra vocês com armas inglesas [...]. As mulheres e crianças de Arcangel e Astracã são assassinadas e se tornam inválidas pelas mãos de pilotos ingleses, com o auxílio da dinamite inglesa. Navios ingleses abrem fogo sobre as nossas costas [...]. Mas mesmo agora, no

---

[207] Ibidem, p. 416.

[208] Maximilien Robespierre, *Oeuvres*, cit., v. X, p. 345 e 349.

[209] Karl Marx e Friedrich Engels, *Werke*, cit., v. XIII, p. 282-3.

momento das lutas mais duras contra o fantoche da Inglaterra, Yudenich, faço um apelo a vocês: não esqueçam nunca que não há apenas uma Inglaterra. Ao lado da Inglaterra dos lucros, da violência, da corrupção, da sede de sangue, existe a Inglaterra do trabalho, da força do espírito, dos grandes ideais, da solidariedade internacional. Contra nós combate a Inglaterra da bolsa, a Inglaterra infame e desprovida de honra. A Inglaterra trabalhadora, o seu povo está conosco.[210]

É um texto que pode ser comparado com aqueles de Robespierre anteriormente citados. A ameaça à revolução vem, em ambos os casos, do mesmo país; porém, mais nutrido de cultura histórica, o dirigente bolchevique pode evitar facilmente a naturalização do conflito, dando-lhe uma configuração que divide transversalmente o inimigo. Também nesse caso, pode-se dizer que a União Soviética se aproxima mais do massacre indiscriminado quando abafa a guerra civil internacional e reinterpreta o conflito com os alemães, segundo a visão tradicional e pré-revolucionária, como choque mortal entre eslavos e germânicos.

Mas é exatamente dessa configuração do conflito que o Terceiro Reich não consegue nunca se distanciar na realidade, apesar da proclamação da cruzada antibolchevique. A campanha no Leste se delineia, para Hitler, como uma "dura guerra racial que não permite limitações legais de nenhum gênero"[211]. Não há nada, até aqui, da guerra civil internacional, que, por definição, divide transversalmente os diferentes povos e raças. Segundo uma instrução vinda do Estado-Maior do Exército alemão às vésperas da Operação Barbarossa:

A guerra contra a Rússia é a consequência necessária da luta, a nós imposta, para a existência e, em especial, para a autonomia econômica da Grande Alemanha e do espaço europeu por ela dominado. É a antiga luta dos germânicos contra os eslavos, a defesa da civilização europeia em relação à inundação asiático-moscovita, a caça ao bolchevismo judaico. Essa luta deve ter como fim a redução da Rússia atual a ruínas e, portanto, deve ser conduzida com uma dureza inaudita.[212]

Como se vê, a cruzada ideológica contra o bolchevismo não apaga o elemento da guerra racial; não por acaso, o conflito com a Rússia continua a

---

[210] Em Alex P. Schmid, *Churchills privater Krieg. Intervention und Konterrevolution im russischen Bürgerkrieg, November 1918-März 1920* (Zurique, Atlantis, 1974), p. 265.

[211] Helmut Krausnick, *Hitlers Einsatzgruppen*, cit., p. 70.

[212] Ibidem, p. 189.

ser interpretado com as categorias já manifestas durante o primeiro conflito mundial, antes da Revolução de Outubro, como luta de vida e morte entre germânicos e eslavos. Ou melhor, em última análise, a cruzada ideológica acaba por se revelar subordinada à guerra racial, pois o bolchevismo é rotulado como uma ideologia estranha à Alemanha, à Europa e à civilização, como uma ideologia intrinsecamente asiática e bárbara, conforme a tradição reacionária de pensamento – ou seja, a luta contra o comunismo é um aspecto da luta racial contra os bárbaros. Nesse sentido, ao menos no que diz respeito à campanha no Leste, não há e não pode haver no nazismo um autêntico apelo à guerra internacional. Obviamente, o Terceiro Reich está disposto a se valer do auxílio de grupos ou tropas colaboracionistas e tem interesse em desagregar o Exército e o *front* interno da União Soviética, mas os argumentos utilizados são significativos. Os panfletos lançados pelos aviões alemães conclamam os russos a não darem seu próprio sangue pelos "comissários judeus", mas a porem fim às "criminosas maquinações da quadrilha judaica", seguindo o exemplo da Alemanha, que, com a queda da república nascida a partir da Revolução de Novembro, soubera se desvencilhar dos "parasitas" judeus[213]. É com base nessa plataforma ideológica que as tropas do Terceiro Reich se empenham em estimular sangrentos *pogroms* antissemitas em vários territórios por elas ocupados. Assim, o tema da guerra racial é brandido também nas tentativas de desagregação do inimigo: desobedecendo aos "comissários judeus", os russos evitariam se deixar envolver numa guerra civil da raça branca e europeia. A guerra civil é, de toda forma, um desvalor; em outras palavras, a guerra civil sequer pode ser pensada no seio de um povo realmente partícipe da civilização. O terror de Hitler na Alemanha, que aos olhos do historiador contemporâneo aparece como uma guerra civil preventiva em função da preparação para a tomada do poder mundial, se delineia na ideologia nazista como uma guerra de libertação racial.

Mesmo sem desistir das tentativas de desagregar o inimigo por meio da cruzada ideológica, Hitler está sempre atento a que a dicotomia bolcheviques/antibolcheviques não coloque em discussão ou não acabe por esmaecer a dicotomia considerada primeira e decisiva, aquela que contrapõe barbárie e civilização, eslavos e germânicos, raça dos selvagens e dos escravos, de um lado, e raça dos senhores, do outro. A tese aqui formulada, do fundamental distanciamento da categoria de guerra civil internacional em relação ao nazismo, pode ser lida

---

[213] Arno J. Mayer, *Soluzione finale*, cit., p. 218.

246   GUERRA E REVOLUÇÃO

como um lisonjeiro reconhecimento por parte dos mais fervorosos expoentes do revisionismo histórico. Porém, na realidade, tal distanciamento é apenas o outro lado da moeda da incapacidade de ir além da desespecificação naturalista em sua forma mais pesada, a da desespecificação racial. E foi justamente esse aspecto que bloqueou por completo qualquer via de fuga para os "indígenas" e, principalmente, para os judeus.

13. HOLOCAUSTO E HOLOCAUSTOS

Um desafio à releitura do extermínio dos judeus provém também de ambientes culturais e políticos que não devem ser de forma alguma confundidos com o revisionismo histórico. Há algum tempo houve na França um debate entre intelectuais armênios e intelectuais judeus. Os primeiros acusaram de revisionista ou negacionista Bernard Lewis, que, preocupado em evidenciar a incomparabilidade do Holocausto, recusa toda tentativa de assemelhar, ou mesmo de simplesmente cotejar, as tragédias dos judeus e dos armênios. Esta última deveria ser interpretada como uma "simples" deportação que, nas condições de guerra total, dá origem a um massacre em larga escala; "não existe nenhuma prova séria de uma decisão e de um plano do governo otomano voltados a exterminar a nação armênia" como tal. Não é difícil compreender a reação ressentida dos descendentes das vítimas desse trágico capítulo da história contemporânea. De resto, há tempos eles estão empenhados em evidenciar que, ao programar a guerra de extermínio no Leste, Hitler faz referência ao genocídio de que seus avós foram vítimas: quem ainda se lembra dos armênios e quem, à distância de algumas décadas, ainda prestará atenção ao violento ataque aos nativos que a Wehrmacht pretende realizar no âmbito do império colonial alemão a ser edificado? Assim, na história do século XX, o genocídio armênio seria não apenas o primeiro em ordem cronológica, mas o modelo no qual se inspiraram os responsáveis pelos genocídios posteriores[214]. O Holocausto judaico não seria um fenômeno único, nem sequer original. Tal tese provocou reações escandalizadas por esse "último recurso a um revisionismo mais sutil" e por uma nova resposta por parte dos armênios a tal acusação: é "dar prova de um revisionismo mais sutil" chamar a atenção sobre

---

[214] Edward Alexander, *A Crime of Vengeance: An Armenian Struggle for Justice* (Nova York/Toronto, Free Press, 1991), p. 1 e 198.

"genocídios que não o judaico", salvando do esquecimento aqueles sofridos pelos armênios e ciganos[215]?

Também estes últimos se lamentaram da escassa atenção dedicada à tragédia de seu povo:

> Os ciganos são totalmente colocados no lado da cultura oral e, com poucas palavras, devem dizer o indizível a ouvidos distraídos. Eles não dispõem de intelectuais orgânicos que possam expressar o desespero coletivo das famílias exterminadas, eles não dispõem de estudiosos capazes de analisar o caráter específico da legislação nazista, de descrever o processo de deportação, de quantificar os efeitos do extermínio.[216]

Apontados como responsáveis pelo primeiro genocídio do século XX, os turcos não só rejeitam a acusação, como, por vezes, observam que, por trás das medidas tomadas por eles contra os armênios, há a experiência dos campos de concentração organizados alguns anos antes pelos ingleses para encarcerar os bôeres[217]. Esse episódio nos reconduz à história do colonialismo e, segundo a Arendt de *As origens do totalitarismo*, representa uma das etapas fundamentais da constituição do universo concentracionário[218]. Significativamente, é justo nessa ocasião que começam a surgir um termo e uma categoria destinados a exercer um papel central no âmbito do debate atual: a imprensa pacifista inglesa denuncia o "holocausto das crianças" (*holocaust of child-life*) que se consuma durante a repressão dos rebeldes bôeres[219]. Porém, estes últimos encarnam o pior da tradição colonial na política adotada por eles em relação aos nativos, aos quais é reservada a sorte em geral reservada aos indígenas e aos povos considerados peso inútil. Da Europa e da África passamos, assim, à América. Por

---

[215] Sobre isso, cf. Marc Nichanian, "Le Droit et le fait: la campagne de 1994", *Lignes*, n. 26, out. 1995, p. 74-9.

[216] Henriette Asseo, "La Spécificité de l'extermination des tziganes", em Yannis Thanassekos e Heinz Wismann (orgs.), *Révision de l'histoire: totalitarismes, crimes et génocides nazis* (Paris, Editions du Cerf, 1990), p. 131.

[217] Edward Alexander, *A Crime of Vengeance*, cit., p. 135.

[218] Hannah Arendt, *The Origins of Totalitarianism* (Nova York, Harcourt, Brace & World, 1951), p. 440-1 [ed. bras.: *As origens do totalitarismo*, trad. Roberto Raposo, São Paulo, Companhia das Letras, 1989].

[219] Stephen Koss, *The Pro-Boers: The Anatomy of an Antiwar Movement* (Chicago/Londres, The University of Chicago Press, 1973), p. 229.

248   GUERRA E REVOLUÇÃO

ocasião da inauguração do mausoléu dedicado ao Holocausto, os sobreviventes das populações nativas se perguntaram por que um monumento semelhante não é erguido em memória ao genocídio consumado no hemisfério ocidental. Assim como os ciganos, nem os peles-vermelhas podem contar com os intelectuais orgânicos. Talvez tenham encontrado uma exceção no autor de um livro, ao mesmo tempo comovido e rigoroso, dedicado ao "Holocausto americano". Já no final do século XVI, a "descoberta" do Novo Mundo havia provocado entre 60 e 80 milhões de mortes, "mas a carnificina não havia acabado"[220].

Os intelectuais de origem judaica não contestam o fato de que "sob o aspecto puramente quantitativo, a catástrofe dos índios é incomparável" e "supera a destruição do judaísmo europeu, tanto em termos absolutos quanto relativos", mas não se trataria aqui da planificação da destruição total de um grupo étnico[221]. A tal objeção, o estudioso que se alinha aos indígenas responde:

> Uma tradicional tendência eurocêntrica que traça sutis distinções entre as diferentes populações europeias, mas agrupa massas indiferenciadas de "africanos" em uma única categoria e massas indiferenciadas de "índios" em outra, permite ignorar casos em que o genocídio contra africanos e nativos americanos se configurou como extermínio *total*, realizado de propósito, de grupos sociais, religiosos e étnicos inteiros.[222]

É uma tese que se confirma no quadro delineado por um historiador lealista da Revolução Americana, que, a propósito da política de "extermínio das seis nações" peles-vermelhas adotada pelos colonos rebeldes, observa: "Com uma ordem que, acreditamos, não tem precedentes nos anais de uma nação civilizada, o Congresso ordenou a completa destruição desses povos como nação [...], mulheres e crianças inclusive"[223]. Mais grave é o esquecimento ou a escassa atenção que envolve esse capítulo da história pelo fato de que o episódio dos peles-vermelhas tem um valor paradigmático. Dependendo das circunstâncias, é a eles que os Estados Unidos tendem a comparar os inimigos com quem se

---

[220] David E. Stannard, *American Holocaust: The Conquest of the New World* (Oxford, Oxford University Press, 1992), p. 95.

[221] Steven T. Katz, *The Holocaust in Historical Context*, v. I: *The Holocaust and Mass Death before the Modern Age* (Nova York/Oxford, Oxford University Press, 1994), p. 91.

[222] David E. Stannard, *American Holocaust*, cit., p. 95, 146 e 151.

[223] Egerton Ryerson, *The Loyalists of America and their Times: From 1620 to 1816*, v. II (Nova York, Haskell, 1970), p. 100.

confrontam. Além do mais, a tragédia continua: se, em países como a Guatemala, os "esquadrões da morte" ainda investem com fúria contra os indígenas, a taxa de pobreza nas reservas indígenas dos Estados Unidos chega a quatro vezes a média nacional. Por todas essas razões, aquele de que os peles-vermelhas foram vítimas ao longo dos séculos é "o pior holocausto humano de que o mundo já foi testemunha"[224]. O historiador contemporâneo aqui citado não acena, porém, à comparação de Hitler entre peles-vermelhas e nativos da Europa oriental, e estes últimos, por sua vez, exigem que se resgate a memória do "Holocausto esquecido" de que foram vítimas os poloneses[225] (e não somente eles).

O destino dos indígenas evoca o destino dos negros chamados a substituí-los, ou a ladeá-los, no trabalho forçado a ser cumprido no continente conquistado pelos europeus. Os descendentes dos negros deportados e escravizados da África ressaltam, por sua vez, a centralidade do *Black Holocaust*, se não por outro motivo, pela duração secular e pelo número de países envolvidos – os mais civilizados, inclusive aquele que hoje é líder no Ocidente. Sobre os negros também tem pesado, por longo tempo, uma maldição religiosa. Segundo o Gênesis (IX; 21-27), depois do dilúvio universal, Noé, embriagado, adormece nu, e é assim que seu divertido e irreverente filho caçula, Cam, o surpreende. Quando o patriarca desperta e vem a saber do acontecido, condena os descendentes de Cam a serem escravos dos descendentes de Sem e Jafé (os outros filhos de Noé). Posteriormente, os negros foram identificados e rotulados como descendentes de Cam, e sua escravização se torna, portanto, teologicamente consagrada. Por séculos os escravistas e, depois da Guerra de Secessão, os teóricos da supremacia branca se reportaram a esse motivo. Se a perseguição dos judeus foi por longo tempo justificada lançando mão da teologia cristã e do tema do deicídio, as perseguições de indígenas e negros o foram por meio de temas extraídos do texto sagrado tanto para os judeus quanto para os cristãos; os indígenas, e os povos a eles comparados, foram identificados com os habitantes de Canaã; os negros, com os descendentes de Cam.

Ao longo dos séculos, o anticamitismo se manifestou paralelamente ao antissemitismo, e dele participaram cristãos e judeus. Mais do que sobre qualquer

---

[224] David E. Stannard, *American Holocaust*, cit., p. 258, 256 e 146. Também Todorov fala da "conquista da América" como do "maior genocídio da história da humanidade". Ver Tzvetan Todorov, *La conquista dell'America: il problema dell' "altro"* (Turim, Einaudi, 1984), p. 7 [ed. bras.: *A conquista da América: a questão do outro*, trad. Beatriz Perrone-Moisés, São Paulo, Martins Fontes, 1999].

[225] Richard C. Lukas, *Forgotten Holocaust: The Poles under German Occupation, 1939-1944* (Nova York, Hippocrene, 1990).

250   Guerra e revolução

outro povo, é sobre os negros que se concentra o horror da história universal: como observa Malcolm X, diferentemente de todos os outros perseguidos, eles não podem esconder a cor de sua pele e a própria identidade[226]. É com base nisso que se pode compreender o sucesso do islamismo entre os militantes negros estadunidenses, que, sempre para demonstrar o caráter único do *Black Holocaust*, com frequência ressaltam a participação dos judeus no tráfico de escravizados provenientes da África. Se a tese do caráter exemplar do genocídio armênio detona a acusação de revisionismo, essa última argumentação, por sua vez, detona a acusação de antissemitismo. Certamente, não faz sentido rotular dessa forma uma afirmação que corresponde à realidade histórica. Porém, é perigosa e inadmissível a tendência a dilatar o papel dos judeus no tráfico de negros, assim como seria absurdo e ingênuo pretender que apenas os judeus fossem alheios a um acontecimento e uma infâmia que teve como protagonista o colonialismo em seu todo, e de que não se distancia sequer o Islã, ao qual fazem referência os militantes negros em sua polêmica contra o Ocidente (e a tradição religiosa judaica e cristã)[227]. Portanto, podemos afirmar que, muito mais do que diante de uma expressão de antissemitismo, encontramo-nos na presença de uma reivindicação do primado negativo do anticamitismo na história mundial.

Também as tragédias históricas são um momento de construção de identidade. Compreende-se, então, que o tema do genocídio constitua um motivo de confronto não apenas entre as grandes potências, mas entre as próprias vítimas. E nos dias de hoje assiste-se a armênios, ciganos, indígenas, negros e outros grupos étnicos e sociais (como os homossexuais) tentando salvar suas tragédias do esquecimento histórico ou de trazê-las para o centro da atenção cultural e política. Comportando-se assim, são objetivamente levados a trazer de novo à discussão o caráter único do Holocausto judeu. Mas, a despeito das aparências e dos superficiais pontos de contato, tudo isso não tem nenhuma relação com o revisionismo histórico propriamente dito.

Judeus, indígenas e negros parecem reivindicar para si, em polêmica contraposição recíproca, a característica atribuída por Marx ao proletariado, ou seja, de ser o portador dos sofrimentos de toda a humanidade e, por isso, o próprio símbolo de sua possível redenção. Durante a Revolução Francesa, um

---

[226] Malcolm X, *Contro il potere bianco* (org. Ferruccio Gambino, Roma, Manifestolibri, 1995), p. 30.

[227] David B. Davis, "The Slave Trade and the Jews", *The New York Review of Books*, 22 dez. 1994.

romance utopista de Louis-Sébastien Mercier imagina, para o ano de 2440, a construção de um "monumento singular" a título de expiação do massacre dos indígenas e da escravização dos negros[228]. Depois da construção do mausoléu em memória do Holocausto judaico, talvez a espera dos indígenas e negros por esse "monumento singular" tenha se tornado mais impaciente. Mas sua aspiração não parece encontrar um eco profundo na cultura dominante. Em seu discurso de posse, Clinton celebrou seu país como "a mais antiga democracia do mundo". Nesse quadro histórico, negros e indígenas continuam sendo uma *quantité négligeable* [quantidade insignificante]. O recalque ou o menosprezo de uma ou de outra das tragédias que marcaram o destino de povos inteiros se dá em função da construção de mitos genealógicos evocados para definir nos termos mais lisonjeiros possível a identidade de um país e, dessa maneira, justificar seu papel privilegiado. Assim prosseguiu o presidente estadunidense: os Estados Unidos "devem continuar a guiar o mundo": "nossa missão é sem tempo". Semelhante é a lógica que move o revisionismo histórico alemão. Voltemos a Franz Joseph Strauss. É necessário acabar com as incessantes reevocações do horror do Terceiro Reich, de modo que a Alemanha, tornando-se "uma nação normal", possa "caminhar novamente com a cabeça alta" e "cumprir sua tarefa neste mundo". Trata-se de fazer com que o "gigante econômico", para citar desta vez Ernst Nolte, possa exercitar "um peso adequado no plano político"[229]. Ao silêncio sobre o *Black Holocaust* e sobre o *American Holocaust*, de um lado, corresponde a desvalorização do Holocausto judaico, do outro. Se, por um lado, ao fundar duas diferentes ideias de "missão" ou de "tarefa" mundial, os mitos genealógicos assim construídos podem entrar em contradição um com o outro, por outro lado, eles convergem plenamente para consolidar um terceiro mito genealógico. Uma vez que a tragédia dos peles-vermelhas e dos negros é recalcada e o extermínio dos judeus é desvalorizado – ou, de toda forma, distanciado da tradição colonial e atribuído à barbárie asiática (sequer se considera que a sorte dos judeus foi selada por sua dupla estigmatização como "indígenas" orientais e como portadores do bolchevismo oriental) –, o Ocidente conhece uma transfiguração ofuscante que não deixa mais espaço para balanços históricos equilibrados e para relações de igualdade com o resto do mundo.

---

[228] Louis-Sébastien Mercier, *L'An deux mille quatre cent quarante: rêve s'il en fût jamais* (org. Raymond Trousson, Paris, Ducros, 1971), p. 201-6.

[229] Citado em Jürgen Habermas, "Nachspiel", cit., p. 163; Ernst Nolte, *Intervista sulla questione tedesca*, cit., p. 79.

Se, por um lado, define o genocídio dos peles-vermelhas como o mais grave que se verificou, por outro lado, o já citado autor de *American Holocaust* sugere que se considere "único, por uma razão ou outra", cada um dos grandes genocídios da história da humanidade[230]. Age aqui de maneira imediata a preocupação de pôr fim aos conflitos que dividem as vítimas e seus descendentes. É claro que os historiadores devem continuar a indagar as peculiaridades de cada uma das grandes tragédias históricas. E, todavia, o horror da dupla desespecificação naturalista de que os judeus foram vítimas no século XX não pode ser adequadamente compreendido se a experiência deles for distanciada da tradição colonial que o Terceiro Reich quis retomar e radicalizar (proclamando ao mesmo tempo uma cruzada exterminadora contra os "bárbaros" que questionavam aquela tradição).

Como se sabe, após a queda do regime nazista, a cultura alemã mais avançada se colocou o problema da "elaboração do passado" (*Aufarbeitung der Vergangenheit*). Pode-se discutir se essa reflexão autocrítica foi suficientemente profunda, mas permanece o fato de que nada semelhante aconteceu para o Ocidente como um todo. E, em última análise, é nesse terreno que o revisionismo histórico afunda suas raízes.

---

[230] David E. Stannard, *American Holocaust*, cit., p. 151.

VI

SAUDADE DO IMPÉRIO: O REVISIONISMO HISTÓRICO NA GRÃ-BRETANHA

1. DOS TRÊS IMPÉRIOS GERMÂNICOS AOS DOIS IMPÉRIOS DE LÍNGUA INGLESA

Não só o Ocidente não completou uma real *Aufarbeitung der Vergangenheit*, como os acenos e as tentativas nessa direção entraram em choque com uma forte resistência e, até, com a reabilitação explícita da tradição colonial e com o convite a retomá-la e a reconhecer a sua atualidade. Vimos Popper depreciar a "pressa" com que se deu o processo de descolonização e o historiador Paul Johnson deslegitimar as revoluções anticoloniais e zombar de seus líderes – não apenas daqueles identificados com o marxismo e o leninismo, mas do próprio Gandhi. No entanto, se as revoluções anticoloniais devem ser condenadas, não seria melhor para a Grã-Bretanha chegar a um acordo com o Terceiro Reich e conservar dessa forma o seu império, começando pela Índia? Como sabemos, é assim que argumenta outro historiador britânico, John Charmeley, que critica duramente Churchill: este queria salvar o império, mas acabou por perdê-lo em função de sua intransigência antialemã e sua aliança final com a União Soviética, ou seja, com o país que desde seu nascimento instigava os povos coloniais à revolta. Talvez não fosse sem fundamento ou razoabilidade a perspectiva delineada por Hitler (e manifesta com uma força particular numa carta ao *Daily Mail* de 4 de setembro de 1937) do acordo entre os três impérios de "raça branca" e origem "germânica" – o britânico, o estadunidense e aquele que ele mesmo se propunha a edificar na Europa oriental, seguindo os passos dos cavaleiros teutônicos[1].

---

[1]   Cf., neste volume, cap. 3, § 9, p. 129-34 (para Popper e Johnson); cap. 4, § 6, p. 169-74 (para a carta de Hitler); e *passim* (para Charmeley).

A partir desse momento não é difícil entrever o caminho que conduz à reabilitação do próprio Terceiro Reich: trata-se do mau caminho percorrido por outro autor britânico, David Irving (que, no entanto, também tem trabalhos sérios de pesquisa histórica). Como explicar essa terrível involução política e intelectual? Hitler foi aquele que, antes de qualquer outro, se empenhou na reabilitação do colonialismo, o qual havia saído largamente desacreditado da carnificina da Primeira Guerra Mundial (guerra em que a corrida pela posse das colônias havia desembocado) e se tornado também o alvo do apelo lançado pela Revolução de Outubro aos escravos das colônias para que rompessem as próprias correntes.

Contra a ameaça mortal que se delineava à civilização ocidental, o líder nazista havia invocado a união de Alemanha, Grã-Bretanha e Estados Unidos, ressaltando as origens germânicas comuns aos três países. Sim, depois de desembarcarem na ilha situada do outro lado da Mancha, os germânicos haviam atravessado também o Atlântico. E, portanto – sublinhava em *Mein Kampf* –, também a população da "América do Norte" é "constituída, em sua maioria, de elementos germânicos"[2]. Aliás, nesses mesmos anos, ele afirmara no denominado *Zweites Buch* que se tratava de uma população orgulhosa de sua ascendência racial: "a União estadunidense se considera um Estado nórdico-germânico e não uma mistura internacional de povos"[3]. Havia todas as condições para a união dos três impérios germânicos.

Comportando-se dessa maneira, Hitler se vinculava a uma tradição que ia bem além de seu país. Na segunda metade do século XIX, numerosos autores ingleses haviam insistido nos laços de sangue que ligavam Inglaterra e Alemanha, essas "duas grandes correntes da raça teutônica" (isto é, germânica)[4]. Lord Robert Cecil (futuro marquês de Salisbury e futuro primeiro-ministro) havia contraposto "aos povos dos climas meridionais aqueles de ascendência [...] teutônica"[5]; em 1899, Joseph Chamberlain (ministro das Colônias) havia chamado oficialmente Estados Unidos e Alemanha a firmar, junto a seu país,

---

[2] Adolf Hitler, *Mein Kampf* (Munique, Zentralverlag der NSDAP, 1939), p. 313-4 [ed. bras.: *Minha luta*, trad. J. de Matos Ibiapina, Porto Alegre, Livraria do Globo, 1934].

[3] Idem, *Hitlers Zweites Buch. Ein Dokument aus dem Jahre 1928* (org. Gerhard L. Weinberg, Stuttgart, Deutsche Verlags-Anstalt, 1961), p. 131-2.

[4] Hugh A. MacDougall, *Racial Myth in English History: Trojans, Teutons, and Anglo-Saxons* (Montreal/Hanover, NH, Harvest/University Press of New England, 1982), p. 120 e 98.

[5] David Cannadine, "Il contesto, la rappresentazione e il significato del rito: la monarchia britannica e l'invenzione della tradizione", em Eric J. Hobsbawm e Terence Ranger,

uma aliança "teutônica"[6]. Não é uma visão tão diferente daquela que encontramos em Hitler. Mas tal clima ideológico não podia sobreviver ao antagonismo que havia dilacerado as três grandes potências germânicas ou teutônicas ao longo dos dois conflitos mundiais e diante da revelação do horror que manchou o Terceiro Reich.

Se quisermos compreender os desenvolvimentos ideológicos recentes, cabe retornar à guinada que já se delineia com os alinhamentos e a intensificação da Segunda Guerra Mundial e se reforça com a eclosão da Guerra Fria. Escrevendo ao presidente estadunidense Eisenhower, enquanto o chamava para combater o perigo que o comunismo soviético e oriental representava para o Ocidente, Churchill invocava "a unidade do mundo de língua inglesa" e ressaltava o papel essencial da Grã-Bretanha no seu interior, "com seus 80 milhões de brancos de língua inglesa"[7]. O apelo à união dos três países germânicos ou teutônicos cedia o lugar ao apelo à união dos dois principais países (brancos) de língua inglesa. Ainda que Churchill tivesse isso na cabeça, não falou de império britânico nem de império estadunidense enquanto a revolução anticolonial mundial estava em curso.

Chegamos assim aos nossos dias. Por um lado, Irvine é alvo de condenação geral: o seu revisionismo histórico não pode ter sucesso num momento em que a reabilitação e o resgate do colonialismo passam pela transfiguração deste em paladino da causa da democracia e dos direitos do homem. Por outro lado, quem conhece um enorme sucesso é um historiador (Niall Ferguson) que, em vez de reabilitar os três impérios germânicos, presta homenagem aos dois impérios de língua inglesa, e o faz de maneira explícita e evidente, superando as interdições linguísticas presentes no Churchill dos anos em que o movimento comunista exercia uma fortíssima influência entre os povos das colônias. Pois bem, "A questão não é se o imperialismo britânico era sem mácula. Claro que não era. A questão é se poderia haver uma via menos sangrenta para a modernidade. Talvez em teoria pudesse. Mas e na

---

L'invenzione della tradizione (Turim, Einaudi, 1987), p. 99 [ed. bras.: *A invenção das tradições*, trad. Celina Cavalcante, Rio de Janeiro, Paz e Terra, 1984].

[6] Cf. Henry Kissinger, *Diplomacy* (Nova York, Simon & Schuster, 1994), p. 186 [ed. bras.: *Diplomacia*, trad. Ann Mary Fighiera Perpétuo e Heitor Aquino Ferreira, São Paulo, Saraiva, 1994].

[7] Peter G. Boyle (org.), *The Churchill-Eisenhower Correspondence, 1953-1955* (Chapel Hill/Londres, The University of North Carolina Press, 1990), p. 34 (carta ao presidente estadunidense Eisenhower de 5 abr. 1953).

prática?"[8]. Ao longo do século XX, o império atravessou o Atlântico, mas sem perder seu caráter benéfico e progressista: "Não tenho objeções de princípio a um império estadunidense. Aliás, minha tese é de que diferentes lugares do mundo extrairiam benefício se, por algum tempo, fossem governados pelos estadunidenses"[9].

O quadro geral já está claro. Antes de avançar, conviria refletir sobre as razões por que este capítulo essencial do revisionismo histórico se desenrola fundamentalmente no Reino Unido. O centro não podia ser constituído por um país como a Alemanha ou a Itália, onde ainda está viva a memória histórica do vínculo entre nazifascismo, de um lado, e reivindicação do "espaço vital" e celebração do expansionismo colonial, do outro. O centro não podia ser sequer a França, que, com sua revolução, inspirou a primeira grande revolução anticolonial, isto é, a revolução promovida pelos negros escravizados de São Domingos/Haiti e guiada por um "jacobino negro", Toussaint Louverture. Enfim, o centro não podiam ser os Estados Unidos, o país que nasceu de uma revolta contra o Império Britânico e que, ao longo de sua ascensão, em várias ocasiões, não hesitou em assumir poses anticolonialistas. Partindo do Reino Unido, o convite ao Ocidente para ir à desforra sob a égide do Império Estadunidense, continuador e herdeiro do Império Britânico, suscita um grande eco, em primeiro lugar, claro, nos Estados Unidos, bem como em todo o Ocidente.

2. UMA "VIA" MANCHADA DE SANGUE PARA UMA "MODERNIDADE" PROBLEMÁTICA

Além dos dois impérios de língua inglesa, Ferguson reabilita a ideia de Império (ocidental) como tal. Este é chamado a exercer a sua soberania, direta ou "informal", não apenas sobre os países que se descolonizaram com "pressa" excessiva, ou sobre os assim chamados "Estados falidos" ou afetados por algum extremismo (como o fazem Popper e Johnson), mas, em última análise, em nível planetário. Isso é de fundamental importância em razão da situação

---

[8] Niall Ferguson, *Empire: How Britain Made the Modern World* (Londres, Penguin, 2004), p. xxviii [ed. bras.: *Império: como os britânicos fizeram o mundo moderno*, trad. Marcelo Musa Cavallari, São Paulo, Planeta, 2010].

[9] Idem, *Colossus: The Rise and Fall of the American Empire* (Londres, Penguin, 2005), p. 2 [ed. bras.: *Colosso: ascensão e queda do império americano*, trad. Marcelo Musa Cavallari, São Paulo, Planeta, 2011].

repleta de perigos que se criou internacionalmente. Já no título de um livro seu particularmente bem-sucedido (*Civilização: Ocidente x Oriente*), Ferguson parece retomar o lugar-comum do Ocidente como ilha da civilização, cercada, senão por bárbaros, por povos de valor e confiabilidade dúbios. A linguagem utilizada é militante. Infelizmente, no nível planetário, o centro de gravidade econômico tende a se deslocar para o Leste: "Isto que estamos vivendo agora é o fim de quinhentos anos de predomínio ocidental"; e, no entanto, a ameaça mais grave é "a perda, do nosso lado, da fé que herdamos de nossos ancestrais"[10]. Recuperar essa "fé" significa redescobrir a grandeza do Império Britânico (e da "via para a modernidade" por ele então apontada) e do estadunidense "império da liberdade" (*empire of liberty*) teorizado por Jefferson[11].

Salta logo aos olhos a fragilidade histórica dessa construção ideológica. O "império da liberdade" ou, mais exatamente, "para a liberdade" (*for liberty*) – chamado a anexar o quanto antes não apenas Cuba, mas também o Canadá (a ser arrancado pela via armada ao controle do governo de Londres), e a se tornar, então, o maior e mais glorioso "desde a Criação até hoje"[12] – é pensado pelo estadista estadunidense em dura contraposição ao Império britânico, ao qual ele atribuía os piores crimes. Ao menos em sua correspondência privada, Jefferson não tem dificuldade em reconhecer o horror da guerra contra os indígenas. Mas, a seus olhos, o responsável por tal horror é o governo de Londres, que incitou aquelas "tribos" selvagens e sanguinárias; é uma situação que "nos obriga agora a persegui-las e exterminá-las, ou, ainda, a empurrá-las para novos acampamentos distantes de nosso alcance". Resta o fato de que "o tratamento brutal, se não o extermínio dessa raça na nossa América", deve ser colocado na conta da Inglaterra; assim como a sorte semelhante dos "povos asiáticos da mesma cor" (dos peles-vermelhas) e dos irlandeses (a quem os ingleses, com quem compartilham a "cor" da pele, deveriam considerar "irmãos") deve sempre ser debitada da política do governo de Londres, empenhado em semear a destruição e a morte "em qualquer lugar em que a ganância anglo-mercantil possa encontrar um interesse, ainda que mínimo, em inundar a terra de sangue

---

[10] Idem, *Civilization: The West and the Rest* (Londres, Penguin, 2011), p. 322 e 325 [ed. bras.: *Civilização: Ocidente x Oriente*, trad. Janaína Marcoantonio, São Paulo, Planeta, 2012].

[11] Idem, *Colossus: The Rise and Fall of the American Empire*, cit., p. 2.

[12] Citado em James Morton Smith (org.), *The Republic of Letters: The Correspondence between Thomas Jefferson and James Madison, 1776-1826*, v. III (Nova York/Londres, Norton, 1995), p. 1.586 (carta a James Madison de 27 abr. 1809).

humano"[13]. E a acusação não para aqui: estamos diante de um império pior até que aquele edificado por Napoleão. Se este levará consigo para o túmulo "sua tirania", no caso do Império Britânico é a "nação" inteira que pretende impor seu domínio absoluto sobre os mares, uma nação que constitui "um insulto ao intelecto humano"[14]. Seu comportamento despótico e beligerante, que força até a jovem república norte-americana a aventurar-se na via do desenvolvimento industrial e do rearmamento, é inspirado por "Satanás"[15]. Em qualquer cenário, a relação entre os dois países só pode ser a de uma "guerra eterna" (*eternal war*), destinada ao "extermínio (*extermination*) de um ou de outro lado"[16]. Claro, quando Jefferson assim se exprime, está em curso a guerra que, de 1812 a 1815, contrapõe a Grã-Bretanha e os Estados Unidos. De toda maneira, a fúria ideológica dessas declarações ridiculariza a pretensão de Ferguson de erguer ao panteão dos benfeitores da humanidade, um ao lado do outro, um abraçado ao outro, os dois impérios: os impérios britânico e estadunidense.

Mas detenhamo-nos sobre o primeiro. Deveria ser óbvia a necessidade de escutar também a voz dos povos colonizados para formular um juízo equilibrado. Ao longo da Segunda Guerra Mundial, Gandhi não hesita em comparar o Império Britânico e a Alemanha nazista: "Na Índia temos um governo hitlerista, ainda que camuflado em termos mais brandos"[17]. Sabe-se que esse juízo (cuja justa severidade, entretanto, é debilitada pela subestimação do salto de qualidade que a autocracia e a violência colonialistas alcançaram no Terceiro Reich) é também estimulado pelo ressentimento decorrente da obstinada recusa do governo de Londres em conceder a independência. Vamos então dar a palavra a historiadores indianos que escrevem mais de meio século depois do fim do domínio britânico. Eis como um deles sintetiza (já na primeira orelha do segundo volume da obra) a repressão que se abateu sobre a Revolta dos Cipaios, ou primeira "guerra de independência", ainda que conduzida com palavras de ordem de caráter religioso (como frequentemente acontece em casos desse

---

[13]   Thomas Jefferson, *Writings* (org. Merrill D. Peterson, Nova York, The Library of America, 1984), p. 1.312-3 (carta a A. von Humboldt de 6 dez. 1813).

[14]   Ibidem, p. 1.272-3 (carta a Madame de Staël de 24 maio 1813).

[15]   Ibidem, p. 1.357 (carta a W. Short de 28 nov. 1814).

[16]   Ibidem, p. 1.366 (carta a M.-J. de la Fayette de 14 fev. 1815).

[17]   Mohandas K. Gandhi, *The Collected Works of Mahatma Gandhi*, v. LXXX (Nova Déli, Publications Division, Ministry of Information and Broadcasting, 1969-2001), p. 200 ("Answers to Questions", 25 abr. 1941).

gênero): "mais de 10 milhões de indianos – 7% da população do país – perderam a vida, na grande maioria, massacrados a sangue-frio por esquadrões de soldados ingleses dedicados à pilhagem"[18]. Uma historiadora indiana fala em uma "guerra secreta" contra o povo indiano, uma guerra que não recua nem diante do genocídio, quando trata da penúria que se abate sobre a região da Bengala durante a Segunda Guerra Mundial. É uma acusação pesada e provavelmente excessiva, mas a ideologia expressa por Churchill naqueles anos parece comprová-la: "Odeio os indianos. Eles são um povo desumano com uma religião desumana"; felizmente, um número sem precedentes de "soldados brancos" se ocupam em manter a ordem e em defender a civilização[19]. Pois bem, estamos diante de uma raça "protegida do destino que lhe cabe apenas por seu proliferar"; portanto, o marechal Arthur Harris, o artífice dos bombardeios aéreos que varreram a Alemanha, faria bem em "enviar para destruí-los alguns de seus bombardeiros em excesso"[20].

Segundo a definição de Marx, a Índia é "a Irlanda do Leste"[21]. Voltemos agora a atenção para aquela que, por analogia, poderíamos chamar de Índia do Ocidente: os irlandeses são considerados e tratados pelos conquistadores e colonos ingleses da mesma forma que os "amalequitas", ou seja, o povo destinado pelo Antigo Testamento a ser aniquilado[22]. Tal afirmação dificilmente impressionaria um intelectual que goza de grande fama no Ocidente também pelo fato de desprezar os "poucos devotos, duros de morrer, de Karl Marx"[23]. Convém, então, citar o juízo negativo de Gustave de Beaumont, o liberal francês amigo de Tocqueville: está em curso na Irlanda "uma opressão religiosa que vai muito além do que podemos imaginar"; em seu conjunto, os abusos, as humilhações, os sofrimentos impostos pelo "tirano" inglês a esse "povo escravo" demonstram que "nas instituições humanas existe um grau de egoísmo e de loucura cuja divisa é impossível definir"[24]. Assim, refere-se ao domínio exercido

---

[18] Amaresh Misra, *War of Civilisations: India AD 1857* (Nova Déli, Rupa, 2008), 2 v.

[19] Citado em Madhusree Mukerjee, *Churchill's Secret War: The British Empire and the Ravaging of India during World War II* (Nova York, Basic Books, 2010), p. 78.

[20] Ibidem, p. 247.

[21] Karl Marx e Friedrich Engels, *Werke, Artikel, Entwürfe, jan.-dez. 1853* (Amsterdã, IMES, 1990 sq.), MEGA I/12, p. 166.

[22] Idem, *Werke*, v. XVI (Berlim, Dietz, 1955 sq.), p. 447.

[23] Niall Ferguson, *Civilization*, cit., p. 7.

[24] Gustave de Beaumont, *L'Irlande sociale, politique et religieuse* (org. Godeline Charpentier, Lille, Ceriul/Universidade Charles De Gaulle-Lille III, 1989), v. I, p. 331; v. II, p. 306 e 201.

Guerra e revolução

pelo Império britânico na ilha infeliz como o limite extremo do Mal, como o Mal absoluto. Nos dias de hoje, essa representação é reservada, na maioria das vezes, ao Terceiro Reich.

Para completar o quadro, voltemos o olhar para a África. Entre 1952 e 1959, eclode no Quênia a Revolta dos Mau-Mau. Lançando mão da mais recente historiografia sobre o tema, uma prestigiosa revista liberal estadunidense descreveu os métodos de que se vale o governo de Londres para restabelecer a ordem na sua colônia. No campo de concentração de Kamiti, as mulheres

> [e]ram interrogadas, chicoteadas, reduzidas à inanição e submetidas a trabalhos forçados que incluíam o preenchimento de valas comuns com cadáveres provenientes de outros campos de concentração. Várias delas davam à luz em Kamiti, mas a taxa de mortalidade das crianças era assustadora. As mulheres enterravam os seus filhos em montes de seis.[25]

E quanto ao império estadunidense? A sua celebração como "*empire for liberty*" não impedia Jefferson de teorizar a necessidade do extermínio dos ameríndios, ainda que o credite ao império rival, dos britânicos. E não lhe impedia sequer de ser proprietário de escravos e de proceder à sua completa desumanização, a ponto de vender os membros de uma mesma família como mercadorias separadas, conforme a necessidade. E tudo isso – quem ressalta é o próprio Ferguson – "em um período em que o movimento pela abolição da escravatura já estava em marcha nas duas margens do Atlântico"[26]. Não por acaso, o paladino do "império para a liberdade" estava empenhado, ao mesmo tempo, em isolar politicamente e estrangular economicamente a República do Haiti, governada por ex-escravizados protagonistas de uma grande revolução e luta pela liberdade.

Mais de um século depois – nesse ínterim, os ameríndios foram em grande parte exterminados da face da Terra –, a situação vigente nos Estados Unidos era assim sintetizada por um respeitado historiador estadunidense: "Os esforços para preservar a 'pureza da raça' no Sul dos Estados Unidos antecipavam alguns aspectos da perseguição desencadeada pelo regime nazista contra os judeus nos anos 1930"[27].

---

[25] Neal Ascherson, "The Breaking of the Mau Mau", *The New York Review of Books*, 7 abr. 2005, p. 29.

[26] Niall Ferguson, *Civilization*, cit., p. 129.

[27] George M. Fredrickson, *Breve storia del razzismo* (Roma, Donzelli, 2002), p. 8 e 134-5.

E mais uma vez deparamos com o Terceiro Reich! Cabe logo esclarecer que seria equivocado equipará-lo aos dois impérios de que tratamos mais diretamente neste momento. Mas é fato que seria ainda mais equivocado transformar em paladinos da causa da liberdade dois impérios que, apesar de suas diferentes personalidades, de uma forma ou de outra acabam por evocar uma contiguidade tão inquietante. De resto, diga-se que "a via para a modernidade" – que, aos olhos de Ferguson, o Império Britânico e o Império Estadunidense teriam o mérito de promover – é bem mais "sangrenta" do que ele acredita.

Em especial, mostram-se muito problemáticas a própria categoria de "via para a modernidade" e a visão a ela relacionada. Segundo essa visão, os povos atingidos pelo expansionismo e pelo domínio anglo-estadunidense (e ocidental, como um todo) teriam, graças a isso – embora pagando pesados custos humanos e sociais – se encaminhado pela via que conduz à "modernidade", ao desenvolvimento econômico e político, ao *rule of law*, à afirmação e à liberdade do indivíduo. Esse discurso é claramente desprovido de qualquer fundamento para ameríndios, aborígines da Austrália e da Nova Zelândia, e todos os povos que foram eliminados da face da Terra. Mas o esquema evolucionista aqui sugerido não é válido nem sequer para os demais povos.

Favorecida e promovida pela expansão colonial, a escravidão que se afirma na América que é parte integrante do Império Britânico e, depois, nos Estados Unidos (que, desde o início, tendem a se configurar como um novo e mais potente império) leva a uma inaudita desumanização e mercantilização do escravizado. Uma vez que caem por terra os tradicionais vínculos religiosos, a lógica do mercado se afirma de maneira sólida: a família do escravizado (esposa ou companheira e filhos) é dissolvida em elementos isolados, cada um dos quais constitui uma mercadoria que pode ser introduzida separadamente no mercado. Ao mesmo tempo, a barreira racial entre brancos e negros torna quase impossível a emancipação e continua a perseguir também os libertos, que, por causa da cor da pele, estão para sempre excluídos da raça ou da comunidade das pessoas livres. Encontra-se em ação a escravidão-mercadoria de caráter racial, ou ainda, segundo o abolicionista inglês John Wesley, a escravidão "mais vil que já surgiu na Terra"[28]. É possível colocar a escravidão "mais vil que já surgiu na Terra" no âmbito da "via para a modernidade", mas dificilmente esta última pode ser identificada com uma "via para a liberdade".

---

[28] Robert Isaac Wilberforce e Samuel Wilberforce, *Life of William Wilberforce by his sons*, v. I (Londres, Murray, 1838), p. 297 (carta a W. Wilberforce de 24 fev. 1791).

262 GUERRA E REVOLUÇÃO

É evidente a imprecisão da categoria sobre a qual Ferguson funda sua apologia do império: quem representa a "modernidade" nas guerras desencadeadas pela Grã-Bretanha para impor à China que escancare as portas para a importação do ópio? É mais moderno o livre comércio do ópio ou sua proibição? A legislação vigente em nossos dias em quase todos os países do mundo parece atestar a "modernidade" não do agressor colonialista, mas de sua vítima! E quem representa a "modernidade" quando, em meados do século XIX, a China é dilacerada e manchada de sangue por uma gigantesca guerra civil? São os Taiping, dirigidos por um líder informado por leituras cristãs e, ainda que de maneira confusa, animados pela aspiração a introduzir reformas radicais? Ou é a dinastia manchu, leal ao Antigo Regime, agarrada ao poder e à tradição confuciana, e, por fim, apoiada pela Grã-Bretanha? Embora fosse um ardoroso chauvinista, propenso a justificar também as práticas genocidas consideradas necessárias para a conquista da Argélia[29], Tocqueville tinha a honestidade intelectual necessária para reconhecer um ponto essencial: "Nós tornamos a sociedade muçulmana bem mais miserável, mais desorganizada, mais ignorante e mais bárbara do que já era antes de nos conhecer"[30].

A categoria em que Ferguson investe em primeiro lugar para reabilitar e celebrar os impérios britânico e estadunidense se torna tanto mais discutível se a analisamos a partir do fenômeno do fundamentalismo – fenômeno que está no centro do debate contemporâneo político e ideológico, mas que não é, de modo algum, recente. São instrutivos dois capítulos da história em dois diferentes continentes. No início do século XIX, se desenvolve nos Estados Unidos uma das primeiras tentativas de opor uma resistência organizada à invasão e à devastação infligidas pelos colonos brancos. É o movimento anticolonialista liderado por Tecumseh e seu irmão. Eles culpam também o abandono das antigas tradições pela tragédia que está engolindo seu povo; assim, acreditam que é necessário, entre outras coisas, deixar de lado as vestimentas europeias que haviam sido adotadas para retornar às roupas de couro. Tal visão é menos ingênua do que pode parecer à primeira vista. O expansionismo branco era ainda mais arrasador porque passava como um rolo compressor sobre os costumes e a identidade das populações subjugadas,

---

[29] Domenico Losurdo, *Controstoria del liberalismo* (Roma/Bari, Laterza, 2005), cap. 7, § 6 [ed. bras.: *Contra-história do liberalismo*, trad. Giovanni Semeraro, Aparecida, SP, Ideias & Letras, 2006].

[30] Alexis de Tocqueville, *Oeuvres complètes*, t. III, v. 1 (org. J.-P. Mayer, Paris, Gallimard, 1951), p. 323.

obrigadas ou levadas a renunciar às danças e às festas indígenas e adotar uma vestimenta "civilizada" e estadunidense. O retorno às origens se configurava então como uma tentativa desesperada de recuperar a identidade negada e reprimida, de modo que se colocasse em ação um mínimo de resistência. Estamos diante de uma recusa total, de tipo fundamentalista, da modernidade; mas tal recusa é a reação à expansão colonial, pois esta, longe de aplainar a *path to modernity*, acaba por obstruí-la, tornando-a odiosa aos olhos das vítimas.

E agora voltemos novamente a atenção para o capítulo da história que se desenvolve na China. Algumas décadas após a repressão com que, graças também à ajuda fornecida pela Grã-Bretanha, a dinastia manchu interrompe a Revolta dos Taiping – os quais, por um lado, alimentam profunda hostilidade ao poder dominante e à tradição confuciana, e, por outro, olham com interesse e simpatia para o cristianismo e para o Ocidente –, se desenvolve um movimento com características totalmente diferentes e até contrapostas. Estamos em 1900: os boxers apontam suas miras não só para os invasores e seus "cúmplices", mas também para as ideias e as próprias invenções técnicas do Ocidente, enquanto defendem fanaticamente a tradição religiosa e a política autóctones. À sua fúria não escapam nem o telégrafo, nem as ferrovias, nem o cristianismo: a penetração desses elementos na China havia coincidido com o avanço do poderio técnico e ideológico do Ocidente e com a consequente humilhação nacional do país. Tudo o que é considerado estranho à autêntica tradição chinesa e aos anos felizes – ou tornados felizes pela transfiguração – da China anterior ao choque com as grandes potências coloniais é objeto de definitiva condenação. De novo estamos diante de uma revolta de tipo fundamentalista: é expressão não de uma evolução endógena da cultura autóctone, mas de uma tentativa desesperada de resistência à agressão colonialista, que uma vez mais acaba estimulando nos povos subjugados a aversão a uma "modernidade" tão opressiva[31].

Embora de outras formas, os efeitos do colonialismo podem ser devastadores também para os conquistadores. O caso da Índia demonstra isso bem. A partir da Revolta dos Cipaios, aos olhos dos colonizadores ingleses, os indianos se transformam para todos os efeitos em *niggers*, membros de uma raça inferior, com a qual convém evitar toda forma de contaminação – inclusive, e em primeiro lugar, a contaminação sexual:

---

[31] Domenico Losurdo, *Il linguaggio dell'Impero: lessico dell'ideologia americana* (Roma/Bari, Laterza, 2007), cap. 2, § 6 [ed. bras.: *A linguagem do império: léxico da ideologia estadunidense*, trad. Jaime A. Clasen, São Paulo, Boitempo, 2010, p. 66-9].

264 Guerra e revolução

Após a Grande Revolta de 1857, a postura quanto às relações sexuais entre indivíduos de raças diferentes se tornou mais rígida, no âmbito de um processo mais geral de segregação [...]. Em 1901, a segregação racial havia se tornado a norma em grande parte do Império Britânico.[32]

O advento do racismo, ou o seu recrudescimento (no âmbito de um processo que conhece no Terceiro Reich seu ápice sanguinário), deveria ser inserido na "via para a modernidade"?

Mesmo se nos concentrarmos exclusivamente na dimensão econômica do problema, "não há dúvida de que o afluxo dos produtos industriais ingleses de 1813 em diante implicou para a Índia uma desindustrialização em vastíssima escala": o domínio colonial causa, em primeiro lugar, a falência do artesanato e da "indústria têxtil", e a redução do país asiático à condição de fornecedor de matéria-prima para a indústria têxtil inglesa[33]. Mais uma vez se impõe a pergunta: seria esta a "via para a modernidade"?

3. Entre recalque e transfiguração do colonialismo estadunidense

Além dos impérios britânico e estadunidense, são objeto de celebração de Ferguson a "*western civilisation*" e sua avassaladora expansão a partir de 1500 (ou seja, a partir da descoberta-conquista da América):

Nenhuma civilização precedente jamais obteve um predomínio semelhante àquele obtido pelo Ocidente sobre o resto do mundo [...]. Em 1913, onze impérios ocidentais controlavam quase três quintos do território e da população e mais de três quartos (impressionantes 79%) da produção mundial.

Os "onze impérios ocidentais" de que se fala são listados: "Áustria, Bélgica, França, Alemanha, Itália, Países Baixos, Portugal, Espanha, Rússia, Reino Unido e Estados Unidos"[34].

Paradoxalmente, aquele que coloca em discussão essa delimitação espacial do colonialismo ocidental é exatamente o país-guia do Ocidente, celebrado pelo

---

[32] Niall Ferguson, *Ventesimo secolo, l'età della violenza* (Milão, Mondadori, 2008), p. 56 [ed. bras.: *Guerra do mundo: a era de ódio na história*, São Paulo, Planeta, 2015].

[33] Paul Bairoch, *Economia e storia mondiale: miti e paradossi* (Milão, Garzanti, 1996), p. 114-5.

[34] Niall Ferguson, *Civilization*, cit., p. 5 e 7.

historiador britânico. Em 27 de fevereiro de 2003, o então secretário da Defesa estadunidense, Donald Rumsfeld, proclamava: "Não somos uma potência colonial. Nunca fomos uma potência colonial"[35]. Essa declaração foi pronunciada na véspera da eclosão da Segunda Guerra do Golfo e algum tempo depois da instalação de um famigerado campo de concentração em Guantánamo – um território, por sua vez, arrancado de Cuba. Mas todas essas circunstâncias que remetem à história do colonialismo não perturbavam a consciência limpa do homem político estadunidense.

Este, sem que o soubesse, podia se vangloriar de ilustres predecessores que apoiavam sua tese. Vejamos de que modo, em 1919, Joseph Schumpeter refutava a tese enunciada por Lenin enquanto ainda se desencadeava violentamente o primeiro conflito mundial: o imperialismo (e as guerras a ele vinculadas) como fase suprema do capitalismo? Nada mais distante da realidade! – objetava o grande economista. Para se convencer disso, bastava dar uma olhada nos Estados Unidos: exatamente ali, onde o capitalismo era bastante desenvolvido, o ideal da paz dominava, inconteste, na cultura e na práxis política. Eram tradicionalmente ausentes a aspiração à expansão e ao domínio colonial, bem como as vozes belicistas; estas ressoavam com intensidade na Europa, onde ainda se fazia sentir o peso do Antigo Regime pré-capitalista[36].

Quarenta anos depois, é Hannah Arendt quem lança novamente e radicaliza a leitura dos Estados Unidos como país sem passado colonial: "o colonialismo e o imperialismo das nações europeias" são o "grande crime em que os Estados Unidos nunca estiveram implicados"[37]. Nesse quadro – por uma "distração" incrível para dois grandes intelectuais –, não havia espaço para a guerra contra o México e o desmembramento de seu território, para a colonização e a anexação do Havaí, para a conquista das Filipinas e a repressão impiedosa ao movimento independentista, que lançou mão – às vezes, de forma explícita – das práticas genocidas que, em outras épocas, foram postas em ação ao longo das campanhas contra os indígenas.

Aqui nos confrontamos com o recalque mais gritante: a expropriação, deportação e dizimação dos nativos, com a finalidade de adquirir a terra

---

[35] Idem, *Colossus*, cit., p. 1.

[36] Joseph A. Schumpeter, *Sociologia dell'imperialismo* (Roma/Bari, Laterza, 1974), p. 76 e 79-80.

[37] Hannah Arendt, "Reflections on Little Rock", *Dissent*, inverno 1959, p. 45-56 [ed. bras.: "Reflexões sobre Little Rock", em *Responsabilidade e julgamento*, trad. Rosaura Eichenberg, São Paulo, Companhia das Letras, 2004], p. 46.

frequentemente cultivada graças ao trabalho dos negros escravizados, deportados da África em viagens marcadas por uma altíssima taxa de mortalidade. Esse capítulo da história, não por acaso, inspira Hitler, que identifica nos "indígenas" da Europa oriental os índios a serem expropriados e dizimados para tornar possível a germanização dos territórios conquistados, enquanto os sobreviventes são destinados a trabalhar como os negros escravizados a serviço da raça dos senhores. Pois bem, segundo Arendt (pelo menos em sua fase inicial estadunidense), esse capítulo da história, que abraça o arco temporal do expansionismo colonial do Ocidente e sintetiza todo o seu horror, não teria nenhuma relação com a história do colonialismo! E a filósofa enuncia tal tese exatamente quando é obrigada a se acertar com o movimento de luta dos afro-estadunidenses, que, encorajados pela onda planetária da revolução anticolonialista, se propõem a liquidar de uma vez por todas, no Sul dos Estados Unidos, o regime da *white supremacy*!

Na realidade, bem longe de estar ausente da história da república norte--americana, o "grande crime" do colonialismo pesa, de forma decisiva, desde o momento de sua fundação, na esteira da guerra de independência contra a Grã-Bretanha. Qual é o motivo desencadeador desse conflito? Passemos a palavra a Theodore Roosevelt, presidente dos Estados Unidos de 1901 a 1909:

> O fator principal para produzir a Revolução, e mais tarde a guerra de 1812, foi a incapacidade da mãe-pátria em compreender que os homens livres, que avançavam na conquista do continente, deviam ser encorajados nesse trabalho [...]. A expansão dos duros, aventureiros homens da fronteira era para os estadistas de Londres causa de ansiedade mais do que de orgulho, e o famoso Quebec Act, de 1774, foi em parte arquitetado com o objetivo de manter permanentemente a leste dos montes Allegheny as colônias de língua inglesa e conservar o grandioso e belo vale do rio Ohio como terreno de caça para os selvagens.[38]

Eis aí, anunciado com clareza e orgulho, o impulso colonialista e expansionista que conduz a revolta dos colonos ingleses na América! E eis explicitamente desmentidos Arendt e Schumpeter! Segundo este último, a aspiração à paz caracterizaria um país puramente capitalista (os Estados Unidos), sem um Antigo Regime no passado. Na realidade, Theodore Roosevelt comemora a

---

[38] Theodore Roosevelt, *The Strenuous Life: Essays and Addresses* (Nova York, The Century, 1901), p. 246-7.

fundação da república norte-americana em nome do direito da raça branca a uma ilimitada expansão colonial, imposta com a força das armas. Estamos na presença de um homem de Estado que foi significativamente alçado ao panteão da república estadunidense, mas que tece loas à guerra como tal, zomba de quem "recua horrorizado diante de sangue", teoriza a "guerra de extermínio" contra as "raças inferiores" e alude de maneira quase divertida ao genocídio dos nativos[39]. Não apenas na prática, mas também na teoria, colonialismo e imperialismo desenvolveram um papel essencial e nefasto na história dos Estados Unidos.

Um historiador de profissão não pode ignorar tudo isso e, de fato, Ferguson observa: "não havia imperialistas mais seguros de si do que os Pais Fundadores". Para dar só um exemplo, George Washington já falava do país nascido da guerra de independência contra o governo de Londres como de um "império nascente", ou ainda, de um "império recém-nascido"[40]. Estamos diante não apenas de imperialistas, mas de imperialistas bem despudorados. A primeira preocupação deles é se desvencilhar dos limites impostos pela Coroa britânica à expansão para o Oeste, em prejuízo dos peles-vermelhas. Tratava-se de um limite absolutamente intolerável para colonos dominados por uma "visão expansionista do futuro – uma visão de furto manifesto (*manifest larceny*), cara em especial aos especuladores de terras como George Washington"[41]. Pois bem, o "*Manifest Destiny*", que, no século XIX, dominou a irresistível expansão dos Estados Unidos, se revela como aquilo que realmente era desde o início: "*manifest larceny*". É possível imaginar uma desmistificação mais radical do imperialismo estadunidense, dos Pais Fundadores e de seus mitos fundadores? Contudo, as observações do historiador britânico não são, de forma alguma, elemento de denúncia ou de crítica. Quer seu olhar se volte para o passado, para o presente ou para o futuro, ele continua a falar com devoção do "Império pela liberdade".

Ferguson se vincula, talvez sem que o saiba, aos defensores mais exaltados do imperialismo estadunidense. No início do século XIX, Albert J. Beveridge homenageava, ao mesmo tempo, o "evangelho da liberdade", que se encarnava na república norte-americana, e o imperialismo estadunidense[42]. Ele fazia partir

---

[39] Ver, neste volume, cap. 3, § 3, p. 105-10; cap. 5, § 5, p. 205-11.

[40] Niall Ferguson, *Colossus*, cit., p. 33-4.

[41] Idem, *Civilization*, cit., p. 115-6.

[42] Albert J. Beveridge, *The Meaning of the Times and others Speeches* (Freeport, NY, Books for Libraries Press, 1968), p. 50.

de Jefferson, "o primeiro imperialista da república", a marcha irresistível do "povo que surgiu do sangue mais poderoso (*masterful*) da história", assistido por Deus e que, aliás, podia ser considerado o "Seu povo eleito". Explicavam-se assim as conquistas que se sucediam uma atrás da outra: "As ilhas do Havaí são nossas; Porto Rico será nosso, como nos roga seu próprio povo; Cuba acabará por ser nossa [...]; a bandeira de um governo livre é destinada a se agitar sobre as Filipinas"[43]. Se, no início do século XIX, o senador estadunidense convocava a "liga divina do povo inglês" (*English-people's league of God*) a realizar "a paz permanente deste mundo destruído pela guerra"[44], cerca de um século mais tarde o historiador inglês atribui função semelhante ao providencial bastão graças ao qual o Império Estadunidense toma o lugar do Britânico.

Ferguson se sente plenamente à vontade no clima político e cultural que caracteriza os Estados Unidos nos primeiríssimos anos do século XXI: não são poucas as vozes que saúdam com calor o império que está tomando forma; não falta sequer quem invoque a instituição de um *Colonial Office* com a tarefa de administrar o imenso espaço colonial e imperial que, de uma forma ou de outra, está a serviço de Washington. O historiador britânico expressa o seu contentamento porque finalmente os estrategistas estadunidenses, pelo menos aqueles mais audazes, reconhecem a realidade e a necessidade do Império sem se deixarem intimidar por interdições linguísticas[45]. Rumsfeld, portanto, engana-se ao assumir poses anticoloniais; comportando-se desse modo, ele se coloca em contradição, em primeiro lugar, com os "Pais Fundadores". Cabe ter ciência da realidade: "Os Estados Unidos adquiriram um império, mas aos estadunidenses falta a mentalidade imperial. Eles gostariam muito mais de consumir do que de conquistar. Gostariam de construir shopping centers em vez de nações". Em resumo, o que caracteriza o povo e os dirigentes dos Estados Unidos, infelizmente, é "a ausência de vontade de potência", e é esta ausência que pode levar à ruína um império tão benéfico[46].

Este capítulo da história da ideologia faz pensar no que aconteceu nos Estados Unidos mais de um século atrás. Em meados do século XIX, enquanto se acirrava o conflito que viria a desembocar na Guerra da Secessão, John Calhoun – deixando de lado as justificativas reticentes e desajeitadas da escravização

---

[43] Ibidem, p. 47-50.

[44] Ibidem, p. 44.

[45] Niall Ferguson, *Colossus*, cit., p. 4-8.

[46] Ibidem, p. 29.

negra – proclamava que esta era um "bem positivo"; o Sul não tinha nada do que se envergonhar, só podia ficar orgulhoso. Nos anos exatamente seguintes à dissolução da União Soviética e, sobretudo, à triunfal guerra da Organização do Tratado do Atlântico Norte (Otan) contra a Iugoslávia, o império e o imperialismo parecem também um "bem positivo", ao qual o Ocidente e os Estados Unidos não devem renunciar e do qual podem ter orgulho. É uma temporada ideológica de breve duração, mesmo porque a ascensão inesperadamente rápida da China logo faz emergir sérias dúvidas quanto à solidez da *western supremacy*. São dúvidas que Ferguson tenta em vão dissipar.

É assim que se delineia um entrecruzamento singular de aparente desmistificação e de real apologia. A aparente desmistificação volta sua mira para as interdições linguísticas que tentam, com dificuldade, camuflar a prática imperialista e podem tolhê-la; a apologia diz respeito a essa mesma prática, que agora é chamada a se desenvolver sem inibições e com mais decisão e energia. Tal entrecruzamento singular é uma fórmula de sucesso: os resenhistas podem celebrar os livros de Ferguson por serem "brilhantes e provocadores"; os governos e os oficiais de justiça imperiais se sentem encorajados e podem perseguir, e até mesmo radicalizar, sua tradicional política, distantes e protegidos de qualquer crítica real.

4. A apologia do Ocidente e o seu *"enfant terrible"*

A combinação em diferentes formas, dependendo da situação, da tradicional apologia com uma linguagem aparentemente dessacralizadora caracteriza o discurso de Ferguson como um todo. Vejamos de que maneira ele trata das guerras do ópio, o encontro-choque entre o Reino Unido e a mais antiga civilização do mundo. Da mesma forma que as outras potências europeias,

> [t]ambém a Grã-Bretanha soube como fazer render a guerra no século XIX: cerca de 40% do orçamento da defesa para o ano de 1842 foi coberto pela indenização de 5,8 milhões de libras esterlinas imposta à China com o Tratado de Nanquim: na Câmara dos Comuns, Palmerston chegou até a se vangloriar pelo fato de que a guerra tinha se revelado um bom negócio.[47]

---

[47] Idem, *The Cash Nexus: Money and Power in the Modern World* (Londres, Penguin, 2001), p. 394 [ed. bras.: *A lógica do dinheiro: riqueza e poder no mundo moderno, 1700-2000*, trad. Maria Teresa Machado, Rio de Janeiro, Record, 2007].

Como se vê, neste quadro não há espaço para a visão edificante à la John Stuart Mill, que celebra as guerras do ópio como uma cruzada pela liberdade de comércio e pela liberdade em si: "a proibição de importar o ópio para a China" viola a "liberdade [...] do adquirente" antes ainda que a "do produtor ou do vendedor"[48]. Não se vê nada disso em Ferguson. Ele relata a declaração de Palmerston no interior de um parágrafo que tem um título bastante eloquente ("Dar uma chance à guerra") e que explica com clareza: "a guerra pode gerar um lucro real sob a forma de butim e de indenização à custa dos Estados ou territórios derrotados (o que pode ampliar a base fiscal de um Estado ou sua dotação de recursos naturais)"[49]. Até aqui vemos o aspecto dessacralizador, ou aparentemente dessacralizador, do discurso: as guerras do ópio são reconhecidas como guerras de pilhagem, capazes, portanto, de se autofinanciar e mesmo de gerar um lucro suplementar.

Mas quais consequências produz tal pilhagem sobre a população que é forçada a suportá-la? A crise evidenciada pela incapacidade do país de se defender das agressões externas exerce um papel de primeiro plano na determinação da Revolta dos Taiping (1851-1864), os quais, não por acaso, colocam na ordem do dia a luta contra o ópio. É uma guerra civil muito longa e extremamente sanguinolenta. A situação alimentar se deteriora e a fome se torna realidade corriqueira para uma massa enorme de pessoas. Além do mais, o Ocidente faz escola também na Ásia. Os japoneses "acabaram por copiar tudo, desde a vestimenta e o penteado ocidentais até a prática europeia da colonização dos países estrangeiros"[50]. Novas guerras de pilhagem se sucedem: "os ressarcimentos que o Japão arrancou à China em 1895 somavam mais que o triplo do total das despesas militares japonesas naquele ano e aproximadamente o dobro do custo da guerra"[51]. Cinco anos depois, "onze impérios ocidentais" (entre os quais "o Reino Unido e os Estados Unidos"[52]) deflagram contra a China dos boxers e dos primeiros movimentos anticolonialistas uma expedição punitiva que se conclui com a extorsão de uma nova "pesada indenização"[53], ainda mais exorbitante do que as anteriores.

---

[48] John Stuart Mill, *On Liberty*, em *Utilitarianism, Liberty, Representative Government* (org. H. B. Acton, Londres, Dent, 1972), p. 151 [ed. bras.: *A Liberdade/Utilitarismo*, trad. Eunice Ostrensky, São Paulo, Martins Fontes, 2000].

[49] Niall Ferguson, *The Cash Nexus*, cit., p. 394.

[50] Idem, *Civilization*, cit., p. 306.

[51] Idem, *The Cash Nexus*, cit., p. 394.

[52] Idem, *Civilization*, cit., p. 5.

[53] Idem, *Ventesimo secolo*, cit., p. 76.

Existiria, então, um nexo entre essas pilhagens e o drástico rebaixamento do padrão de vida do povo chinês? É neste ponto, ou seja, neste momento crucial, que a dessacralização de que Ferguson adora dar provas desaparece e se transforma no seu oposto. Aos seus olhos, aquela que foi chamada de "China crucificada"[54] é o resultado exclusivo de um processo endógeno de estagnação. Na realidade, ainda em 1820 (às vésperas das guerras do ópio), o grande país asiático se vangloriava de um produto interno bruto (PIB) que correspondia a 32,4% do produto interno bruto mundial, enquanto a "expectativa de vida chinesa (e, portanto, a nutrição) estava perto dos níveis ingleses (isto é, acima da média continental [europeia]) até o final do século XVIII"; no momento de sua fundação, a República Popular da China era o país mais pobre, ou um dos mais pobres, do globo[55]. Embora confirmado por outros historiadores de renome, esse quadro é contestado por Ferguson.

Saltam de novo aos olhos a pobreza e a inadequação conceitual do historiador britânico, que se atém a uma abordagem fortemente economicista. O impacto das guerras do ópio não pode ser medido fazendo referência exclusiva às destruições materiais por elas geradas e às pesadas indenizações que decorrem de seu desfecho. Também não basta introduzir no cálculo as amputações territoriais, a destruição e o furto em larguíssima escala de obras de arte de incalculável valor. É evidente que a introdução forçada do ópio tem sobre a sociedade chinesa um efeito devastador que se fará sentir por muito tempo. E, no entanto, concentremos a nossa atenção sobre a economia entendida em sentido restrito e nos atenhamos aos dados trazidos por Ferguson: "Em 1820, o PIB *per capita* dos Estados Unidos era o dobro do chinês; em 1870, era quase o quíntuplo; em 1913, a relação era quase de dez para um"[56]. Podemos nos perguntar em que medida as guerras de agressão e de pilhagem contribuíram para agravar o distanciamento da China em relação aos Estados Unidos e ao Ocidente como um todo, mas parece difícil negar qualquer nexo entre os dois fenômenos. Entretanto, é exatamente assim que o historiador britânico argumenta: por algum tipo de milagre, as guerras, que, como ele reconhece,

---

[54] Jacques Gernet, *Il mondo cinese: dalle prime civiltà alla Repubblica popolare* (Turim, Einaudi, 1978), p. 565 e seg.

[55] Mike Davis, *Olocausti tardovittoriani* (Milão, Feltrinelli, 2001), p. 299 [ed. bras.: *Holocaustos coloniais: clima, fome e imperialismo na formação do Terceiro Mundo*, trad. Alda Porto, Rio de Janeiro, Record, 2002].

[56] Niall Ferguson, *Civilization*, cit., p. 304.

contribuíram sensivelmente para o agressor, não teriam provocado nenhum dano real ao agredido!

É um modo de proceder que se repete a propósito do encontro-choque do Império Britânico com a Índia. Leiamos Ferguson mais uma vez: aquela espécie de "guerra mundial" que foi a Guerra dos Sete Anos

> [...] decidiu uma coisa de maneira irrevogável. A Índia seria britânica, não francesa. E isso deu à Grã-Bretanha aquilo que, por quase dois séculos, seria ao mesmo tempo um enorme mercado para seu comércio e uma inexaurível reserva de forças militares. A Índia foi muito mais do que a "joia da Coroa". Foi, em sentido literal e metafórico, uma mina de diamantes inteira.[57]

Reconhece-se e ressalta-se assim a enorme vantagem que o Reino Unido extrai da conquista da Índia. Mas o que acontece com o povo subjugado? Em 1835, o vice-rei reporta a Londres algumas consequências da destruição do artesanato têxtil local, desmantelado pela grande indústria inglesa: "É uma miséria que dificilmente encontra precedentes na história do comércio. Os ossos dos trabalhadores têxteis tingem de branco as planícies da Índia". A tragédia não termina aqui. Dois anos mais tarde se verifica, em algumas regiões, uma penúria tão assustadora que – constata francamente outra fonte britânica, empenhada por inteiro em celebrar a glória do império – "os residentes britânicos [...] são forçados a suspender seus habituais passeios noturnos, em razão do odor fétido dos cadáveres, muito numerosos para serem enterrados". Tampouco parece que existam perspectivas de melhora para os passeios noturnos: "o cólera e a varíola, posteriormente manifestos, tiraram a vida de uma multidão que havia sobrevivido à penúria"[58].

É claro que o Império Britânico não trouxe benefícios à Índia ou ao povo indiano:

> Nos cem anos anteriores à independência em 1947, o desenvolvimento foi em média de 0,2 ao ano – em um período de tempo em que a Grã-Bretanha conhecia um crescimento pelo menos dez vezes superior. Provavelmente nem a

---

[57] Idem, *Empire: How Britain Made the Modern World*, cit., p. 32 e 35.

[58] Em Houston S. Chamberlain, *Die Grundlagen des neunzehnten Jahrhunderts* (Munique, Bruckmann, 1937), p. 997 e nota 2; Harriet Martineau, *British Rule in India: A Historical Sketch* (Londres, Smith, 1857), p. 297.

expectativa de vida teve uma melhora na Índia, ao contrário do que aconteceu na Grã-Bretanha.[59]

De resto, é o próprio Ferguson que escreve: em 1913, "a expectativa média de vida na Inglaterra era quase o dobro da indiana"[60]. E de novo emerge a pergunta crucial: há uma relação entre a "mina de diamantes" de que o Império Britânico vem a dispor graças à submissão da Índia, de um lado, e a condição nada exultante do povo indiano, do outro? Em consequência do desconhecimento de tal relação, um discurso aparentemente crítico se transforma, também neste caso, em seu oposto: em uma celebração acrítica, que se realiza com total cinismo no que se refere aos custos humanos implícitos na edificação do Império.

Se bem observarmos, o *enfant terrible* da historiografia se revela um apologista, ou melhor, para sermos mais precisos, um *enfant terrible* da tradição apologista devotada a transfigurar colonialismo e imperialismo.

5. Ferguson e a mutilação do todo

Ao traçar seu balanço do colonialismo ocidental, por um lado, Ferguson recusa a habitual amputação espacial segundo a qual, ao contrário da Europa, os Estados Unidos não teriam nada a ver com esse longo capítulo da história – e a recusa de maneira a aplainar o caminho para uma explícita apologia do Império Estadunidense dos "Pais Fundadores" nos dias de hoje. Por outro lado, tentando evitar que sombras inquietantes venham perturbar tal apologia, ele faz uma tácita amputação temporal da história do colonialismo ocidental, excluindo dessa história o Terceiro Reich. Claro, o historiador britânico ressalta em várias ocasiões que não há como não considerar a Alemanha parte integrante do Ocidente, mas quando celebra a superioridade política e moral do "*West*" sobre o "*Rest*", ou seja, do "Ocidente" sobre o "resto do mundo", ele parece esquecer que a Alemanha hitlerista, para todos os efeitos, fazia parte do "Ocidente", não do "resto do mundo".

Não pode haver dúvidas quanto a esse pertencimento, não apenas, e nem tanto, por razões geográficas. O Terceiro Reich admira e assume como modelo o Império Britânico e o Império Estadunidense. São inúmeras as declarações de

---

[59] Michael Mann, *The Sources of Social Power*, v. III: *Global Empires and Revolution* (Cambridge, Cambridge University Press, 2012), p. 43.

[60] Niall Ferguson, *Civilization*, cit., p. 5.

Hitler de que se trata de edificar na Europa oriental as "Índias alemãs". Ainda mais frequentes, sobretudo depois da invasão da União Soviética, são as comparações com a expansão dos colonos estadunidenses no *West* e no *Far West*, com a "guerra contra os índios", com a guerra, em outras épocas, "movida contra os índios da América do Norte". Em um caso e em outro, "será a raça mais forte que triunfará": os "indígenas" da Europa oriental não podem escapar ao destino de radical eliminação e de escravização que os aguarda[61]. O modelo estadunidense exerce seu fascínio também sobre Mussolini: em novembro de 1933, quando já começam a se delinear os preparativos para a invasão e colonização da Etiópia, ele presta homenagem à "dura e fascinante", à "grande conquista" do *Far West*[62]. Portanto, junto ao Terceiro Reich, também o império fascista deve ser inserido em um balanço histórico sério do colonialismo ocidental.

Se a expansão da Inglaterra "foi um ato consciente de imitação" do Império Espanhol, que "era objeto de inveja em todo o mundo"[63], os impérios em cuja edificação a Alemanha nazista e a Itália fascista se empenham mediante crimes particularmente odiosos são uma imitação mais ou menos consciente dos impérios britânico e estadunidense. Tomado em seu conjunto, o ciclo temporal do colonialismo ocidental tem início com o genocídio dos ameríndios (a substituí--los foram convocados os negros escravizados deportados da África) e conhece o seu ápice no século XX, com a tentativa de escravizar os eslavos e exterminar os judeus, considerados, assim como os bolcheviques, responsáveis pela insana revolta das "raças inferiores" contra a supremacia branca, ariana e ocidental.

De resto, não se deveria excluir o Império do Sol Nascente de um balanço histórico do colonialismo ocidental que se proponha a ser completo e que, ao formular um juízo moral, leve em conta, em primeiro lugar, a ética da responsabilidade. Claro, o Japão, pelo menos antes da metade do século XX, de forma alguma pode ser considerado parte do Ocidente. Porém, igualmente certa é outra verdade posta em evidência pelos historiadores, entre os quais o próprio Ferguson: de forma alguma o colonialismo e o imperialismo japoneses podem ser compreendidos sem levarmos em conta o modelo em que se inspiram, isto é, o modelo europeu e ocidental.

É na mutilação do todo que se fundam a apologia da tradição colonial e a reivindicação do primado moral e político do Ocidente. De fato, essa que

---

[61] Ver, neste volume, cap. 5, § 6.

[62] Benito Mussolini, *Scritti politici* (org. Enzo Santarelli, Milão, Feltrinelli, 1979), p. 282.

[63] Niall Ferguson, *Empire: How Britain Made the Modern World*, cit., p. 2.

acabamos de ver não é a única mutilação. Intervêm outras, de caráter diferente, dependendo das circunstâncias. Ferguson cita com simpatia "um jovem recém-saído de sua primeira guerra colonial, Winston Churchill", que atribui ao Império Britânico a missão gloriosa de "trazer a paz às tribos em guerra"[64]. Contudo, no momento da deflagração da Primeira Guerra Mundial, nos Estados Unidos, a imprensa de prestígio e a opinião pública em seu conjunto denunciam as potências europeias como "tribos selvagens", incapazes de compreender as razões da paz[65]. De fato, a definição é apropriada, se refletirmos que, em determinado momento, de um lado e de outro do *front* ocidental, "se afirmou o princípio de 'não fazer prisioneiros'", os quais, por vezes, eram até "mortos [...] a coronhadas"; e tudo isso não apenas por explosões espontâneas de fúria vindas de baixo, mas com frequência por disposições provenientes do alto[66]. Sim, a definição de "tribos selvagens" é apropriada, mas delas passam a fazer parte também os Estados Unidos quando, em 1917, decidem intervir no conflito. E eram essas "tribos selvagens", europeias ou ocidentais, que empurravam para o massacre as populações coloniais que – segundo Churchill, citado e aprovado por Ferguson – tinham a tarefa de pacificar.

No que se refere à "tribo selvagem" britânica, ou melhor, ao Império Britânico, este pode se valer da "inexaurível reserva de forças militares" que, segundo a definição já vista de Ferguson, se encontra na Índia. De fato: "No outono de 1914, cerca de um terço das forças britânicas na França provinham da Índia: no final da guerra, mais de um milhão de indianos tinha prestado serviço além-mar"[67]. Muitos são voluntários que esperam, em vão, obter como recompensa por seu sacrifício a independência ou, pelo menos, o autogoverno para o seu povo. Junto deles combatem inúmeros africanos, que não nutrem esperanças de nenhum gênero, mas simplesmente são obrigados pela autoridade colonial a combaterem e a morrerem a milhares de quilômetros da própria terra. Ou então morrerem na própria terra, mas a serviço de uma causa que não é deles: "O total das perdas britânicas na África Oriental superou 100 mil unidades, em grande parte soldados e auxiliares negros"[68].

---

[64] Ibidem, p. xxvii.

[65] Ver, neste volume, cap. 4, § 5.

[66] Idem, *Ventesimo secolo*, cit., p. 145-9.

[67] Idem, *Empire: The Rise and the Demise of the British World Order and the Lessons for Global Power* (Nova York, Basic Books, 2004), p. 255.

[68] Idem, *Ventesimo secolo*, cit., p. 136.

276 GUERRA E REVOLUÇÃO

Mas tudo isso ainda não é o bastante para o Império Britânico, que tenta conseguir "mão de obra militar" também nas semicolônias. O primeiro presidente da república chinesa nascida após a queda da dinastia manchu relata a resposta por ele dada ao cônsul britânico que pressionava pela intervenção da China ao lado da Entente durante a Primeira Guerra Mundial:

> Há mais de 2 mil anos que repudiamos o imperialismo e pregamos a paz [...]. Eu considero extremamente bárbaro vosso contínuo apelo à força [...]. Nós vos precedemos em 2 mil anos, porque abandonamos o costume selvagem de fazer a guerra e atingimos a verdadeira paz; meu voto é que a China conserve para sempre sua moral de paz. Eis por que não queremos participar dessa grande guerra.[69]

O mínimo que se pode dizer é que somente é possível atribuir ao Império Britânico (e ao colonialismo ocidental em geral) a tarefa de levar a paz às "tribos em guerra" se nos afastarmos completamente de um macroscópico capítulo da história, no qual, com os recursos naturais dos povos subjugados, são saqueados também os recursos humanos, transformados em bucha de canhão. Ao longo da Segunda Guerra Mundial, o quadro não muda: "A contribuição das colônias se mostrou tão fundamental quanto havia sido durante o primeiro conflito mundial"; 2,5 milhões de indianos combatem em um exército convocado, seguindo a intenção de Churchill, a garantir a permanência do Império e da supremacia branca ou ocidental[70].

Como confirmação definitiva da mutilação do todo perpetrada pela apologia do colonialismo, a qual encontra hoje em Ferguson seu principal defensor, vale se colocar uma pergunta: é possível compreender a gênese do fascismo e do nazismo afastando-nos da Primeira Guerra Mundial e, de forma mais geral, da competição entre as grandes potências capitalistas pela conquista das colônias? Como sabemos, a "política total", relevante sinônimo de arregimentação capilar e totalitária, é teorizada na Alemanha durante a preparação da revanche que deveria permitir ao país derrotado na Primeira Guerra Mundial que recuperasse as colônias anexadas pelos vencedores e edificasse, em uma escala bem maior, o império colonial cuja necessidade informava e cujo direito reivindicava[71].

---

[69] Sun Yat-Sen, *I tre principi del popolo* (Turim, Einaudi, 1976), p. 71-3.

[70] Niall Ferguson, *Ventesimo secolo*, cit., p. 483.

[71] Ver, neste volume, cap. 5, § 2.

Ao longo dessa tentativa de revanche, verifica-se um fenômeno sobre o qual vale a pena refletir. Embora expressasse na época sua convicta aprovação à impiedosa energia com que se conduzia a conquista da Argélia, Tocqueville exprimia uma preocupação: "Deus nos poupe para sempre de ver a França dirigida por um dos oficiais do exército da África"[72]. De fato, Cavaignac, o general que não hesitava em recorrer a práticas genocidas para liquidar a resistência dos árabes, veio a se tornar, poucos anos depois, o protagonista da sangrenta e impiedosa repressão que se abateu sobre os bárbaros da metrópole – os operários de Paris que se insurgiram reivindicando o direito ao trabalho e à vida. Claro, apesar de sua ressalva, Tocqueville dava total e constante apoio ao general. Mas sua observação preocupada foi profética. Mais de um século depois, o grande teórico da revolução argelina, Frantz Fanon, caracterizará o nazismo como a tentativa de transformar a Europa (e, mais exatamente, a Europa centro-oriental) "em verdadeira colônia"[73].

Podemos fazer uma consideração de caráter geral. A realidade é que a história do Ocidente no seu conjunto pode ser lida à luz do princípio caro a Marx para o qual não é livre o povo que oprime outro. O século XIX é o século em que o domínio totalitário e as práticas genocidas que atravessam em profundidade a tradição colonial vêm à tona no mesmo continente em que esta se origina, sob a influência de Hitler, que se esforça em construir um império continental na Europa centro-oriental, subjugando, dizimando e escravizando os "indígenas" que nela habitam, e exterminando, sem hesitação, os supostos responsáveis (judeus e bolcheviques) pela revolta das "raças inferiores".

Cabe ressaltar que as categorias centrais e os termos-chave da ideologia nazista remetem à tradição colonial, em particular a estadunidense[74]. Em geral, as populações coloniais e de origem colonial se mostraram conscientes quanto ao estreito vínculo entre racismo colonial e mitologia ariana, cara especialmente ao nazismo. Isso vale, sobretudo, para os militantes afro-estadunidenses, com frequência forçados a enfrentar grupos de *white supremacists* que, não por acaso, agitavam a suástica, como ressalta Martin Luther King. É emblemático um episódio que

---

[72] Alexis de Tocqueville, *Oeuvres complètes*, cit., t. III, v. 1, p. 236.

[73] Frantz Fanon, *Les damnés de la terre* (Paris, François Maspero, 1961), p. 59, 68n e 75 [ed. bras.: *Os condenados da terra*, trad. José Laurênio de Melo, Rio de Janeiro, Civilização Brasileira, 1968].

[74] Domenico Losurdo, *Il linguaggio dell'Impero*, cit., cap. 3, § 5.

GUERRA E REVOLUÇÃO

ocorreu naquela época em Nova York e ao qual, sem se dar conta de todo o seu alcance, se refere Hannah Arendt numa carta a Karl Jaspers de 3 de janeiro de 1960:

> Foi proposta a todos os últimos anos das escolas de Nova York uma atividade de produção escrita: imaginar uma maneira para punir Hitler. E veja o que propôs uma jovem negra: ele deveria ser colocado sob uma pele negra e, então, ser obrigado a viver nos Estados Unidos.

Dessa forma jovial e ingênua, a franca menina negra imagina uma espécie de lei do contrapasso, segundo a qual os responsáveis pela violência racista do Terceiro Reich fossem obrigados a sofrer, na qualidade de negros, as humilhações e os abusos do regime de *white supremacy* por eles incansavelmente propagandeado e impiedosamente posto em ação, mas que no Sul dos Estados Unidos se viraria contra eles[75].

Até o racismo antissemita não pode ser adequadamente compreendido se o destacarmos por completo do racismo que tem como alvo os povos coloniais, de que, como é óbvio, participaram os Impérios Britânico e Estadunidense – os quais, aliás, nisso exerceram um papel de vanguarda. Quem reconhece isso de alguma forma é o próprio Ferguson quando escreve que até o final do século XIX poucos alemães haviam emigrado "para as colônias da zona tropical, por isso na Alemanha se tendia a aplicar as teorias importadas do darwinismo social e da 'higiene racial' aos judeus mais do que aos africanos ou asiáticos"[76].

Claro e evidente é o vínculo do Terceiro Reich com a tradição colonial. Depois do *führer*, talvez a personalidade de maior destaque do regime é Hermann Göring, que pode ser considerado "o iniciador do sistema concentracionário nazista"; pois bem, seu pai, Heinrich, foi o primeiro comissário imperial do Sudoeste Africano Alemão[77]. E é aqui que a Alemanha começa a experimentar o sistema concentracionário. Os sobreviventes da campanha de aniquilamento lançada contra os hereros pelo general von Trotha são aprisionados em campos de concentração, onde "homens, mulheres, crianças são amontoados com

---

[75] Idem, *La non-violenza: una storia fuori dal mito* (Roma/Bari, Laterza, 2010), cap. 7, § 1; cap. 6, § 8 [ed. bras.: *A não violência: uma história fora do mito*, trad. Carlo Alberto Dastoli, Rio de Janeiro, Revan, 2012].

[76] Niall Ferguson, *Ventesimo secolo*, cit., p. 60.

[77] Joël Kotek e Pierre Rigoulot, *Le Siècle des camps: détention, concentration, extermination. Cent ans de mal radical* (Paris, Lattès, 2000), p. 94.

a finalidade de serem eliminados por meio do trabalho"[78]. Além de serem instrumentos de trabalho de rápido consumo, os nativos são utilizados como cobaias para os experimentos de eugenia, conduzidos sob a direção de Theodor Mollisson e Eugen Fischer, os dois mestres de Joseph Mengele, futuro ideólogo e organizador da máquina de extermínio do Terceiro Reich. Ao que parece, as primeiras camisas pardas dos membros dos esquadrões de Hitler foram costuradas com os restos dos uniformes das tropas coloniais da África ocidental[79].

Por outro lado, quando começa a construir seu sistema concentracionário na África, a Alemanha de Guilherme II tem à sua disposição precedentes e modelos nos quais se inspirar. Vejamos o que acontece no Império Britânico, lançando mão ainda da reconstrução de Ferguson:

> Para privar os bôeres dos produtos de suas fazendas, as mulheres e crianças haviam sido expulsas de suas próprias casas e deportadas para campos de concentração, onde recebiam tratamento cruel: nesse período, cerca de um prisioneiro a cada três morria de doença ou em razão das péssimas condições de higiene.[80]

Mais do que os hereros, os bôeres nos fazem pensar nos colonos norte-americanos que, em luta contra o poder central, tinham a pretensão de dispor livremente dos nativos como de gado humano de sua propriedade. O fato é que não é possível acertar as contas com o Terceiro Reich sem acertar as contas com a história do colonialismo como um todo e com sua terrível carga de violência, que, por vezes, além das "raças inferiores", acaba por alcançar também segmentos da autodenominada raça dos senhores.

6. Das guerras do ópio ao "Estupro de Nanquim"

No entanto, a preocupação principal de Ferguson é distinguir o colonialismo e o imperialismo benéficos daqueles maléficos. Ele descreve com eloquência a "orgia de morte" que, nos anos 1930, se abate sobre a China e, em particular, sobre Nanquim: os agressores se empenham em uma "competição homicida". Em Nanquim "foram assassinados entre 260 mil e 300 mil não combatentes".

---

[78] Ibidem, p. 92.

[79] Klaus Hildebrand, *Vom Reich zum Weltreich. Hitler, NSDAP und koloniale Frage 1919-1945* (Munique, Fink, 1969), p. 40.

[80] Niall Ferguson, *Ventesimo secolo*, cit., p. 44.

280   Guerra e revolução

Além de se divertir atacando as mulheres, o sadismo não poupa sequer os homens: alguns foram "queimados vivos", ou seja, depois de terem sido encharcados de gasolina, lhes foi ateado fogo; "outros foram dependurados pela língua em ganchos de metal"[81]. E eis a conclusão a que chega o historiador britânico:

> Este era o imperialismo em sua pior forma. Mas era imperialismo japonês, não britânico. O Estupro de Nanquim revelava com clareza o que era a principal alternativa ao domínio britânico na Ásia. Era também o choque entre um império que tinha alguma noção sobre direitos humanos e outro que considerava uma raça estrangeira igual a porcos. Segundo o lugar-tenente-coronel Ryukichi Tanaka, diretor do serviço secreto japonês em Xangai: "Com tais criaturas podemos fazer qualquer coisa". Nos anos 1930, muitos na Grã-Bretanha haviam se habituado a jogar o império na lixeira. Entretanto, a ascensão do Império Japonês na Ásia ao longo dessa década mostrou que as alternativas ao domínio britânico não eram necessariamente mais benévolas. Havia diferentes graus de imperialismo, e na sua brutalidade contra os povos conquistados, o Império japonês superou de longe tudo que o Império Britânico jamais fez.[82]

Essa passagem parte de uma consideração óbvia e até banal: é sempre útil e oportuno fazer valer a capacidade de distinguir. Em relação a seus concorrentes, tanto o Terceiro Reich quanto o Império do Sol Nascente se apresentaram com atraso na cena da história; uma vez que a divisão do mundo já se encontrava quase finalizada, eram encorajados a voltar a mira para povos de civilização consolidada, que apenas poderiam ser reduzidos à condição de tribos selvagens com o uso maciço de violência e brutalidade; empenharam-se na tarefa de subjugação colonial quando a revolução anticolonial já estava em curso ou recrudescia. É claro que, em tais circunstâncias, a barbárie do imperialismo conheceu mais uma escalada. Mas, estabelecida a distinção entre Império Britânico de um lado e Império do Sol Nascente de outro, não se compreende por que um país asiático como a China, além do mais de dimensões continentais e de antiquíssima civilização, seria obrigado a escolher entre um e outro.

Sabemos que o Império Japonês quis aprender, e efetivamente aprendeu, com o Império Britânico. Se quiséssemos reconstruir o processo de preparação

---

[81] Idem, *Empire: The Rise and the Demise of the British World Order*, cit., p. 283-4; *Ventesimo secolo*, cit., p. 448-9.

[82] Idem, *Empire: The Rise and the Demise of the British World Order*, cit., p. 284.

ideológica por trás do "Estupro de Nanquim", não poucas páginas deveriam ser dedicadas à Grã-Bretanha e ao Ocidente como um todo. Na abertura da Segunda Guerra do Ópio, que viria a se concluir com o saque e o incêndio do esplêndido Palácio de Verão, John Stuart Mill havia chamado o exército de invasão a dar uma dura lição àqueles bárbaros chineses. Não era o caso de ser muito delicado na forma: "ridículos" eram os "apelos à humanidade e ao espírito cristão a favor de canalhas (*ruffians*), e à lei internacional a favor de um povo que não reconhecia nenhuma lei da guerra"[83].

Algumas décadas depois, em 1900, deflagrou-se contra a China uma nova e massiva expedição punitiva. Discursando para as tropas alemãs que se preparavam para seguir à Ásia, Guilherme II não deixava dúvidas quanto ao feitio que deveriam assumir a repressão da Revolta dos Boxers e a primeira lição a ser dada a todo o povo chinês: "Ofereçam ao mundo um exemplo de virilidade e de disciplina! [...] Não será concedida graça alguma e não serão feitos prisioneiros. Qualquer um que cair nas vossas mãos cairá sobre a vossa espada!". Era necessário "fazer lembrar na China o nome da Alemanha por mil anos de modo que nenhum chinês nunca ouse olhar um alemão com o canto do olho"[84]. De fato, vejamos o que acontece após a derrota dos "bárbaros":

Tiveram início então um massacre e uma pilhagem sistemáticos que superam, de longe, os excessos cometidos pelos boxers. Em Pequim, milhares de homens são massacrados em uma orgia selvagem; as mulheres e famílias inteiras se suicidam para não sofrerem desonra; toda a cidade é saqueada; o palácio imperial, ocupado, é despido da maior parte de seus tesouros. Uma situação análoga se produz em Tianjin e em Baoding. Expedições "punitivas" são empreendidas nas regiões rurais de Zhili, onde os missionários foram atacados; os soldados estrangeiros queimam vilarejos inteiros e não poupam nada. Na Manchúria, onde os russos assumiram o encargo da "pacificação", as atrocidades não são menores: como represália à munição disparada contra a cidade de Blagoveshchensk, milhares de chineses, homens, mulheres e crianças, são degolados, e seus cadáveres são lançados no [rio] Heilongjiang.[85]

---

[83] John Stuart Mill, *Collected Works*, v. XV (orgs. John M. Robson *et al.*, Londres/Toronto, Routledge & Kegan/University of Toronto Press, 1963 sq.), p. 528 (carta a E. Chadwick de 13 mar. 1857).

[84] Citado em Niall Ferguson, *Ventesimo secolo*, cit., p. 75.

[85] Marianne Bastid, Marie-Claire Bergère e Jean Chesneaux, *La Cina*, v. II (Turim, Einaudi, 1974), p. 118.

282 Guerra e revolução

Claro, o "Estupro de Nanquim" comporta um horror em escala maior e uma barbárie ainda mais desenfreada, mas, 37 anos antes, o Japão imperialista faz seus ensaios na China, participando da expedição punitiva de 1900, ao lado de Grã-Bretanha, Estados Unidos, França, Alemanha, Rússia, Itália e Áustria-Hungria.

O horror dessa expedição obviamente não provoca nenhuma onda de indignação no Ocidente. Ao contrário, o general francês H. N. Frey lhe atribui o mérito de ter "realizado pela primeira vez o sonho de políticos idealistas, os Estados Unidos do mundo civilizado"[86]. Quem relata e desaprova essa avaliação é Lenin, o grande crítico do imperialismo, que denuncia a violência colonialista também "sobre os chineses indefesos, afogados e massacrados, que não se detinha em exterminar mulheres e crianças, para não falar do saque de edifícios, casas e lojas". Os soldados russos e os invasores em geral se lançaram "como feras selvagens, ateando fogo a vilarejos inteiros, afogando no [rio] Amur, fuzilando e atravessando com baionetas os habitantes indefesos, suas esposas e filhos". E, todavia, essa infâmia foi celebrada como "missão civilizadora" pelas classes dominantes, por "jornalecos mercenários" e, em última análise, por uma larga, ou talvez enorme, parte da opinião pública (não apenas russa, mas ocidental como um todo)[87].

Assim, exatamente por ter participado "em pé de igualdade com as potências europeias" (ou ocidentais) da expedição punitiva contra a China dos boxers e por ter se tornado corresponsável por esse horror, o Japão é cooptado para o clube restrito das grandes potências (às quais é reconhecido o direito de colonizar e civilizar os bárbaros)[88]. Trata-se de uma guinada que tem posteriormente a sua confirmação até mesmo formal:

> O Japão, como se sabe, foi internacionalmente reconhecido como grande potência com o tratado anglo-nipônico de 1902; como consequência, nas estatísticas das Índias holandesas, os japoneses deviam ser citados entre os europeus e não mais entre os asiáticos.[89]

---

[86] Vladimir I. Lenin, *Opere complete*, v. XXXIX (Roma, Editori Riuniti, 1955 sq.), p. 654.

[87] Ibidem, v. IV, p. 407 e 40.

[88] Carl Schmitt, *Donoso Cortés in gesamteuropäischer Interpretation* (Colônia, Greven, 1950), p. 204 e 163.

[89] Jan Romein, *Il secolo dell'Asia: imperialismo occidentale e rivoluzione asiatica nel secolo XX* (Turim, Einaudi, 1969), p. 68.

É então que intervém a Primeira Guerra Mundial, e o Império do Sol Nascente participa dela alinhando-se com a Entente, e pela Entente vitoriosa vê reconhecido o direito a herdar na China os territórios coloniais da Alemanha derrotada. Se o Japão imperialista e militarista já pode declarar dignidade igual à das grandes potências imperialistas do Ocidente, do lado contrário, a China – apesar de, nesse ínterim, ter se desvencilhado da dinastia manchu e ter se constituído como república democrática – aos olhos do Ocidente continua a ser asiática e bárbara, e, portanto, a fazer parte do mundo colonial ou colonizável. É a partir deste momento que podemos compreender a tentativa posterior do Império do Sol Nascente de submeter a seu domínio o país mais populoso do mundo. O Estupro de Nanquim e as outras infâmias a ele relacionadas não podem ser destacados da história do imperialismo no seu todo, uma história que vê as grandes potências do Ocidente em posição de absoluta eminência. No fundo, como reconhece o próprio historiador britânico, "os japoneses se limitaram a se instalar na posição privilegiada até aquele momento ocupada pelos britânicos"[90]. No entanto, havia sido o Ocidente que definira muito antes a pirâmide dos povos e das "raças", a hierarquia que reconhece aos povos e às "raças" de nível superior o direito de submeter e eventualmente de dizimar, até de forma drástica, os povos e as "raças" de nível inferior.

Cabe apenas acrescentar que os processos de cooptação têm uma fragilidade intrínseca: enquanto atacam com particular ferocidade os chineses degradados à condição de raça inferior, os japoneses, por seu turno, sofrem um processo de racialização ao longo da Segunda Guerra Mundial por parte dos Estados Unidos, os quais, por vezes, chegam a acarinhar a ideia de uma espécie de solução final da questão japonesa[91].

7. ESQUECIMENTO DA HISTÓRIA E DA GEOPOLÍTICA E ESSENCIALISMO MANIQUEÍSTA

No entanto, Ferguson não se cansa de contrapor *"the West"* a *"the Rest"*, a essa espécie de apêndice sem valor do mundo realmente civilizado. Essa contraposição é desenvolvida, em primeiro lugar, a partir da leitura da história do continente americano:

---

[90] Niall Ferguson, *Empire: The Rise and the Demise of the British World Order*, cit., p. 285.

[91] Ver, neste volume, cap. 4, § 4.

284 Guerra e revolução

A independência da Espanha deixou para a América do Sul uma tenaz herança de conflitos, pobreza e desigualdade. Por que capitalismo e democracia não conseguiram prosperar na América Latina? Por que um amigo de Harvard demonstrou incerteza quando lhe perguntei se considerava que a América Latina fazia parte do Ocidente? Em suma: por que Bolívar não foi o Washington latino-americano?[92]

As três perguntas são peremptórias, mas estarão formuladas do modo correto? Vimos Hamilton e Tocqueville destacarem que o que facilitou fortemente o desenvolvimento tranquilo e o ordenamento liberal do país nascido da guerra de independência contra a Grã-Bretanha foi o contexto geopolítico favorável: no continente americano, os Estados Unidos não têm grandes potências em suas fronteiras ou na sua vizinhança, ao mesmo tempo que o Atlântico os protege de eventuais tentativas de vingança do inimigo derrotado[93]. É a mesma conclusão a que chegam as *Lições de filosofia da história* hegelianas: "os estados livres norte-americanos não têm nenhum Estado fronteiriço com o qual mantenham uma relação análoga àquela dos Estados europeus entre si, um Estado que precisem olhar com desconfiança e contra o qual tenham que manter um exército permanente"[94]. Ao contrapor a América do Norte e a América Latina em uma comparação totalmente afastada da história e da geopolítica, Ferguson ignora a lição convergente dos três autores anteriormente citados: o nascimento e o desenvolvimento dos Estados Unidos modificavam profundamente o quadro geopolítico e produziam justamente a situação (a vizinhança de um Estado poderoso e temível, senão ameaçador) que torna bastante difícil a emersão de um Estado liberal.

As *Lições de filosofia da história* hegelianas fazem uma observação ulterior: nos Estados Unidos, além da situação geopolítica favorável, desenvolve papel importante a "via de saída da colonização". E assim, "graças a esse recurso, desapareceu a principal fonte do descontentamento e assegurou-se a continuidade do ordenamento político atual". Essa válvula de escape não existe na Europa, o que traz profundas consequências: "Se as florestas da Alemanha ainda

---

[92] Idem, *Civilization*, cit., p. 119.

[93] Ver, neste volume, cap. 2, § 10.

[94] Georg W. F. Hegel, *Werke in zwanzig Bänden*, v. XII (orgs. Eva Moldenhauer e Karl Markus Michel, Frankfurt, Suhrkamp, 1969-1979), p. 114 [ed. bras.: *Filosofia da História*, 2. ed., trad. Maria Rodrigues e Hans Harden, Brasília, Editora da UnB, 2008].

existissem, certamente não teríamos tido a Revolução Francesa", ou ela teria se manifestado de modo menos radical e menos doloroso; como um todo, teria sido mais fácil arrefecer a tensão social e a turbulência política. Dada a radical disparidade do contexto geopolítico, "é impossível comparar os estados livres norte-americanos com os países europeus"[95]. É a refutação antecipada de uma comparação abstrata como a feita por Ferguson.

Cabe refletir sobre a segunda observação de Hegel em todas as suas implicações: a "colonização" – isto é, a expropriação, deportação e dizimação dos nativos – tornava possível o acesso à propriedade por parte dos brancos pobres, de modo que o poder político vigente nos Estados Unidos, já protegido dos ataques provenientes do exterior, não temia sequer a ameaça inerente a um conflito social interno. Quer dizer, o Estado liberal (para a comunidade branca) era apenas uma face da moeda: a outra era constituída pelo terror contra os nativos, continuamente expostos à ameaça de expropriação, deportação e dizimação. A análise de Hegel pode ser enriquecida: a instituição da escravatura permitia um controle férreo das "classes perigosas" no próprio local de produção. E, de novo, a estabilidade social e o *rule of law* (para a comunidade branca) eram o outro lado da moeda da total falta de direitos de que padeciam os escravizados (e os negros de modo geral).

Contudo, ao contrapor negativamente o Sul ao Norte do continente americano, Ferguson se concentra apenas em uma face da moeda, aquela da liberdade desfrutada pela comunidade branca nas colônias inglesas, primeiro, e nos Estados Unidos, depois, enquanto ignora e recalca com obstinação a outra face dessa moeda. O interessante é que esta última emerge da própria descrição do historiador britânico. Ocupemo-nos em primeiro lugar da sorte reservada aos nativos: George Washington "ficou estupefato com a proclamação real de 1763, que garantia aos índios a propriedade de suas terras"; ele pensava se tratar apenas de um expediente para mantê-los pacificados no decorrer da Guerra dos Sete Anos[96]; o líder da revolta contra o governo de Londres não tinha dúvidas de que a expropriação e a remoção eram o destino inelutável dos nativos. Em suma: "Na América do Sul, os índios foram obrigados a trabalhar na terra, mas na América do Norte a perderam"[97]. Para ser preciso, não perderam somente a "terra":

---

[95] Ibidem, v. XII, p. 113.

[96] Niall Ferguson, *Civilization*, cit., p. 116.

[97] Ibidem, p. 118-9.

286 Guerra e revolução

Em 1650, os índios americanos constituíam aproximadamente 80% do total da população, tanto na América do Norte quanto na América do Sul (incluído o Brasil). Em 1825, tudo havia mudado de forma radical. Na América espanhola, os indígenas ainda constituíam 59% da população como um todo; no Brasil, contudo, eles somavam apenas 21%, ao passo que na América do Norte perfaziam menos de 4%.[98]

No que se refere aos Estados Unidos e ao Canadá, para além da imigração, o que produziu tal resultado foi a perseguição sistemática e coerente de uma política que visava se livrar do lastro constituído pelos indígenas.

Confrontemos a isso, agora, o destino reservado aos negros no Sul e no Norte do continente americano, valendo-nos sempre da reconstrução feita por Ferguson:

O destino dos escravos na América Latina pré-revolucionária não era totalmente desesperador. As autoridades monárquicas e religiosas podiam intervir para atenuar a situação dos escravos exatamente do mesmo modo que podiam implementar restrições em outros direitos de propriedade privada [...]. A começar pelo Brasil, tornou-se uma prática ordinária, na América Latina, que os escravos possuíssem um lote de terra [...]. Na América do Norte, os proprietários de escravos se sentiam no direito de tratar seus "bens" ao bel-prazer, independentemente de se tratarem de seres humanos ou de lotes de terra [...]. Na Virgínia, uma lei promulgada em 1669 estabelecia que não cometia crime o proprietário que matava seus escravos. Na Carolina do Sul, uma lei de 1776 sancionava de maneira explícita que os escravos eram "bens móveis" (mais tarde, "bens móveis pessoais").[99]

Puro e simples objeto de propriedade no Norte, no Sul o escravizado podia até mesmo ser detentor de propriedade. Parcial e diferenciada no Sul, a desumanização do escravo alcança sua completa realização no Norte. O nascimento dos Estados Unidos em nada muda a situação:

Antes de celebrar o duradouro sucesso do modelo britânico de colonização na América do Norte, é preciso reconhecer que, pelo menos num aspecto específico, ele não foi superior ao modelo latino-americano. Sobretudo a partir da

---

[98] Ibidem, p. 125-7.
[99] Ibidem, p. 131-2.

Revolução Americana, a separação racial entre brancos e negros se tornou mais rígida. Mesmo com todos os seus méritos, a Constituição dos Estados Unidos institucionalizou tal separação, sancionando a legitimidade da escravatura, o pecado original da nova república.[100]

De novo se delineia com clareza o outro lado da moeda da liberdade estadunidense, constituído não só pela expropriação, deportação e dizimação dos nativos, mas também pelo advento da escravidão "mais vil que já apareceu na face da terra" (para citar uma vez mais o abolicionista inglês John Wesley) e pela sua consagração na letra da Constituição. É o emergir de um verdadeiro Estado racial.

Não há dúvida. A linha que demarca a divisão entre os brancos e as raças consideradas inferiores é, no Norte, decididamente mais clara do que no Sul. Não à toa veem-se em vigor no Norte normas que criminalizam a "miscigenação" (a contaminação sexual da raça branca com as outras), normas que continuam a subsistir muito tempo depois da abolição da escravatura negra: Ainda em 1915, 28 estados mantinham em vigor tais normas, e 10 deles chegaram ao ponto de inseri-las em sua Constituição. Houve até uma tentativa, em dezembro de 1912, de emendar a Constituição federal a fim de proibir "para sempre" os cruzamentos raciais (*miscegenation*)[101].

De fato, no Sul dos Estados Unidos, o Estado racial sobreviveu à queda do Terceiro Reich: "ainda em 1967 [...] em dezesseis Estados estavam em vigor leis que proibiam os matrimônios inter-raciais"[102].

O material empírico reportado pelo Ferguson historiador contradiz completamente a conclusão proclamada pelo Ferguson teórico da absoluta primazia moral e política do Norte do continente americano (e do Ocidente como um todo). Neste segundo papel, Ferguson contrapõe a "desigualdade" vigente na América Latina à igualdade própria das colônias inglesas e, depois, dos Estados Unidos[103]. Mas é evidente que, no segundo caso, a relação entre brancos e "raças" de cor se caracteriza por uma desigualdade muito mais áspera e persistente! Aos olhos de Ferguson, "a Constituição de 1787" (que, aliás, estabelece as bases da Guerra de Secessão) deve ser considerada "o mais extraordinário

---

[100] Ibidem, p. 128-9.

[101] Ibidem, p. 135.

[102] Ibidem, p. 138.

[103] Ibidem, p. 119.

documento de edificação das instituições políticas de que se tem conhecimento na história"[104]. Para os abolicionistas estadunidenses, ao contrário, tratava-se de um instrumento de Satanás: ao sancionar a escravatura da forma mais abjeta e instituir uma desigualdade absoluta e intransponível entre as diversas raças, ela destruía a própria unidade do gênero humano afirmada, por sua vez, pelo cristianismo[105].

Passemos do valor da "igualdade" àquele da liberdade. Também neste caso o material empírico mobilizado pelo historiador é eloquente:

> Os escravos das plantações latino-americanas podiam obter sua emancipação muito mais facilmente do que aqueles empregados nos campos de tabaco da Virgínia. Na Bahia, metade dos escravos pagou individualmente por seus atos de libertação. Em 1872, no Brasil, três quartos dos negros e mulatos gozavam da liberdade. Em Cuba e no México, um escravo podia até mesmo conseguir que fosse fixado de antemão o preço de sua libertação e pagar em parcelas sua liberdade.[106]

Ou seja, ao contrário da América do Norte, a barreira que separa o escravizado de sua libertação não é intransponível. O historiador chega até esse ponto. Mas, então, eis que intervém o ideólogo, a fim de confirmar que é a América do Norte (não somente parte integrante do Ocidente, mas sua vanguarda contemporânea) que se constitui como encarnação da causa da liberdade.

Nem com isso todos os problemas são resolvidos:

> A revolução em nome da liberdade que maior sucesso obteve na história foi uma revolução realizada em grande medida por proprietários de escravos, e num período em que o movimento pela abolição da escravatura já estava em marcha nas duas margens do Atlântico.

E então? Trata-se de um "paradoxo"[107]. Mas não basta recorrer a essa categoria ou a essa palavrinha para que desapareça a gigantesca sombra projetada pela sorte dos negros (e dos peles-vermelhas) sobre a liberdade estadunidense. Tanto é que o "paradoxo" poderia assumir uma formulação diversa ou oposta:

---

[104] Ibidem, p. 117.

[105] Domenico Losurdo, *Controstoria del liberalismo*, cit., cap. 5, § 12.

[106] Niall Ferguson, *Civilization*, cit., p. 131.

[107] Ibidem, p. 129.

os proprietários de escravos (e os proprietários das terras subtraídas dos nativos de modo fraudulento e violento) são protagonistas de uma revolta contra o governo de Londres, que, "paradoxalmente", agita a bandeira da liberdade! Se, como se depreende da formulação de Ferguson, designa o aspecto secundário de um enredo clamorosamente contraditório, o "paradoxo" reside de fato na violência perpetrada contra povos inteiros ou na ideologia com que tal realidade e tal violência são legitimadas? Mesmo se ignorássemos as "raças inferiores" e nos concentrássemos exclusivamente na comunidade branca, não faria sentido definir como a encarnação da liberdade um país que, sancionando ou tolerando a proibição da miscigenação, intervém na esfera mais íntima do indivíduo. Que fique claro: não se pretende aqui fazer com que o resultado seja favorável ao Sul em comparação com o Norte do continente americano. Trata-se, no entanto, de destacar que o material empírico adotado pelo historiador britânico contradiz por completo a tese por ele adotada *a priori*. Trata-se, sobretudo, de discutir radicalmente uma comparação entre sociedades e culturas distintas, representadas de maneira essencialista, nivelando arbitrariamente os aspectos contraditórios presentes em cada uma delas e abstraindo a história e a geopolítica.

Depois de celebrar o Norte como contraposto ao Sul no continente americano, Ferguson compara *"the West"* com *"the Rest"*, sempre atribuindo a glória ao primeiro e a vergonha eterna ao segundo. A metodologia é aquela que já conhecemos – aliás, agora ela se torna ainda mais arbitrária. Fala-se de *"West"* em geral, mas não aponta de modo algum para o Terceiro Reich. O que se confronta com *"the Rest"* é o Ocidente liberal. A verdade é que a história e a geopolítica continuam vastamente ausentes. Tentemos suprir essa lacuna.

A partir do final do século XVII, o liberalismo se afirma em dois países (a Grã-Bretanha e os Estados Unidos) que podem se valer da "via de saída da colonização" (para retomar a linguagem de Hegel) e que se encontram protegidos das ameaças a que estão expostos os Estados do continente europeu. Devemos acrescentar que, não por acaso, a Revolução Gloriosa se seguiu à vitória alcançada pela Inglaterra, primeiro, sobre a Espanha e, depois, sobre a França; já a revolta dos colonos americanos tem início apenas após a derrota da França na Guerra dos Sete Anos. Isto é, as duas revoluções liberais pressupõem, em ambos os casos, uma evidente melhora da situação geopolítica. No que se refere à Europa continental, podemos distinguir duas fases: depois da derrota da Turquia às portas de Viena, em 1683, e do fim da ameaça otomana, o ordenamento liberal começa a gozar de um amplo consenso mesmo na Europa continental. A segunda fase é a assim chamada paz dos cem anos, que vai do

290 GUERRA E REVOLUÇÃO

fim das guerras napoleônicas até a eclosão da Primeira Guerra Mundial. É nesse período que, nos países mais avançados da Europa continental, o liberalismo sai vitorioso também no plano político concreto. É outra prova da tese aqui anunciada: assim como as instituições liberais surgidas da guinada de 1789 não sobrevivem à guerra que acomete a França revolucionária, a explosão da grande crise histórica da primeira metade do século XX faz com que as instituições liberais que floresceram na Europa continental no decorrer da paz dos cem anos sejam atropeladas ou submetidas por uma crise dramática. Mesmo nos países que gozam de uma posição mais ou menos insular, como a Grã-Bretanha e os Estados Unidos, tais instituições passam por um processo de deterioração, com a acentuação sem precedentes do Poder Executivo. A guerra e o estado de exceção não são condições favoráveis para a afirmação do princípio da limitação do poder; e quanto mais devastadora e ameaçadora para a própria soberania nacional for a guerra, quanto mais agudo for o estado de exceção, mais reduzidas são as chances de sobrevivência do *rule of law*.

Portanto, colocar no mesmo plano as grandes potências colonizadoras e os países que sofrem a agressão ou a ameaça de agressão é expressão de uma colossal ingenuidade metodológica, quando não de um cálculo moldado por uma cínica *Realpolitik*. São justamente as potências que tornam impossível nestes últimos países o advento das instituições liberais das quais as primeiras se gabam. Na própria Constituição Federal dos Estados Unidos, que Ferguson eleva a modelo insuperável, está claramente escrito (Seção 9) que "o privilégio do *habeas corpus*" pode ser "suspenso" quando, "em caso de rebelião ou de invasão, o exija a segurança pública".

Ferguson ignora tudo isso quando celebra o primado secular, em todos os campos, do Ocidente em relação à China. Entretanto, também neste caso ele é contrariado, antes de mais nada, pelos próprios dados que reporta. Depois da catástrofe das guerras do ópio e da expedição punitiva contra os boxers, no início do século XX, o grande país asiático se apresentava como uma daquelas "entidades relativamente descentralizadas" que, aos olhos de "muitos ocidentais", estavam "a ponto de se desagregar"[108]. A situação certamente não melhorava com a queda da dinastia manchu e o advento de uma república que enxergava o Ocidente como um modelo, inclusive no plano político: "É difícil exagerar o grau de deterioração da China dos anos 1920". Precisamos também considerar alguns dados objetivos e de longa data: "as mais de cinquenta etnias

---

[108] Idem, *Ventesimo secolo*, cit., p. 47-8.

e as onze famílias linguísticas reconhecidas ainda hoje, os dialetos locais eram mutuamente incompreensíveis mesmo entre vilarejos próximos"[109]. Tal situação só podia ser enfrentada por um forte poder central, cuja elevação, porém, tinha se tornado impossível pelas batalhas entre os senhores da guerra contrapostos uns aos outros. O Ocidente tinha ao menos a intenção de favorecer o advento da democracia? Nada disso: "Os ingleses pareciam querer fazer concessões em matéria de extraterritorialidade, mas os proverbiais 'homens *in loco*' continuaram agindo como se a China fosse uma simples extensão territorial do Raj britânico"[110]. Além do mais, começava a se delinear a ameaça de outro imperialismo: "O Japão partia então do pressuposto de que o Estado chinês estava a ponto de se desagregar"[111].

A fundação da República Popular da China, depois de uma épica luta de libertação nacional, claramente não comportava a imediata superação da situação de perigo. Para dar fim à Guerra da Coreia e infligir uma memorável lição ao país que desafiava a hegemonia dos Estados Unidos na Ásia, o general estadunidense MacArthur propunha "que até cinquenta bombas atômicas deviam ser lançadas sobre as cidades chinesas" – e o autor de tal proposta, longe de estar isolado, desfilava por Nova York saudado e aclamado, ao que parece, por "uma multidão que, no conjunto, chegava a quase 7 milhões de pessoas. Era um triunfo digno de César"[112]. Qual é o sentido de recriminar a não realização do *rule of law* em um país ameaçado pela aniquilação nuclear nessa ocasião e nos anos seguintes? O mesmo país que proferia ameaças de aniquilação nuclear atravessava esse período sem se ver livre de turbulências institucionais: "O ano de 1951 foi talvez o único momento da história em que a república estadunidense esteve perto de sofrer o mesmo destino da república romana" e cair sob o domínio de um "César", personificado na figura do general MacArthur[113].

Na realidade, embora protegida pelo Atlântico e pelo Pacífico, toda vez que, com ou sem razão, se sentiu em perigo, a república estadunidense procedeu a um reforço mais ou menos drástico do Poder Executivo e a uma restrição mais ou menos pesada das liberdades de associação e expressão. Isso vale para os

---

[109] Ibidem, p. 290.

[110] Ibidem, p. 290-1.

[111] Ibidem, p. 284.

[112] Idem, *Colossus*, cit., p. 90-1.

[113] Ibidem, p. 88-9.

292 Guerra e revolução

anos imediatamente posteriores à Revolução Francesa (quando seus seguidores em solo estadunidense são atingidos pelas *Alien and Sedition Acts* [Leis sobre Estrangeiros e Sedição]), para a Guerra de Secessão, a Primeira Guerra Mundial, a Grande Depressão, a Segunda Guerra Mundial, a Guerra Fria. Ainda em nosso tempo, ao ataque de 11 de setembro de 2001 se seguiu a abertura de um campo de concentração em Guantánamo, no qual os detidos têm sido mantidos presos sem processo e até mesmo sem qualquer notificação de uma acusação específica, bem como sem qualquer consideração à idade tenra ou avançada. Por mais horrível que seja, a ameaça terrorista não é nada se comparada à ameaça de invasão e ocupação militar, para não falar da aniquilação nuclear.

8. "Propriedade", "liberdade", "competição": um uso irrefletido das categorias

É fácil perceber que, ao traçar em termos muito negativos "o resto do mundo" (*the Rest*), Ferguson mira em particular a China, que, com sua rápida ascensão, ameaça o primado econômico "do Ocidente" (*of the West*). Mas salta aos olhos também neste caso o contraste entre descrição empírica multifacetada, de um lado, e conclusão ideológica (de caráter maniqueísta), de outro. Existe algo que se possa admirar na milenar civilização expressa pelo grande país asiático? Ao falar das viagens de exploração geográfica, o historiador britânico contrapõe o português (e ocidental) Vasco da Gama ao chinês Zheng He: no primeiro é possível notar "uma dose de crueldade, ou mesmo de verdadeira brutalidade", que quase não se nota no segundo[114]. Portanto, o que vai desembocar na ane-xação dos continentes e dos territórios "descobertos" e na subjugação – e até na escravização e dizimação – dos povos que os habitam parecem ser, em particular, as explorações geográficas do Ocidente. Vejamos agora o que acontece depois da emancipação (parcial e às vezes somente formal) dos negros escravizados nas colônias europeias e nos Estados Unidos: "em 1900, um número semelhante de trabalhadores indianos e chineses sob contrato estava emigrando para as plantações e minas de propriedade europeia [e, na realidade, também estadu-nidenses] em condições de trabalho não muito diferentes às da escravidão"[115]. São, portanto, os ocidentais que escravizam os chineses (e os indianos), não os chineses (e os indianos) que escravizam os ocidentais.

---

[114] Idem, *Civilization*, cit., p. 34.
[115] Idem, *Ventesimo secolo*, cit., p. 77.

À luz de tudo isso, daria prova de acrisia no plano lógico e de hipocrisia no plano moral quem quisesse atribuir ao Ocidente uma superioridade moral e política absoluta. Todavia, é exatamente essa a conclusão a que chega Ferguson, para quem seria absurdo "relativismo" duvidar do permanente primado moral e político da civilização ocidental: "Nunca antes uma civilização exerceu um domínio comparável àquele exercido pelo Ocidente sobre o resto do mundo", controlando largamente o planeta nos planos militar e econômico[116]. Quer dizer, independentemente das práticas horríveis a que frequentemente recorre, o expansionismo colonial é considerado a prova da intrínseca e permanente superioridade do Ocidente; e a rejeição do "relativismo" se configura como uma reverência diante da lei do mais forte e do darwinismo social!

Resultam ainda mais problemáticas as próprias categorias segundo as quais a ideologia dominante desenvolve o confronto entre as diversas civilizações. Para Ferguson, entre outros motivos, o que explicaria essa ascensão irresistível do Ocidente e seu primado moral e político seria o escrupuloso respeito ao direito de propriedade. No entanto, vimos o historiador britânico reconhecer que o processo de completa desumanização do negro escravizado no Norte do continente americano é resultado do enfraquecimento de qualquer limite ao exercício dos *private property rights*", inclusive a propriedade de gado humano. Segurança do direito de propriedade definitivamente não é sinônimo de respeito à liberdade individual.

Longe de ser o lugar onde todos os indivíduos se encontram livremente como vendedores e compradores de mercadorias, por séculos, o mercado liberal foi o lugar da exclusão, da desumanização. Os antepassados dos cidadãos negros de hoje eram mercadoria, não compradores e vendedores dotados de autonomia. E por séculos o mercado funcionou também como instrumento de terror: antes mesmo do chicote, a obediência total era imposta ao escravizado por meio da ameaça de vendê-lo como mercadoria a ser trocada no mercado, separadamente de sua família[117]. Por muito tempo também foram vendidos e comprados no mercado servos brancos por contrato, condenados assim a uma sorte não muito distinta daquela reservada aos negros escravizados; e, em nome do mercado, coalizões operárias foram reprimidas e direitos econômicos e sociais foram ignorados e negados, com a consequente mercantilização de aspectos essenciais

---

[116] Idem, *Civilization*, cit., p. 5.

[117] Walter Johnson, *Soul by Soul: Life inside the Antebellum Slave Market* (Londres/Cambridge, MA, Harvard University Press, 1999), p. 19 e 22-3.

294 GUERRA E REVOLUÇÃO

da personalidade e dignidade humana (a saúde, a instrução etc.). Em casos extremos, o culto supersticioso do Mercado selou enormes tragédias, como aquela em que, em 1847, o Reino Unido condenou à morte por inanição uma vasta massa de indivíduos de verdade (irlandeses).

Ao mesmo tempo, será que o Ocidente realmente se diferenciou pelo respeito escrupuloso ao direito de propriedade? Talvez seja interessante ouvir a opinião de Marx sobre o assunto:

> Eles [os burgueses e o Ocidente] são os defensores da propriedade, mas que partido revolucionário já desencadeou revoluções agrárias tão radicais como aquelas que aconteceram em Bengala, Madras [Chennai] e Bombaim [Mumbai]? [...] Enquanto na Europa pregavam a inviolável santidade da dívida pública, na Índia eles não confiscavam os dividendos dos rajás que haviam investido suas economias nas ações da Companhia [das Índias Orientais]?[118]

E não se trata apenas de "propriedade da terra". Sete anos mais tarde, por ocasião do término da Segunda Guerra do Ópio, as tropas anglo-francesas em Pequim ateiam fogo no Palácio de Verão, apossando-se de peças de inestimável valor que até hoje os rapinadores se recusam a restituir.

Concentremo-nos agora exclusivamente sobre o aspecto lógico do nexo entre propriedade e liberdade estabelecido pelo historiador britânico. Depois de ressaltar os méritos da Constituição federal de 1787 por ter promovido o *"single market"*, o governo da lei etc., ele prossegue da seguinte forma:

> No fim das contas, tudo girava em torno da propriedade: e, desse ponto de vista, Washington foi um daqueles homens determinados que a partir da Guerra de Independência obtiveram notáveis vantagens [acumulando novas terras arrancadas dos nativos]. Nada poderia ilustrar melhor a indissolubilidade do nexo entre terra e liberdade que caracteriza logo de início a história dos Estados Unidos. Na América do Sul, os índios foram forçados a trabalhar na terra, na América do Norte a perderam.[119]

Mas essa observação é uma demonstração da tese cara ao historiador britânico ou sua refutação? Por um lado, a terra (arrancada dos nativos) permite

---

[118] Karl Marx e Friedrich Engels, *Werke, Artikel, Entwürfe*, cit., MEGA I/12, p. 252.

[119] Niall Ferguson, *Civilization*, cit., p. 118-9.

à comunidade branca arrefecer o conflito social e consolidar as instituições liberais; por outro, a terra originariamente possuída pelos nativos os leva a um destino de expropriação, deportação e dizimação, ou seja, a um destino de completa falta de liberdade e de direitos.

Igualmente não meditado e irrefletido é um outro grupo de categorias ("competição", respeito à dignidade individual, individualismo), do qual a ideologia dominante se vale, sempre com a finalidade de celebrar o Ocidente[120]. É correto destacarmos com Ferguson que a Europa alcançou seu desenvolvimento econômico e tecnológico graças à "competição" em que se engajaram não somente os diversos indivíduos, mas também os diversos Estados em que ela, ao contrário da China, estava dividida. Mas temos que observar a outra face da moeda: a descomedida "competição" entre os diversos Estados provocou a catástrofe das duas guerras mundiais, e é em reação a tudo isso que mais tarde se promoveu o processo de unificação europeia.

Mesmo se nos concentrássemos na competição entre indivíduos no âmbito de um único país, o resultado do confronto entre as diversas civilizações é bem mais problemático do que o historiador britânico parece suspeitar. Na Europa do Antigo Regime, em que o poder era exercido pela aristocracia hereditária, os iluministas olhavam com admiração e inveja para a China: esta "sociedade confuciana", onde "o aprendizado era a chave que abria portas"[121], valia-se de concurso público para selecionar os funcionários; portanto, mais do que a suposta nobreza do sangue, quem exercia um papel proeminente eram a "competição" e o mérito individual. E depois, se expandirmos o quadro para além da comunidade branca, o resultado da comparação pode ser completamente inesperado: nos Estados Unidos a origem de raça foi por muito tempo (e no Sul, mesmo durante o século XX) o critério decisivo para determinar o destino do indivíduo. A "competição" e o individualismo exerceram um papel mais importante na república estadunidense ou na China confuciana? Mais do que se pronunciar em favor de um ou outro lado do dilema e se deixar aprisionar pelo esquema tendencialmente fundamentalista do "choque de civilizações", vale fazer prevalecer o princípio da "circulação do pensamento" entre as diversas culturas[122]: uma vez derrotados (graças às revoluções anticoloniais e às lutas dos

---

[120] Ibidem, p. 19 e seg.

[121] Henry Kissinger, *On China* (Nova York, Penguin, 2011), p. 14 [ed. bras.: *Sobre a China*, trad. Cassio de Arantes Leite, Rio de Janeiro, Objetiva, 2011].

[122] Cf. Domenico Losurdo, *Il linguaggio dell'Impero*, cit., cap. 2, § 13.

povos de origem colonial) o sistema colonial mundial e, nos Estados Unidos, o Estado racial e o regime da *white supremacy*, talvez a "competição" e o individualismo tenham atingido sua plena realização no Ocidente. Resta, porém, um fato: se por individualismo se entende o reconhecimento da dignidade do indivíduo na sua universalidade, esse individualismo não pode ser pensado sem a contribuição representada pelo desafio de culturas e povos externos ao Ocidente e normalmente em luta com ele.

Chegaremos a esse mesmo resultado problemático se compararmos áreas no interior de uma mesma civilização. No que se refere ao Ocidente, quem dá maior prova de "individualismo": a Europa, que construiu o Estado social, ou os Estados Unidos, que o condenaram como sinônimo de coletivismo insano? A resposta a essa pergunta não é nada óbvia se atribuirmos a "individualismo" o significado de preocupação com o destino do indivíduo concreto. Seja como for, qualquer que seja a resposta, é bom não perder de vista algumas circunstâncias materiais macroscópicas: no final do século XIX, na Alemanha de Bismarck, buscava-se prevenir a temida revolução socialista com uma reforma desde o alto que introduzia alguns elementos do Estado social; nesse mesmo período, do outro lado do Atlântico, o conflito social era desarmado de modo diferente, e o "Estado social" assumia uma forma peculiar: a do apoio oferecido pelo poder político aos colonos que se estabeleciam no Velho Oeste, realizando o *American dream* à custa dos nativos.

9. Transfiguração do Ocidente e deslegitimação das revoluções anticoloniais

À transfiguração do Ocidente se entrelaça a deslegitimação das revoluções anticoloniais. Qual seria o sentido de se rebelar contra uma civilização superior, cuja expansão, ademais, resultou de "uma conversão em última análise obtida mais com a palavra do que com a espada"?[123] Na realidade, em outras ocasiões, Ferguson foi obrigado a reconhecer uma verdade distinta e contraposta: "A *ultima ratio* dos impérios ocidentais era naturalmente a força"[124]; ainda durante o século XX, "as potências ocidentais não tinham nenhuma intenção de renunciar ao controle das populações e dos recursos asiáticos"[125]. As contradições

---

[123] Niall Ferguson, *Civilization*, cit., p. 5.
[124] Idem, *Ventesimo secolo*, cit., p. 52.
[125] Ibidem, p. 35.

SAUDADE DO IMPÉRIO: O REVISIONISMO HISTÓRICO NA GRÃ-BRETANHA   297

se acumulam: vimos o historiador britânico chamar a atenção para o discurso feroz com que Guilherme II motiva os soldados alemães que se preparam para reprimir a Revolta dos Boxers, mas eis que esta empreitada depois se torna "a expedição enviada para libertar (*relieve*) Pequim"[126]. De modo geral, quando prevalece, a preocupação apologética faz milagres, a ponto de transformar a "espada" (*sword*) numa "palavra" (*word*).

Já intrinsecamente desprovidas de legitimidade histórica, as revoluções anticoloniais são marcadas por um "fracasso econômico" e, na realidade, por um fracasso em si – tese essa demonstrada por inúmeros dados estatísticos[127]. Mas tabelas e percentuais servem muito pouco caso não se esclareça antes o significado das categorias, seja a de "fracasso", seja a de "revolução anticolonial". Minha observação pode parecer polêmica, mas reflitamos em primeiro lugar sobre a segunda categoria. Por um lado, Ferguson destaca "as origens imperiais dos Estados Unidos"[128] e, como sabemos, define os Pais Fundadores dessa nação como "os imperialistas mais seguros de si"; por outro lado, escreve que "o sistema político estadunidense tinha nascido de uma revolta contra o colonialismo (*imperial rule*)"[129]. Seriam essas afirmações conciliáveis entre si?

Se fosse correta a última das afirmações contraditórias reproduzidas acima, haveria na história ao menos uma revolução anti-imperialista e anticolonial bem-sucedida, qual seja, a revolução que desembocou na promulgação da Constituição de 1787 ("o mais extraordinário documento de edificação das instituições políticas já feito na história"!) e na fundação de um país que se tornou mais tarde uma superpotência econômica, tecnológica e militar. Na realidade, como relata a própria narrativa do historiador britânico, os povos coloniais do continente americano encontraram seus inimigos mais duros e perigosos justamente nos Pais Fundadores da república norte-americana. Estes últimos queriam, antes de tudo, se desvencilhar dos limites impostos pelo governo de Londres ao processo de expropriação e deportação dos nativos. No que se refere aos negros, foram os colonos que chegaram ao poder com a Guerra de Independência que, para todos os fins, consideraram e trataram os escravizados como se fossem "bens" ou mercadorias como quaisquer outros, e que conferiram um selo de constitucionalidade a essa condição, e, de modo mais amplo,

---

[126] Ibidem, p. 284.

[127] Idem, *Colossus*, cit., p. 175.

[128] Ibidem, p. 26.

[129] Idem, *Ventesimo secolo*, cit., p. 566.

ao Estado racial[130]. De qualquer forma, a abolição da escravatura nos Estados Unidos ocorreu três décadas mais tarde do que nas colônias britânicas: "Do ponto de vista da maior parte dos afro-estadunidenses, a independência do país retardou a emancipação em pelo menos uma geração [...]. A independência não trouxe nada de bom sequer para os indígenas dos Estados Unidos"[131]. A revolta desencadeada pelos colonos ingleses na América no final do século XVIII pode ser comparada às secessões ou às tentativas de secessão praticadas pouco depois da metade do século XX pelos colonos franceses na Argélia e pelos ingleses na Rodésia: trata-se, no primeiro caso, de varrer para longe os obstáculos colocados pelo poder central ao processo de colonização e, nos outros dois, de bloquear a qualquer custo a descolonização que o poder central se sente obrigado a promover. Nos três casos, se trata de movimentos protagonizados pelos defensores mais fanáticos do expansionismo e da dominação colonial.

Esclarecido esse ponto, podemos agora encarar o problema do "fracasso" recriminado por Ferguson nas revoluções anticoloniais, e enfrentá-lo ocupando-nos daquelas que são autênticas. Convém partir da grande insurreição, ocorrida entre o final do século XVIII e o começo do XIX, que foi protagonizada pelos negros de São Domingos-Haiti. É um capítulo da história que pode ser diretamente contraposto ao que desembocou na fundação dos Estados Unidos. Dos dois capítulos aqui confrontados, o segundo leva à completa desumanização dos negros escravizados, os quais em São Domingos, por outro lado, se insurgem, dando vida ao primeiro país do hemisfério ocidental a se libertar da infâmia da escravidão. Enquanto a república norte-americana acelera e agrava a tragédia já em curso dos nativos, os ex-escravizados que chegam ao poder mudam o nome de São Domingos para Haiti, reconectando-se ao passado pré-colombiano da ilha e fazendo assim uma homenagem às vítimas da descoberta-conquista da América. Pois bem, a revolução anticolonial de que estamos tratando deve ser considerada um fracasso ou um sucesso? Não há dúvidas de que São Domingos-Haiti não consegue alcançar o desenvolvimento nem tampouco estabelecer um ordenamento político, e, desse ponto de vista, o fracasso é inegável. Porém, no plano internacional, sem a insurreição dos negros escravizados dirigida por Toussaint Louverture, não se pode compreender a abolição da escravidão nem nas colônias inglesas nem na América Latina, nem se pode compreender a segunda e definitiva abolição da escravatura nas

---

[130] Idem, *Civilization*, cit., p. 131 e 129.

[131] Idem, *Empire: How Britain Made the Modern World*, cit., p. 101.

colônias francesas logo após a Revolução de 1848. Em outras palavras, estamos diante de um grandioso processo de emancipação sobre o qual é muito difícil falar em "fracasso". Por essa razão, aqueles que dizem levar a sério a causa da liberdade não deveriam tachar de forma simplista como "fracasso" um capítulo fundamental da história da liberdade.

Cerca de um século e meio depois, desenvolve-se na China outra grande revolução anticolonial. Com o sucesso alcançado em 1949, ela imprime um impulso decisivo ao movimento anticolonialista já em curso naquele momento em nível mundial. Em seguida, depois de um processo de aprendizado cansativo e marcado também por páginas trágicas, o país que surge dessa revolução obtém um extraordinário sucesso econômico, o que encoraja outros países com um passado colonial ou semicolonial às costas a se livrarem da dependência econômica, depois de se libertarem da sujeição político-militar. É um sucesso tão grande que o próprio Ferguson é obrigado a vislumbrar o declínio do Ocidente e do Império Estadunidense, ou a conclusão do ciclo histórico iniciado com a descoberta-conquista do Novo Mundo. É um sucesso tão grande que neutraliza aquele alcançado pelo Ocidente durante a Guerra Fria: "O suposto triunfo do Ocidente em 1989 revelou-se uma ilusão"[132].

Mas nada disso impede o paladino do revisionismo filo-colonialista de traçar um quadro caricatural das revoluções anticoloniais (e de seus líderes) como um todo. Tomemos o caso de Cuba, "uma possessão (informal) dos Estados Unidos" já "desde os tempos de Theodore Roosevelt"[133], isto é, desde os tempos daquele que foi definido por um renomado historiador estadunidense como "mensageiro do militarismo e do imperialismo estadunidense", senão do "racismo", e que por outros não menos renomados historiadores daquele país foi comparado até mesmo a Hitler[134]. Em 1958, o movimento independentista, que já tinha quase um século de história, conseguia a vitória, sob a liderança de Fidel Castro. Mas não se passaram três anos até que os antigos senhores tentassem a vingança, com a invasão da baía dos Porcos. "A operação fracassou miseravelmente" e "Kennedy, queimado, se recolheu numa política de golpes

---

[132] Idem, *Ventesimo secolo*, cit., p. 586.

[133] Ibidem, p. 555.

[134] Cf. Richard Hofstadter, *The American Political Tradition and the Men Who Made It* (Nova York, A. Knopf, 1967), p. 206 (para a definição de "mensageiro") e Domenico Losurdo, *Controstoria del liberalismo*, cit., cap. 10, § 5 (para a comparação com Hitler, realizada, entre outros, por Pierre L. van den Berghe).

300   GUERRA E REVOLUÇÃO

baixos que visava desestabilizar e até mesmo assassinar Castro". Estaríamos diante de uma condenação do imperialismo estadunidense? De forma alguma. Ferguson expressa seu desapontamento pelo fato de que a invasão tinha "uma escassa cobertura aérea". E pensar que poucos anos antes tivera sucesso um golpe de Estado na Guatemala, promovido e apoiado pelos Estados Unidos, que havia derrubado o governo democrático de Jacobo Árbenz. E assim, "a Revolução Cubana foi um grande impeditivo para as estratégias anticomunistas estadunidenses e anulou definitivamente e de uma só vez o sucesso do golpe na Guatemala. Em Havana, as numerosas tentativas da CIA não surtiram o mesmo efeito"[135].

Seria, então, a derrota sofrida por uma formidável superpotência a demonstração da legitimidade histórica e da larga base social de consenso da Revolução Cubana ou da habilidade de seu líder, que se revelava independente inclusive em relação a Moscou? Ferguson reserva apenas desprezo à vítima dos "golpes baixos" de Kennedy: no decorrer da crise dos mísseis de 1962, Castro assumia seu posicionamento intransigente "depois de um banquete com salsichas e cerveja"; ele "era um títere sem cordas". Ao mesmo tempo, longe de ser um caso isolado, o líder cubano constituía o protótipo dos líderes dos países e dos movimentos anticolonialistas. A assim chamada Guerra Fria, "o terceiro conflito mundial, foi de fato um evento real e sanguinário combatido por figuras como o próprio Castro no Terceiro Mundo"[136].

Como se nota, o discurso do "fracasso econômico" das revoluções anticoloniais é apenas uma cortina de fumaça. Na realidade, elas são condenadas por seu posicionamento político: por que – se pergunta Ferguson – tais revoluções cederam ao fascínio exercido pelo modelo comunista e se inspiraram em "Lenin, Stalin e Mao"?[137] A resposta a essa pergunta não deveria ser difícil: a Ásia e, sobretudo, a África, eram ainda vastamente dominadas por países como a Grã-Bretanha e a França, que, para manterem seus domínios, não hesitavam em recorrer a uma repressão indiscriminada e a práticas genocidas. Mas por que – pressiona Ferguson – as revoluções anticoloniais não se inspiraram na Revolução Americana e em "Washington, Jefferson e Madison"[138]? Quiçá por um breve período de tempo o próprio presidente Árbenz tenha remetido, na

---

[135] Niall Ferguson, *Ventesimo secolo*, cit., p. 555 e 565.
[136] Ibidem, p. 558, 565 e 560.
[137] Ibidem, p. 566.
[138] Idem.

Guatemala, justamente à república norte-americana, antes de ser destituído pela CIA para dar lugar a uma ditadura que, em seguida, se tornou culpada pelo genocídio dos maias, suspeitos de serem excessivamente inclinados à subversão. De qualquer modo, não deveria ser difícil responder à pergunta formulada pelo historiador britânico. É ele próprio que rotula como expansionistas e imperialistas os Pais Fundadores, que ressalta que eles "estavam entre os homens mais ricos do mundo"[139] e extraíam suas riquezas da terra arrancada dos nativos e da transformação dos negros em gado humano; é o próprio historiador britânico que lembra que, em virtude da Doutrina Monroe e de sua privilegiada situação geopolítica, no final do século XIX, os Estados Unidos se consideravam "praticamente soberanos neste continente" e no hemisfério ocidental e agiam como tais[140]. Em suma, é no mínimo curioso recriminar as revoluções anticoloniais por não se inspirarem no Ocidente e, ao mesmo tempo, solicitar a este último (e ao seu país-guia) que estabeleça um império planetário, passando por cima do princípio da igualdade entre as nações, que está na base das revoluções anticoloniais. No entanto, Ferguson não tem dúvidas:

> Os ambiciosos "combatentes pela liberdade" do Terceiro Mundo eram mais atraídos pelas possibilidades que a clara opressão do sistema soviético podia oferecer. Num regime de partido único, de fato, o primeiro a chegar abocanharia tudo sem correr o risco de ter de ceder o poder a um adversário um ano depois, e, graças à economia planificada, a nova classe dirigente teria a oportunidade de se apropriar de quaisquer recursos que desejasse em nome da nacionalização.[141]

A deslegitimação da revolução anticolonial desemboca, assim, no insulto *ad personam* a seus líderes, aos quais não se reconhece qualquer motivação ideal e que são retratados como movidos exclusivamente pela *libido dominandi* e pela cobiça material. Resta explicar por que eles encararam os duros sacrifícios e os perigos de uma prolongada luta revolucionária e de que modo conseguiram conquistar um séquito de massa (constituída por militantes também imbuídos de espírito de sacrifício), bem como por que resistiram às tentativas de desestabilização e invasão (normalmente praticadas pelos Estados Unidos e pelo Ocidente). Ao mesmo tempo, essa hermenêutica da suspeita difamadora

---

[139] Idem, *Empire: How Britain Made the Modern World*, cit., p. 85.

[140] Idem, *Colossus*, cit., p. 42.

[141] Idem, *Ventesimo secolo*, cit., p. 566-7.

e *ad personam* pode ser tranquilamente aplicada à Revolução Americana, que Ferguson eleva à condição de modelo, mas cujos protagonistas, como ele mesmo reconhece, expandem sua propriedade fundiária à custa dos nativos e reforçam e consolidam sua propriedade de gado humano à custa dos negros.

Ainda mais fútil é o modo como o historiador britânico argumenta, pois ele liquida a revolução anticolonial em todo o arco de seu desenvolvimento histórico, muito antes do advento do comunismo: silencia sobre Toussaint Louverture (que não poderia ter se inspirado na Revolução Americana, pois nela se inspiravam os proprietários de escravos contra os quais lutava o "jacobino negro"), condena Simón Bolívar por ser intrinsecamente ditatorial, e não poupa sequer uma revolução anticolonial que tem início na Europa um ano antes da Revolução de Outubro, protagonizada por um país hoje festejado como tigre econômico, pelo menos até a explosão da crise econômica mundial de 2008.

Em 1916, em pleno decorrer da Primeira Guerra Mundial, uma revolta eclode na Irlanda: os insurgentes tentam se aproveitar da situação para conquistar a independência, em vez de combater e morrer a serviço de um opressor multissecular que nunca hesitara em recorrer, em diversas ocasiões, a práticas genocidas. Eis como esse acontecimento é relatado por Ferguson: insurgiram-se "mais ou menos mil nacionalistas extremistas irlandeses", que praticaram "um claro ato de traição". Recai a repressão: "Já moribundo, Connolly teve de ser transportado em uma cadeira para ser fuzilado". Depois da guerra, o movimento independentista, já poderoso, é atacado sem misericórdia; o poder colonial não hesita em abrir fogo contra a massa desarmada. Essa prova de firmeza não parece suficiente para Ferguson:

> Como frequentemente acontecia naquele período, aos britânicos faltava estômago para reprimir [...]. Em 1921, com as perdas britânicas se aproximando de 1,4 mil, a vontade de combater tinha desaparecido, e um acordo de paz foi rapidamente costurado [...]. No período entre as duas guerras, esse foi um modelo que se repetiu mais vezes: uma pequena explosão de dissenso, uma dura resposta militar seguida por um colapso da confiança britânica em suas próprias capacidades, dolorosas reflexões, novas reflexões, concessões confusas, novas concessões. Mas a Irlanda foi o primeiro teste. Ao permitir que sua primeira colônia se dividisse em duas, a Grã-Bretanha deu um sinal ao Império como um todo.[142]

---

[142] Idem, *Empire: The Rise and the Demise of the British World Order*, cit., p. 275-6.

A rebelião dos povos coloniais se difunde para muito além da ilha: "Os indianos olharam para a Irlanda e extraíram a conclusão óbvia. Não era o caso de se limitar a esperar a concessão do autogoverno"[143]. Da periferia do império a crise se estende para seu centro: "Nos anos 1930, muitos na Grã-Bretanha adquiriram o hábito de jogar o Império na lata do lixo"[144]. É o início do fim do Império Britânico: mas isso é a demonstração do fracasso ou do sucesso da revolução irlandesa?

10. Os Estados Unidos, a China e a sequência de Ferguson

Assim como o rebaixamento do *"Rest"* em contraposição ao *"West"* é demonstrado por meio de uma atenção particular dedicada à civilização chinesa no todo, a deslegitimação das revoluções anticoloniais centra o foco no capítulo da história que desemboca na fundação da República Popular da China, nos dirigentes e nas primeiras décadas de vida do novo Estado, submetido a um terrível isolamento, inclusive no plano diplomático, e obrigado a lutar pela própria sobrevivência.

Conhecemos a eloquente descrição de Ferguson do horror da invasão japonesa: desumanização total do povo agredido e a ser subjugado, cujos membros são explicitamente reduzidos a "porcos" sacrificáveis a bel-prazer e mesmo por pura diversão; disputa para ver quem mata mais e mais rapidamente; estupro em massa das mulheres, frequentemente seguido por sadismo selvagem e assassinato. Pareceria lógico, então, honrar aqueles que, mesmo numa situação aparentemente desesperadora em função da desproporção das forças, ousam se rebelar contra tudo isso. Bem, quem são eles?

> Em vez de encorajar o sentimento de unidade nacional, como haviam esperado os nacionalistas chineses, a ocupação japonesa ampliou as bases do consenso em torno do partido comunista, que então, sob a batuta de Mao Tsé-tung, havia se empenhado numa luta de guerrilha até as últimas consequências. Ao mesmo tempo, as incursões japonesas não fizeram mais que acentuar as divisões internas do Kuomintang. À medida que os comunistas conquistavam novos recrutas entre os camponeses empobrecidos e desiludidos, alguns nacionalistas passaram a considerar a ideia de um acordo com os japoneses.[145]

---

[143] Ibidem, p. 276.

[144] Ibidem, p. 284.

[145] Idem, *Ventesimo secolo*, cit., p. 452-3.

304 GUERRA E REVOLUÇÃO

Assim, ao lado dos nomes de Toussaint Louverture e daqueles que no século XX promoveram a insurreição contra as tropas nazistas empenhadas em escravizar e dizimar os povos da Europa centro-oriental e em massacrar os judeus, o nome de Mao Tsé-tung – pelo menos no que se refere aos anos da resistência contra os japoneses – deveria ocupar um lugar de honra nos livros não somente de história, mas também de educação cívica. Mas não é assim que age Ferguson, que procede a uma comparação um tanto quanto singular:

> Não obstante a dolorosa interrupção representada pela Grande Depressão, os Estados Unidos não sofreram nada tão devastador quanto a infame sequência de eventos que se abateu sobre a China do século XX: revolução, guerra civil, invasão japonesa, nova revolução, penúria provocada pelo homem, posterior revolução (desta vez "cultural"). Em 1968, o cidadão estadunidense era em média 33 vezes mais rico que o cidadão chinês.[146]

Eis, portanto, uma condenação inapelável da revolução anticolonial chinesa, pronunciada por meio de uma comparação entre dois países cujas histórias e condições materiais não poderiam ser mais diferentes: desde sua fundação, abrigado de qualquer perigo de invasão, os Estados Unidos usufruíram de um ininterrupto processo de expansão, primeiro continental, depois além-mar; desde as guerras do ópio, a China, ao contrário, sofreu uma invasão depois da outra e uma drenagem financeira depois da outra, num processo que culmina na ocupação japonesa, cuja palavra de ordem é eloquente por si só ("Pegar tudo, matar tudo, queimar tudo")[147]. Sem dúvida, seria mais lógico comparar a China antes e depois das guerras do ópio ou antes e depois da vitória da revolução anticolonial, ou então comparar países como Índia e China nos anos posteriores à superação de sua condição colonial ou semicolonial. Mas se o que se quer é continuar tecendo o confronto entre China e Estados Unidos, a comparação de Ferguson deve ser contraposta a outra, por certo não menos polêmica, mas não mais discutível: nos Estados Unidos dos anos imediatamente seguintes à revolução guiada pelos Pais Fundadores, vemos o agravamento tanto da condição dos negros escravizados quanto do processo de expropriação, deportação e dizimação dos nativos; a vitória da revolução guiada por Mao Tsé-tung, por sua vez, põe fim ao projeto do Império do Sol Nascente de reduzir os chineses,

---

[146] Idem, *Civilization*, cit., p. 304.
[147] Idem, *Ventesimo secolo*, cit., p. 454.

por um lado, à condição de indígenas a serem dizimados e, por outro, àquela de negros a serem escravizados.

Mas convém agora nos determos na sequência por meio da qual Ferguson sintetiza a história da China do século XX: "revolução, guerra civil, *invasão japonesa*, nova revolução"; menciona-se quase com desprezo uma revolução anticolonial épica, que põe fim a um horror inaudito; e a "invasão japonesa", tratada como algo comparável à Grande Depressão, aparece como uma dentre tantas desgraças – nem sequer como a mais grave da história da China do século XX, que se torna a única verdadeira responsável pela enorme tragédia que se abate sobre ela. Um aspecto surge com clareza: quando contrapõe positivamente o império britânico ao japonês, Ferguson nos oferece uma descrição apropriada da infâmia pela qual este último foi responsável. Tal infâmia, no entanto, se transforma em uma inofensiva "invasão japonesa" quando se trata de contrapor a miséria da revolução anticolonial chinesa ao esplendor do império estadunidense.

Sempre no âmbito da sequência de Ferguson, a "nova revolução" é imediatamente seguida por uma "penúria provocada pelo homem". Esconde-se, assim, um capítulo inteiro da história. Antes mesmo da fundação da república popular chinesa, a revolução guiada pelo partido que se diferenciara na luta contra o imperialismo japonês se torna alvo dos Estados Unidos, que apoiam no plano político, diplomático e militar o partido que se aliara aos invasores bárbaros a fim de defender os privilégios da restrita elite dominante. Washington responde à ascensão dos comunistas ao poder com a "guerra econômica" e o "bloqueio naval", enquanto prosseguem os ataques aéreos do Kuomintang sobre as cidades industriais da China continental[148], inclusive Xangai, com a assistência dos Estados Unidos. E, assim, a sequência descrita por Ferguson ("invasão japonesa, nova revolução, penúria provocada pelo homem") seria modificada ou, pelo menos, acrescida: "invasão japonesa, nova revolução, *nova agressão*", desta vez perpetrada não pelo Império do Sol Nascente, mas pelo Império Estadunidense. Não por acaso, este último se recusa a reconhecer a República Popular da China no plano diplomático, e faz de tudo para isolá-la e estrangulá-la, ao passo que, no plano interno, se atira num debate revelador: "*who lost China?*" [quem perdeu a China?]. Washington não consegue se resignar a essa perda de um potencialmente enorme mercado e de uma potencialmente enorme reserva

---

[148] Shu Guang Zhang, *Economic Cold War: America's Embargo against China and the Sino-Soviet Alliance* (Stanford, Stanford University Press, 2001), p. 24, 32 e 71.

de mão de obra barata (bem como de uma área decisiva para a conquista da hegemonia mundial), nem após as reformas de Deng Xiaoping:

> Alguns analistas previram que as Zonas Econômicas Especiais se tornariam uma espécie de colônia estadunidense na Ásia oriental [...]. Os estadunidenses acreditaram que a China se tornaria uma gigantesca sucursal econômica dos Estados Unidos graças a uma retomada do sistema de Portas Abertas, do início do século XX e hoje, no entanto, se encontram diante de um novo rival econômico.[149]

Mas prossigamos na análise da sequência de Ferguson: "invasão japonesa, nova revolução, penúria provocada pelo homem". Comecemos com uma pergunta: a "penúria" que se segue à revolução é consequência dela ou um fenômeno bastante anterior e que a revolução tentou combater? Vejamos alguns dados: "A grande fome na China setentrional de 1877-1878 [...] mata mais de 9 milhões de pessoas"[150]. É uma tragédia que tende a ser verificada periodicamente: em 1928, as mortes somam "quase 3 milhões somente na província de Shanxi"[151]. Não se consegue fugir do frio ("As vigas das casas são queimadas para que se possa se aquecer"[152]), nem da fome: "a penúria na primavera continuou sendo uma ameaça perene para grande parte da China". Morrer de fome era um destino tão comum e tão difundido entre os camponeses que, para as classes dominantes, não representava um problema sacrificá-los em massa em ocasiões de crise bélica:

> Quando em 1938 [o Kuomintang] mandou explodir as barragens do rio Amarelo, a fim de bloquear o avanço japonês, a inundação matou quase 1 milhão de camponeses. A tática da destruição das barragens foi repetida em 1945, no decorrer do ataque contra as bases comunistas.[153]

Em todo caso, ao contrário do que insinua o historiador revisionista britânico, a fome na China não é consequência da revolução. Se examinarmos os "anos

---

[149] Niall Ferguson, *Ventesimo secolo*, cit., p. 585-6.

[150] Jacques Gernet, *Il mondo cinese*, cit., p. 579; Alain Roux, *La Chine au XXe siècle* (4. ed. Paris, Colin, 2007), p. 40 [ed. port.: *A China do século XX*, trad. Elsa Pereira, Lisboa, Instituto Piaget, 2009].

[151] Jacques Gernet, *Il mondo cinese*, cit., p. 580.

[152] Alain Roux, *La Chine au XXe siècle*, cit., p. 41.

[153] Michael Mann, *The Sources of Social Power*, cit., p. 416-7.

1850-1950", o século que vai da Primeira Guerra do Ópio e da irrupção do colonialismo até a vitória da revolução anticolonial (e de orientação socialista), e considerarmos as catástrofes que pontuaram esta grande crise histórica (invasões militares, insurreições, "cataclismos naturais"), impõe-se uma conclusão: "Não há dúvidas de que o número de vítimas na história do mundo nunca foi tão elevado"[154].

Depois de analisar o substantivo na expressão "penúria provocada pelo homem", voltemos agora nossa atenção ao adjetivo, ou melhor, ao particípio usado de forma adjetiva: "provocada pelo homem" (*man-made*). Vale a pena notar que, a propósito da penúria que em meados do século XIX assola a Irlanda, o historiador britânico prefere falar de "calamidade da penúria irlandesa"[155]. Entretanto, tal calamidade é saudada por um expoente do primeiro escalão do aparato estatal britânico como um dom do céu, como algo desejado pela "Providência onisciente"[156]. Nada disso teve lugar no Grande Salto para a Frente da China (no final dos anos 1950). Por que somente neste último caso se fala de "penúria provocada pelo homem"?

Mas deixemos a Irlanda de lado. Utilizada imediatamente após uma "nova revolução" (*more revolution*), a expressão "penúria provocada pelo homem" remete apenas às responsabilidades dos dirigentes chineses. Mas tal juízo é equilibrado? Vimos que, devastada após a ocupação japonesa e a guerra civil ainda não completamente concluída, a China governada pelos comunistas se torna alvo das ameaças militares e da guerra econômica promovidas pelos Estados Unidos. A administração Truman persegue um objetivo assim explicitado por um autor estadunidense, que descreve de modo compassivo o papel de primeiro plano exercido, na Guerra Fria, pela política de cerco e estrangulamento econômico praticada por Washington contra a República Popular da China: é preciso que esta "sofra o flagelo" de "um padrão geral de vida que gire em torno ou abaixo do nível de subsistência"; é preciso conduzir um país de "carências desesperadas" para uma "situação econômica catastrófica", "para o desastre" e o "colapso"[157]. Ainda no início dos anos 1960, um colaborador da administração Kennedy, Walt W. Rostow, se gaba do triunfo obtido pelos Estados Unidos em retardar o desenvolvimento econômico da China por pelo menos "dezenas de anos"[158].

---

[154] Jacques Gernet, *Il mondo cinese*, cit., p. 579.

[155] Niall Ferguson, *Colossus*, cit., p. 25.

[156] Ver, neste volume, cap. 5, § 10.

[157] Shu Guang Zhang, *Economic Cold War*, cit., p. 20-2, 25 e 27.

[158] Ibidem, p. 250.

As responsabilidades pela "penúria provocada pelo homem" não devem ser buscadas numa única direção. A catástrofe é provocada, por um lado, pela política lúcida e impetuosamente projetada por Washington já a partir do outono de 1949; por outro lado, pela inexperiência e impaciência de Mao, que quer queimar etapas do desenvolvimento, até para superar a situação de perigo em que seu país se encontra. As responsabilidades de cada uma das duas partes não podem ser colocadas num mesmo plano. Tanto é que os dirigentes estadunidenses estão conscientes, no momento de impor o embargo, de que ele será ainda mais devastador para a China em função da "inexperiência comunista no campo da economia urbana"[159]. Superada essa fase na sequência de um processo de aprendizagem doloroso e, por vezes, trágico, o grande país asiático protagonista de uma grande revolução anticolonial consegue definitivamente deixar para trás o fenômeno da fome contumaz e de massa, que havia sido o principal produto da agressão colonialista e imperialista.

11. Fundamentalismo do Ocidente e ideologia da guerra

Com uma longa história às suas costas, a celebração do Ocidente como lugar privilegiado ou exclusivo da civilização e a reivindicação da *white supremacy* ou da *western supremacy* em nível planetário atingem seu auge na ideologia nazista. A queda do Terceiro Reich e a irrupção em escala mundial da revolução anticolonial implicam um sério enfraquecimento, mas não o desaparecimento, do paradigma étnico-racial na leitura dos processos históricos e do *pathos* sublime e exclusivo do Ocidente como ilha da civilização cercada por um oceano de barbárie.

Em 1953, Churchill convoca o Ocidente a apoiar a presença da Inglaterra no Canal de Suez, "a fim de prevenir um massacre contra os brancos" (*of white people*)[160]. Três anos mais tarde, apesar da discordância ocorrida nesse meio-tempo entre Washington e Londres, Eisenhower alerta: com a nacionalização do Canal de Suez, Nasser visa "destituir os brancos" (*the white man*)[161]. Aos olhos dos dois estadistas, claramente os árabes faziam parte dos povos de cor e só por essa razão, independentemente até de seu comportamento político, eram

---

[159] Ibidem, p. 22.

[160] Peter G. Boyle (org.), *The Churchill-Eisenhower Correspondence*, cit., p. 25 (carta de Churchill a Eisenhower de 18 fev. 1953).

[161] Eisenhower, citado em Steven Z. Freiberger, *Dawn over Suez: The Rise of American Power in the Middle East, 1953-1957* (Chicago, Ivan R. Dee, 1992), p. 164.

estranhos à civilização (e ao Ocidente). Noutras ocasiões, vimos Churchill destacar o papel de vanguarda que o *"white English-speaking people"* ou o *"English--speaking world"* é chamado a desempenhar ao enfrentar o perigo representado pelo comunismo e pelos povos coloniais revoltosos. Aqui, a referência à cor da pele tende a se atenuar ou a desaparecer: a ênfase é posta na língua. E, todavia, é preciso considerar que o estadista britânico não procede de forma distinta à dos seguidores da mitologia ariana: a partir da comunidade linguística se deduz a unidade da raça que a sustenta; e o que certifica a excelência dessa raça são os produtos culturais das línguas arianas ou da língua inglesa.

Mesmo em nossos dias, um intelectual estadunidense de alta reputação, Robert Conquest, depois de identificar o Ocidente autêntico na "comunidade de língua inglesa" (que deve ser bem diferenciada em relação não somente aos bárbaros totalmente estranhos ao Ocidente, mas também à "Europa continental [que] não deixou de ser uma fonte de burocracia e burolatria, de protecionismo, de antiamericanismo e de hostilidade ao conceito anglo-estadunidense de direito e liberdade"), esclarece que a excelência da "comunidade de língua inglesa" tem um fundamento étnico preciso, constituído pelos "anglo-celtas"[162]. A ideologia anglo-celta aqui delineada evoca a mitologia ariana de triste memória. Há apenas um esclarecimento a fazer. A mitologia ariana – cara a uma longa tradição, desenvolvida nas duas margens do Atlântico, que desembocou no nazismo – tendia a se identificar com a mitologia branca; de toda forma, homenageava os povos nórdicos e todos os povos originários do solo germânico, incluídos os ingleses e os estadunidenses. A comunidade "anglo-celta", no entanto, exalta sua superioridade também frente à Europa continental como um todo; o clube dos povos autenticamente civilizados caro a Conquest é, sem dúvida, mais exclusivo do que o clube celebrado pela mitologia ariana.

O paradigma racial ou étnico-racial pode se apresentar de forma mais ou menos atenuada. O mais ilustre teórico do "choque de civilizações" de nossos dias se coloca uma pergunta: por que, além da Europa, dos Estados Unidos e do Canadá, fazem parte da "civilização ocidental" a Austrália e a Nova Zelândia, e são excluídos países como o México ou o Brasil, que não se localizam na Ásia, mas no hemisfério ocidental? Samuel P. Huntington responde com grande clareza: "A civilização latino-americana incorpora culturas indígenas que, na Europa, nunca existiram e, na América do Norte [e na Austrália e na Nova Zelândia], foram eliminadas". Para ser exato, foram eliminados não só

---

[162] Robert Conquest, *Il secolo delle idee assassine* (Milão, Mondadori, 2001), p. 275 e seg. e 307.

310   Guerra e revolução

as culturas, mas os povos que as encarnavam. E o ilustre politólogo não esconde: os colonos puritanos que atracaram na América do Norte partiam do pressuposto de que "a expulsão e/ou o extermínio dos índios seriam as únicas possibilidades de ter futuro"[163]. Se o genocídio permite a inclusão no Ocidente, a miscigenação sela a exclusão.

É surpreendente constatá-la, mas é inegável a semelhança com a argumentação de Hitler, quando este explica a infinita superioridade dos Estados Unidos (a seus olhos, parte integrante do Ocidente e do mundo germânico) em relação à América Latina (totalmente estranha ao Ocidente). Está escrito no *Mein Kampf*:

> A experiência histórica [...] mostra com assustadora clareza que a mistura do sangue ariano com o sangue dos povos inferiores resulta no fim do povo portador da civilização. A América do Norte, cuja população é constituída em sua vasta maioria por elementos germânicos, que muito raramente se misturaram com povos inferiores e de cor, mostra uma humanidade e uma civilização bem diferentes daquelas da América central e meridional, onde os imigrantes, em larga medida latinos, frequentemente se envolveram com os habitantes originários. Basta este único exemplo para detectar com clareza e distinção o efeito da mistura racial.[164]

Obviamente, não se trata aqui de igualar orientações que não devem ser confundidas entre si, mas de alertar para o perigo de se escorregar para o paradigma étnico-racial a partir de um paradigma (o do choque de civilizações) que gostaria de ser, e é, diferente: as civilizações têm uma existência real que não remete à cor da pele ou à "raça", mas se estas, em vez de serem compreendidas com base em conflitos históricos bem determinados, são consideradas como expressão de um espírito ou de uma alma tendencialmente eternos, eis que a "civilização", assim como a "raça", tende a remeter a uma "natureza" mítica. Não por acaso, a celebração da "alma ocidental" (*abendländische Seele*) desenvolve um papel essencial em Oswald Spengler[165] e na cultura reacionária alemã que desemboca no nazismo. E não por acaso, aos olhos de Alfred Rosenberg, isto

---

[163] Samuel P Huntington, *Lo scontro delle civiltà e il nuovo ordine mondiale* (Milão, Garzanti, 1997), p. 53 [ed. bras.: *O choque de civilizações e a recomposição da ordem mundial*, trad. M. C. H. Côrtes, Rio de Janeiro, Objetiva, 1997]; *La nuova America* (Milão, Garzanti, 2005), p. 69.

[164] Adolf Hitler, *Mein Kampf*, cit., p. 313-4.

[165] Oswald Spengler, *Der Untergang des Abendlandes* (Munique, Beck, 1980), p. 178 [ed. bras.: *A decadência do Ocidente*, trad. Herbert Caro, São Paulo, Forense Universitária, 2014].

é, do principal teórico do Terceiro Reich, a "alma" é a "raça vista de dentro", assim como a raça é o "lado externo da alma"[166]. E é a partir daqui que se pode compreender o alerta de Toynbee, nos anos 1950, contra o persistente "sentimento de raça ocidental"[167].

A visão essencialista das civilizações e o fundamentalismo do Ocidente caracterizam Ferguson de modo ainda mais acentuado. Nele, o eterno primado moral e político do Ocidente se torna um dogma. É verdade que ele critica como "nonsense" a tese cara aos *white supremacists* estadunidenses (mais tarde retomada pelos nazistas), para os quais "a segregação era o motivo fundamental da prosperidade dos Estados Unidos, enquanto as populações 'abastardadas' da América Latina continuavam encerradas na pobreza"[168]. Entretanto, afastando--se completamente da história e da geopolítica e tomando por base apenas uma face da moeda da liberdade estadunidense, ele chega a esta conclusão: a diferença de desenvolvimento econômico e político entre Norte e Sul se explica pelo fato de que a revolução guiada por Washington foi, como sabemos, "a revolução em nome da liberdade mais bem-sucedida na história", ao passo que "o sonho de Bolívar demonstrou ser não a democracia, mas a ditadura"[169]. Somos de novo reconduzidos à natureza, mesmo que agora a natureza não seja a "raça", mas a psicologia doentia do líder latino-americano (e dos seus seguidores).

É importante não esquecer que, no nazismo, o paradigma étnico-racial se entrelaça facilmente com o paradigma psicopatológico: a "natureza" de uma ordem fundada sobre a sã hierarquia racial deve ser defendida, por um lado, do assalto dos bárbaros ou das raças inferiores (paradigma étnico-racial) e, por outro lado, da subversão praticada, no interior da cidadela da civilização, por aqueles que cultivam ideias insanas de igualdade e nivelamento (paradigma psicopatológico). Não por acaso, Hitler se vangloria de ter descoberto o vírus judaico-bolchevique que fundamenta a revolta das raças inferiores.

Ferguson tem consciência de que o antissemitismo e o ódio atroz contra a "raça" judaica – na Polônia entre as duas guerras e, sobretudo, na Alemanha nazista ou quase nazista – são permeados pela convicção de que a salvação

---

[166] Alfred Rosenberg, *Der Mythus des 20. Jahrhunderts* (Munique, Hoheneichen, 1937), p. 2.

[167] Arnold Toynbee, *A Study of History*, v. I (Oxford, Oxford University Press, 1951-1954), p. 210 e 211 n. 1 [ed. bras.: *Um estudo da História*, trad. Isa Silveira Leal e Miroel Silveira, São Paulo, Martins Fontes, 1987].

[168] Niall Ferguson, *Civilization*, cit., p. 137.

[169] Ibidem, p. 129 e 124.

GUERRA E REVOLUÇÃO

consiste em erradicar um vírus ou um bacilo letal para a sociedade: "Um político polonês definiu os judeus como 'um organismo estranho que vagueia em nosso corpo causando deformações patológicas'". E em termos análogos se expressa uma espécie de poema polonês de 1922: "Os judeus estão contaminando as raízes da Polônia [...]. Infectam o espírito [...] uma terrível gangrena se instalou em nosso corpo"[170]. Como se não bastasse, não muitas páginas antes, o historiador britânico escreve:

> Em 1918, o mundo foi atingido por duas epidemias. Uma foi a gripe chamada "espanhola" [...]. O vírus se difundiu rapidamente nos Estados Unidos e desembarcou na Europa viajando em barcos abarrotados que transportavam as tropas estadunidenses [...]. A segunda epidemia foi o bolchevismo, que, por um certo período, pareceu tão contagioso (e em seguida se demonstrou letal) quanto a gripe espanhola.[171]

O vírus judaico-bolchevique, que alimenta a campanha antissemita e anticomunista no período entre as duas guerras e que constitui uma particular obsessão de Hitler, se configura, agora, como a "gripe" bolchevique! Mais uma vez, não se trata aqui de comparar orientações políticas e ideológicas muito distantes entre si, mas de alertar para a conotação naturalista típica do paradigma psicopatológico e a tendência deste último em se transmutar em paradigma étnico-racial: Tocqueville identifica justamente os franceses e, em particular, os jacobinos como portadores do "vírus de uma nova e desconhecida espécie", que teria fundamentado o incessante ciclo revolucionário francês; Nietzsche aponta os judeus como "o povo do *ressentiment par excellence*", depois de ter condenado o *ressentiment* como mola propulsora da revolta contra o poder exercido pelos senhores e pelos bem-sucedidos. Enfim, Hitler se gaba de ter finalmente descoberto a origem da doença e da infecção revolucionárias: esta é constituída pelos judeus e pelos bolcheviques, normalmente comparados também em função da origem hebraica de inúmeros dirigentes do movimento revolucionário russo[172]. O processo de etnicização do vírus revolucionário pode assumir formas bastante diversas; mantém-se o perigo constante de deslizamento do paradigma naturalista, que remete à doença psíquica, para o paradigma étnico-racial, que remete à etnia e à raça inferior ou degenerada.

---

[170] Idem, *Ventesimo secolo*, cit., p. 184.

[171] Ibidem, p. 161.

[172] Ver, neste volume, cap. 5, § 8.

Posições como a de Ferguson são inquietantes também por outra razão. Visitando os Estados Unidos no final do século XIX, período em que está mais sólido do que nunca o Estado racial e em que atua com virulência o regime da *white supremacy*, particularmente no Sul do país, Friedrich Ratzel – o primeiro teórico da *Lebensraum*, ou do "espaço vital", caro sobretudo ao nazismo – chama a atenção para o total fracasso do projeto de construção de uma sociedade fundada no princípio da igualdade racial. Pois bem, onde está a emancipação dos negros? Submetidos como são a linchamentos e a torturas intermináveis e encenadas como espetáculo de massa para multidões que não se cansam de aplaudir, os ex-escravizados têm um destino ainda mais duro do que no passado às suas costas. Na realidade, a situação criada na república norte-americana "evita a forma da escravidão, mas mantém a essência da subordinação, da hierarquização social com base racial", continua reconhecendo o princípio da "aristocracia racial". Uma conclusão se impõe: "a experiência ensinou a reconhecer as diferenças raciais"; estas se revelam bem mais duradouras do que a "abolição da escravatura, que um dia aparecerá apenas como um episódio e uma tentativa". Nota-se uma "inversão" em relação às ilusões caras aos abolicionistas e aos amantes da ideia de igualdade. Tudo isso surtirá efeitos em lugares muito além dos Estados Unidos: "Estamos apenas no início das consequências que essa inversão provocará na Europa mais ainda do que na Ásia"[173]. É uma previsão (e um presságio) de lucidez funesta. O primeiro lugar que o Estado racial acaba fazendo escola é no Terceiro Reich (mas também, em medida e com modalidades diferentes, no Império do Sol Nascente e no de Mussolini).

Em nossos dias, não é difícil chamar a atenção para as condições trágicas de não poucos países e povos de independência recente. Mas o que isso demonstra? Simplesmente que o processo de emancipação, no caso dos escravizados e dos povos coloniais como um todo, é longo e árduo. Depois da Guerra de Secessão, embora já não sejam mais escravos ou "bens" (objetos de compra e venda igual a outros "bens" e mercadorias), os afro-estadunidenses não se tornam livres. No que diz respeito aos povos coloniais, a conquista da independência política não é ainda a libertação do domínio exercido pelo império "informal"[174]. Ou, como dizia Lenin, não basta se livrar da "anexação política" para dar cabo

---

[173] Friedrich Ratzel, *Politische Geographie der Vereinigten Staaten von Amerika unter besonderer Berücksichtung der natürlichen Bedingungen und wirtschaftlichen Verhältnisse* (Munique, Oldenburg, 1893), p. 179-82 e 283.

[174] Niall Ferguson, *Ventesimo secolo*, cit., p. 564.

314 GUERRA E REVOLUÇÃO

também da "anexação econômica"[175]. Mas é fato que nem os ex-escravizados nem as ex-colônias aspiram retornar ao *status quo ante* ou expressam saudade da escravidão ou da submissão colonial.

Mesmo assim, Ferguson insiste em proclamar o fracasso, senão da revolução abolicionista, da revolução anticolonialista, e considera totalmente contestado pela experiência história, senão o princípio da "igualdade racial", ao menos o princípio da igualdade entre as nações. Por isso ele não se cansa de destacar a necessidade de uma virada teórica e política: "Sou fundamentalmente a favor do império. De fato, no século XXI, o império é mais necessário do que nunca"[176]. Assim são legitimadas e santificadas as guerras neocoloniais que se sucedem. Em que tudo isso vai resultar? Para a realização da nova ordem fundada na negação explícita do princípio da igualdade das nações, o historiador britânico defende que não se deve hesitar em pagar até mesmo os custos mais elevados. Quantos mortos provocou a Guerra do Vietnã? Em 2004, um jornal conservador francês calculava que, trinta anos depois do fim das hostilidades, havia ainda "4 milhões" de vítimas com o corpo devastado pelo "terrível agente laranja" (referência à cor da dioxina lançada em quantidade pelos aviões estadunidenses sobre todo o povo vietnamita)[177]. Naquele mesmo ano, no entanto, Ferguson criticava os Estados Unidos por terem capitulado: "No seu conjunto, os estadunidenses preferiram a irresponsabilidade da fraqueza"[178].

É sobretudo o balanço traçado a respeito da Guerra da Coreia que dá o que pensar: em 1951, Truman rejeita a proposta de MacArthur de lançar cinquenta bombas atômicas sobre cidades chinesas. Porém – sublinha Ferguson –, em janeiro do ano seguinte, é o próprio presidente estadunidense que cultiva um projeto similar. Era preciso dar à União Soviética e à China um ultimato e, caso não se obtivesse uma resposta positiva em até dez dias, não se poderia hesitar em desencadear uma "guerra total. Isso significa que Moscou, São Petersburgo, Mukden [Shenyang], Vladivostok, Pequim, Xangai, Port Arthur [Lüshunkou], Dairen [Dalian], Odessa, Stalingrado [Volgogrado] e toda a indústria manufatureira na China e na União Soviética seriam eliminadas"[179].

---

[175] Vladimir I. Lenin, *Opere complete*, cit., v. XXIII, p. 42.

[176] Niall Ferguson, *Colossus*, cit., p. 24.

[177] François Hauter, "La Campagne contre l'agent orange' des Américains", *Le Figaro*, Paris, 6 out. 2004, p. 4.

[178] Niall Ferguson, *Colossus*, cit., p. 100.

[179] Ibidem, p. 92.

Como se sabe, as coisas aconteceram de maneira um pouco diferente, e o historiador britânico não parece estar totalmente satisfeito:

> Destituindo MacArthur, Truman e os chefes do Estado-Maior haviam inadvertidamente prolongado a guerra por mais dois anos. No momento em que o armistício foi assinado, mais de 30 mil soldados estadunidenses haviam perdido a vida [...]. Em 1951, os Estados Unidos tinham tanto a capacidade militar quanto o apoio da opinião pública para implementar um golpe militar decisivo contra a China de Mao. Muitas outras potências imperiais não teriam sido capazes de resistir à janela de oportunidades que se abriu graças à sólida vantagem conseguida na corrida das armas atômicas.[180]

À sua época, Gandhi falou de "hitlerismo" ou de conversão aos "métodos hitleristas", a propósito de Hiroshima e Nagasaki[181]. Mas os projetos reivindicados por MacArthur e acarinhados por Truman, e dos quais o historiador britânico revisionista trata de manter distância, iam muito além das duas bombas atômicas que selavam o fim da Segunda Guerra Mundial e, talvez, o início da Guerra Fria. Que fique claro que não se trata de evocar o espectro do Quarto Reich: o processo histórico é tudo, menos um eterno retorno do igual. Ainda assim, o extraordinário sucesso que têm, em nossos dias, Ferguson e sua mitologia imperial confirma a incapacidade do Ocidente como um todo de levar adiante uma real "elaboração do passado" (*Aufarbeitung der Vergangenheit*) e não prenuncia nada de bom para o futuro.

---

[180] Ibidem, p. 92-3.

[181] Mohandas K. Gandhi, *The Collected Works of Mahatma Gandhi*, cit., v. XCVIII, p. 319.

VII
O *LIVRO NEGRO*, O MOVIMENTO COMUNISTA E A LUTA CONTRA AS TRÊS GRANDES FORMAS DE DISCRIMINAÇÃO

1. Os números do horror

Desde logo, o que impressiona no *Livro negro do comunismo*[1] e na imensa literatura que segue sua trilha são os números. Listados, somados, repetidos, num crescendo obsessivo, eles parecem querer atordoar o leitor, convencê-lo de que qualquer outra interpretação é supérflua, forçando-o a reconhecer uma verdade de evidência tão imediata quanto uma horrível montanha de cadáveres. Porém, no caso do leitor menos ingênuo, seja pela memória histórica, seja pelo hábito de estudo da cultura histórica que o antecede, verifica-se uma reação diferente e inesperada: como mudou o clima em relação ao período imediatamente posterior ao fim da Segunda Guerra Mundial! Eram anos em que a contabilidade dos horrores centrava a mira não só nos artífices da "solução final". Hannah Arendt acusava o colonialismo de ter praticado "o extermínio dos indígenas", que estava "virtualmente na agenda" quando "novos postos coloniais [estavam sendo construídos] na América, na Austrália e na África"[2]. Norberto Bobbio foi outro a evidenciar a prática de "extermínio" (bem como de "exploração econômica" e "escravização") intrínseca a "quatro séculos" de "expansão colonial", pelo Ocidente (frequentemente o Ocidente liberal)[3].

---

[1] Stephane Courtois et al., *The Black Book of Communism: Crimes, Terror, Repression* (Cambridge, MA/Londres, Harvard University Press, 1999) [ed. bras.: *O livro negro do comunismo: crimes, terror e repressão*, trad. Caio Meira, Rio de Janeiro, Bertrand Brasil, 2015].

[2] Hannah Arendt, *Essays und Kommentare*, v. I (Berlim, Tiamat, 1989), p. 9.

[3] Norberto Bobbio, "Invito al colloquio", em *Politica e cultura* (Turim, Einaudi, 1977), p. 23 [ed. bras.: *Política e cultura*, trad. Jaime Clasen, São Paulo, Editora da Unesp, 2015].

318   Guerra e revolução

Essa postura de condenação não se associava exclusivamente ao olhar voltado para o passado. À medida que o movimento de emancipação dos povos coloniais avançava, a contabilidade recaía cada vez mais sobre o presente. Depois de invocar "os 45 mil mortos de Sétif" (1945), "os 90 mil mortos de Madagascar" (1947), "as 200 mil vítimas da repressão no Quênia" (1952), Fanon dava voz ao movimento anticolonialista argelino, que, em 1957, acusava as autoridades francesas de conduzir uma política "próxima ao genocídio", ou, ainda, de pretender realizar a "mais assombrosa iniciativa de extermínio dos tempos modernos". Ainda estava relativamente fresca a memória dos crimes do nazifascismo, e o que havia sido o nazifascismo "senão o colonialismo no seio de países tradicionalmente colonialistas"? Assim se manifestavam os militantes do movimento de independência argelino, citados por Fanon, que, por sua vez, ressaltava: "uns poucos anos atrás, o nazismo transformou a totalidade da Europa numa verdadeira colônia"[4].

Não era dessemelhante a posição de Hannah Arendt, que, já durante a guerra, havia definido o nazismo como o "imperialismo mais horrível que o mundo já conheceu"[5], destacando que o Terceiro Reich – essa espécie de estágio supremo do imperialismo – havia herdado da tradição a crença na "'lei natural' do direito do mais forte" e a tendência a "exterminar 'as raças inferiores que não são dignas de sobreviver'"[6]. O grande historiador Arnold Toynbee, em última análise, movia-se nessa mesma direção ao alertar para o fato de que o fascismo e o nazismo se vinculavam a países "membros de nascimento"[7] da "família" do Ocidente; cabia, portanto, indagar sobre as páginas sombrias da história dessa família se a intenção era compreender a infâmia que culminou em Auschwitz.

Agora, porém, tudo mudou: o horror do regime hitlerista é apenas a réplica polêmica do horror do comunismo, o verdadeiro pecado original do século

---

[4]   Frantz Fanon, *The Wretched of the Earth* (Londres, Penguin, 1990), p. 62 e 71, n80 [ed. bras.: *Os condenados da terra*, trad. José Laurênio de Melo, Rio de Janeiro, Civilização Brasileira, 1968].

[5]   Hannah Arendt, *Essays und Kommentare*, cit., v. II, p. 193.

[6]   Idem, "Organized Guilt and Universal Responsibility", em *Jewish Frontier*, jan. 1945, p. 23 [ed. bras.: "Culpa organizada e responsabilidade universal", em *Compreender: formação, exílio e totalitarismo*, trad. Denise Bottmann, São Paulo, Companhia das Letras, 2008].

[7]   Arnold Toynbee, *The World and the West* (Nova York, Oxford University Press, 1953), p. 29 [ed. bras.: *O mundo e o Ocidente*, trad. Brenno Silveira, São Paulo, Companhia Editora Nacional, 1955].

XX. Essa nova visão tem não apenas a pretensão de agir com rigor histórico, mas também a de ser ditada pela sofrida exigência moral de resgatar do esquecimento as inúmeras vítimas, por tanto tempo esquecidas, da sangrenta série de episódios iniciada com a Revolução Bolchevique. Note-se, todavia, que a aproximação nazismo-comunismo obscurece o colonialismo, o qual constituíra, mesmo para autores tão diversos entre si, o ponto de referência privilegiado para a compreensão do Terceiro Reich. Contrariamente às aparências, uma contabilidade dos horrores que toma o lugar de outra, sem que se perceba e sem mais explicações, talvez não seja uma evidência imediata. Talvez essa contabilidade não dispense nem a análise nem as perguntas.

É possível encontrar nos anais da história uma teorização explícita do genocídio? Em 1883, no mesmo ano da morte de Marx, Gumplowicz polemiza com ele ao contrapor a realidade da "luta de raça" à tese ideológica da "luta de classe" – realidade implacável segundo a qual, em determinadas condições, torna-se "naturalmente necessário" que os membros de um grupo étnico diferente sejam desumanizados e destruídos. Assim aconteceu aos "nativos americanos", aos hotentotes da África do Sul e aos "nativos da Austrália", varridos do mapa por uma "guerra de extermínio"[8]. De resto, observa Theodore Roosevelt do outro lado do Atlântico, quando se empreende "o difícil trabalho de civilizar territórios bárbaros" e "raças inferiores", não se pode deixar-se "vencer por falsos sentimentalismos"[9]. A tal comportamento o estadista estadunidense está totalmente imune; ao contrário, ele parece quase se divertir com o espetáculo da extinção dos "peles-vermelhas" da face da Terra: existiriam mesmo "índios bons", excetuando os "índios mortos" (ou trucidados)[10]?

Na verdade, o genocídio não é apenas teorizado. Entre 1904 e 1907, na África, os herero se insurgem contra a Alemanha imperial. A repressão é impiedosa:

> Todo herero surpreendido dentro das fronteiras alemãs [das colônias subjugadas pelo Segundo Reich], com ou sem fuzil, com ou sem gado, será fuzilado. Não acolherei mais nem mulheres, nem crianças, mandarei todos de volta para seu povo ou abrirei fogo contra eles. Essa é a minha decisão quanto ao povo herero.

---

[8] Ludwig Gumplowicz, *Der Rassenkampf. Soziologische Untersuchungen* (Innsbruck, Wagner'sche Universitätbuchhandlung, 1883), p. 249 e 250n.

[9] Citado em Richard Hofstadter, *The American Political Tradition and the Men Who Made It* (Nova York, A. Knopf, 1967), p. 209.

[10] Ver, neste volume, cap. 5, § 5.

320 GUERRA E REVOLUÇÃO

É significativa a motivação dessa decisão soberana. O general Von Trotha explica que "a nação como tal deve ser aniquilada", por não ter utilidade sequer como "matéria-prima"[11].

Seria estúpido e despropositado querer colocar tudo isso na conta de uma imaginária Alemanha eterna. A lógica que o general alemão segue fora explicitada alguns anos antes por John Hobson (o liberal inglês anti-imperialista lido com atenção por Lenin), que observara que o colonialismo implicava "trabalho forçado" para os nativos e a dizimação e a destruição de povos que não aceitassem a subjugação ou não sobrevivessem a ela, como ocorreu "no caso dos aborígenes australianos, dos bosquímanos africanos e dos hotentotes, dos peles-vermelhas e dos maoris". Todos esses povos haviam se tornado peso morto para os "colonizadores brancos superiores"[12].

Resta apenas acrescentar que uma luta mortal começa a se desenvolver também entre esses últimos. Ao reivindicar para si o direito de utilizar como "instrumentos de trabalho" os indígenas da África do Sul, bem como a terra e os recursos extraídos dela, os bôeres entram em conflito com a Inglaterra imperial e são, por sua vez, derrotados: são reclusos em bloco, sem distinção de idade ou sexo, naqueles que começam a ser definidos como "campos de concentração". Um autor relata que tal sistema também havia sido empregado pela Espanha em sua tentativa de conter a luta por independência do povo de Cuba[13] (e, na verdade, os Estados Unidos já haviam usado campos semelhantes para reprimir os embates por independência dos filipinos). No entanto, foi o destino dos bôeres (colonizadores de origem europeia) que causou indignação em uma grande parte da opinião pública do mundo ocidental, que denunciava o horror do universo concentracionário, a "aniquilação da raça bôer" e, acima de tudo, "a mortalidade sem fim de crianças" e o seu "holocausto"[14].

Os massacres das populações coloniais, porém, não provocam nenhuma reação especial. De fato, neste caso, dar cabo até de "mulheres e crianças" era explicitamente recomendado. É do final do século XIX um aviso de Theodore Roosevelt

---

[11] Ver Horst Drechsler, *Südwestafrika unter deutscher Kolonialherrschaft*, v. I: *Der Kampf der Herero and Nama gegen den deutschen Imperialismus (1884-1915)* (Berlim, Akademie, 1966), p. 184 e 189.

[12] J. A. Hobson, *Imperialism: A Study* (Ann Arbor, University of Michigan Press, 1983), p. 252-3.

[13] Ver Stephen Koss, *The Pro-Boers: The Anatomy of an Antiwar Movement* (Chicago/Londres, The University of Chicago Press, 1973), p. 215-6 e 222.

[14] Ibidem, p. 263 e 229.

(que os herero, para seu azar, não puderam ler): se qualquer "povo amarelo ou negro chegar a ameaçar os brancos", ou mesmo a "pôr em risco o controle branco", a "raça superior" deveria reagir, para garantir que o "clamor" dos protestos fosse logo abafado, com uma grande "guerra de extermínio" – e de maneira justificada[15].

Todas as grandes potências coloniais da época recorreram a práticas mais ou menos semelhantes. No caso dos Estados Unidos, a campanha contra os indígenas serviu como modelo, deliberadamente invocado e propagandeado, quando, de forma brutal, se restaurou a ordem (e o controle colonial) nas Filipinas.

2. O laboratório do Terceiro Reich

Esse era o modelo que ocupava a mente de Hitler, que encontrou o seu Velho Oeste no Leste da Europa, identificando os "indígenas" da Europa oriental e da União Soviética como "índios" a serem retirados de suas terras, dizimados e, em nome do avanço da civilização, empurrados para além dos montes Urais. Aos sobreviventes seria permitido trabalhar como escravos negros a serviço dos brancos, da raça ariana.

Mussolini igualmente admirava a "dura e fascinante" "grande conquista" do Velho Oeste, que poderia servir como modelo à expansão colonial[16]; porém, em vez de procurar seus "indígenas" na Europa oriental, o fascismo italiano busca-os principalmente na Etiópia. Folheando os discursos com que Mussolini se empenha em justificar e mascarar sua agressão, temos a impressão de reler textos de algumas décadas antes. Na conferência de Berlim de 1884-1885, às vésperas da anexação do Congo, Leopoldo II da Bélgica havia declarado: "Levar a civilização àquela única parte do globo aonde esta ainda não chegou, dissipar a escuridão que ainda envolve populações inteiras: ouso dizer que esta é uma cruzada digna deste século de progresso"[17]. E Mussolini declara, em dezembro de 1934: "A Etiópia é a última fatia da África que não responde a senhores europeus". Em dois discursos subsequentes, de 18 de outubro de 1935 e 6 de maio de 1936, ele afirma que se trata de suprimir, de uma vez por todas, os

---

[15] Theodore Roosevelt, em *The Letters*, v. I (orgs. E. Morison, J. M. Blum e J. J. Buckley, Cambridge, MA, Harvard University Press, 1951), p. 377.

[16] Citado em Benito Mussolini, *Scritti politici* (org. Enzo Santarelli, Milão, Feltrinelli, 1979), p. 282 (discurso de 14 nov. 1933).

[17] Citado em Carl Schmitt, *Donoso Cortés in gesamteuropäischer Interpretation* (Colônia, Greven, 1950), p. 190.

322 Guerra e revolução

"horrores da escravidão" e um "pseudo-Estado bárbaro e escravista", dirigido pelo "negus dos escravistas"[18]. Como no caso do Congo, também na Etiópia a cruzada civilizatória revela-se, na verdade, uma guerra de extermínio: as tropas fascistas recorrem ao emprego maciço do gás mostarda e gás asfixiante, aos massacres em larga escala da população civil, aos campos de concentração, bem como à eliminação dos intelectuais e de todos aqueles que podem contribuir para manter aceso um sentimento de identidade do povo; à retórica "abolicionista" corresponde a realidade da escravização em massa dos nativos.

Para o fascismo italiano, estes não só constituem uma reserva de força de trabalho servil, mas uma reserva que se reproduz por transmissão hereditária. Relações sexuais e matrimônios inter-raciais parecem absurdos e criminosos na época. Além da "anormalidade fisiológica do feito", declara o ministro da África Italiana, Alessandro Lessona, "acasalar com criaturas inferiores" acabaria causando "promiscuidade social [...] em que nossas melhores qualidades como matriz superior desapareceriam"[19]. Além disso, o ministro da Educação, Dino Alfieri, numa circular datada de setembro de 1938, chama atenção para a necessidade de "defender a raça nos territórios do império, evitando a miscigenação com os nativos e, assim, o terrível flagelo da mestiçagem"[20]. "Para que o império se conserve", prossegue o *duce* em pessoa, "é preciso que os indígenas tenham uma claríssima, avassaladora consciência de nossa superioridade". Dando adeus a palavras "vazias" como "raça humana"[21], a hierarquia racial deve ser visível e incontestável para todos; o banimento da miscigenação e bastardização racial deve ser respeitado, enquanto a segregação, imposta.

Isso nos reconduz às décadas entre os séculos XIX e XX nos Estados Unidos e na África do Sul. A brutalidade teorizada, e praticada, em relação às populações coloniais deixa sua marca também nas metrópoles capitalistas. Segregados, submetidos a relações de trabalho semisservis, muitas vezes linchados e atingidos pela violência de esquadrões da morte, os negros no Sul dos Estados Unidos são igualados a "animais": seus atos de rebelião contra a *white*

---

[18] Citado em Benito Mussolini, *Scritti politici*, cit., p. 292-6.

[19] Citado em Angelo Del Boca, *La Guerra d'Abissinia 1935-1941* (Milão, Feltrinelli, 1965), p. 208.

[20] Lutz Klinkhammer, *Zwischen Bündnis und Besatzung. Das nationalsozialistische Deutschland und die Republik von Salò 1943 bis 1945* (Tübingen, M. Niemeyer, 1993), p. 603, n113.

[21] Citado em Benito Mussolini, *Scritti politici*, cit., p. 306 e 308 (intervenção no Conselho Nacional do Partido Fascista Nacional, 20 out. 1938).

supremacy trazem à tona até a tentação de uma "guerra de extermínio" (para adotar a terminologia de Theodore Roosevelt). Foi nesse momento histórico que surgiu uma palavra de ordem que iria desfrutar de um trágico sucesso no século XX: uma "solução final para a questão negra" era necessária para uma "resolução final e completa" do problema que era posto pelos povos que resistiam a serem subjugados e escravizados pelos colonizadores brancos ocidentais[22].

A sorte aplicada aos nativos americanos e aos negros ao longo dos séculos representou um modelo autoproclamado para o fascismo e para o nazismo. A tradição colonial parece exercer certa influência mesmo sobre o destino dos judeus. Eles são culpados, aos olhos de Hitler, de perseguir uma política de cruzamento e mestiçagem com outras raças que não a semítica e, assim, em paralelo aos bolcheviques, poderiam com maior facilidade incitar uma revolta das raças inferiores. Por outro lado – faz eco Mussolini –, para que o regime de segregação racial ultrapasse todas as fronteiras, é necessário que a "dignidade" e a pureza da raça dominante se imponham não apenas "em relação aos camitas, isto é, aos africanos", mas também em relação aos semitas, isto é, aos judeus. Não há lugar para nenhum tipo de piedade: as leis raciais do império serão estritamente seguidas e todos os que pecarem contra ela serão expulsos, punidos, trancafiados[23]. Depois da promulgação da legislação antissemita, a parábola do delírio racista atinge seu ápice na República de Saló: o apelo ao alistamento dos jovens, "para que os negros, a serviço da Inglaterra, não contaminem o solo sagrado" da pátria[24], caminha em paralelo com a entrega dos judeus aos nazistas e a colaboração com o Terceiro Reich, visando à "solução final". Pelo menos em sua fase inicial, os chefões nazistas se propõem a instituir um *Judenreservat*, uma "reserva para os judeus"[25], semelhante, portanto, àquelas que haviam aprisionado os nativos americanos.

Vimos Alfred Rosenberg exprimir sua satisfação com a "deportação" tanto dos "negros" quanto dos "amarelos"[26]. Está ainda em pleno vigor nos Estados

---

[22] Ver Domenico Losurdo, *Liberalism: A Counter-History* (Londres/Nova York, Verso, 2011), cap. 10, § 4 [ed. bras.: *Contra-história do liberalismo*, trad. Giovanni Semeraro, Aparecida, Ideias & Letras, 2006].

[23] Citado em Benito Mussolini, *Scritti Politici*, cit., p. 307-8.

[24] Citado em Claudio Pavone, *Una guerra civile: saggio storico sulla moralità nella Resistenza* (Turim, Bollati Boringhieri, 1991), p. 81.

[25] Ver Götz Aly, *"Endlösung". Völkerverschiebung und der Mord an den europäischen Juden* (Frankfurt, Fischer, 1995), p. 11.

[26] Ver, neste volume, cap. 1, § 5.

Unidos o *Exclusion Act,* que recai sobre os chineses, alvos de discriminações jurídicas e, por vezes, vítimas de *pogroms.* A partir do final do século XIX, o mito da raça tende a atingir, com modalidade e intensidade diversas, todos os que não pertençam à pura estirpe dos brancos. É um fenômeno de caráter geral, que fica particularmente evidente num país em que as questões social e racial estão interligadas, não só em função da presença de negros e índios, mas também das sucessivas ondas de imigrantes, cujas origens remetem, se não ao mundo colonial ou semicolonial, a áreas consideradas estranhas ou marginais à civilização. Esses imigrantes vêm ocupar os segmentos inferiores do mercado de trabalho, frequentemente são afastados dele e, portanto, oscilam entre o desemprego e a delinquência: são os fracassados, os perdedores, que tendem a se reproduzir de geração em geração e formam, assim, uma "raça" nociva para a sociedade.

Proveniente da Inglaterra, onde foi teorizada pela primeira vez por Francis Galton – primo de Darwin –, uma nova "ciência", chamada "eugenia", aporta nos Estados Unidos e ali conhece um extraordinário sucesso. Entre o final do século XIX e o início do século XX, cresce um movimento que se propõe a impedir a procriação dos elementos com tendência ao crime ou ao parasitismo: entre 1907 e 1915, treze estados dos Estados Unidos criam leis para a esterilização forçada, às quais devem se submeter, segundo a legislação de Indiana (o primeiro estado a tomar essa iniciativa), "delinquentes habituais, idiotas, imbecis e estupradores". Não faltam aqueles que defendem a aplicação de tal legislação também aos "vagabundos" (no mais das vezes, membros de uma "raça inferior")[27].

Com a emergência da revolução anticolonial na esteira da Revolução de Outubro, antigas inseguranças aumentam e novas surgem. O que estava acontecendo nas colônias e por que os selvagens estavam se rebelando? Quem os incitava, confrontando a saudável e biológica hierarquia social? Uma coisa era certa: um novo perigo mortal precisava ser reconhecido e "a ameaça do homem inferior" (*The Menace of the Under Man*), combatida. Esse é o subtítulo de um livro da lavra de Lothrop Stoddard, publicado em Nova York em 1922, em que o autor explica o significado do termo criado por ele: refere-se a "todos aqueles dejetos melancólicos que toda espécie produz", à massa de elementos "inferiores", aos "incapazes e não adaptáveis", "selvagens e bárbaros", constantemente

---

[27] Ver Arthur E. Fink, *Causes of Crime: Biological Theories in the United States, 1800-1915* (Nova York, Perpetua, 1962), p. 188-210.

O *Livro negro*, o movimento comunista e a luta... 325

cheios de ódio e ressentimento pelos indivíduos "superiores" e que se provam agora "inconvertíveis" e prontos a declarar "guerra à civilização". Tamanha é a terrível ameaça, ao mesmo tempo social e étnica, que todos devem ser advertidos para que "nossa civilização seja salva da decadência e a raça, da degeneração". O livro em questão é rapidamente traduzido para o alemão, em que *under man* é traduzido como *Untermensch* (no singular) e *Untermenschen* (no plural)[28]. Essa foi uma palavra-chave na ideologia nazista, e Rosenberg reconheceu que foi o autor estadunidense quem a cunhou[29].

Façamos um resumo da situação. Já é sintomática a terminologia que começa a emergir entre o final do século XIX e começo do século XX. As palavras--chave e principais categorias da ideologia nazista – aquelas que dão expressão radical à sua carga destrutiva contra o conceito universal de ser humano e à sua pulsão genocida, ou que, de alguma forma, nos permitem um olhar sobre o horror do Terceiro Reich – remetem, direta ou indiretamente, à tradição colonial. *Konzentratisionlager* é um decalque de "campo de concentração"; *Untermensch* é uma tradução literal de *"Under Man"*; o *Endlösung* da questão judaica vem da "solução final" da questão negra ou da "solução completa e final" do problema dos povos colonizados; o *Blutschande* (contra o qual os nazistas insistentemente alertam) traz à tona o termo "miscigenação" (motivo de terror para a supremacia branca nos Estados Unidos); por trás da *Rassenhygiene*, claramente há a "eugenia". Quanto à "guerra de extermínio", à "destruição da raça" e ao "holocausto", qualquer comentário é obviamente supérfluo. Se os termos em itálico foram utilizados por Hitler em sua tentativa de construir um Estado racista na Alemanha e no Império Alemão, os termos entre aspas remontam ao Império Britânico e, acima de tudo, ao Estadunidense, ao regime de supremacia branca que investia especialmente contra indígenas e negros, mas que não poupava imigrantes suspeitos de serem estranhos à raça branca pura[30].

Não há dúvidas de que já está em plena atividade o laboratório do Terceiro Reich e dos horrores do século XX. Ele remete à tradição colonial, ou seja,

---

[28] Lothrop Stoddard, *The Revolt against Civilization: The Menace of the Under Man* (Nova York, Scribner, 1984), p. 22-4 e 86-7; *Der Kulturumsturz: Die Drohung des Untermenschen* (Munique, Lehmanns, 1925).

[29] Arthur Rosenberg, *The Myth of Twentieth Century: An Evaluation of the Spiritual-Intellectual Confrontations of Our Age* (Newport Beach, CA, Noontide Press, 1993), p. 126.

[30] Veja Domenico Losurdo, *Il linguaggio dell'Impero: lessico dell'ideologia americana* (Roma/ Bari, Laterza, 2007), cap. 3, § 5 [ed. bras.: *A linguagem do império: léxico da ideologia esta-dunidense*, trad. Jaime A. Clasen, São Paulo, Boitempo, 2010, p. 105-8].

à história do tratamento infligido aos "bárbaros", nas colônias e na própria metrópole, por parte daqueles que se autoproclamam representantes exclusivos da civilização.

Da mesma forma, ao colocarem o comunismo como o início da história do genocídio e do horror, o revisionismo histórico e o *Livro negro do comunismo* dão prosseguimento a um recalque colossal. O solenemente anunciado compromisso moral de dar voz às vítimas injustamente esquecidas transformou-se no seu contrário: no silêncio mortal que enterra pela segunda vez os indígenas, os hereros, as populações coloniais, os "bárbaros". Esse é um silêncio prenhe de consequências também no plano historiográfico, por tornar impossível a compreensão do nazismo e do fascismo.

Será que o bombardeio de números relativos aos crimes do comunismo ao menos contribui para que possamos apreender a relevância dos eventos iniciados em outubro de 1917?

3. A HISTÓRIA DO OCIDENTE COMO A HISTÓRIA DE UMA "DEMOCRACIA PARA O POVO DOS SENHORES"

Olhemos para o mundo tão docemente falseado pelos suspiros e mistificações da ideologia dominante, o mundo abalado pela Revolução Bolchevique. No início do século XX, não há no horizonte nenhuma nuvem a turvar a atmosfera encantada da *belle époque*. Em 1910, até um funeral, o de Eduardo VII, rei da Inglaterra, enseja um esplêndido cortejo fúnebre, em que reis, príncipes hereditários e duques desfilam a cavalo, unidos pelos laços de parentesco e pelo luto comum. O tempo parece não ter arranhado em nada o poderio e prestígio da aristocracia europeia: nove monarcas ocupam a cena, todos descendentes de Guilherme, o Taciturno; mais distantes seguem os representantes das repúblicas da França e dos Estados Unidos.

O Ocidente em seu conjunto apresenta-se homogêneo também de outro ponto de vista. Mesmo que comecem a surgir conflitos entre elas, as grandes potências sentem-se sobretudo infinitamente superiores às "raças inferiores", vangloriam-se de fazer parte de uma família, aliás, de uma raça bastante exclusiva. Definida e celebrada com os mais diversos nomes (europeia, branca, nórdica, ocidental, ariana etc.), ela corresponde à civilização como tal, uma pequena ilha feliz no meio do infindável oceano da barbárie. Nesse momento, também a Rússia tsarista, à qual Theodore Roosevelt atribui um papel civilizador na Ásia, faz parte da família.

Um ano após ser coroado rei em Londres, o sucessor de Eduardo VII, Jorge V, vai à cerimônia que o eleva à condição de imperador da Índia. Rendem-lhe homenagem, entre outros, príncipes e marajás indianos que fazem as vezes de pajens, suntuosamente vestidos, embora dóceis e submissos[31]. A essa esplêndida cerimônia e outras semelhantes, por meio das quais os conquistadores tentam incutir sua infinita superioridade na mente dos "indígenas", corresponde a realidade de uma dominação que, bem sabemos, não escapa às formas mais horríveis de opressão e violência.

A história do Ocidente nos coloca diante de um paradoxo, que pode ser mais bem compreendido a partir da história de seu país-guia atual: a democracia, no âmbito da comunidade branca, desenvolve-se simultaneamente à existência de relações de escravização dos negros e de deportação (e dizimação) dos indígenas. Por 32 dos primeiros 36 anos de vida dos Estados Unidos, proprietários de escravos detiveram a Presidência, assim como foram proprietários de escravos que elaboraram a Declaração da Independência e a Constituição. Sem a escravidão (e a subsequente segregação racial), não se pode entender nada sobre a "liberdade americana": elas crescem juntas, uma sustentando a outra. Se a "instituição peculiar" assegura o controle férreo das classes "perigosas" já no local de produção, a fronteira móvel e a expansão progressiva para o Oeste neutralizam o conflito social, transformando um proletariado potencial numa classe de proprietários de terras – à custa, porém, de populações condenadas a serem esquecidas ou eliminadas.

Após o batismo da Guerra de Independência, a democracia estadunidense conhece um desenvolvimento ulterior durante a presidência de Andrew Jackson, nos anos 1830: o fim, em larga medida, das discriminações censitárias no interior da comunidade branca acontece em paralelo ao vigoroso impulso dado à deportação dos indígenas e à escalada de um clima de ressentimento e violência contra os negros. Uma consideração análoga pode ser feita para a assim chamada "Era Progressista", que remonta ao fim do século XIX e abrange os primeiros três lustros do século XX: esta caracteriza-se claramente por numerosas reformas democráticas (que garantem a eleição direta para o Senado, o voto secreto, a introdução das primárias e do instituto do referendo etc.), mas constitui ao mesmo tempo um período particularmente trágico para negros (alvo do terrorismo da Ku Klux Klan) e indígenas (espoliados das

---

[31] Veja Arno J. Mayer, *The Persistence of the Old Regime: Europe to the Great War* (Londres, Verso, 2010), p. 139.

328 GUERRA E REVOLUÇÃO

terras remanescentes e submetidos a um impiedoso processo de assimilação que almeja privá-los até de sua própria identidade cultural).

A propósito desse paradoxo que caracteriza a história de seu país, importantes estudiosos estadunidenses falam de uma *Herrenvolk democracy*, isto é, de uma democracia que só vale para o "povo dos senhores" (para usar a linguagem mais tarde cara a Hitler). A clara linha de demarcação entre brancos, de um lado, e negros e peles-vermelhas, de outro, favorece o desenvolvimento de relações tendendo às de igualdade no interior da comunidade branca. Os membros de uma aristocracia de classe ou de cor tendem a se autocelebrar como "iguais"; a clara desigualdade imposta aos excluídos é a outra face da relação de paridade que se instaura entre aqueles que gozam do poder de excluir os "inferiores".

A categoria *Herrenvolk democracy* pode ser útil também para explicar a história do Ocidente como um todo. Entre o final do século XIX e o início do XX, a expansão do sufrágio na Europa acontece paralelamente ao processo de colonização e à imposição das relações de trabalho servil ou semisservil às populações subjugadas. O Estado de direito na metrópole se enreda estreitamente com a violência e o arbítrio da burocracia e da polícia, e com o estado de exceção nas colônias. Em última análise, é o mesmo fenômeno que se verifica na história dos Estados Unidos, e que, no caso da Europa, fica menos evidente pelo fato de que as populações coloniais, em vez de residirem na metrópole, estão dela separadas pelo oceano.

4. A GUINADA DE LENIN

É muito difícil encontrar uma crítica dessa "democracia para o povo dos senhores" no âmbito do pensamento liberal, que, aliás, é normalmente a expressão teórica desse regime. Assim encontramos em um texto desde o título (*A liberdade* ou *Sobre a liberdade*) totalmente dedicado à exaltação da liberdade uma teorização da "obediência absoluta" exigida das "raças" ainda "menores de idade": "O despotismo é uma forma legítima de governo quando há que se lidar com a barbárie"[32]. Quem se expressa com essas palavras, na metade do século XIX, é John Stuart Mill, que, em outra ocasião, misturou suas considerações sobre a excelência do governo representativo (que ele vê encarnado em primeiro

---

[32] John Stuart Mill, *On Liberty*, em *Utilitarianism, Liberty, Representative Government* (org. H. B. Acton, Londres, Dent, 1972), p. 73 [ed. bras.: *A Liberdade/Utilitarismo*, trad. Eunice Ostrensky, São Paulo, Martins Fontes, 2000].

lugar nos anglo-saxões) com um retrato da "grande maioria da raça humana" como estagnada num "estado selvagem, ou quase", e de alguns povos coloniais como apenas um pouco acima das espécies animais superiores[33].

O alvo principal da luta de Lenin é justamente essa *Herrenvolk democracy*, baseada na "sujeição de centenas de milhões de trabalhadores da Ásia, das colônias em geral e dos pequenos países" por parte de algumas "poucas nações eleitas"[34]. O dirigente revolucionário russo destrincha com minúcia as macroscópicas cláusulas que excluem as "peles vermelhas e negras" da liberdade liberal, bem como os imigrantes "provenientes dos países mais atrasados"[35]. Como em um jogo de espelhos, o Ocidente que se vangloria do governo das leis é colocado diante da realidade das colônias: "Os políticos mais liberais e radicais da liberal Grã-Bretanha [...], ao se tornarem governadores da Índia, transformam-se em verdadeiros Gêngis Khan"[36].

A Itália de Giolitti pode muito bem ter orgulho da extensão da cidadania a quase toda a população masculina adulta. Mas a autocelebração liberal é, de novo, contestada por Lenin, que nota que a extensão do sufrágio visava alargar a base social de apoio para a expedição à Líbia, essa "típica guerra colonial de um Estado 'civilizado' do século XX": eis "uma nação civilizada e constitucional" que realiza sua missão "civilizadora" "mediante baionetas, balas, corda, fogo, estupros", até mesmo com a "carnificina"; é uma "matança de homens civilizada, sofisticada, um massacre de árabes com armas 'moderníssimas' [...]. Como 'punição', quase 3 mil árabes foram massacrados, famílias inteiras espoliadas e aniquiladas, mulheres e crianças massacradas a sangue-frio"[37].

Sim, Mill pode celebrar o Império Britânico como "um verdadeiro passo rumo à paz universal e à cooperação e compreensão geral entre os povos"[38]. No entanto, mesmo que se ignore o conflito entre as grandes potências que levaria depois à Primeira Guerra Mundial, essa celebração implica um monstruoso recalque: as expedições das grandes potências nas colônias não são consideradas

---

[33] John Stuart Mill, "Considerations on Representative Government", em *Utilitarianism, Liberty, Representative Government*, cit., p. 215 e 197.

[34] Vladimir I. Lenin, *Collected Works*, v. XXVI (Londres, Lawrence & Whishart, 1960), p. 421.

[35] Ibidem, v. XXII, p. 281-2.

[36] Ibidem, v. XV, p. 184.

[37] Ibidem, v. XVIII, p. 337-8.

[38] John Stuart Mill, "Considerations on Representative Government", em *Utilitarianism, Liberty, Representative Government*, cit., p. 380.

guerras. Trata-se de conflitos ao longo dos quais, ainda que "tenham morrido poucos europeus", "centenas de milhares de homens pertencentes aos povos que os europeus oprimem perdeu a vida". E então – prossegue Lenin causticamente –, "pode-se falar de guerra? A rigor, não, não se pode falar de guerra, e pode-se até esquecer isso tudo". Às vítimas não se concedem sequer honras militares. As guerras coloniais não são vistas como tais porque quem padece são bárbaros que "não merecem nem mesmo o epíteto de povos (por acaso são povos os asiáticos e os africanos?)"[39] e, em última instância, são excluídos da própria comunidade humana.

É sobre essa base que se dá a ruptura com a social-democracia, que não é determinada pela dicotomia reforma/revolução. Esta última é uma representação convencional que deixou de ser plausível pelo fato de ter sido frequentemente compartilhada, embora com juízos de valor contrários, por ambos os protagonistas. Nas décadas precedentes à explosão do primeiro conflito mundial, Eduard Bernstein saúda o expansionismo da Alemanha imperial como uma contribuição à causa do progresso, da civilização, do comércio mundial: "Seria um refluxo romântico se os socialistas se propusessem ajudar os selvagens e os bárbaros, antes do tempo, em sua luta contra a opressora sociedade capitalista"[40]. Junto ao Ocidente como um todo, Bernstein, assim como Theodore Roosevelt, até atribui à Rússia tsarista o papel de "potência tutora e dominante" na Ásia[41].

A ideia de missão parece às vezes dar lugar à ideia de espaço vital: os povos da Europa, amontoados em um território demasiado restrito, têm o direito de ocupar o solo que os selvagens não sabem fazer prosperar. O dirigente social-democrata alemão avança até o limiar do darwinismo social. As "raças fortes" representam a causa do "progresso", e inevitavelmente "tendem a se alargar e se expandir com sua civilização"[42], enquanto uma resistência inútil e retrógrada é oposta pelos povos não civilizados, "incapazes" até "de se civilizar"; quando se "insurgem contra a civilização", devem ser combatidos também pelo movimento operário[43]. Se, de um lado, Bernstein luta na Alemanha por reformas

---

[39] Vladimir I. Lenin, *Collected Works*, cit., v. 24, p. 406.

[40] Eduard Bernstein, "Die deutsche Sozialdemokratie und die türkischen Wirren", *Die Neue Zeit*, XV, v. 1, n. 4, 1896-1897, p. 110.

[41] Idem, "Sozialdemokratie und Imperialismus", *Sozialistische Monatshefte*, n. 5, 1900, p. 239.

[42] Idem, "Der Sozialismus und die Kolonialfrage", *Sozialistische Monatshefte*, n. 9, 1900, p. 552.

[43] Idem, "Die deutsche Sozialdemokratie und die türkischen Wirren", cit., p. 109.

democráticas, de outro, exige punho de ferro contra os bárbaros: é a lógica já analisada da "democracia para o povo dos senhores".

A subjugação dos povos coloniais não pode ser obstaculizada nem por hesitações sentimentais, nem por considerações jurídicas abstratas: as raças fortes e civilizadas não podem se tornar "escravas de uma legalidade formal". O próprio dirigente social-democrata teoriza uma legalidade substancial superior com base na filosofia da história, cara à tradição colonial – ele, que, mais tarde, expressaria todo seu horror pela falta de respeito às regras do jogo na Revolução de Outubro.

Essa revolução representa uma guinada radical em relação a uma tradição política e ideológica na qual a arrogância colonial e o preconceito racial aparecem como um dado óbvio e pacífico. Nessas condições, o apelo à luta de libertação, dirigido aos escravizados das colônias e aos "bárbaros" presentes nas próprias metrópoles capitalistas, só pode soar como uma ameaça mortal, simultaneamente, à raça branca, ao Ocidente e à civilização como tal. Toda uma ampla propaganda europeia e estadunidense denuncia o bolchevismo como inimigo jurado não só da democracia em si, mas da *Herrenvolk democracy* e, sobretudo, da supremacia branca em nível planetário sobre a qual esta repousa. Os comunistas são marcados e tratados como renegados da raça branca. Membro eminente do grupo exclusivo de povos civilizados e do Ocidente enquanto governada pela autocracia tsarista e pelo *ancien régime*, a Rússia revolucionária se torna bárbara após a Revolução de Outubro – nas palavras de Oswald Spengler, revela-se "asiática" e parte integrante do "conjunto de toda a população de cor da Terra"[44].

Entende-se assim por que no Sul dos Estados Unidos a política de segregação e linchamento dos negros continua a todo vapor, mesmo depois da ascensão de Franklin Delano Roosevelt à Presidência. São os comunistas que lutam contra essa política, e por isso acabam carimbados pela ideologia dominante como "estrangeiros" e "amantes dos negros" (*nigger lovers*). Um historiador estadunidense descreve a coragem que os comunistas foram obrigados a demonstrar: "O desafio deles ao racismo e ao *status quo* desencadeia uma onda de repressão que jamais seria imaginável num país democrático". Sim, ser comunista (e desafiar a *white supremacy*) significa "encarar a eventualidade do cárcere, do espancamento, do sequestro e até da morte"[45].

---

[44] Ver, neste volume, cap. 2, § 8.

[45] Robin D. G. Kelley, *Hammer and Hoe: Alabama Communists during the Great Repression.* (Chapel Hill, NC/Londres, University of North Carolina Press), 1990, p. xii-xiii.

Henry Ford, o magnata da indústria automobilística, também acredita que a Revolução de Outubro tem "origem racial, não política". Ele, porém, vê como seus artífices ou inspiradores não mais os povos colonizados ou os asiáticos propriamente ditos, mas, em primeiro lugar, os judeus, que devem ser considerados estranhos ao Ocidente e à civilização, em razão de suas origens orientais. O mito da "conspiração judaico-bolchevique" obtém particular adesão na Alemanha e celebra sua sanguinária apoteose a partir da ascensão de Hitler ao poder. O filólogo judeu Viktor Klemperer descreve em termos dolorosos os insultos e as humilhações que o uso da estrela de Davi implicava. E, no entanto,

> um carregador com quem fiz amizade desde os primeiros serviços que me prestou, de repente, se planta diante de mim na Freiberger Strasse, me aperta entre suas mãos enormes e murmura, mas de modo que o escutem até do outro lado da rua: "Então, professor, não deixe que eles pisem em você! Esses malditos irmãos não vão durar muito!".

Klemperer comenta, com afetuosa ironia, que quem desafia tão frontalmente o regime, num momento em que o contágio racista parece irresistível, são "bravos pobres diabos que fedem a comunismo a uma milha de distância"[46]!

Tachado como expressão – direta ou mediada – da barbárie das raças inferiores, o movimento comunista exerce uma extraordinária função pedagógica, além de política, não somente nas colônias, mas também nos países capitalistas avançados. Uma historiografia que ignore tudo isso acaba por se revelar um instrumento de falseamento ideológico da *Herrenvolk democracy*.

5. A Revolução de Outubro, o fim do Antigo Regime e o advento do Estado social

Mas voltemos as costas às colônias e ao destino das "raças inferiores" para lançar um olhar sobre a metrópole capitalista, mais especificamente sobre sua população "civilizada". As esplêndidas cerimônias que recordamos são apenas uma amostra da extraordinária vitalidade da aristocracia fidalga e do Antigo Regime. Lenin joga luz sobre o fato de que, no próprio âmbito da metrópole

---

[46] Victor Klemperer, *The Language of the Third Reich: LTI, Lingua Tertii Imperii – A Philologist's Notebook* (New Brunswick, NJ/Londres, Athlone Press, 2000), p. 156 [ed. bras.: *LTI: a linguagem do Terceiro Reich*, trad. Miriam Bettina P. Oelsner, Rio de Janeiro, Contraponto, 2009].

imperial, continuam existindo cláusulas de exclusão da cidadania e da democracia. Na Inglaterra, o direito eleitoral "é ainda tão limitado que exclui o estrato inferior propriamente proletário"[47]; além disso, podemos acrescentar, alguns privilegiados continuam a desfrutar do "voto plural", que só será suprimido por completo em 1948[48]. No mais clássico país de tradição liberal, foi particularmente tortuoso o processo que conduziu à realização do princípio de "uma cabeça, um voto", processo que não pode ser pensado sem o desafio constituído pela revolução na Rússia e pela ampliação do movimento comunista.

Mesmo onde se tornou universal ou quase universal, o sufrágio masculino é neutralizado pela presença de uma Câmara Alta, que funciona como apanágio da nobreza e das classes privilegiadas. No Senado italiano sentam-se, na qualidade de membros natos, os príncipes da Casa de Saboia: todos os demais senadores são designados de forma vitalícia pelo rei, após indicação do presidente do Conselho. Considerações análogas servem para as outras Câmaras Altas europeias, que, com exceção da francesa, não são eletivas, mas caracterizadas por um misto de hereditariedade e *nomina regia*. E mesmo na Terceira República francesa, que é antecedida por uma ininterrupta série de ebulições revolucionárias culminada na Comuna, é digno de nota que o Senado resulte de uma eleição indireta e se constitua de modo a garantir uma marcante sobrerrepresentação do campo (e do conservadorismo político-social), em prejuízo de Paris e das grandes cidades. Mais uma vez, é de particular interesse a situação da Grã-Bretanha. Para além da Câmara Alta (hereditária, exceção feita a alguns poucos bispos e juízes), a aristocracia rural detém o controle dos negócios públicos, isto é, uma situação não muito diferente daquela da Alemanha e da Áustria.

Nos Estados Unidos, o Antigo Regime se apresenta numa versão bastante peculiar. São pouco significativos os resíduos de discriminação censitária. Mais importante é o fato de a aristocracia de classe se mostrar, ali, como aristocracia de raça: no Sul do país, o poder está nas mãos daqueles que, não por acaso, são denominados Bourbons por seus adversários. São muito profundas as raízes de um regime ora celebrado por seus apoiadores, ora analisado criticamente

---

[47] Vladimir I. Lenin, *Collected Works*, cit., v. XXII, p. 282.

[48] Ver Domenico Losurdo, *Democrazia e bonapartismo: trionfo e decadenza del suffragio universale* (Turim, Bollati Boringhieri, 1993), cap. 1, § 12 [ed. bras.: *Democracia ou bonapartismo: triunfo e decadência do sufrágio*, trad. Luiz Sérgio Henriques, São Paulo/Rio de Janeiro, Editora da Unesp/Editora UFRJ, 2004].

pelos estudiosos contemporâneos como um regime de castas, pois fundado em agrupamentos étnico-sociais que se tornaram impermeáveis em razão da proibição da miscigenação.

A mais macroscópica cláusula de exclusão é aquela que atinge as mulheres. Na Inglaterra, Emmeline e Sylvia Pankhurst (mãe e filha), que dirigem o movimento das sufragistas, são periodicamente obrigadas a "visitar" as prisões pátrias. A situação não é muito diferente nos outros grandes países do Ocidente. Denunciada por Lenin (e pelo partido bolchevique), a "exclusão das mulheres" dos direitos políticos na Rússia é extinta logo após a Revolução de Fevereiro, que Gramsci saúda como "revolução proletária" (dado o peso exercido pelos conselhos operários e pelas massas populares), enfatizando calorosamente o fato de ela ter "destruído o autoritarismo, substituindo-o pelo sufrágio universal, estendido também às mulheres"[49]. A República de Weimar (forjada pela revolução que eclodiu na Alemanha no ano seguinte à Revolução de Outubro) segue a mesma trilha, e só algum tempo depois os Estados Unidos o fazem.

Os direitos sociais e econômicos também fazem parte da democracia, tal qual ela é em geral entendida hoje. E é justamente o grande patriarca do neoliberalismo, Friedrich Hayek, que denuncia o fato de que sua teorização e presença no Ocidente remetem à influência, a seu ver, nefasta da "revolução marxista russa"[50]. Naturalmente, as classes subalternas não aguardaram 1917 para reivindicar o reconhecimento de tais direitos. Sua conquista é escandida pelas mesmas etapas por que passa o triunfo do sufrágio universal. Robespierre, que denuncia na discriminação censitária do sufrágio um eco da escravidão antiga, celebra ainda o "direito à vida" como o primeiro e mais imprescritível entre os direitos do homem[51]. A revolução de 1848, que sanciona o triunfo do sufrágio universal (masculino), vê emergir também a reivindicação do direito ao trabalho: é o início da segunda fase, que tem como protagonista o movimento socialista. Na Alemanha, onde este é particularmente forte, Bismarck cuida de prevenir uma revolução vinda de baixo mediante uma revolução pelo alto, que introduz os primeiros vagos elementos de seguridade social. E, por fim, vem a terceira etapa, que, na esteira das agitações na Rússia, em tese se estende até nossos dias.

---

[49] Antonio Gramsci, *Selections from Political Writing, 1910-1920* (org. Quintin Hoare, Londres, Lawrence & Wishart, 1977), p. 29.

[50] Ver, neste volume, cap. 1, § 2.

[51] Maximilien Robespierre, *Oeuvres* (Paris, Presses Universitaires de France, 1912-1967), v. VII, p. 167-8; v. IX, p. 112.

No decorrer do segundo conflito mundial, em seu famoso discurso sobre as "quatro liberdades", Franklin Delano Roosevelt declara que, para destruir "os germes do hitlerismo" de uma vez por todas, é preciso alcançar "a liberdade da necessidade", incidindo profundamente nas relações socioeconômicas existentes. As palavras de ordem do presidente dos Estados Unidos parecem delinear um projeto de democracia social que – como Henry Kissinger observa com justiça – vai "muito além" da tradição histórica estadunidense anterior[52] – ou melhor, insiste Hayek, que termina por remeter à famigerada Revolução Bolchevique.

Cada etapa desse processo é marcada por lutas bastante ásperas. Vale apontar aqui apenas os anos anteriores à Revolução de Outubro. Em Milão, em 1898, o general Bava-Beccaris ataca intrepidamente a tiros de canhão o povo que protesta contra o aumento do preço do pão, matando uma centena de manifestantes indefesos e ganhando, assim, uma alta honraria (entregue por Umberto I). Theodore Roosevelt, nos Estados Unidos, declara-se disposto a uma prova de força equivalente: a ordem "será mantida custe o que custar; se tivermos que disparar, dispararemos, e não será com tiros de festim ou por cima da cabeça das pessoas"; "gosto de ver as tropas da brava Guarda Nacional convencerem a multidão, sem muitos escrúpulos quanto a derramar sangue"; "assim como a Comuna de Paris foi suprimida, podem-se suprimir os sentimentos que ora animam grande parte de nosso povo, pegando dez de seus líderes, colocando-os contra um muro e fuzilando-os. Creio que chegaremos a isso"[53].

As três etapas da conquista do sufrágio universal (relacionadas à fase radical e jacobina da Revolução Francesa, ao desenvolvimento do movimento socialista e à Revolução de Outubro) coincidem com as etapas de reivindicação e construção do Estado social por uma razão muito simples. No fundo, trata-se de um único processo, que vê as classes subalternas reivindicarem o reconhecimento de sua plena dignidade humana. Se o seu não reconhecimento atinge, em primeiro lugar, as populações coloniais, ele tampouco poupa os desventurados da metrópole capitalista. É uma atitude que a tradição liberal mal consegue superar. Mandeville enxerga o trabalhador assalariado como um "cavalo" ao qual não convém, de modo algum, ensinar a ler e escrever ("se um cavalo soubesse tudo o que um homem sabe, eu não gostaria de ser seu cavaleiro!"). Outros, como Burke

---

[52] Henry Kissinger, *Diplomacy* (Nova York, Simon & Schuster, 1994), p. 389-90 [ed. bras.: *Diplomacia*, trad. Ann Mary Fighiera Perpétuo e Heitor Aquino Ferreira, São Paulo, Saraiva, 1994].

[53] Citado em Richard Hofstadter, *The American Political Tradition*, cit., p. 215-7.

336 Guerra e revolução

e Sieyès, comparam o trabalhador a um *instrumentum vocale*, um "instrumento de produção humano", uma "máquina bípede" (retomando, assim, categorias utilizadas na Antiguidade clássica para definir o escravo)[54].

Compreende-se, então, que Gramsci, com o olhar voltado tanto para os excluídos das colônias quanto para os da metrópole capitalista, veja no comunismo o "humanismo integral" ou a conclusão do processo de construção da unidade da espécie humana[55].

6. A democracia contemporânea como superação das três grandes discriminações

A demonização da fase histórica iniciada com a Revolução Bolchevique impede a compreensão da democracia contemporânea: esta se funda no princípio da atribuição de direitos inalienáveis a todos os indivíduos, independentemente da raça, da renda e do gênero, e, portanto, pressupõe a superação das três grandes discriminações (racial, censitária e sexual), ainda vivas e exuberantes às vésperas de outubro de 1917. Talvez valha também para a Revolução Bolchevique aquilo que Edgar Quinet, à sua época, afirmou em relação à Revolução Francesa: "O povo que a realizou não é o que dela tirou maior proveito"[56].

Não faz sentido querer colocar o comunismo no mesmo plano do nazismo, isto é, da força que, com mais empenho e brutalidade, se opôs ao fim da discriminação racial e, em consequência, ao advento da democracia. Se, de um lado, o Terceiro Reich se apresenta como a tentativa de realizar, por meio de guerra total, um regime de *white supremacy* em escala planetária sob a hegemonia alemã e "ariana", do outro lado, o movimento comunista fornece uma contribuição decisiva para a superação da discriminação racial e do colonialismo, cuja herança o nazismo pretende assumir e radicalizar. Querer tachar a época iniciada com a Revolução de Outubro como período de crise da democracia significa voltar a considerar *quantité négligeable* os povos coloniais (além de outras vítimas das cláusulas de exclusão da tradição liberal), significa querer recolonizar a história.

Poderiam, e deveriam, fazer parte de todo texto de educação cívica e de educação democrática as páginas em que Gramsci polemiza com os "brancos

---

[54] Ver Domenico Losurdo, *Liberalism,* cit., cap. 3, § 10; cap. 6, § 2.

[55] Antonio Gramsci, *L'Ordine Nuovo, 1919-1920* (orgs. Valentino Gerratana e Antonio A. Santucci, Turim, Einaudi, 1987), p. 41.

[56] Edgar Quinet, *Le Christianism et la Révolution française* (Paris, Fayard, 1984), p. 249.

super-homens"[57] e com a "sede de acusação e conservadorismo" dos "defensores do Ocidente", nas quais ele ironiza o fato de "'humanidade' significar, na realidade, Ocidente" até mesmo para um prestigiado filósofo como Bergson[58]. Honra similar poderia ser reservada às já lembradas páginas em que Lenin chama atenção para a sanguinária arrogância das "nações eleitas" em relação às "peles vermelhas e negras". É verdade que outras páginas do dirigente revolucionário russo soam repugnantes. Mas isso vale também para autores habitualmente aceitos no rol dos clássicos da democracia liberal. Ninguém gostaria de ver num texto de educação cívica as páginas em que Locke considera óbvia e pacífica a escravidão nas colônias, ou aconselha que não se tenha nenhuma "compaixão" pelos "papistas" irlandeses, ainda que, naquele momento, estes fossem alvo de uma verdadeira política de extermínio colonial. Ninguém gostaria de ver as páginas em que Jefferson teoriza sobre a inferioridade natural dos negros ou aquelas em que Mill exige "obediência absoluta" das "raças menores de idade" (ou semianimalescas) ou celebra a Guerra do Ópio como uma cruzada pela liberdade.

Resta o fato de que a Revolução de Outubro não alcançou os objetivos que perseguiu ou proclamou. Pense-se em Lenin e nos dirigentes da Internacional Comunista, que vislumbram o delineamento da república soviética mundial, o desaparecimento definitivo das classes, dos Estados, das nações, do mercado e das religiões. Não somente jamais se conseguiu se aproximar desse objetivo, como jamais se conseguiu avançar em sua direção. Estamos, assim, diante de um fracasso total e evidente? Na realidade, a falta de correspondência entre programas e resultados é característica de toda revolução. Os jacobinos franceses não realizaram ou restauraram a *polis* antiga; os revolucionários estadunidenses não produziram a sociedade de pequenos agricultores e produtores, sem polarização entre riqueza e pobreza, sem Exército permanente e sem forte centralização do poder; os puritanos ingleses não deram vida à sociedade bíblica que haviam transfigurado miticamente. A aventura de Cristóvão Colombo, que parte em direção às Índias e termina por descobrir a América, pode servir como metáfora para compreender a dialética objetiva dos processos revolucionários. Quem destaca esse ponto são os próprios Marx e Engels: na análise da Revolução Francesa ou da Inglesa, eles não partem da

---

[57] Antonio Gramsci, *L'Ordine Nuovo*, cit., p. 142.

[58] Idem, *Quaderni del carcere* (org. Valentino Gerratana, Turim, Einaudi, 1975), p. 837, 2.013 e 567 [ed. bras.: *Cadernos do cárcere*, trad. Carlos Nelson Coutinho, Rio de Janeiro, Civilização Brasileira, 1999-2001, 5 v.].

consciência subjetiva de seus protagonistas ou dos ideólogos que as inspiraram e as prepararam, mas da análise das contradições objetivas que as estimularam e das características reais da contingência política-social descoberta ou evidenciada pelas conturbações ocorridas. Os dois teóricos do materialismo histórico ressaltam, portanto, a discrepância entre projeto subjetivo e resultado objetivo, e, por fim, explicam as razões da produção – uma produção inescapável – de tal discrepância. Por que deveríamos proceder de modo diferente ao analisar a Revolução de Outubro?

Aqui vale lembrar uma indicação de Engels, que, ao fazer o balanço da Revolução Inglesa e da Revolução Francesa, observa: "A fim de se poder assegurar ao menos aquelas conquistas da burguesia que estavam maduras e prontas para serem colhidas, era necessário que a revolução ultrapassasse seu escopo [...]. Essa parece ser uma das leis da evolução da sociedade burguesa"[59]. Não há motivos para subtrair à metodologia materialista elaborada por Marx e Engels a revolução que neles se inspirou. Nesse contexto devemos colocar a expectativa da extinção do Estado, da religião, do mercado, de todas as formas de divisão do trabalho. Essa utopia – em que também encontra exaltada expressão a esperança de extirpar de uma vez por todas as raízes do horror vivido ao longo do primeiro conflito mundial – não resistiu à prova do real, e, no entanto, sem o movimento histórico que nela se inspirou, não é possível compreender nada acerca da democracia contemporânea.

A história que está por vir esclarecerá se esse resultado exaure a totalidade da nova conjuntura político-social ou se, ao contrário, constitui apenas uma configuração primeira e parcial desse momento. A favor da segunda hipótese pesa o próprio equilíbrio precário sobre o qual repousa a democracia contemporânea. Bem longe de ter se afirmado sem a contribuição do movimento comunista, agora podemos nos perguntar se a democracia resistirá ao declínio desse desafio. Apesar de partirmos da premissa de que a história não conhece restaurações puras e simples, são dignos de nota não somente o desmanche do Estado social, mas também, e, sobretudo, o explícito apagamento (no neoliberalismo) dos direitos econômicos e sociais do catálogo dos direitos humanos. As três etapas do advento do *welfare state* (e do sufrágio universal) são, para Hayek, as três etapas do advento da "democracia 'social' ou totalitária"[60].

---

[59] Karl Marx e Friedrich Engels, *Selected Works*, v. III (Moscou, Progress, 1977), p. 105.

[60] Friedrich A. von Hayek, *The Constitution of Liberty* (org. Ronald Hamowy, Chicago/Londres, University of Chicago Press, 2011), p. 109 [ed. bras.: *Os fundamentos da liberdade*,

Ainda mais preocupante é a tendência de historiadores como Paul Johnson e Niall Ferguson, que desfrutaram de grande destaque na mídia, de justificar – aliás, transfigurar – o colonialismo, e até mesmo o imperialismo, e de fazer apelos à sua validade duradoura. Entre os inquestionáveis *maîtres à penser* do neoliberalismo e da ideologia hoje dominante está Ludwig von Mises. Trata-se de um autor que, já em 1922, transforma de modo acrítico a história do colonialismo: mesmo quando desencadeiam a Guerra do Ópio, o Ocidente e a Inglaterra não fazem mais do que seguir sua gloriosa "vocação [...] de inserir os povos atrasados no âmbito da civilização". Mas von Mises não para por aí. Para ele, esses povos devem ser tratados como "bichos nocivos", assim como os elementos "antissociais" de todo tipo que vivem no interior do Ocidente, as "populações selvagens" das colônias. É uma declaração um tanto sinistra, que soa como justificativa indireta para o aniquilamento de povos inteiros, aos quais se nega até mesmo a dignidade humana[61]. Exatamente como na época dourada do colonialismo e da "democracia" de usufruto exclusivo do povo dos senhores.

7. Segunda Guerra dos Trinta Anos, guerra total e totalitarismo

Sem apreender o entrelaçamento do horror e da emancipação, não é possível compreender nada do século XX; e incompreensíveis resultam também as terríveis páginas do comunismo se destacadas das terríveis páginas da história que as antecederam. Deixamos a esplêndida família do Antigo Regime e da *belle époque* às voltas com as cerimônias em que celebra seu poder. Quando irrompe a guerra, instantaneamente cria-se um abismo de ódio mútuo e disputa entre as coroas, ainda que elas sejam unidas por variadas relações de parentesco. Um detalhe revela toda a brutalidade da luta. Até aquele momento, os vários soberanos e governantes se reconheciam como membros de uma única família, também no plano racial. Agora, os alemães se transformam em "hunos" e "vândalos" para os ideólogos da Entente, ao passo que a Grã-Bretanha é rotulada como "potência asiática" por Thomas Mann, e a França – "a França

---

trad. Anna Maria Capovilla e José Ítalo Stelle, São Paulo/Brasília, Visão/Editora da UnB, 1983]. Cf. Domenico Losurdo, *Democrazia o bonapartismo,* cit., cap. 7, § 5.

[61] Ludwig von Mises, *Socialism: An Economic and Sociological Analysis* (Indianápolis, Liberty Fund, 1981), p. 207 e 284.

negra" – se torna um país "euro-africano" aos olhos de Spengler[62]. É sintomática essa excomunhão recíproca: a brutalidade, desde sempre considerada legítima no trato com as "raças inferiores", tende a eclodir também no Ocidente, no curso de uma guerra contra um inimigo expulso do mundo propriamente civilizado. É nesse contexto que se pode situar a interpretação que Guilherme II faz da guerra entre o Segundo Reich e a Rússia tsarista – a de uma guerra entre eslavos e germânicos, uma guerra de tipo "racial" que, consequentemente, não abria espaço para qualquer possibilidade de paz ou compromisso. Após a Revolução de Outubro, o Ocidente é unívoco em incluir a Rússia soviética entre os selvagens do mundo colonial, e Hitler sente-se legitimado e encorajado a construir um império alemão continental no gigantesco espaço mergulhado em barbárie, extraindo as mais importantes lições da tradição colonial e radicalizando-as ainda mais.

O ano de 1914 é o início daquela que numerosos historiadores denominam a Segunda Guerra dos Trinta Anos, um conjunto complexo de contradições e conflitos das mais diferentes naturezas, que, depois de seguirem num crescendo até 1945, encontram sua acomodação apenas com o fim da União Soviética e com o triunfo do "século estadunidense". Ao longo dessa gigantesca crise, vêm à tona – independentemente da Revolução Bolchevique e, não raro, também desde antes dela – todos os elementos constitutivos do universo totalitário e concentracionário que o revisionismo histórico e o *Livro negro* gostariam que se originassem do fatal Outubro de 1917.

Uma luta sem tréguas exige uma disciplina férrea no interior das próprias fileiras: a arregimentação da sociedade atinge um nível sem precedentes. O princípio da responsabilidade individual é apagado, o que na Itália, por exemplo, se revela na prática da dizimação e no recurso a punições transversais, que recaem sobre os inocentes familiares dos desertores – ou seja, represálias armadas aplicadas à população civil e, em linhas gerais, distribuídas a esmo. Estas últimas, vale dizer, são medidas de que o governo britânico não abre mão no esforço para debelar a revolta irlandesa, que, desencadeada em 1916, se prolonga até a conquista da independência por parte da infeliz ilha. Assim

---

[62] Thomas Mann, *Betrachtungen eines Unpolitischen* (Frankfurt, Fischer, 1988), p. 423; Oswald Spengler, "Frankreich und Europa", em *Reden und Aufsätze*. (org. Hildegard Kornhardt Munique, Beck, 1937), p. 88; e *The Hour of Decision*, trad. Charles Francis Atkinson, Londres, George Allen & Unwin, 1934, p. 229 [ed. bras.: *Anos de decisão*, trad. Herbert Caro, Porto Alegre, Meridiano, 1941].

como a abolição do princípio de responsabilidade individual, vários dos aspectos característicos do que chamamos hoje de regime totalitário já haviam aparecido durante a Primeira Guerra Mundial. Seria o Estado totalitário um deus Moloch que tudo devora? Ao Estado – observa Weber em 1917 – "é hoje atribuída uma força 'legítima' sobre a vida, a morte e a liberdade"[63]. Isso vale também para os países de tradição liberal mais antiga. Nos Estados Unidos, mesmo estando em segurança do outro lado do Atlântico, protegido de qualquer perigo de invasão, é possível ser condenado a até vinte anos de prisão por ter expressado uma opinião capaz de causar distúrbio no clima sagrado de união patriótica. Tal união patriótica se assemelha a um partido único: organizações políticas, sindicatos ou organizações culturais que o desafiem são brutalmente reprimidos. Um aspecto do fenômeno totalitário é a imposição de um monopólio estatal da informação. Esse monopólio apareceu pela primeira vez, e se provou brilhantemente efetivo, na república norte-americana: sete dias após a declaração da guerra, Wilson cria um Comitê para a Informação Pública que se presta até a exercer controle sobre a alta cultura. Outra característica do regime totalitário é a mistura de controle e violência do Estado com o controle e a violência por baixo, perpetrada por organizações políticas ou setores militarizados da sociedade civil. Durante a Primeira Guerra, grupos armados desempenharam um papel proeminente nos Estados Unidos ao revelarem, atacarem e aterrorizarem possíveis ou potenciais "traidores". Finalmente, segundo Arendt, o totalitarismo não se satisfaz em impor um consenso passivo, mas demanda um consenso ativo, uma participação ativa, em um esforço nacional unânime. Como observa um estudioso das técnicas de propaganda adotadas durante a guerra, o objetivo dos países beligerantes, mais eficientemente atingido nos Estados Unidos, é "fundir a indocilidade dos indivíduos na fornalha da dança da guerra", bem como "fundir milhares ou, quem sabe, milhões de seres humanos numa massa amalgamada de ódio, vontade, esperança", além de "belicoso entusiasmo"[64]. Em todos os lugares vigoram as mesmas palavras de ordem: "mobilização total" e "guerra total", e até uma "política total". É justamente desse ponto que se deve partir para explicar a gênese do termo e a realidade do "totalismo" (como é inicialmente definido), ou seja, do totalitarismo propriamente dito.

---

[63] Ver, neste volume, cap. 5, § 2.

[64] Harold D. Lassell, *Propaganda Technique in the First World War* (Cambridge, MA, MIT Press, 1927), p. 221.

O punho de ferro recai sobre grupos étnicos inteiros, suspeitos de possuir vínculos com o inimigo e de nutrir simpatia por ele. Eis que surge o recurso à deportação. Entre suas vítimas estão os armênios, a quem o governo turco acusa de colaboração com a Rússia cristã e tsarista; esta, por sua vez, deporta os judeus, suspeitos de contemplar a Alemanha de Guilherme II e da social-democracia como uma possível libertadora do jugo do antissemitismo. O primeiro capítulo da tragédia do século XX que desemboca em Auschwitz tem como protagonista um país aliado do Ocidente liberal e em guerra contra a Alemanha, que em seguida se tornará o artífice da "solução final". Durante o primeiro conflito mundial, os alemães, por sua vez, são alvo de violências e perseguições não apenas na Rússia tsarista, mas também nos Estados Unidos: algumas vezes são marcados na pele com um sinal amarelo, e não faltam aqueles que advogam a esterilização de uma raça geneticamente pervertida[65].

Lado a lado com a prática do banimento definitivo, entra em cena o campo de concentração. A instituição, vista como tipificadora do regime totalitário, acaba por se impor mesmo nos países de mais sólida tradição liberal. Logo após a Revolução de Outubro, McKeller, senador pelo Tennessee, propõe o estabelecimento de uma colônia penal para detentos políticos dos Estados Unidos, a ser construída na ilha de Guam. O universo concentracionário vem a se tornar realidade no curso da Segunda Guerra Mundial, quando Franklin Delano Roosevelt manda encarcerar em campos de concentração os cidadãos americanos de origem japonesa (inclusive mulheres e crianças), perseguindo até os da América Latina. Em 1950, é aprovado o *McCarran Act* (barrado pelo veto de Truman, que tem o olhar fixo na Iugoslávia) para a construção de seis campos de concentração em várias regiões do país, destinados a receber prisioneiros políticos. Entre os promotores dessa lei, há alguns deputados que virão a se tornar ilustres como presidentes dos Estados Unidos: Kennedy, Johnson e Nixon[66].

A propagação em vários países de instituições e aspectos típicos do totalitarismo explicita um ponto essencial: mais do que em uma ideologia específica, sua gênese deve ser procurada na guerra. Pode-se ensaiar uma definição: o totalitarismo é o regime político que corresponde à guerra total, uma guerra

---

[65] Veja, neste volume, cap. 5, § 2; e Domenico Losurdo, *Democrazia o bonapartismo,* cit., cap. 5, § 2.

[66] Ver Peter N. Carroll e David W. Noble, *The Free and the Unfree: A New History of the United States* (Nova York, Viking Press, 1988), p. 331 e 358.

que tende ao controle total dos comportamentos e das ideias não só da população combatente (a quase totalidade dos homens adultos), mas também da população da retaguarda (ela própria parte integrante, no plano produtivo e ideológico, da mobilização total) e da sociedade civil como tal. Isso posto, a consequência natural é que esse novo regime político se apresente em modalidades bastante diversas, dependendo das respectivas situações geopolíticas, tradições políticas e ideologias.

Graças à sua estreita conexão com a guerra total, o totalitarismo recebeu suas primeiras análises críticas justamente no âmbito do movimento de oposição à guerra. É sobretudo Nikolai Bukharin que adverte contra o "novo Leviatã, diante do qual a fantasia de Thomas Hobbes parece uma brincadeira de criança"; o revolucionário russo traça um quadro preciso e impressionante do Superleviatã, que acabaria por tomar corpo também no Estado do qual ele viria a ser dirigente e, em seguida, vítima.

8. Rússia e Alemanha como epicentro da Segunda Guerra dos Trinta Anos

O totalitarismo alcança sua plenitude nos dois países situados no centro da Segunda Guerra dos Trinta Anos. Nesse sentido, a comparação entre bolchevismo e nazismo não só é apropriada, como constitui uma passagem obrigatória. Isso não significa, porém, compartilhar a abordagem de certos historiadores que descrevem as vidas de Stalin e de Hitler como vidas paralelas, como se tudo pudesse ser explicado mediante a alusão a duas personalidades enlouquecidas pelo poder e totalmente desprovidas de escrúpulos. Ao contrário, trata-se de analisar as respostas oferecidas pelos dois movimentos – colocados em posições diferentes e antagônicas – aos desafios colocados por duas situações objetivas não despidas de analogias.

Concentremo-nos em primeiro lugar na Rússia soviética, obrigada a enfrentar uma permanente situação de exceção. Se examinarmos o período que vai de outubro de 1917 a 1953 (ano da morte de Stalin), percebemos que este se caracteriza por ao menos quatro ou cinco guerras e por duas revoluções (ambas redundando em guerras civis). A oeste, a agressão da Alemanha de Guilherme II (até a paz de Brest-Litovsk) é seguida por ataques da Entente; depois, da Alemanha hitlerista; e, finalmente, por uma Guerra Fria pontilhada de sangrentos conflitos locais, que ameaçam, a cada momento, transformá-la numa guerra quente de grandes proporções, envolvendo o emprego de armas atômicas. A leste, vemos o Japão (que se retirou da Sibéria apenas em 1922, e da Sacalina apenas em 1925) avançar, com a invasão da Manchúria, para uma ameaçadora movimentação de forças militares nas fronteiras da União Soviética. Esta, de toda forma, já se encontra envolvida em conflitos fronteiriços de larga escala em 1938 e 1939, antes ainda do início oficial do segundo conflito mundial. Além do mais, cabe dizer que as guerras citadas são guerras totais, seja porque não são precedidas de uma declaração de guerra (abstêm-se dela a Entente e depois o Terceiro Reich), seja porque se associam à guerra civil e à manifesta intenção dos invasores de derrubar o regime existente: a campanha hitlerista mira, de modo explícito, o extermínio dos *Untermenschen* orientais.

Às guerras temos de somar os abalos internos e as guerras civis. Isto é, além do Outubro de 1917, não podemos esquecer da revolução pelo alto, a forçada coletivização e industrialização do campo, em curso a partir de 1929. Revolução e guerra se entrelaçam fortemente, uma vez que a coletivização e a industrialização do campo são – ou são consideradas – necessárias para que a União Soviética possa enfrentar a temida nova agressão, já anunciada por Hitler, com todas as letras, em seu *Mein Kampf.*

O momento crucial é constituído por essa "revolução" pelo alto e de fora – isto é, imposta por Stalin, a partir de Moscou, a um campo habitado por minorias nacionais tradicionalmente rotuladas como bárbaras. O "fardo do homem branco" assume agora uma peculiar configuração com a cidade russa empenhada em exportar, pela força das armas, a civilização (socialista) para o interior asiático. O conflito étnico se entrelaça com o conflito político e com o conflito social: já está em curso o embate entre camponeses pobres, ou sem terra, e camponeses mais prósperos, embate este que se aguça e se exalta pelo tratamento ideológico dado à tragédia da fome nas cidades, cuja responsabilidade é atribuída exclusivamente à avidez por dinheiro do *kulak*, essa espécie de vampiro. Qualquer mínima oposição e resistência é impiedosamente reprimida; não apenas o *gulag* conhece uma grande difusão, como o trabalho forçado em larga escala agora se torna um elemento da planificação bélica e produtiva. Por ironia da história, depois de ter agitado a bandeira da revolta dos escravizados das colônias, a Rússia soviética acaba por reproduzir algumas características da tradição colonial. Tais características, porém, não devem ser exageradas. A desespecificação é sempre político-moral, e não racial. O trabalho forçado não é uma condição hereditária. Nós vimos lideranças soviéticas enfatizarem que "o filho não responde pelo pai". De resto, exatamente porque os indivíduos eram condenados ao trabalho forçado em razão da repressão política, e não do pertencimento étnico, torna-se possível encontrar uma brecha mesmo para os verdadeiros "contrarrevolucionários". Com a eclosão da guerra, abre-se uma via de fuga para os detentos dos *gulags* e oferece-se até a possibilidade de mobilidade e promoção social[67].

Agora lancemos um olhar ao outro país no epicentro da Segunda Guerra dos Trinta Anos. Ensanguentada e derrotada nos campos de batalha, abalada pela revolução de novembro de 1918 – que ocorre na fase final do primeiro conflito mundial e dá aos chauvinistas o pretexto para difundir o mito da "punhalada pelas costas" –, além de humilhada pelo Tratado de Versalhes, a Alemanha enfrenta, então, uma devastadora crise econômica, que acentua ainda mais sua dilaceração interna. Chegando ao poder, o nazismo desencadeia uma guerra civil preventiva, de modo a liquidar qualquer oposição potencial ao seu programa revanchista e impossibilitar um recuo do *front* interno como o que se verificou em 1918. E, no entanto, apesar dos triunfos iniciais, o país termina novamente envolvido numa guerra sem esperança em dois *fronts*, sendo atacado tanto pelos exércitos regulares quanto pela guerrilha da resistência, que se alastra em todos os territórios ocupados pelo Terceiro Reich.

Comparar a União Soviética e a Alemanha hitlerista como expressões por excelência do totalitarismo pode ser considerado uma banalidade, de um certo ponto de vista. Mas, afinal de contas, onde poderíamos encontrar de maneira mais saliente as características fundamentais do regime político que corresponde à guerra total, senão nos dois países no centro da Segunda Guerra dos Trinta Anos? Não é nada surpreendente que o universo concentracionário tenha aqui assumido uma configuração claramente mais violenta do que, por exemplo, nos Estados Unidos, país protegido do perigo de invasão pelo oceano e vítima de perdas e devastações muito inferiores, ao longo da gigantesca contenda, do que aquelas sofridas pelos outros principais envolvidos. Cerca de um século e meio antes, às vésperas da promulgação da nova Constituição Federal, Alexander Hamilton havia explicado que a limitação do poder e a instauração do Estado de direito (*rule of law*) obtiveram sucesso em dois países de tipo insular, afastados, graças ao mar, das ameaças das potências rivais. É importante ressaltar que, durante a Segunda Guerra dos Trinta Anos, todos os países da Europa continental, localizados como estão no epicentro (ou em sua imediata proximidade) da grande crise histórica, experimentaram um colapso das instituições representativas e liberais em momentos diferentes e de formas diferentes. Em

---

[67] Ver, neste volume, cap. 5, § 9.

algum nível, o totalitarismo também emergiu nos Estados Unidos quando envolvido nas duas guerras mundiais. No século XX, a posição insular não é mais um obstáculo insuperável, mas o grau de brutalidade eventualmente apresentado pelo novo regime político continua associado aos diferentes contextos geopolíticos, bem como às diferentes tradições ideológicas e políticas.

Naturalmente, o estado de exceção permanente não é apenas um dado objetivo. No nazismo, é também o resultado de um programa político que, com sua aspiração ao domínio planetário, acaba por tornar permanente o estado de guerra. Considerações semelhantes podem ser feitas em relação ao comunismo: ao perseguir obsessivamente a utopia de uma sociedade isenta de toda contradição e de todo conflito, acaba por produzir uma espécie de revolução e guerra civil permanente (é o que se verificou especialmente ao longo da Revolução Cultural chinesa). Também a partir desse ponto de vista, o método comparativo é perfeitamente legítimo.

Porém, sob outro prisma, a aproximação entre a União Soviética e a Alemanha hitlerista é uma tolice. No primeiro caso, o totalitarismo resulta do entrelaçamento entre guerra total (numa imposição externa) e revolução e guerra civil permanente (para as quais, por sua vez, muito contribui a ideologia comunista). É óbvio que também o Terceiro Reich não pode ser reduzido a um simples episódio de criminalidade comum, como parece acreditar Bertolt Brecht quando escreve *A resistível ascensão de Arturo Ui*. Nesse texto, vemos convergir três processos históricos: a lógica da guerra total, levada ao extremo por uma desmesurada ambição imperialista; o legado da tradição colonial, cuja brutalidade conhece uma radicalização ainda maior em razão da tentativa de reconduzir povos de antigas civilizações, situados no coração da Europa, à condição de tribos primitivas; o tema da revolução como conspiração, que leva Hitler a identificar os judeus como os artífices secretos do Outubro bolchevique e a buscar, na destruição do vírus ou do bacilo judaico, a libertação da Alemanha e da Europa do perigo bolchevique e asiático. Cabe notar que, longe de remeter à Revolução de Outubro, esses processos históricos e motivos ideológicos se originam no mundo contra o qual a revolução pretendeu se insurgir.

9. A DANÇA DAS CATEGORIAS

Vejamos agora como procedem os autores do *Livro negro do comunismo*. Depois de afirmar a prioridade temporal do genocídio comunista em relação ao genocídio nazista, esforçam-se em demonstrar que o primeiro é bem mais grave também no plano quantitativo. Totalmente comprometidos em exibir números e mais números, na ilusão de conferir invulnerabilidade a seu livro contábil, não se perguntam sequer sobre as categorias utilizadas. Convém tentarmos preencher essa lacuna.

Comecemos com o genocídio. Em relação à Primeira Guerra Mundial, Bukharin e Rosa Luxemburgo utilizam as expressões "horrível fábrica de cadáveres" e "extermínio de massa" ou, ainda, "genocídio" (*Völkermord*), respectivamente. Por que essa denúncia deveria ser menos verossímil do que aquela que hoje se propõe a demonizar a história do movimento comunista como tal? Por que o horror de uma guerra internacional deveria ser julgado diversamente do horror de uma guerra civil? Os soldados que se recusam, ou hesitam, a participar de uma ação militar por saberem que ela conduz a uma morte quase certa se tornam alvo de suas próprias fileiras: chegam a ser bombardeados com artilharia pesada na Rússia decidida a prosseguir na guerra a qualquer custo, apesar da oposição dos bolcheviques.

Talvez as denúncias provenientes do lado comunista sejam vistas como irrelevantes. Pois bem, existem historiadores estadunidenses que falam de genocídio a propósito de Hiroshima e Nagasaki, bem como dos bombardeios em massa de Dresden e Tóquio, que, apesar de efetuados com armas "convencionais", de toda forma aniquilam a população civil de cidades inteiras. Existiriam, portanto, todos os elementos para discutir seriamente a categoria genocídio. Mas o revisionismo histórico e o *Livro negro* não gostam de inúteis complicações conceituais. Para eles, tudo está claro. Há dois tipos de genocídio: racial, consumado pelos nazistas e apenas por eles (a tradição colonial é totalmente recalcada), e de classe, que é perpetrado pelos comunistas e é o primeiro cronologicamente (além de tudo, ignora-se a tragédia dos armênios). E, assim, pode-se finalmente demonstrar a equivalência entre o comunismo e o nazismo.

Naturalmente, também se pressupõe que o significado de "genocídio de classe" é, de imediato, transparente e unívoco[68]. Todavia, encontramo-nos diante de uma espécie de contradição: o primeiro termo, genocídio, refere-se a *genos*, a uma "raça" definida de modo naturalista, no âmbito da qual o membro individual é subsumido de forma totalmente independente de sua consciência subjetiva e do comportamento político concreto que ele eventualmente venha a manifestar; o segundo termo, *classe*, remete à história, não à natureza, e serve

---

[68] Stephane Courtois et al., *The Black Book of Communism,* cit., p. 9.

para indicar um grupo social de fronteiras instáveis e móveis. O *Manifesto do Partido Comunista* não foi o único a colocar em evidência o papel revolucionário dos desertores da classe dominante. Essa tese está bem presente no *Que Fazer?*, de Lenin, que, aliás, enfatiza ainda mais a valiosa contribuição dos intelectuais provenientes da burguesia para o desenvolvimento da teoria revolucionária; o militante revolucionário, o tribuno popular, por sua vez, tem a missão de difundir essa teoria não apenas no seio do proletariado, mas entre todas as classes. Convém acrescentar que o pertencimento de classe não possui sempre o mesmo significado: há uma burguesia que exerce um papel progressista não apenas nos países coloniais, mas também, segundo Lenin, em todas aquelas situações em que a opressão imperialista recoloca na ordem do dia a questão nacional.

Por outro lado, é exatamente o *Livro negro* que ressalta a obsessão pelo doutrinamento nos campos de concentração comunistas: na China maoista, "o estudo é tudo, menos uma palavra vã". Porém, uma vez que se propõe a modificar o comportamento da vítima, a doutrinação indica a ausência de uma intenção genocida, definida pela obstrução de qualquer via de fuga aos membros do grupo-alvo – ou seja, pelo projeto de aniquilamento do grupo, independentemente do comportamento assumido pelos indivíduos que o constituem. A doutrinação, e o comportamento diferente que é consequência dela, ao contrário, modificam o tratamento reservado à vítima. Ao menos no que tange à China, como reconhece o próprio *Livro negro*: "As instituições penitenciárias são, antes de tudo, escolas [...] para aqueles 'maus alunos', como são julgados os prisioneiros, agitados e meio lentos de compreensão [...]. A solução [...] é simples: mudar as ideias"[69]. Por mais terrível que possa ser esse universo concentracionário, não pode ser descrito como um "genocídio de classe".

O uso aproximativo e irrefletido das categorias não contribui nem para o juízo histórico nem para o juízo moral. A propósito da Rússia pós-comunista, depois de ter denunciado a "severa redução da expectativa média de vida", pela qual seriam responsáveis os poucos privilegiados que conseguiram "acumular enormes riquezas" de origem especulativa e parasitária, quando não abertamente ilegal, Maurice Duverger pronuncia uma terrível acusação: tratar-se-ia de "um verdadeiro genocídio dos velhos"[70].

---

[69] Ibidem, p. 501.

[70] Maurice Duverger, "Mafia e inflazione uccidono la Russia", *Corriere della Sera,* Milão, 18 out. 1993.

Depois do genocídio dos soldados e do genocídio dos *kulaks* ("contrarre-volucionários"), vemos emergir o "genocídio dos velhos" (pobres); a essa lista poderíamos acrescentar o genocídio dos adversários políticos (por exemplo, aquele que abate os comunistas às centenas de milhares na Indonésia de 1965). Na realidade, em todos esses casos, a especificação eventualmente introduzida (que se refere a um grupo de fronteiras instáveis e móveis) entra em contradição com a categoria geral, que se refere a um grupo definido de modo naturalista, por meio de fronteiras bem mais precisas e irremovíveis. O indivíduo velho pobre pode tentar fugir da miséria (por exemplo, por meio da mendicância ou do furto), o indivíduo soldado pode esperar que sua habilidade o mantenha vivo até o momento em que a paz chegar, o indivíduo *kulak* ("contrarrevolu-cionário") ou o indivíduo comunista, se tiver tempo, pode renegar as posições políticas expressas até aquele momento. O membro de um grupo étnico cuja destruição foi decidida não pode modificar, com seu comportamento, sua pró-pria identidade, seu pertencimento ao grupo. E é isso que define o genocídio.

Portanto, aproximam-se do genocídio, quando muito, determinados mo-mentos dos dois conflitos mundiais. O indivíduo habitante de Hiroshima e Nagasaki não pode escapar da destruição (mas isso não vale, evidentemente, para membros individuais do povo japonês). No que diz respeito à Primeira Guerra Mundial, um reconhecido historiador inglês – Frederick Taylor – ob-serva que "cerca de 50 milhões de africanos e 250 milhões de indianos foram envolvidos [pela Inglaterra], sem terem sido interpelados, em uma guerra da qual nada sabiam". São simplesmente perseguidos, deportados para milhares de quilômetros de distância e, finalmente, abandonados na "fábrica de cadáve-res"; são levados para ali não em consequência de um comportamento julgado inaceitável, mas simplesmente por serem membros de uma "raça inferior", utilizável como bucha de canhão por um "povo de senhores". Mesmo sem ser rigoroso, o livro negro do capitalismo que de alguma forma Bukharin e Rosa Luxemburgo esboçam recorre à categoria genocídio (ou "horrível fábrica de cadáveres" e "extermínio de massa") de maneira mais persuasiva que o *Livro negro do comunismo*.

Vejamos agora de que modo se consuma o "genocídio de classe". Em pri-meiro lugar, é o resultado da "penúria induzida": aquela que se verificou na China em 1958, logo após o "Grande Salto para a Frente", teria provocado 30 milhões de mortes (quase um terço do total das vítimas postas na conta do comunismo). E novamente nos confrontamos com uma categoria cuja his-tória e significado histórico merecem uma reflexão. Tentemos preencher essa

350 GUERRA E REVOLUÇÃO

lacuna também, colocando-nos uma pergunta preliminar: a partir de quando reduzir à fome um povo inteiro se torna uma arma de guerra? Logo após o fim do primeiro conflito mundial, Weber calcula em 750 mil o número das vítimas provocadas na Alemanha pelo bloqueio naval britânico, que cometeu o erro de atingir, bem mais que os combatentes, a população civil e os mais fracos e indefesos. Obviamente, o grande sociólogo era ao mesmo tempo um fervoroso chauvinista alemão. Justamente por isso, é notável que o veredito de Gramsci a esse respeito seja ainda mais severo. Num artigo de agosto de 1916, ele condena, indignado, a medida que tenta "enclausurar o povo alemão para subtrair sua energia vital, para arrancá-lo da superfície do mundo". Uma acusação reafirmada quando os vencedores prolongam o bloqueio bem além da assinatura do armistício (até que os derrotados aceitem assinar um tratado de paz humilhante e vingativo): "Viena se decompõe, sua composição humana se dissolve; as crianças morrem, morrem as mulheres; a população perde as forças e se exaure numa prisão econômica sem possibilidade de fuga"[71].

Quanto à Primeira Guerra Mundial, não apenas Rosa Luxemburgo, mas também Gramsci, em última análise, fala em genocídio – um genocídio que encontra sua expressão mais concentrada na "penúria induzida" que vitima um povo inteiro. Herbert Hoover é outro a exprimir "horror" pela continuidade do bloqueio. Mas, em seguida, é justamente o chefe da administração de alimentos durante o governo Wilson e futuro presidente dos Estados Unidos que, para frear a "infecção" bolchevique, anuncia uma estratégia brutal: os povos propensos a se deixarem seduzir pelo exemplo da Rússia soviética devem saber que, dessa forma, se expõem ao risco da "fome absoluta" e da "morte por inanição"[72].

Nesse ínterim, a arma alimentar é empregada contra aqueles que já cederam à "infecção". Na Itália, isso provoca a indignação de Gramsci, bem como de Guido De Ruggiero: "O bloqueio da Entente pretendia dar cabo do bolchevismo; entretanto, matava homens, mulheres e crianças russas". Enquanto o filósofo liberal aponta o dedo, em 1922[73], contra os "esfomeadores da Entente",

---

[71] Antonio Gramsci, *Cronache torinesi, 1913-1917* (org. Sergio Caprioglio, Turim, Einaudi, 1980), p. 497; *L'Ordine Nuovo*, cit., p. 391.

[72] Citado em Murray N. Rothbard, "Hoover's 1919 Food Diplomacy in Retrospect", em Lawrence E. Gelfand (org.), *Herbert Hoover, the Great War and its Aftermath, 1917-1923* (Iowa, Iowa University Press, 1974), p. 91 e 96-8.

[73] Guido De Ruggiero, *Scritti politici, 1912-1926* (org. Renzo De Felice, Bolonha, Cappelli, 1963), p. 437.

os ideólogos contemporâneos põem a "penúria induzida" exclusivamente na conta dos comunistas. No entanto, como já sugere o nome, a *food diplomacy* [diplomacia alimentar] foi abertamente teorizada nos Estados Unidos, que ainda hoje a colocam em prática sem piedade – por exemplo, contra Cuba – depois de a terem praticado durante os longos anos da Guerra Fria, não menos brutalmente, contra a República Popular da China e, mais recentemente, no Iraque. Homens, mulheres e crianças ("culpados" apenas por serem cubanos, chineses ou iraquianos) são condenados à "morte por inanição", como já ameaçava Hoover.

O *Livro negro* passa por cima de tudo isso e, paradoxalmente, sua referência à categoria "penúria induzida" parece se inspirar em Stalin[74]. Às vésperas da coletivização forçada da agricultura, com o objetivo de demonstrar sua absoluta necessidade, o estadista russo acusa os *kulaks* de açambarcar produtos alimentares a fim de aumentar o preço e obter lucros mais altos, sem que se preocupem minimamente com as consequências terríveis provocadas nas cidades por esse tipo de "penúria induzida". Permanece incerto, porém, o grau de intencionalidade dessa ação, o que vale também para o *Livro negro*. Ou melhor, existe pelo menos um caso em que essa intencionalidade é explicitamente excluída: na China, o "Grande Salto para a Frente" foi um fracasso de proporções mais colossais que as já catastróficas penúrias que marcam a história do grande país asiático, e, no entanto, "o objetivo de Mao não era assassinar em massa os seus compatriotas"[75]. E então por que deveríamos colocar no mesmo plano responsabilidade política e vontade homicida? A "penúria induzida" serve para indicar uma coisa ou outra? Não só os dois comportamentos são confundidos, mas a acusação de "penúria induzida" protege, com o seu silêncio, justamente os responsáveis por atos que claramente se propõem a infligir ao inimigo a morte por inanição.

"Genocídio de classe" e "penúria induzida" remetem a um regime tachado de totalitário em todas as suas diversas manifestações e ao longo de toda a sua história. Também a categoria de totalitarismo é trazida à baila de maneira meramente ideológica. Não se verifica a menor tentativa de reconstrução da história das instituições totais. Quando surgiu e como se difundiu o campo de concentração? O leitor não é informado sobre o recurso a essa instituição por parte da Espanha em luta mortal contra a revolução de independência cubana,

---

[74] Stephane Courtois et al., *The Black Book of Communism,* cit., p. 4.

[75] Ibidem, p. 487.

352 GUERRA E REVOLUÇÃO

ou por parte da Inglaterra em guerra contra os bôeres, ou dos Estados Unidos empenhados em reprimir a revolta nas Filipinas e na guerra contra o Japão. Do silêncio se deduz que o recurso ao campo de concentração caracterizou apenas o comunismo e o nazismo, que, portanto, podem e devem ser equiparados. Como se pretendia demonstrar.

"Genocídio", "penúria induzida", "totalitarismo": todas essas categorias remetem, de um modo ou de outro, à denúncia do capitalismo e do imperialismo, da sociedade "burguesa", a seu tempo feita pelo comunismo. Agora essas acusações voltam-se contra o próprio comunismo, mas sem um mínimo de consciência histórica e crítica.

Segundo o *Livro negro*, o comunismo deve ser considerado totalitário em todas as formas que assume e em todos os expoentes que o professam: Lenin, Stalin, Mao, Ho Chi Minh, Castro, Ortega. E quanto ao caos da Revolução Cultural na China? Simples: trata-se de um "totalitarismo anárquico"[76]. Mas o adjetivo não parece negar o substantivo? E o que devemos entender ao lermos que em Cuba domina até os dias de hoje um "totalitarismo tropical"?[77] Seria um totalitarismo em trajes de banho e bailado ao ritmo da rumba? Eis a explicação:

> O regime avançou na marginalização das instituições religiosas: um dos métodos adotados consistia em aparentemente permitir que todo cubano fosse livre para professar a própria fé, mas sujeitá-lo ao risco de sofrer represálias como a proibição do acesso à universidade e às carreiras administrativas.[78]

Porém, se isso é totalitarismo, deveríamos considerar totalitária a República Federal Alemã, que até hoje não renunciou à aplicação do *Berufsverbot* aos comunistas! O embargo, sobretudo quando é acompanhado por ameaças e tentativas de invasão, produz de fato um estado de guerra. Não parece que o regime de Fidel Castro enfrente essa situação com medidas mais drásticas do que aquelas colocadas em ação nos Estados Unidos ao longo do primeiro e do segundo conflitos mundiais.

---

[76] Ibidem, p. 513 e seg.

[77] Ibidem, p. 647 e seg.

[78] Ibidem, p. 651.

10. O "sofisma de Talmon"

O fato é que, no *Livro negro*, assim como em toda uma infindável literatura, as venturas e desventuras do comunismo são confrontadas não com os comportamentos reais do mundo que este quer colocar em discussão (sobre os quais vigora o silêncio mais rigoroso), mas com as declarações de princípio do liberalismo, para as quais a série de eventos históricos iniciada com a Revolução Bolchevique se exibe em toda a sua abjeção. É evidente o caráter sofista de uma comparação entre grandezas tão heterogêneas. Tal sofisma poderia ser chamado de "sofisma de Talmon", em referência ao eminente estudioso Jacob Talmon, que, nos anos imediatamente posteriores à Segunda Guerra Mundial, condena a "democracia totalitária" de Rousseau a Stalin, contrapondo a ela um liberalismo que, a seu ver, sempre abominaria a "coerção" e a "violência"[79].

Esse juízo não só abstrai totalmente a história real, mas também é bastante seletivo até no que tange às declarações de princípio dos diversos expoentes do liberalismo. Estes não hesitam, como bem sabemos, em teorizar a escravidão ou o despotismo direcionados aos bárbaros (para não falar das guerras) e em abrir espaço, durante o estado de exceção, à ditadura mesmo nas metrópoles. Tudo isso é ignorado por Talmon, que, quando fala da tradição política que lhe é cara, prefere se erguer aos céus e se recolher nas nuvens da hagiografia. É esse modo de argumentar que triunfou nos dias de hoje.

À história trágica do comunismo, denunciada como a própria encarnação do totalitarismo, contrapõe-se a paisagem idílica da Inglaterra, dos Estados Unidos e de outros países governados pelas regras liberais do jogo. Mas o que dizer de tais regras nas colônias e nas relações com as populações de origem colonial? E o que dizer de tais regras em situações de crise aguda? Marx denuncia antecipadamente um aspecto essencial do "sofisma de Talmon", o silêncio quanto às colônias: "A profunda hipocrisia e a intrínseca barbárie da civilização burguesa são desveladas diante de nós quando, das grandes metrópoles, onde elas assumem formas respeitáveis, nossos olhos se voltam para as colônias, onde elas passeiam nuas"[80]. Depois das tragédias do século XX, torna-se evidente o outro aspecto essencial: a abstração do estado de exceção, a começar por aquele provocado pela guerra total.

---

[79] Ver, neste volume, cap. 2, § 10.

[80] Karl Marx e Friedrich Engels, *Werke, Artikel, Entwürfe, jan.-dez. 1853* (Amsterdã, IMES, 1990 sq.), MEGA I/12, p. 252.

354   GUERRA E REVOLUÇÃO

Tentemos traçar a história dos últimos 150 anos a partir do "sofisma de Talmon", mas desta vez voltando-o contra aqueles que são seus beneficiários usuais. Partamos dos dias de hoje. A própria magistratura italiana levanta a suspeita da cumplicidade da CIA, ou de seus agentes, no Massacre da Piazza Fontana, e já é de domínio público que, no último pós-guerra, os Estados Unidos estavam prontos a intervir a qualquer momento para cancelar, pela força das armas, um resultado eleitoral favorável aos comunistas. A isso acrescentemos a longa lista das intervenções militares na América Latina, frequentemente em favor de ferozes ditaduras militares. E agora consideremos as palavras de Stalin, que, em 1952, convida os comunistas a resgatarem "a bandeira das liberdades democrático-burguesas" e a bandeira "da independência da nação", jogadas ao mar pela burguesia[81].

São os anos em que o movimento comunista se empenha internacionalmente em colher assinaturas pela paz e pela proibição das armas nucleares. Porém, do lado oposto, com o objetivo de conquistar a vitória definitiva na Coreia, Truman acarinha uma ideia radical, transcrita numa nota de janeiro de 1952 de seu diário: dar um ultimato aos países inimigos, explicitando antecipadamente que a recusa em obedecer significaria que as maiores cidades e "toda a indústria manufatureira na China e na União Soviética seriam eliminadas" (*eliminated*)[82]. Não se trata de uma reflexão hipotética privada: ao término da Guerra da Coreia, em diversas ocasiões, a arma atômica é brandida contra a República Popular da China, e a ameaça soa muito mais plausível dada a lembrança ainda viva e terrível de Hiroshima e Nagasaki.

Voltemos no tempo. Segunda Guerra Mundial: além das duas cidades varridas do mapa pela bomba atômica, os Estados Unidos e a Inglaterra vitimam muitas outras, japonesas e alemãs. A dizimação da população civil não é casual. Por trás dela há um desenho estratégico preciso. Dresden é atacada porque está repleta de refugiados – mulheres, idosos, crianças –, e é atacada com uma técnica particular: primeiramente as janelas e telhados são destruídos com bombas convencionais, depois são lançadas as bombas incendiárias, que assim podem penetrar com mais facilidade na intimidade das casas e queimar tapetes, cortinas, móveis etc. A distinção entre soldados e população

---

[81] Josef V. Stalin, *The Essential Stalin: Major Theoretical Writings, 1902-1952* (org. Bruce Franklin, Londres, Croom Helm, 1973), p. 510-1.

[82] Ver, neste volume, cap. 6, § 11.

civil parece totalmente cancelada, como afirma de maneira explícita Franklin Delano Roosevelt:

> Devemos ser duros com a Alemanha, e me refiro ao povo alemão, não apenas aos nazistas. Devemos castrar o povo alemão ou tratá-lo de tal modo que não possa mais continuar a reproduzir gente que queira se comportar como no passado.

E agora vejamos Stalin, que, em agosto de 1942, enquanto a barbárie nazista investe contra a União Soviética, se preocupa em estabelecer uma nítida distinção:

> Seria ridículo identificar a corja hitlerista com o povo alemão, com o Estado alemão. A experiência histórica demonstra que os Hitlers vêm e vão, mas que o povo alemão, o Estado alemão, permanece. A força do Exército Vermelho reside no fato de que ele não nutre e não pode nutrir qualquer ódio de raça contra outros povos, nem mesmo contra o povo alemão.

Vamos dar outro passo atrás. Ao longo da luta contra os bolcheviques, os russos brancos, apoiados pela Entente, promovem um *pogrom* de proporções impressionantes em que 60 mil judeus perdem a vida. Ecoando a tese da conspiração judaico-bolchevique, Churchill em pessoa denuncia Lenin como "o grande mestre e chefe" de "uma seita formidável, a mais formidável do mundo". Na verdade, para combater a agitação antissemita, além de tomar medidas drásticas, o dirigente revolucionário russo empenha-se num trabalho capilar de propaganda: pronuncia um discurso que é gravado em disco de forma a poder alcançar também os milhões de analfabetos.

Como é sabido, a Revolução de Outubro eclode na esteira da luta contra o primeiro conflito mundial. Wilson celebra o conflito como uma "guerra santa, a mais santa de todas as guerras"; os soldados estadunidenses são "cruzados" protagonistas de um "feito transcendente", cuja espada resplandece "de luz divina". Já Rosa Luxemburgo, além de "genocídio", fala de "atmosfera de assassinato ritual", ao passo que Lenin denuncia o fato de que, em todos os países beligerantes, até as retaguardas se tornaram "casas de reclusão militares"[83]. Para desbaratar qualquer protesto, eis que a repressão de cima se associa àquela de baixo (é essa associação que constituirá uma característica essencial do fascismo).

---

[83] Vladimir I. Lenin, *Collected Works*, cit., v. XXV, p. 383.

356 GUERRA E REVOLUÇÃO

E assim, nos Estados Unidos, faz sua triste reaparição a Ku Klux Klan, que, depois do desfecho do conflito, aponta outra vez suas armas sobre os suspeitos de escassa homogeneidade racial e lealdade patriótica: os judeus, os comunistas e, em especial, os negros. Aos *pogroms* antijudaicos desencadeados pelos russos brancos correspondem, nos Estados Unidos, os linchamentos contra os negros, que, aliás, já estavam em curso há décadas.

A opressão dos negros, por sua vez, remete ao destino das "raças inferiores". Em 1890, o Massacre de Wounded Knee, com a morte de mulheres e crianças indefesas, sacramenta a conquista do Oeste e o quase total aniquilamento dos peles-vermelhas da face da Terra. São os anos em que Theodore Roosevelt brada contra os "filantropos sentimentais" que se comovem com a sorte dos índios e que devem ser considerados piores que os "criminosos de profissão". São os anos em que, para usar desta vez as palavras de Stalin, "dezenas e centenas de milhões de homens pertencentes aos povos da Ásia e da África [...] não eram levados em consideração. Ninguém ousava colocar no mesmo plano brancos e negros, 'civilizados' e 'não civilizados'"; apenas "o leninismo desmascarou essa disparidade escandalosa; derrubou a barreira que separava brancos e negros, europeus e asiáticos, escravos do imperialismo 'civilizados' e 'não civilizados'"[84].

Um último passo atrás. Enquanto na Europa se assiste ao nascimento do movimento operário de inspiração marxista, nos Estados Unidos uma nova onda de deportações desloca ainda mais a oeste os peles-vermelhas, aprisionados em reservas semelhantes a campos de concentração, onde é sempre mais difícil se proteger da fome e do frio; ali são introduzidas cobertas infectadas com o vírus da varíola. Na mesma época, no Sul, os negros são escravizados; em caso de rebelião, são submetidos aos mais refinados suplícios, podendo ser queimados em fogo baixo por oito a dez horas, segundo os ditames de uma antiga tradição. Continuam assim a se desenvolver os "processos idílicos" que, de acordo com *O capital*, caracterizam "a aurora da era da produção capitalista"[85]. A velha escravidão ainda nem foi extinta e já se desenvolve uma nova, destinada

---

[84] As posições mencionadas aqui foram citadas anteriormente em: cap. 4, § 5 (F. D. Roosevelt); cap. 4, § 2; cap. 2, § 8 (Stalin); cap. 5, § 8 (Churchill); cap. 4, § 1 (Wilson); cap. 5, § 2 (Luxemburgo); e cap. 3, § 3 (T. Roosevelt).

[85] Karl Marx, *Capital: Volume One* (Londres, Penguin, 1976), p. 915 [ed. bras.: *O capital: crítica da economia política*, Livro I: *O processo de produção do capital*, trad. Rubens Enderle, São Paulo, Boitempo, 2013, p. 821].

a sobreviver à Guerra de Secessão: é o tráfico dos *coolies* importados da Índia e da China. Quem denuncia essa nova vergonha é Engels...

A história aqui traçada não inventa absolutamente nada, mas é igualmente ideológica na medida em que contrapõe aos comportamentos políticos concretos do Ocidente liberal os aspectos mais nobres da plataforma ideológica do movimento comunista, ignorando, porém, seus comportamentos concretos e as páginas horríveis de sua história. Mas é de modo especularmente invertido (e bem mais grosseiramente ideológico) que o *Livro negro* argumenta. Esse é um gênero literário que não é adequado à pesquisa histórica: a compreensão de conflitos de tal envergadura pressupõe a análise dos comportamentos dos antagonistas em interação; é ridícula a pretensão de uma das partes, aquela que saiu vitoriosa, de se erigir em juiz da outra, a qual é condenada com base em critérios aos quais ela recusa se submeter. Mais que um livro de história, *O livro negro do comunismo* é uma espécie de caricatura historiográfica do processo de Nuremberg.

11. Conflitos de felicidade, conflitos de liberdade

Vimos que o século XX anuncia o advento da democracia. Coloquemo-nos agora mais um problema: o que chega ao fim é o século em que pela primeira vez apareceram os fenômenos da deportação, do campo de concentração, do genocídio, ou é o século em que todo esse horror irrompeu na Europa? A não ser que se queira apagar ou falsear a tradição colonial, a segunda resposta claramente se impõe. Portanto, se o horror do século XX está fora de discussão, a fuga para o passado, na direção de séculos menos sangrentos e mais felizes, mostra-se problemática. Aonde tal fuga poderia nos levar? Ao século XIX? Dentre os inúmeros massacres que o caracterizam, basta pensar na dizimação da população do Congo, à qual se refere Hannah Arendt; além do mais, é na esteira desse século que o próprio Hitler parece querer se acomodar, empenhado em reviver as glórias do expansionismo colonial. Ao século XVIII? Horrível é o destino reservado pela Grã-Bretanha àquelas colônias internas que são a Escócia e a Irlanda, enquanto, entre as duas margens do Atlântico e na América, se consumam o *Black Holocaust* (segundo a definição dos descendentes dos negros escravizados) e, ainda, o *American Holocaust* (segundo a definição dos descendentes dos peles-vermelhas destituídos de suas terras e massacrados). São tragédias em pleno curso já no século XVII, século que, com a Guerra dos Trinta Anos propriamente dita, serve como ponto de referência a não raros historiadores contemporâneos para a interpretação do século XX. Deveríamos retroceder ainda mais até chegar ao século XVI ou XV? Deparamos então com o que um eminente intelectual – Tzvetan Todorov – definiu como "o maior genocídio da história da humanidade". Aliás, seria bastante inusitado contrapor a época da conquista das Américas ao século das infâmias de Hitler, que, graças à sua guerra de extermínio contra os "indígenas", pode ser considerado o último dos conquistadores!

A fuga para o passado, tendo como ponto de partida o século XX, revela uma lógica eurocêntrica e "negacionista" implícita. Nesse caso, são negados e recalcados o *Black Holocaust*, o *American Holocaust* e inúmeros outros massacres da tradição colonial.

Se, por um lado, é em vão fugir para o passado, em direção a séculos felizes, e negar a força emancipadora do movimento comunista, por outro, é indubitável a grande contribuição desse movimento para o horror do século XX. Que conquista histórica poderia justificar isso? Ou, pensando bem, não seria possível afirmar que a catástrofe teria começado exatamente com a pretensão de Marx de sacrificar a moral no altar da filosofia da história e do futuro brilhante a ser construído? É esse o fio condutor da tendência, hoje bastante difundida, que busca uma espécie de pecado original filosófico, retrocedendo desde a Revolução de Outubro até chegar ao filósofo que a inspirou.

Essa visão desemboca na contraposição maniqueísta entre uma tradição política (liberal) atenta às razões da moral e uma tradição política irremediavelmente insensível aos seus apelos. É o "sofisma de Talmon", que já conhecemos, não mais sob a forma historiográfica, mas agora *sub specie philosophiae*. No entanto, também nessa versão ele é tranquilamente refutável.

Depois de traçar um quadro terrível do domínio colonial britânico na Irlanda, correspondendo perfeitamente à realidade, um eminente historiador liberal inglês – George Trevelyan – ressalta o aspecto que via como essencial: a subjugação da infeliz ilha "salvou o protestantismo na Europa e permitiu que o Império Britânico desse um considerável salto rumo à prosperidade, à liberdade e ao expansionismo marítimo que lhe seriam destinados no futuro"[86]. Terríveis perdas humanas são justificadas em nome da missão imperial de um determinado país e, pasmem, estamos em pleno ano de 1942, em meio à terrível catástrofe provocada pelo Terceiro Reich, o Terceiro Império Germânico! Confrontemos agora a filosofia do historiador liberal

---

[86] George M. Trevelyan, *History of England* (Londres, Longman, 1979), p. 575.

inglês e a de Marx. O filósofo alemão reconhece que, apesar do seu caráter arbitrário e brutal, o domínio colonial inglês produz na Índia um efeito de modernização; nesse sentido, realiza-se um "progresso", mas um progresso que se assemelha "àquele horrendo ídolo pagão que queria beber o néctar apenas no crânio dos mortos"[87]!

Não se trata de um caso isolado. A principal obra de Marx pode ser lida como uma reflexão crítica sobre a filosofia da história burguesa e ocidental: após enfatizar que "o capital nasce escorrendo sangue e lama por todos os poros, dos pés à cabeça", lucrando com a transformação da África numa "reserva para a caça comercial de peles-negras" e, nas Américas, com "o extermínio, a escravização e o soterramento da população nativa nas minas", o capítulo sobre a "acumulação primitiva" termina parafraseando ironicamente o mote com que Virgílio sintetiza a fundação da cidade destinada pelos deuses a dominar o mundo: *Tantae molis erat* [tanto esforço se fazia necessário][88]. Lenin carrega consigo essa denúncia de *O capital*, e defende as razões das "peles vermelhas e negras" contra a arrogância de umas "poucas nações eleitas".

A busca no passado pelo pecado original filosófico que explicaria os horrores de nosso tempo não se interrompe ao chegar a Marx. Pesa sobre os ombros dos bolcheviques o modelo do terror jacobino, cujos protagonistas, por sua vez, não raro invocavam Jean-Jacques Rousseau. É daqui que se deveria partir, do "organicismo" do autor de *O contrato social*, que pretenderia imolar cada indivíduo no altar da "vontade geral" e de um Todo que tudo devora. Na verdade, o filósofo em questão está tão distante do comportamento que lhe é assim imputado que, numa carta de 27 de setembro de 1766 – escrita num momento em que já se percebem as contradições que conduziriam à Revolução Francesa –, afirma: "O sangue de um só homem tem mais valor que a liberdade de todo o gênero humano"[89].

E, no entanto, Rousseau continua a ser visto como o pai do Terror (e o avô do *gulag*), e contrapõe-se a ele, assim como antes, a tradição liberal anglo-saxônica, totalmente impregnada – é o que nos garantem – de sagrado respeito às razões da moral e do indivíduo concreto. Menos de três décadas depois da carta citada, porém, deparamos com outra não menos eloquente. Estamos no verão de 1792

---

[87] Karl Marx e Friedrich Engels, *Werke, Artikel, Entwürfe*, cit., MEGA I/12, p. 253.

[88] Karl Marx, *Capital*, cit., p. 925-6 e 925 [ed. bras.: *O capital*, Livro I, cit., p. 830, 821 e 829].

[89] Jean-Jacques Rousseau, *Correspondence complète*, v. XXX (org. Ralph A. Leigh, Oxford, University of Oxford/Voltaire Foundation, 1977), p. 385.

360 Guerra e revolução

e o Terror já se delineia na França. Ao tentar justificá-lo, o autor dessa segunda carta declara que, antes que tolerar o triunfo da causa do despotismo, preferiria "ver metade da Terra desolada". Mais exatamente: "Se restassem um único Adão e uma única Eva em cada país, mas livres, seria melhor do que é hoje". Essas palavras são de Thomas Jefferson[90]. Uma linha de continuidade parece nos conduzir da visão aqui expressa a um slogan bastante comum nos anos mais duros da Guerra Fria, dominados pelo espectro do holocausto nuclear: "Antes mortos que vermelhos!". A "liberdade do gênero humano", ao que parece, pode, e deve, exigir bem mais do que "o sangue de um só homem".

Isso é uma inversão total da posição de Rousseau, embora caiba lembrar que ele inspirou os jacobinos. Nesse ponto, poderíamos emitir um suspiro: "ah, se eles tivessem se atido ao autor por eles venerado em vez de oferecer o Terror como modelo aos bolcheviques!". Infelizmente, o critério enunciado pelo filósofo de Genebra não resiste à prova da realidade. Por um lado, é muito restritivo. Se tomado em sentido literal, exigiria a condenação de qualquer revolução e qualquer guerra. Até o atentado contra Hitler dificilmente poderia ser justificado, assim como dificilmente se legitimaria uma operação policial que implicasse derramamento de sangue. A polícia, o Exército ou mesmo a magistratura (ao menos nos países em que é prevista a pena de morte) baseiam-se no pressuposto de que o sangue de um ou mais homens vale menos que a liberdade de uma determinada comunidade política, senão do gênero humano. É o Estado como tal que implica esse princípio. Na carta do filósofo de Genebra podemos ler uma vaga aspiração à extinção do Estado, a utopia anárquica da qual se apropriou Marx e, posteriormente, também os bolcheviques. E assim nos reaproximamos daquela revolução que à primeira vista parecia estar a anos-luz do critério enunciado por Rousseau.

Começa a emergir o fato de que tal critério, por sua vez, é um crivo com trama demasiado larga. É ilusório pensar que se ater firmemente ao valor absoluto do indivíduo seja por si só um antídoto contra as agitações revolucionárias e os derramamentos de sangue que delas decorrem. É esse valor absoluto que Rousseau pretende ressaltar no *Discurso sobre a economia política* quando afirma que o pacto social correria o risco de ser nulo "se no Estado ainda que um só cidadão que pudesse ter sido socorrido morresse, ainda que um só cidadão fosse injustamente mantido na prisão, ainda que um só processo se concluísse com

---

[90] Thomas Jefferson, *Writings* (org. Merril D. Peterson, Nova York, Library of America, 1984), p. 1.004 (carta para W. Short em 3 jan. 1793).

uma sentença claramente injusta". Caberia, assim, resolver essa situação, sem se deixar enredar pelo "pretexto do bem público" ou da ordem pública, esse terrível "flagelo"[91]. Nenhuma sociedade poderia, ou pode, resistir ao desafio contido em tal visão.

De fato, é desse ponto que deveríamos partir para compreender a dialética que se desenvolve na Revolução Francesa. Ao enunciar a "ideia nova" da "felicidade", Saint-Just formula um programa muito ambicioso e contundente: "Não tolerem que exista no Estado um único pobre e infeliz [...]: que a Europa saiba que vocês não mais aceitam no território francês nem um infeliz, nem um opressor"[92]. Estamos a poucos meses do Termidor de 1794, que assistiria Saint-Just subir à guilhotina na companhia de Robespierre. Dois anos depois, esse programa é textualmente retomado por Babeuf, no discurso dirigido aos juízes do tribunal que, em seguida, também o condenaria à pena capital[93].

Além de remeter a Saint-Just, Babeuf refere-se à Constituição de 1793, cujo artigo 34 declara que "existe opressão contra o corpo social quando é oprimido [mesmo] um só de seus membros". Mas o ordenamento político-social já tende a ser contestado em razão da miséria e da infelicidade, não mais associadas a uma calamidade natural ou um castigo divino, como na ideologia do Antigo Regime. Bastam a miséria e a infelicidade de um só ser humano para que exista opressão; portanto – prossegue a Constituição jacobina –, "a insurreição se torna o mais sagrado dos direitos e o mais indispensável dos deveres". De elemento de potencial conservadorismo na carta de Rousseau de três décadas antes, o *pathos* do valor absoluto do indivíduo se transforma em instrumento de revolução permanente. Em caso algum é lícito sacrificar o indivíduo concreto pela sociedade! Se for formulado com o olhar voltado para o futuro, destacando os perigos implícitos em qualquer projeto de transformação da sociedade, esse imperativo categórico pode estimular o conformismo. Já se for formulado com o olhar voltado para o presente, para os sofrimentos e sacrifícios presentes, ele desata a voragem de uma negação da qual não se consegue entrever a

---

[91] Jean-Jacques Rousseau, *Oeuvres complètes*, v. III (orgs. Bernard Gagnebin e Marcel Raymond, Paris, Gallimard, 1955), p. 256 e 258 [ed. bras.: *Discurso sobre a economia política*, em *Discurso sobre a economia política e Do contrato social*, trad. Maria Constança Peres Pissarra, Petrópolis, Vozes, 1996].

[92] Louis Antoine Léon de Saint-Just, *Oeuvres complètes* (org. Michèle Duval, Paris, Gérard Lebovici, 1984), p. 707 e 715.

[93] Ver Gracchus Babeuf, *Écrits* (org. Claude Mazauric, Paris, Messidor/Éditions Sociales, 1988), p. 316.

recomposição. Assim, podemos afirmar que o critério enunciado por Rousseau é tanto um crivo de malha apertada demais para peneirar uma ação política e um projeto político concretos, quanto um crivo de malha larga demais para, se não frear, ao menos conter e selecionar os ímpetos à revolta.

Nem mesmo a infelicidade de um só homem poderia ser tolerada! Babeuf parece perceber o caráter utópico de tal reivindicação e, de fato, às vezes prefere falar da "felicidade do maior número possível". É a fórmula que depois se encontra em Jeremy Bentham. A ideia da felicidade se torna, assim, mais "realista"; agora ela leva em consideração a infelicidade de certo número de pessoas. O possível conflito entre a felicidade de uns e a de outros configura-se às vezes como o conflito entre as liberdades. Com o olhar dirigido às colônias inglesas na América, onde existe uma espécie de autogoverno local exercido pelos colonos brancos, via de regra proprietários de escravos, Smith observa que a escravidão pode ser mais facilmente suprimida sob um "governo despótico" do que sob um "governo livre", em que "cada lei é feita pelos seus [dos escravizados] senhores, os quais nunca deixarão passar uma medida que os prejudique". A partir disso, as *Lições de jurisprudência* trazem uma extraordinária conclusão: "A liberdade do homem livre é a causa da grande opressão dos escravos. E dado que estes constituem a parte mais numerosa da população, nenhuma pessoa humana desejará a liberdade num país em que essa instituição esteja estabelecida"[94]. Que escândalo, aos olhos da hodierna apologia liberal, a preferência aqui confessada, ainda que indiretamente, pelo "governo despótico", o único capaz de eliminar a instituição da escravatura!

Aqui se antecipam os dilemas políticos e morais do povo estadunidense durante a Guerra de Secessão. Podemos reformular o dilema político. Não se trata de uma escolha, como defende Smith, entre "liberdade" e "governo despótico", e sim entre a liberdade dos negros reduzidos à escravidão e a liberdade de seus proprietários. A escravatura só é abolida após uma guerra sangrenta (conduzida por Lincoln com impiedosa energia jacobina) e a subsequente ditadura militar implantada nos Estados secessionistas. Quando a União renuncia ao punho de ferro, os brancos do Sul recuperam o *habeas corpus* e o autogoverno local, mas os negros são privados não somente dos direitos políticos, mas também, em larga medida, dos direitos civis.

---

[94] Adam Smith, *Lectures on Jurisprudence* (Indianápolis, Liberty Classics, 1982), p. 452-3 e 182. Cf. Domenico Losurdo, *Liberalism*, cit., cap. 1, § 1.

O dilema político é também um dilema moral. Deixemos agora de lado os defensores declarados da instituição da escravatura. Aqueles que advogam um lento e indolor processo de reforma aceitam, ainda que momentaneamente, uma redução dos negros escravizados a meio e a coisa; os abolicionistas mais radicais, que primeiro incitam o confronto e depois apoiam a ditadura militar exercida por muitos anos pela União sobre o Sul, na prática aceitam a redução das vítimas do conflito e da subsequente ditadura militar a meio. A situação é outra vez subvertida com o retorno dos ex-escravizados ao estado de semis-servidão e à condição de vítimas sacrificiais, imoladas no altar da concórdia reencontrada no interior da comunidade branca e da "democracia" restaurada para o povo dos senhores.

Seja como for, a Guerra de Secessão consegue um resultado duradouro (a abolição da escravatura), mas à custa de um terrível banho de sangue: o número de vítimas é superior àquele sofrido pelo país nos dois conflitos mundiais juntos. Valeu a pena? Talvez tivesse sido melhor aceitar – sugerem os historiadores revisionistas – a evolução natural das coisas, ainda mais porque a aceleração da emancipação não produziu os efeitos esperados. Aquela que foi considerada a segunda revolução estadunidense apresenta um balanço catastrófico: não conseguiu a liberdade dos negros, tendo abolido a escravatura apenas para dar lugar à violência arbitrária do regime de supremacia branca.

É certo que no outro prato da balança pesa a influência exercida pela revolução abolicionista em nível internacional. Esta ocorre na mesma época em que, na Rússia, a servidão da gleba é abolida e, na Europa ocidental, passam a ser discutidos os aspectos mais detestáveis daquela que é denunciada – não apenas na obra de Marx, mas na de um conjunto bastante amplo de autores – como escravidão assalariada ou escravidão branca. Tampouco se pode perder de vista o fato de que, em 1867, triunfa na Inglaterra a segunda *Reform Bill*, que estende sensivelmente o sufrágio: num momento em que os negros estadunidenses conquistam, ou parecem conquistar, não só os direitos civis, como os direitos políticos, é difícil negar estes últimos à classe operária branca. Ainda em 1884, no decorrer das manifestações em favor da terceira *Reform Bill*, e de uma conseguinte expansão da cidadania, a classe operária inglesa agita bandeiras que fazem referência à luta da União para abolir a escravatura[95].

---

[95] Ver Philip S. Foner, *British Labor and the American Civil War* (Nova York, Holmes & Meier, 1981), p. 95-6.

Para o historiador contemporâneo, esta última manifestação ecoa uma certa ingenuidade: parece ignorar que, nesse meio-tempo, a supremacia branca nos Estados Unidos se exaspera; em relação aos anos anteriores à Guerra de Secessão, a situação dos negros piora em certa medida: eles agora são constrangidos a sofrer uma situação de permanente isolamento, intimidação e terror (multiplicam-se os casos de linchamento). A hierarquia racial, vivida por tanto tempo pelas próprias vítimas como natural e depois mergulhada em crise, restabelece-se e exige um acréscimo de violência e brutalidade. Algo semelhante ocorre após a Revolução de Outubro no caso do apelo à revolta lançado aos escravizados das colônias: na Etiópia e na Europa oriental, a reafirmação do colonialismo e o processo de recolonização mostram uma face tanto mais horrenda quanto mais obtuso e problemático se revela o retrocesso da roda da história.

A abolição da escravatura, depois de uma guerra conduzida como uma cruzada pela liberdade, reforça na república norte-americana a boa consciência democrática e a ideia de missão. As iniciativas coloniais e imperiais recebem um poderoso impulso, como demonstram a guerra com a Espanha, a radicalização da Doutrina Monroe (e a teorização do *"Big Stick"* pedagógico para os indomáveis povos da América Latina), a anexação das Filipinas etc. Uma dialética análoga se desenvolve depois do Outubro bolchevique: nascida na esteira de uma revolução que agita a bandeira das nações oprimidas na Rússia tsarista, nas colônias e no mundo, a União Soviética, por sua vez, sente-se investida de uma missão que a impele a teorizar uma espécie de Doutrina Monroe para os países da Europa oriental, aos quais reconhece somente uma "soberania limitada". Assim, enquanto, de um lado, as ideias que guiam a revolução abolicionista e, depois, a Revolução Bolchevique imprimem um enérgico desenvolvimento aos processos de emancipação, de outro, funcionam como instrumento de legitimação de ambições imperiais.

De novo, tanto para uma quanto para a outra revolução, surge a pergunta crucial: valeu a pena? Porém, cabe observar que a pergunta está mal formulada. Quando Lincoln decide responder ao desafio dos estados secessionistas, a violência já está em curso, e não apenas porque a escravização de um povo é, por si só, como sublinha Rousseau, um ato de guerra. A essa altura já ocorreu o sangrento assalto das tropas rebeldes a Fort Sumter, por sua vez precedido pelas tentativas dos abolicionistas nortistas de introduzir no Sul armas e apelos à revolta dos escravizados. O gigantesco enfrentamento já vinha amadurecendo há décadas.

Essa consideração é ainda mais válida para a Revolução de Outubro, que explode quando o "genocídio" que ela pretende conter já fervilha há muitos anos. Aos olhos dos jovens que aderem ao comunismo, é a própria guerra que aparece como um imenso e desumano experimento de engenharia social. A guerra é celebrada por Gaetano Salvemini e Benedetto Croce como uma "fornalha", uma "fornalha de fusão" e instrumento de "regeneração da presente vida social"[96]. No outro lado do Atlântico, logo depois da assinatura do armistício, Herbert Hoover atribui ao conflito recém-terminado a função de "purificação dos homens" e, portanto, de preparação de uma nova "época de ouro". Sua conclusão é vibrante: "Estamos orgulhosos de ter participado desse renascimento da humanidade"[97].

Do lado oposto, é cáustica a ironia de Gramsci quanto aos enormes custos humanos e sociais dos "cinco anos de purificação, de regeneração, de martírio"[98]; o fato de terem sido impostos de cima para baixo é a confirmação de que as classes subalternas são mera "matéria humana", "matéria bruta para a história das classes privilegiadas"[99]. Aos olhos do jovem revolucionário, uma clara linha de continuidade conduz da tradição liberal ao intervencionismo: por séculos considerada totalmente desprovida de dignidade humana, a multidão semisselvagem pode ser sacrificada sem hesitações no decorrer de um conflito cujo objetivo é também, ou é em primeiro lugar, a repartição das colônias, ou seja, o domínio sobre populações ainda mais abertamente reduzidas a coisas, a instrumentos de trabalho.

Tendo chegado ao poder na Rússia na esteira do protesto contra esse mundo, o comunismo, por sua vez, levou ao sacrifício de milhões de seres humanos, reduzidos a "matéria-prima" para a construção de uma nova sociedade. Retorna à mente a advertência feita por Rousseau não muitos anos antes da revolução para a qual ele, indubitavelmente, contribuiu: "O sangue de um só homem tem mais valor que a liberdade de todo o gênero humano". Mesmo com seu caráter utópico, essa advertência contém uma lição essencial que poderia ser reformulada em termos kantianos: como sujeito moral autônomo, todo ser humano é um fim em si mesmo e não pode ser degradado à condição de meio para se alcançar fins superiores.

---

[96] Ver Gaetano Salvemini, *Opere*, v. III (Milão, Feltrinelli, 1964-1978), part. 2, p. 726-7; Benedetto Croce, *Storia d'Italia dal 1871 al 1915* (Bari, Laterza, 1967), p. 271; *L'Italia dal 1914 al 1918: pagine sulla guerra* (Bari, Laterza, 1950), p. 22.

[97] Citado em Murray N. Rothbard, "Hoover's 1919 Food Diplomacy in Retrospect", cit., p. 89.

[98] Antonio Gramsci, *L'Ordine Nuovo*, cit., p. 244-5.

[99] Idem, *Cronache torinesi*, cit., p. 175; *L'Ordine Nuovo*, cit., p. 520.

12. Os permanentes dilemas morais de nosso tempo

Tal verdade é geralmente exaltada para liquidar a tradição jacobina-bolchevique que está por trás dela. Vimos respeitáveis pensadores liberais compararem os trabalhadores assalariados a cavalos, ou a máquinas e ferramentas, negando--lhes a condição de sujeitos morais, e também de sujeitos políticos; de modo ainda mais radical e persistente, tal negação incidiu sobre os membros das "raças inferiores". Os golpes decisivos infligidos a esse mundo são momentos essenciais do reconhecimento a cada ser humano – independentemente de raça, renda e gênero – da dignidade do sujeito moral, de ser um fim em si mesmo. Dando uma contribuição de primeira linha para a obtenção desse resultado, a Revolução Francesa e a Revolução de Outubro paradoxalmente levaram à elaboração dos instrumentos teóricos e morais que permitem assumir, em relação a elas próprias, um comportamento de madura distância crítica, que nada tem a ver com a demonização banal cara ao "sofisma de Talmon". Quando nos indagamos sobre a legitimidade e pertinência das revoluções com o olhar dirigido a suas vítimas inocentes – aos sujeitos morais autônomos reduzidos objetivamente a instrumentos no curso das múltiplas revoluções que marcaram o nascimento do mundo contemporâneo –, esquecemos que foram justamente elas que tornaram possível a pergunta.

Por outro lado, seria ingênuo pensar que, com a nova situação, desaparece-ram os dilemas políticos e morais. Foi justo apoiar as Guerras do Golfo e foi justo apoiar o duradouro embargo econômico ao Iraque? As consequências dessa última medida foram bem descritas num artigo-denúncia no *Washington Post*, assinado pelo diretor do Center for Economic and Social Rights [Centro para os Direitos Econômicos e Sociais]: "Segundo cálculos efetuados por organismos da ONU, mais de 500 mil crianças iraquianas morreram de fome e doenças; é mais ou menos o mesmo número da soma dos mortos pelas duas bombas atômicas no Japão e pelo recente flagelo da limpeza étnica". Esse cálculo foi efetuado em 1996; desde então, o balanço se agravou significativamente[100].

Estamos diante de uma espécie de versão pós-moderna dos campos de con-centração. Em plena era da globalização, não há mais necessidade de deportar um povo, basta bloquear o afluxo de alimentos e medicamentos; ainda mais se, com alguns bombardeios "inteligentes", for possível destruir adutoras, redes de

---

[100] Roger Normand, "Deal Won't End Iraqi Suffering", *Washington Post*, reproduzido em *International Herald Tribune*, 7 jun. 1996.

esgoto e infraestrutura de saúde, exatamente como aconteceu no Iraque. O que dirá o historiador do futuro acerca dessa "penúria induzida", dessa condenação coletiva à morte, pronunciada não mais no decorrer de uma impiedosa guerra civil ou de uma dramática luta de vida ou morte entre as grandes potências, mas durante um período "pacífico", sem ter sequer a justificativa da Guerra Fria?

Em geral se responde a essa denúncia apontando a necessidade de continuar a luta contra um regime ditatorial e criminoso. Mas eis a réplica do artigo já referido: por mais pesadas que sejam as acusações contra os dirigentes iraquianos, elas não podem justificar o recurso a uma terrível "punição coletiva", prática típica do totalitarismo.

Mesmo que a "punição coletiva", infligida a um povo já exausto, visasse realmente à defesa da causa da democracia e da paz (e é lícito nutrir as mais sinceras dúvidas sobre esse propósito), uma amarga conclusão acabaria por se impor. Podemos formulá-la fazendo referência a um texto de Marx, já citado, que invoca uma "grande revolução social" a fim de que "o progresso humano" cesse de se "assemelhar àquele horrendo ídolo pagão que queria beber o néctar apenas no crânio dos mortos"[101]. Se, por um lado, se desvaneceu a crença ingênua numa "grande revolução social" que representaria uma resolução definitiva, por outro, ainda estão na ordem do dia as tragédias que ela pretendia liquidar.

---

[101] Karl Marx e Friedrich Engels, *Werke, Artikel, Entwürfe, mar. 1843-ago. 1844* (Amsterdã, IMES, 1990 sq.), MEGA I/2, p. 253.

REFERÊNCIAS BIBLIOGRÁFICAS

ACADEMIA DE CIÊNCIAS DA UNIÃO SOVIÉTICA. *Storia universale*. Milão, Teti, 1975, v. VII.

ADAMS, Michael C. C. Retelling the Tale: Wars in Common Memory. In: BORITT, Gabor S. *War Comes Again*: Comparative Vistas on the Civil War and World War II. Nova York/Oxford, Oxford University Press, 1995.

AGURSKI, Mikhail. *La Terza Roma*. Il nazionalbolscevismo in Unione Sovietica. Trad. Alessio Ca' Rossa. Bolonha, Il Mulino, 1987.

ALEXANDER, Edward. *A Crime of Vengeance*: An Armenian Struggle for Justice. Nova York/Toronto, Free Press (Macmillan), 1991.

ALFIERI, Vittorio Enzo. Introduzione e note a J. G. Fichte. In: FICHTE, J. G. *Sulla Rivoluzione Francese*. Bari, Laterza, 1974.

ALPEROVITZ, Gar. *The Decision to Use the Atomic Bomb and the Architecture of an American Myth*. Nova York, Knopf, 1995.

ALY, Götz. *"Endlösung". Völkerverschiebung und der Mord an den europäischen Juden*. Frankfurt, Fischer, 1995.

AMBROSE, Stephen E. Ike and the Disappearing Atrocities. *The New York Times Book Review*, 24 fev. 1991.

_____. Eisenhower and the Germans. In: BISCHOF, Günther; AMBROSE, Stephen E. (orgs.). *Eisenhower and the German POWs*: Facts against Falsehood. Baton Rouge/Londres, Louisiana State University Press, 1992.

ARENDT, Hannah. Organized Guilt and Universal Responsibility. *Jewish Frontier*, jan. 1945 [ed. bras.: "Culpa organizada e responsabilidade universal", em *Compreender*: formação, exílio e totalitarismo, trad. Denise Bottmann, São Paulo, Companhia das Letras, 2008].

_____. *The Origins of Totalitarianism*. Nova York, Harcourt, Brace & World, 1951 [ed. bras.: *As origens do totalitarismo*, trad. Roberto Raposo, São Paulo, Companhia das Letras, 1989].

_____. Reflections on Little Rock. *Dissent*, inverno 1959, p. 45-56 [ed. bras.: Reflexões sobre Little Rock, em *Responsabilidade e julgamento*, trad. Rosaura Eichenberg, São Paulo, Companhia das Letras, 2004].

_____. *Crisis of the Republic*. San Diego/Nova York/Londres, Harcourt Brace Jovanovich, 1972 [ed. bras.: *Crises da república*, trad. José Volkmann, São Paulo, Perspectiva, 1999 (Coleção Debates)].

_____. *Sulla rivoluzione*. Trad. Maria Magrini. Milão, Comunità, 1983 [ed. bras.: *Sobre a revolução*, trad. Denise Bottmann, São Paulo, Companhia das Letras, 2001].

_____. *Essays und Kommentare*. Berlim, Tiamat, 1989.

ASCHERSON, Neal. The Breaking of the Mau Mau. *The New York Review of Books*, 7 abr. 2005, p. 26-30.

370 GUERRA E REVOLUÇÃO

ASSEO, Henriette. La Spécificité de l'extermination des tziganes. In: THANASSEKOS, Yannis; WISMANN, Heinz (orgs.). *Révision de l'histoire*: totalitarismes, crimes et génocides nazis. Paris, Editions du Cerf, 1990.

BABEUF, Gracchus. Écrits. Org. Claude Mazauric. Paris, Messidor/Éditions Sociales, 1988.

BACON, Francis. *The Works*. Org. James Spedding, Robert L. Ellis e Douglas D. Heath. Londres, Longman, 1857-1874. Stuttgart-Bad Cannstatt, Frommann-Holzboog, 1963 (edição fac--similar).

BACQUE, James. *Gli altri Lager*: i prigionieri tedeschi nei campi alleati in Europa dopo la 2ª guerra mondiale. Trad. Fulvio Bernardinis. Milão, Mursia, 1993 [ed. port.: *Outras perdas*: uma investigação sobre a morte de prisioneiros alemães na sequência da Segunda Guerra Mundial, trad. J. Teixeira de Aguilar, Porto, ASA Portugal, 1995].

BAECHLER, Jean. Introduzione. In: COCHIN, Augustin. *Lo spirito del giacobinismo*. Trad. Michelangelo Notarianni. Milão, Bompiani, 1989.

BAIROCH, Paul. *Economia e storia mondiale*: miti e paradossi. Milão, Garzanti, 1996.

BARNES, Harry E. (org.). *Perpetual War for Perpetual Peace*. Caldwell, ID, The Caxton Printers, 1953.

_____. Revision der Geschichtsschreibung im Hinblick auf künftigen Frieden. In: _____. *Entlarvte Heuchelei (Ewig Krieg um ewigen Frieden). Revision der amerikanischen Geschichtsschreibung*. Priester, Wiesbaden, 1961.

_____. *Revisionism*: A Key to Peace. Nova York, The Revisionist Press, 1973.

BASTID, Marianne; BERGÈRE, Marie-Claire; CHESNEAUX, Jean. *La Cina*. Trad. Settimio Caruso e David Mamo. Turim, Einaudi, 1974.

BAUMAN, Zygmunt. *Modernità e Olocausto*. Trad. Massimo Baldini. Bolonha, Il Mulino, 1992 [ed. bras.: *Modernidade e Holocausto*, trad. Marcus Penchel, Rio de Janeiro, Jorge Zahar, 1998].

BAYLIN, Bernard. An American Tragedy. *The New York Review of Books*, 5 out. 1995.

BEAUMONT, Gustave de. *L'Irlande sociale, politique et religieuse*. Org. Godeline Charpentier. Paris, Gosselin, 1839. Lille, Ceriul/Universidade Charles De Gaulle-Lille III, 1989 (edição fac-similar).

BELISSA, Marc. *Le cosmopolitique du droit des gens (1713-1795)*: fraternité universelle et intérêt national au siècle des lumières et pendant la Révolution française. Tese de Doutorado. Paris, Panthéon--Sorbonne, Paris I, 1996.

BERGSON, Henri. *Mélanges*. Org. André Robinet. Paris, PUF, 1972.

BERNSTEIN, Eduard. Die deutsche Sozialdemokratie und die türkischen Wirren, *Die Neue Zeit*, XV, v. 1, n. 4, 1896-1897.

_____. Sozialdemokratie und Imperialismus. *Sozialistische Monatshefte*, n. 5, 1900.

_____. Der Sozialismus und die Kolonialfrage. *Sozialistische Monatshefte*, n. 9, 1900.

_____. *Socialismo e socialdemocrazia*. Trad. Enzo Grillo. Bari, Laterza, 1968.

BERTAUD, Jean-Paul. La Presse royaliste parisienne, l'idée de guerre et la guerre, 1789-1792. In: LEBRUN, François; DUPUY, Roger (orgs.). *Les Résistances à la Révolution*. Paris, Imago, 1987.

BEVERIDGE, Albert J. *The Meaning of the Times and others Speeches*. Freeport, NY, Books for Libraries Press, 1968.

BIEBERSTEIN, Johannes Rogalla von. *Die These von der Verschwörung 1776-1945*. Berna/Frankfurt, Lang, 1976.

BISCHOF, Günter; AMBROSE, Stephen E. Introduction. In: _____ (orgs.). *Eisenhower and the German POWs*: Facts against Falsehood. Baton Rouge/Londres, Louisiana State University Press, 1992.

BOBBIO, Norberto. *Politica e cultura*. Turim, Einaudi, 1977 [ed. bras.: *Política e cultura*, trad. Jaime Clasen, São Paulo, Editora da Unesp, 2015].

BOFFA, Giuseppe. *Storia dell'Unione Sovietica*. Milão, Mondadori, 1979.

BOUTROUX, Émile. *Études d'histoire de la philosophie allemande*. Paris, Vrin, 1926.

BOYLE, Peter G. (org.). *The Churchill-Eisenhower Correspondence, 1953-1955*. Chapel Hill/Londres, The University of North Carolina Press, 1990.

BREITMAN, Richard D. *Himmler*: il burocrate dello sterminio. Trad. Davide Scalmani. Milão, Mondadori, 1993.

BRUCE, Robert V. Toward Sumter and Pearl: Comparing the Origins of the Civil War and World War II. In: BORITT, Gabor S. (org.). *War Comes Again*: Comparative Vistas on the Civil War and World War II. Nova York/Oxford, Oxford University Press, 1995.

BUCHNER, Rudolf; BAUMGART, Winfried (orgs.). *Quellen zum politischen Denken der Deutschen im 19. und 20. Jahrhundert. Freiherr vom Stein – Gedächtnisausgabe*. Darmstadt, Wissenschaftliche Buchgesellschaft, 1976 sq.

BUKHARIN, Nikolai I. *Lo Stato Leviatano*: scritti sullo Stato e la guerra, 1915-1917. Org. Alberto Giasanti. Milão, Unicopli, 1984.

_____; PREOBRAJENSKI, Eugeni A. *L'accumulazione socialista*. Org. Lia Foa. Roma, Editori Riuniti, 1969.

BURCKHARDT, Jacob. Weltgeschichtliche Betrachtungen. In: _____. *Gesammelte Werke*. Org. Jacob Oeri. Basileia/Stuttgart, Schwabe, 1978, v. IV.

BURKE, Edmund. *The Works*: A New Edition. Londres, Rivington, 1826 [ed. bras.: *Reflexões sobre a revolução na França*, trad. José Miguel Nanni Soares, São Paulo, Edipro, 2014].

_____. *The Correspondence of Edmund Burke*. Org. Thomas W. Copeland et a!. Cambridge/Chicago, Cambridge University Press/The University of Chicago Press, 1958-1970.

_____. *Betrachtungen über die französische Revolution*. Frankfurt, Suhrkamp, 1967.

CALHOUN, John C. *Union and Liberty*. Org. Ross M. Lence. Indianápolis, Liberty Classics, 1992.

CALLOWAY, Colin G. *The American Revolution in Indian Country*: Crisis and Diversity in Native American Communities. Cambridge, Cambridge University Press, 1995.

CALVINO, Giovanni. *Istituzione della religione cristiana*. Trad. Giorgio Tourn. Turim, Utet, 1971 [ed. bras.: João Calvino, *A instituição da religião cristã*, trad. Carlos Eduardo de Oliveira, São Paulo, Editora da Unesp, 2008].

CANEDY, Susan. *America's Nazis*: A Democratic Dilemma. Menlo Park, Markgraf, 1990.

CANFORA, Luciano. *Marx vive a Calcutta*. Bari, Dedalo, 1992.

CANNADINE, David. Il contesto, la rappresentazione e il significato del rito: la monarchia britannica e l'invenzione della tradizione. In: HOBSBAWM, Eric J.; RANGER, Terence. *L'invenzione della tradizione*. Turim, Einaudi, 1987 [ed. bras.: *A invenção das tradições*, trad. Celina Cavalcante, Rio de Janeiro, Paz e Terra, 1984].

_____. *Declino e caduta dell'aristocrazia britannica*. Trad. Carla Lazzari e Gianfranco Ceccarelli. Milão, Mondadori, 1991.

CARROLL, Peter N.; NOBLE, David W. *The Free and the Unfree*: A New History of the United States. Nova York, Viking Press, 1988.

CÉSAIRE, Aimé. *Toussaint Louverture*: la Révolution française et le problème colonial. Paris, Présence Africaine, 1961.

CHAMBERLAIN, Houston S. *Die Grundlagen des neunzehnten Jahrhunderts*. Munique, Bruckmann, 1937.

CHAMBERLIN, William H. *America's Second Crusade*. Chicago, Regnery, 1950.

CHARMELEY, John. *Churchill*: The End of Glory. Londres/Sidney/Auckland, Hodder & Stoughton, 1993.

CHURCHILL, Winston. *Great Destiny*. Org. F. W. Heath (1962). Nova York, Putnam's & Sons, 1965.

_____. *His Complete Speeches, 1897-1963*. v. VI. Nova York/Londres, Chelsea House, 1974.

CLASS, Heinrich (Daniel Frymann). *Wenn ich der Kaiser wär'*. Politische Wahrheiten und Notwendigkeiten. Leipzig, Dieterich'sche, 1912.

COBBAN, Alfred. The Myth of the French Revolution. In: _____. *Aspects of the French Revolution*. Londres, Jonathan Cape, 1968.

_____. *Dictatorship. Its History and Theory*. Nova York, Haskell, 1971.

COCHIN, Augustin. *Les Sociétés de pensée et la démocratie moderne*: études d'histoire révolutionnaire. Paris, Copernic, 1978.

_____. *La Révolution et la libre pensée*. Paris, Copernic, 1979.

COHEN, Warren I. *The American Revisionists*. The Lessons of Intervention in World War I. Chicago/ Londres, The University of Chicago Press, 1967.

COHN, Norman. *Histoire d'un mythe*. La "Conspiration" juive et les "Protocoles des Sages de Sion". Paris, Gallimard, 1967.

COMMAGER, Henry S. (org.). *Documents of American History*. 7. ed. Nova York, Appleton-Century-Crofts, 1963.

CONDORCET, Nicolas de. *Oeuvres*. Org. Arthur Condorcet O'Connor e François Arago. Paris, Firmin Didot, 1847. Stuttgart-Bad Cannstatt, Frommann-Holzboog, 1968 (edição fac-similar).

CONQUEST, Robert. *Il secolo delle idee assassine*. Trad. Luca Vanni. Milão, Mondadori, 2001.

CONSTANT, Benjamin. *Cours de politique constitutionelle*. 3. ed. Bruxelas, Société Belge de Librairie, 1837.

_____. *Journal intime, précédé de Le Cahier rouge et de Adolphe (1767-1787)*. Org. Jean Mistler. Monaco, Editions du Rocher, 1945.

_____. *Oeuvres*. Org. Alfred Roulin. Paris, Gallimard, 1957.

CORRIERE DELLA SERA. *Per Nicola II si prepara una corona di santo*. Parte la canonizzazione della famiglia dello zar, Milão, 8 abr. 1992.

COURTOIS, Stephane et al. *The Black Book of Communism*: Crimes, Terror, Repression. Cambridge, MA/Londres, Harvard University Press, 1999 [ed. bras.: *O livro negro do comunismo*: crimes, terror e repressão, trad. Caio Meira, Rio de Janeiro, Bertrand Brasil, 2015].

CROCE, Benedetto. *L'Italia dal 1914 al 1918*: pagine sulla guerra. Bari, Laterza, 1950.

_____. *Storia d'Italia dal 1871 al 1915*. Bari, Laterza, 1967.

_____. *Scritti e discorsi politici (1943-1947)*, v. I. Org. Angela Carella. Nápoles, Bibliopolis, 1993.

DALLEK, Robert. *Franklin D. Roosevelt and American Foreign Policy, 1932-1945*. Nova York/Oxford, Oxford University Press, 1995.

DAVIS, David B. *The Problem of Slavery in the Age of Revolution, 1770-1823*. Ithaca/Londres, Cornell University Press, 1975 [ed. bras.: *O problema da escravidão na cultura ocidental*, trad. Wanda Caldeira Brant, Rio de Janeiro, Civilização Brasileira, 2001].

_____. *The Slave Power Conspiracy and the Paranoid Style*. Baton Rouge/Londres, Louisiana State University Press, 1982.

_____. The Slave Trade and the Jews. *The New York Review of Books*, 22 dez. 1994.

DAVIS, Jefferson. *The Rise and Fall of the Confederate Government*. Nova York, Da Capo, 1990.

DAVIS, Mike. *Olocausti tardovittoriani*. Trad. Giancarlo Carlotti. Milão, Feltrinelli, 2001 [ed. bras.: *Holocaustos coloniais*: clima, fome e imperialismo na formação do Terceiro Mundo, trad. Alda Porto, Rio de Janeiro, Record, 2002].

DE RUGGIERO, Guido. *Scritti politici, 1912-1926*. Org. Renzo De Felice. Bolonha, Cappelli, 1963.

DEL BOCCA, Angelo. *La Guerra d'Abissinia 1935-1941*. Milão, Feltrinelli, 1965.

_____. *Il negus*: vita e morte dell'ultimo re dei re. Roma/Bari, Laterza, 1995.

DEUTSCHER, Isaac. *Stalin*: una biografia politica. Trad. Gilberto Forti. Milão, Longanesi, 1969 [ed. bras.: *Stalin*: uma biografia política, trad. Luiz Sérgio Henriques, Rio de Janeiro, Civilização Brasileira, 2006].

DRECHSLER, Horst. *Südwestafrika unter deutscher Kolonialherrschaft*, v. 1: *Der Kampf des Herero and Nama gegen den deutschen Imperialismus (1884-1915)*. Berlim, Akademie, 1966.

REFERÊNCIAS BIBLIOGRÁFICAS   373

DU BOIS, William E. B. *Black Reconstruction in America, 1860-1880*. Nova York, Atheneum, 1992.

DUFFY, Christopher. *Red Storm on the Reich*: The Soviet March on Germany, 1945. Nova York, Atheneum, 1991.

DUVERGER, Maurice. Mafia e inflazione uccidono la Russia. *Corriere della Sera*, Milão, 18 out. 1993.

EISENHOWER, Dwight D. *Crusade in Europe*. Nova York, Doubleday, 1948 [ed. bras.: *Cruzada na Europa*, trad. Vera Lúcia de Oliveira Sarmento, Rio de Janeiro, Biblioteca do Exército, 1974].

ELKINS, Stanley; MCKITRICK, Eric. *The Age of Federalism*: The Early American Republic, 1788-1800. Nova York/Oxford, Oxford University Press, 1993.

ELLIS, Peter Berresford; GHOBHAINN, Seumas Mac a'. *The Radical Rising*: The Scottish Insurrection of 1820. Londres, Pluto Press, 1989.

ELLSWORTH, Scott. *Death in a Promised Land*: The Tulsa Race Riot of 1921. Baton Rouge/Londres, Louisiana State University Press, 1992.

ENCYCLOPÉDIE *ou Dictionnaire raisonné des sciences, des arts et de métiers*, nova edição, v. XXXIII. Genebra, Pellet, 1778 [ed. bras.: *Enciclopédia ou dicionário razoado das ciências, das artes e dos ofícios*, trad. Luís Fernandes do Nascimento et al., São Paulo, Editora da Unesp, 2015].

ERASMO. *Querela pacis*. Trad. Carlo Carena. Turim, Einaudi, 1990 [ed. port.: *A guerra e Queixa da paz*, trad. António Guimarães Pinto, Lisboa, Edições 70, 1999].

FANON, Frantz. *Les damnés de la terre*. Paris, François Maspero, 1961 [ed. ingl.: *The Wretched of the Earth*, Londres, Penguin, 1990; ed. bras.: *Os condenados da terra*, trad. José Laurênio de Melo, Rio de Janeiro, Civilização Brasileira, 1968].

FATTORINI, Emma. Il colpo di grazia sessuale: la violenza delle truppe nere in Renania negli anni venti. In: BRAVO, Anna. *Donne e uomini nelle guerre mondiali*. Roma/Bari, Laterza, 1991.

FAURÉ, Christine (org.). *Les Déclarations des droits de l'homme de 1789*. Paris, Payot, 1988.

FEJTÖ, François. *Requiem per un impero defunto*. Trad. Olga Visentini. Milão, Mondadori, 1990.

FERGUSON, Niall. *The Cash Nexus*: Money and Power in the Modern World. Londres, Penguin, 2001 [ed. bras.: *A lógica do dinheiro*: riqueza e poder no mundo moderno, 1700-2000, trad. Maria Teresa Machado, Rio de Janeiro, Record, 2007].

_____. *Empire*: The Rise and the Demise of the British World Order and the Lessons for Global Power. Nova York, Basic Books, 2004.

_____. *Empire*: How Britain Made the Modern World. Londres, Penguin, 2004 [ed. bras.: *Império*: como os britânicos fizeram o mundo moderno, trad. Marcelo Musa Cavallari, São Paulo, Planeta, 2010].

_____. *Colossus*: The Rise and Fall of the American Empire. Londres, Penguin, 2005 [ed. bras.: *Colosso*: ascensão e queda do império americano, trad. Marcelo Musa Cavallari, São Paulo, Planeta, 2011].

_____. *Ventesimo secolo, l'età della violenza*. Trad. Donatella Laddomada. Milão, Mondadori, 2008 [ed. bras.: *Guerra do mundo*: a era de ódio na história, São Paulo, Planeta, 2015].

_____. *Civilization*: The West and the Rest. Londres, Penguin, 2011 [ed. bras.: *Civilização*: Ocidente × Oriente, trad. Janaína Marcoantonio, São Paulo, Planeta, 2012].

FERRO, Marc. *La rivoluzione del 1917*. Florença, Sansoni, 1974 [ed. bras.: *A Revolução Russa de 1917*, trad. Maria P. V. Resende, São Paulo, Perspectiva, 2004].

_____. *Nicolas II*. Roma/Bari, Laterza, 1990 [ed. port.: *Nicolau II*: o último czar, trad. Maria Lígia Guterres, Lisboa, Edições 70, 2002].

FICHTE, Johann G. *Werke*. Org. I. H. Fichte. Berlim, de Gruyter, 1971.

FINK, Arthur E. *Causes of Crime*: Biological Theories in the United States, 1800-1915. Nova York, Perpetua, 1962.

FISCHER, Fritz. *Griff nach der Weltmacht. Die Kriegszielpolitik des kaiserlichen Deutschland, 1914/18*. 4. ed. Düsseldorf, Droste, 1971.

FITZPATRICK, Sheila. *Stalin's Peasants*: Resistance and Survival in the Russian Village after Collectivization. Nova York/Oxford, Oxford University Press, 1994.

FONER, Eric. *Reconstruction. America's Unfinished Revolution 1863-1877*. Nova York, Harper & Row, 1989.

FONER, Philip S. *British Labor and the American Civil War*. Nova York, Holmes & Meier, 1981.

FORCELLA, Enzo. Apologia della paura. In: FORCELLA, Enzo; MONTICONE, Alberto (orgs.). *Plotone di esecuzione*: i processi della prima guerra mondiale. Bari, Laterza, 1972.

FORD, Henry. *Der internationale Jude*. Leipzig, Hemmer, 1933.

FORREST, Alan. La Guerre de l'Ouest vue par les soldats républicains. In: MARTIN, Jean-Clément (org.). *La Guerre civile entre Histoire et Mémoire*. Nantes, Ouest, 1995.

FRANKLIN, John H. *Negro. Die Geschichte der Schwarzen in den USA*. 2. ed. Trad. I. Arnsperger. Frankfurt/Berlim/Viena, Ullstein, 1983.

_____. *Race and History*: Selected Essays, 1938-1988. Baton Rouge-Londres, Louisiana State University Press, 1989 [ed. bras.: *Raça e história*: ensaios selecionados, trad. Mauro Gama, Rio de Janeiro, Rocco, 1999].

FREDRICKSON, George M. *Breve storia del razzismo*. Trad. Annalisa Merlino. Roma, Donzelli, 2002.

FREIBERGER, Steven Z. *Dawn over Suez*: The Rise of American Power in the Middle East, 1953-1957. Chicago, Ivan R. Dee, 1992.

FRIEDMAN, George; LEBARD, Meredith. *The Coming War with Japan*. Nova York, St. Martin Press, 1991.

FURET, François. *Penser la Révolution française*. Paris, Gallimard, 1978. [ed. port.: *Pensar a Revolução Francesa*, trad. Rui Carvalho, Lisboa, Edições 70, 1988].

_____. *La Gauche et la révolution au milieu du XIXe siècle*: Edgar Quinet et la question du jacobinisme. Paris, Hachette, 1986.

_____. Burke ou la fin d'une seule histoire de l'Europe. In: LEBRUN, François; DUPUY, Roger (orgs.). *Les Résistances à la Révolution*. Paris, Imago, 1987.

_____. *La Révolution, de Turgot à Jules Ferry 1770-1880*. Paris, Hachette, 1988.

_____. Barnave. In: FURET, François; OZOUF, Mona (orgs.). *Dictionnaire critique de la Révolution française*. Paris, Flammarion, 1988 [ed. bras.: *Dicionário crítico da Revolução Francesa*, trad. Henrique de Araujo Mesquita, Rio de Janeiro, Nova Fronteira, 1989].

_____. Mirabeau. In: FURET, François; OZOUF, Mona (orgs.). *Dictionnaire critique de la Révolution française*. Paris, Flammarion, 1988 [ed. bras.: *Dicionário crítico da Revolução Francesa*, trad. Henrique de Araujo Mesquita, Rio de Janeiro, Nova Fronteira, 1989].

_____. *Le Passé d'une illusion*: essai sur l'idée communiste au XXe siècle. Paris, Robert Lafont, 1995 [ed. bras.: *O passado de uma ilusão*: ensaios sobre a ideia comunista no século XX, trad. Roberto Leal Ferreira, São Paulo, Siciliano, 1995].

_____; RICHET, Denis. *La Révolution française*. Nova edição. Paris, Hachette, 1999. (Collection Pluriel).

FUSSELL, Paul. *Tempo di guerra*. Trad. Mario Spinella. Milão, Mondadori, 1991.

GABRIEL, Ralph H. *The Course of American Democratic Thought*. 3. ed. Nova York/Westport/Londres, Greenwood Press, 1986.

GANDHI, Mohandas K. *The Collected Works of Mahatma Gandhi*. Nova Déli, Publications Division, Ministry of Information and Broadcasting, 1969-2001.

GAUTHIER, Florence. *Triomphe et mort du droit naturel en Révolution*. Paris, PUF, 1992.

GEGGUS, David. British Opinion and the Emergence of Haiti, 1791-1805. In: WALWIN, James (org.). *Slavery and British Society, 1776-1846*. Londres, Macmillan, 1982.

GENOVESE, Eugene D. *The Southern Front*: History and Politics in the Cultural War. Columbia, MO/Londres, University of Missouri Press, 1995.

_____. The Slaveholders' Dilemma: Freedom and Progress. In: _____. *Southern Conservative Thought, 1820-1860*. Columbia, SC, University of South Carolina Press, 1995.

REFERÊNCIAS BIBLIOGRÁFICAS 375

GENTZ, Friedrich von. *Ausgewählte Schriften*. Org. Wilderich Weick. Stuttgart/Leipzig, Rieger, 1836--1838.

GERNET, Jacques. *Il mondo cinese*: dalle prime civiltà alla Repubblica popolare. Trad. Vera Pegna. Turim, Einaudi 1978.

GESENSWAY, Deborah; ROSEMAN, Mindy. *Beyond Words*: Images from America's Concentration Camps. Ithaca/Londres, Cornell University Press, 1987.

GILBERT, Martin. *The First World War*: A Complete History. Nova York, Henry Holt and Company, 1994.

GOEBBELS, Joseph. *Reden 1932-1945*. Org. Helmut Heiber. Bindlach, Gondrom, 1971-1972.

GOLDHAGEN, Daniel J. *Hitler's Willing Executioners. Ordinary Germans and the Holocaust*. Londres, Little, Brown and Company, 1996 [ed. bras.: *Os carrascos voluntários de Hitler*, trad. Luís Sérgio Roizman, São Paulo, Companhia das Letras, 1997].

GOSSET, Thomas F. *Race. The History of an Idea in America*. Nova York, Schocken, 1965.

GRAMSCI, Antonio. *Quaderni del carcere*. Edição crítica de Valentino Gerratana. Turim, Einaudi, 1975 [ed. bras.: *Cadernos do cárcere*, trad. Carlos Nelson Coutinho, Rio de Janeiro, Civilização Brasileira, 1999-2001, 5 v.].

_____. *Selections from Political Writing, 1910-1920*. Org. Quintin Hoare. Londres, Lawrence & Wishart, 1977.

_____. *Cronache torinesi, 1913-1917*. Org. Sergio Caprioglio. Turim, Einaudi, 1980.

_____. *La città futura, 1917-1918*. Org. Sergio Caprioglio. Turim, Einaudi, 1982.

_____. *L'Ordine Nuovo, 1919-1920*. Org. Valentino Gerratana e Antonio A. Santucci. Turim, Einaudi, 1987.

GRAZIOSI, Andrea (org.). *Lettere da Kharkov*: la carestia in Ucraina e nel Caucaso del Nord nei rapporti dei diplomatici italiani, 1932-33. Turim, Einaudi, 1991.

_____. Introduzione. In: _____ (org.). *Lettere da Kharkov*: la carestia in Ucraina e nel Caucaso del Nord nei rapporti dei diplomatici italiani, 1932-33. Turim, Einaudi, 1991.

GRIMSLEY, Mark. *The Hard Hand of War*: Union Military Policy toward Southern Civilians, 1861-1865. Cambridge, Cambridge University Press, 1995.

GUILLEMIN, Henri. *Benjamin Constant muscadin, 1795-1799*. 6. ed. Paris, Gallimard, 1958.

GUIZOT, François. Avertissement de l'auteur pour la deuxième edition. In: _____. *Histoire de la révolution d'Angleterre*. Bruxelas, Société Typographique Belge, 1850.

GUMPLOWICZ, Ludwig. *Der Rassenkampf. Soziologische Untersuchungen*. Innsbruck, Wagner'sche Universitätsbuchhandllung, 1883.

GUTTMANN, Bernhard. *Schattenriss einer Generation 1888-1919*. Stuttgart, Koehler, 1959.

HABERMAS, Jürgen. Nachspiel. In: RUSCONI, Gian Enrico (org.). *Germania*: un passato che non passa. Trad. Gian Enrico Rusconi. Turim, Einaudi, 1987.

HAMILTON, Alexander; MADISON, James; JAY, John. *Il Federalista*. Org. Mario D'Addio e Guglielmo Negri. Bolonha, Il Mulino, 1980 [ed. bras.: *Os artigos federalistas*, trad. Maria Luiza X. de A. Borges, Rio de Janeiro, Nova Fronteira, 1987].

HANDLIN, Oscar; HANDLIN, Lilian. *Liberty in Peril, 1850-1920*. Nova York, Harper Collins, 1986.

HARBUTT, Fraser J. *The Iron Curtain*: Churchill, America and the Origins of the Cold War. Nova York/ Oxford, Oxford University Press, 1986.

HARRIS, Sheldon H. *Factories of Death*: Japanese Biological Warfare and the American Cover Up. Londres/Nova York, Routledge, 1994.

HAUTER, François. La Campagne contre l'"agent orange" des Américains. *Le Figaro*, Paris, 6 out. 2004, p. 4.

HAYEK, Friedrich A. von. *Legge, legislazione e libertà*. Trad. Angelo Petroni e Stefano Monti Bragadin. Milão, Il Saggiatore, 1986 [ed. bras.: *Direito, legislação e liberdade*, trad. Henry Maksoud, São Paulo, Visão, 1985].

_____. *The Road to Serfdom*. Londres, Ark Paperbacks, 1986 [ed. bras.: *O caminho da servidão*, trad. Anna Maria Capovilla, José Ítalo Stelle e Liane de Morais Ribeiro, Campinas, Vide, 2013].

_____. *The Constitution of Liberty*. Org. Ronald Hamowy. Chicago/Londres, University of Chicago Press, 2011 [ed. bras.: *Os fundamentos da liberdade*, trad. Anna Maria Capovilla e José Ítalo Stelle, São Paulo/Brasília, Visão/Editora da UnB, 1983].

HEGEL, Georg W. F. *Vorlesungen über die Philosophie der Weltgeschichte*. Org. Georg Lasson. Leipzig, Meiner, 1919-1920 [ed. bras.: *Filosofia da História*, trad. Maria Rodrigues e Hans Harden, Brasília, Ed. UnB, 1999].

_____. *Werke in zwanzig Bänden*. Org. Eva Moldenhauer e Karl Markus Michel. Frankfurt, Suhrkamp, 1969-1979.

HERDER, Johann G. *Idee per la filosofia della storia dell'umanità*. Trad. Valerio Verra. Bolonha, Zanichelli, 1971.

HERZSTEIN, Robert E. *Roosevelt & Hitler. Prelude to War*. Nova York, Paragon House, 1989.

HEYDECKER, Joe J.; LEEB, Johannes. *Der Nürnberger Prozess*. Colônia, Kiepenheuer & Witsch, 1985.

HILBERG, Raul. *The Destruction of European Jews*. v. I. Nova York/Londres, Holms & Meier, 1985 [ed. bras.: *A destruição dos judeus europeus*, v. I, trad. Carolina Barcellos et al., Barueri, Amarilys, 2016].

HILDEBRAND, Klaus. *Vom Reich zum Weltreich. Hitler, NSDAP und koloniale Frage 1919-1945*. Munique, Fink, 1969.

HILLGRUBER, Andreas. *Zweierlei Untergang. Die Zerschlagung des Deutschen Reiches und das Ende des europäischen Judentums*. Berlim, Wolf Jobst Siedler, 1986.

_____. *Die Zerstörung Europas. Beiträge zur Weltkriegsepoche 1914 bis 1945*. Frankfurt/Berlim, Ullstein/ Propyläen, 1988.

HITLER, Adolf. *Mein Kampf* (1925-1927). Munique, Zentralverlag der NSDAP, 1939 [ed. bras.: *Minha luta*, trad. J. de Matos Ibiapina, Porto Alegre, Livraria do Globo, 1934].

_____. *Hitlers Zweites Buch. Ein Dokument aus dem Jahre 1928*. Org. Gerhard L. Weinberg. Stuttgart, Deutsche Verlags-Anstalt, 1961.

_____. *Monologe im Führerhauptquartier 1941-1944, Die Aufzeichnungen Heinrich Heims*. Org. Werner Jochmann. Hamburgo, Albrecht Knaus, 1980.

_____. *Tischgespräche*. Org. Henry Picker. Frankfurt/Berlim, Ullstein, 1989.

HOBSON, John A. *Imperialism*: A Study. Ann Arbor, The University of Michigan Press, 1983.

HOFFMANN, Joachim. *Stalins Vernichtungskrieg 1941-1945*. Munique, Verlag für Wehrwissenschaften, 1995.

HOFSTADTER, Richard. *The American Political Tradition and the Men Who Made It*. Nova York, A. Knopf, 1967.

_____; HOFSTADTER, Beatrice K. *Great Issues in American History*. Nova York, Vintage, 1982.

HUNECKE, Volker. Tendenze anticapitalistiche nella rivoluzione francese. *Società e Storia*, v. I, n. 1, 1978.

HUNTINGTON, Samuel P. *Lo scontro delle civiltà e il nuovo ordine mondiale*. Trad. Sergio Minucci. Milão, Garzanti, 1997 [ed. bras.: *O choque de civilizações e a recomposição da ordem mundial*, trad. M. C. H. Côrtes, Rio de Janeiro, Objetiva, 1997].

_____. *La nuova America*. Trad. Roberto Merlini. Milão, Garzanti, 2005.

INTERNATIONAL Herald Tribune. Redress for Abductions, 30 ago. 1996 (artigo retirado do *Los Angeles Times*).

IRONS, Peter. *Justice at War*: The Story of the Japanese American Internment Cases. Nova York/Oxford, Oxford University Press, 1983.

IRVING, David. *Apocalisse a Dresda*: i bombardamenti del febbraio 1945. Trad. Aldo Rosselli. Milão, Mondadori, 1992.

ISNENGHI, Mario. *Il mito della grande guerra*. Bari, Laterza, 1970.

JACOBSEN, Hans-Adolf. *Kommissarbefehl und Massenexekutionen sowjetischer Kriegsgefangener*. In: _____ et al. *Anatomie des SS-Staate*s, v. II. Munique, DTV, 1989.

JEFFERSON, Thomas. *Notes on the State of Virginia*. Org. William Peden. Chapel Hill, University of North Carolina Press, 1955.

_____. *Writings*. Org. Merrill D. Peterson. Nova York, The Library of America, 1984.

JOHNSON, Paul. *A History of the Jews*. Nova York, Perennial Library, 1988 [ed. bras.: *História dos judeus*, trad. Carlos Alberto Pavanelli, Rio de Janeiro, Imago, 1989].

_____. *Storia del mondo moderno (1917-1980)*. Trad. Elisabetta Cornara Filocamo. Milão, Mondadori, 1989.

_____. *Ireland*: A Concise History from the Twelfth Century to the Present Day. Chicago, Academy, 1992.

_____. Colonialism's Back – and Not a Moment Too Soon. *The New York Times*, 18 abr. 1993. *The New York Times Magazine*.

JOHNSON, Walter. *Soul by Soul*: Life inside the Antebellum Slave Market. Londres/Cambridge, MA, Harvard University Press, 1999.

JÜNGER, Ernst. Die totale Mobilmachung. In: _____. *Sämtliche Werke*, v. VII. Stuttgart, Klett-Cotta, 1978 [ed. bras.: "A mobilização total", trad. Vicente Sampaio, *Natureza humana*, v. IV, n. 1, São Paulo, jun. 2002].

KANT, Immanuel. *Gesammelte Schriften*. Berlim, Königlich-Preussischen Akademie der Wissenschaften, 1900 sq.

KARSTEN, Peter. Militarization and Rationalization in the United States, 1870-1914. In: GILLIS, John R. (org.). *The Militarization of the Western World*. New Brunswick/Londres, Rutgers, 1989.

KATZ, Steven T. *The Holocaust in Historical Context*, v. I: *The Holocaust and Mass Death before the Modern Age*. Nova York/Oxford, Oxford University Press, 1994.

KELLEY, Robin D. G. *Hammer and Hoe*: Alabama Communists during the Great Repression. Chapel Hill/Londres, University of North Carolina Press, 1990

KENNEDY, Paul M. *L'antagonismo anglo-tedesco*. Trad. Stefano Galli. Milão, Rizzoli, 1993.

KERENSKI, Alexander F. *Memoiren. Rußland und der Wendepunkt der Geschichte*. Hamburgo, Rowohlt, 1989.

KESTING, Hanno. *Geschichtsphilosophie und Weltbürgerkrieg*. Heidelberg, Winter, 1959.

KILZER, Louis C. *Churchill's Deception: The Dark Secret that Destroyed Nazi Germany*. Nova York, Simon & Schuster, 1994 [ed. bras.: *A farsa de Churchill*, trad. Isolina Guimarães Salles, Rio de Janeiro, Revan, 1996].

KIRK, Russell. *John Randolph of Roanoke*: A Study in American Politics. Indianápolis, Liberty Press, 1978.

KISSINGER, Henry. *Diplomacy*. Nova York, Simon & Schuster, 1994 [ed. bras.: *Diplomacia*, trad. Ann Mary Fighiera Perpétuo e Heitor Aquino Ferreira, São Paulo, Saraiva, 1994].

_____. *On China*. Nova York, Penguin, 2011 [ed. bras.: *Sobre a China*, trad. Cassio de Arantes Leite, Rio de Janeiro, Objetiva, 2011].

KLEMPERER, Victor. *The Language of the Third Reich*: LTI, Lingua Tertii Imperii – A Philologist's Notebook. New Brunswick, NJ/Londres, Athlone Press, 2000 [ed. bras.: *LTI*: a linguagem do Terceiro Reich, trad. Miriam Bettina P. Oelsner, Rio de Janeiro, Contraponto, 2009].

KLINKHAMMER, Lutz. *Zwischen Bündnis und Besatzung. Das nationalsozialistische Deutschland und die Republik von Salò 1943 bis 1945*. Tübingen, M. Niemeyer, 1993.

KOSELLECK, Reinhart. *Critica illuministica e crisi della società borghese*. Trad. Giuseppina Panzieri. Bolonha, Il Mulino, 1972 [ed. bras.: *Crítica e crise*, trad. Luciana Villas-Boas Castelo-Branco, Rio de Janeiro, Contraponto/Editora da Uerj, 1999].

KOSS, Stephen. *The Pro-Boers*: The Anatomy of an Antiwar Movement. Chicago/Londres, The University of Chicago Press, 1973.

KOTEK, Joël; RIGOULOT, Pierre. *Le Siècle des camps*: détention, concentration, extermination – cent ans de mal radical. Paris, Lattès, 2000.

KRADITOR, Aileen S. *Means and Ends in American Abolitionism*: Garrison and His Critics on Strategy and Tactics, 1834-1850. Chicago, I. R. Dee/Elephant Paperbacks, 1989.

KRAUSNICK, Helmut. *Hitlers Einsatzgruppen. Die Truppen des Weltanschauungskrieges 1938-1942*. Hamburgo, Fischer, 1985.

KÜHL, Stefan. *The Nazi Connection*: Eugenics, American Racism and German National Socialism. Nova York/Oxford, Oxford University Press, 1994.

LA FORTE, Robert S.; MARCELLO, Ronald E. *Building the Death Railway*: The Ordeal of American POWs in Burma, 1942-1945. Wilmington, SR Books, 1993.

LAQUEUR, Walter. *Il terribile segreto*: la congiura del silenzio sulla "soluzione finale". Trad. Daniel Vogelmann. Florença, Giuntina, 1995.

LASKI, Harold J. *The American Democracy. A Commentary and an Interpretation*. Fairfield, CT, Kelley, 1977.

LASSELL, Harold D. *Propaganda Technique in the First World War*. Cambridge, MA, MIT Press, 1927.

LECKIE, Robert. *The Wars of America*. Edição ampliada. Nova York, Harper Collins, 1992.

LECKY, William E. H. *A History of England in the Eighteenth Century*. 3. ed. Londres, Longmans, Green & Co., 1883-1888.

LENCE, Ross M. Foreword. In: CALHOUN, John C. *Union and Liberty*. Org. Ross M. Lence. Indianápolis, Liberty Classics, 1992.

LENIN, Vladimir I. *Opere complete*. Roma, Editori Riuniti, 1955 sq. [ed. ingl.: *Collected Works*. Londres, Lawrence & Whishart, 1960].

LENSCH, Paul. *Drei Jahre Weltrevolution*. Berlim, Fischer, 1917.

LEVIN, Nora. *The Jews in the Soviet Union since 1917*. Londres/Nova York, Tauris, 1990.

LINCOLN, W. Bruce. *Passage through Armageddon*: The Russians in War and Revolution, 1914-1918, Nova York/Oxford, Oxford University Press, 1994.

LIPSTADT, Deborah E. *Denying the Holocaust. The Growing Assault on Truth and Memory*. Nova York/ Toronto, The Free Press-Macmillan, 1993.

LOSURDO, Domenico. *La catastrofe della Germania e l'immagine di Hegel*. Milão, Guerini, 1987.

_____. *La comunità, la morte, l'Occidente*: Heidegger e l'"ideologia della guerra". Turim, Bollati Boringhieri, 1991.

_____. *Hegel e la libertà dei moderni*. Roma, Editori Riuniti, 1992.

_____. *Democrazia o bonapartismo*: trionfo e decadenza del suffragio universale. Turim, Bollati Boringhieri, 1993 [ed. bras.: *Democracia ou bonapartismo*: triunfo e decadência do sufrágio, trad. Luiz Sérgio Henriques, São Paulo/Rio de Janeiro, Editora da Unesp/Editora UFRJ, 2004].

_____. *Controstoria del liberalismo*. Roma/Bari, Laterza, 2005 [ed. ingl.: *Liberalism: A Counter-History*, Londres/Nova York, Verso, 2011; ed. bras.: *Contra-história do liberalismo*, trad. Giovanni Semeraro, Aparecida, SP, Ideias & Letras, 2006].

_____. *Il linguaggio dell'Impero*: lessico dell'ideologia americana. Roma/Bari, Laterza, 2007 [ed. bras.: *A linguagem do império*: léxico da ideologia estadunidense, trad. Jaime A. Clasen, São Paulo, Boitempo, 2010].

_____. *La non-violenza*: una storia fuori dal mito. Roma/Bari, Laterza, 2010 [ed. bras.: *A não violência*: uma história fora do mito, trad. Carlo Alberto Dastoli, Rio de Janeiro, Revan, 2012].

LÖWITH, Karl. *Mein Leben in Deutschland vor und nach 1933. Ein Bericht*. Stuttgart, Metzler, 1986.

LUDENDORFF, Erich. *Der totale Krieg*. Munique, Ludendorff, 1935.

LUKÁCS, György. *Die Zerstörung der Vernunft*. Berlim, Aufbau, 1954.

LUKAS, Richard C. *Forgotten Holocaust*: The Poles under German Occupation, 1939-1944. Nova York, Hippocrene, 1990.

LURAGHI, Raimondo. *La guerra civile americana*. Bolonha, Il Mulino, 1978.

LUXEMBURGO, Rosa. *Politische Schriften*. Org. Ossip K. Flechtheim. Frankfurt, Europäische Verlagsanstalt, 1968.

MACDOUGALL, Hugh A. *Racial Myth in English History*: Trojans, Teutons, and Anglo-Saxons. Montreal/Hanover, NH, Harvest/University Press of New England, 1982.

MAISTRE, Joseph de. *Oeuvres complètes*. Lyon, Vitte, 1884. Hildesheim/Zurique/Nova York, Olms, 1984 (edição fac-similar).

MALAPARTE, Curzio. *Viva Caporetto!* La rivolta dei santi maledetti. Milão, Mondadori, 1981.

MALCOLM X. *Contro il potere bianco*. Org. Ferruccio Gambino. Roma, Manifestolibri, 1995.

MANN, Michael. *The Sources of Social Power*, v. III: *Global Empires and Revolution*. Cambridge, Cambridge University Press, 2012.

MANN, Thomas. *Betrachtungen eines Unpolitischen*. Org. Hanno Helbling. Frankfurt, Fischer, 1988.

MANNHEIM, Karl. Das konservative Denken. In: _____. *Wissenssoziologie. Auswahl aus dem Werk*. Org. Kurt H, Wolff. Berlim/Neuwied, Luchterhand, 1964 [ed. bras.: O pensamento conservador, in: MARTINS, José de Souza, *Introdução crítica à sociologia rural*, São Paulo, Hucitec, 1986].

MAO TSÉ-TUNG. Sulla guerra di lunga durata. In: _____. *Opere scelte*. Pequim, Edições em Línguas Estrangeiras, 1971, v. II [ed. bras.: *Obras escolhidas*, trad. Edições em Línguas Estrangeiras, São Paulo, Alfa Omega, 1979].

MARKOV, Walter (org.). *Revolution im Zeugenstand. Frankreich 1789-1799*. Leipzig, Philipp Reclam, 1982.

MARKUSEN, Eric; KOPF, David. *The Holocaust and Strategic Bombing*: Genocide and Total War in the Twentieth Century. Boulder/São Francisco/Oxford, Westview, 1995.

MARTINEAU, Harriet. *British Rule in India*: A Historical Sketch. Londres, Smith, 1857.

MARX, Karl. *Capital*: Volume One. Londres, Penguin, 1976 [ed. bras.: *O capital*: crítica da economia política, Livro I: *O processo de produção do capital*, trad. Rubens Enderle, São Paulo, Boitempo, 2013].

_____; ENGELS, Friedrich. *Werke*. Berlim, Dietz, 1955 sq.

_____. *Selected Works*, v. 3. Moscou, Progress Publishers, 1977.

_____. *Werke, Artikel, Entwürfe, mar. 1843-ago. 1844*. Berlim, Dietz, 1982 (edição consultada: Amsterdã, IMES, 1990 sq). MEGA I/2.

_____. *Werke, Artikel, Entwürfe, jan.-dez. 1853*. Berlim, Dietz, 1984 (edição consultada: Amsterdã, IMES, 1990 sq). MEGA I/12.

MAY, Christopher N. *In the Name of War*: Judicial Review and the War Powers since 1918. Cambridge, MA/Londres, Harvard University Press, 1989.

MAYER, Arno J. *Political Origins of the New Diplomacy, 1917-1918*. Nova York, Vintage, 1959.

_____. *Il potere dell'Ancien Régime fino alla prima guerra mondiale*. Trad. Giovanni Ferrara degli Uberti. Roma/Bari, Laterza, 1982 [ed. ingl.: *The Persistence of the Old Regime*: Europe to the Great War. Londres, Verso, 2010].

_____. *Soluzione finale*: lo sterminio degli ebrei nella storia europea. Trad. Giuseppina Panzieri Saija. Milão, Mondadori, 1990.

MCALLISTER LINN, Brian. *The U.S. Army and Counterinsurgency in the Philippine War, 1899-1902*. Chapel Hill/Londres, The University of North Carolina Press, 1989.

MEINECKE, Friedrich. *Die Entstehung des Historismus*. Munique, Oldenbourg, 1965.

MERCIER, Louis-Sébastien. *L'An deux mille quatre cent quarante*: rêve s'il en fût jamais. Org. Raymond Trousson. Paris, Ducros, 1971.

MERL, Stefan. "Ausrottung" der Bourgeoisie und der Kulaken in Sowjetrussland? *Geschichte und Gesellschaft*, v. 13, n. 3, 1987.

MERRIAM, Charles E. *A History of American Political Theories*. Nova York, Kelley, 1969.

MICHAELIS, Meir. *Mussolini e la questione ebraica*: le relazioni italo-tedesche e la politica razziale in Italia. Trad. Mario Baccianini. Milão, Comunità, 1982.

MICHELET, Jules. *Histoire de la Révolution française* (1847-53). 2. ed. Paris, Gallimard, 1961. (La Pléiade) [ed. bras.: *História da Revolução Francesa*, trad. Maria Lucia Machado, São Paulo, Companhia das Letras, 1989].

MILL, John Stuart. *Collected Works*. Org. John M. Robson et al. Londres/Toronto, Routledge & Kegan/ University of Toronto Press, 1963 sq.

_____. *Utilitarianism, Liberty, Representative Government*. Org. H. B. Acton. Londres, Dent, 1972 [ed. bras.: *A Liberdade/Utilitarismo*, trad. Eunice Ostrensky, São Paulo, Martins Fontes, 2000].

MILLIS, Walter. *The Martial Spirit*. Chicago, I. R. Dee/Elephant Paperbacks, 1989.

MINTZ, Frank Paul. *Revisionism and the Origins of Pearl Harbor*, Boston/Londres, University Press of America, 1985.

MISES, Ludwig von. *Die Gemeinwirtschaft. Untersuchungen über den Sozialismus*. Jena, Fischer, 1922.

_____. *Liberalismus*. Jena, Fischer, 1927 [ed. bras.: *Liberalismo*: segundo a tradição clássica, trad. Haydn Coutinho Pimenta, São Paulo, Mises Brasil, 2011].

_____. *Human Action: A Treatise on Economics*. 3. ed. Chicago, Contemporary Books, 1966 [ed. bras.: *Ação humana*: um tratado de economia, trad. Donald Stewart Jr., São Paulo, Mises Brasil, 2011].

_____. *Socialism: An Economic and Sociological Analysis*. Indianápolis, Liberty Fund, 1981.

_____. *Omnipotent Government*: The Rise of the Total State and Total War. Spring Mills, Libertarian Press, 1985.

MISRA, Amaresh. *War of Civilisations*: India AD 1857. Nova Déli, Rupa, 2008. 2 v.

MOMMSEN, Wolfgang J. *Max Weber. Gesellschaft, Politik und Geschichte*. Frankfurt, Suhrkamp, 1974.

_____. *Max Weber und die deutsche Politik, 1890-1920*. 2. ed. Tübingen, Mohr (Siebeck), 1974.

MORGENSTERN, George. *Pearl Harbor*: The Story of the Secret War. Newport, Institute for Historical Review, 1991.

MÖSER, Justus. *Sämmtliche Werke*. Org. B. R. Abeken e J. W. J. von Voigts. Berlim, Nicolaische Buchhandlung, 1842.

MOSSE, George L. *La nazionalizzazione delle masse*. Trad. Livia De Felice. Bolonha, Il Mulino, 1975.

_____. *Le guerre mondiali*: dalla tragedia al mito dei caduti. Trad. Giovanni Ferrara. Roma/Bari, Laterza, 1990.

MUKERJEE, Madhusree. *Churchill's Secret War*: The British Empire and the Ravaging of India during World War II. Nova York, Basic Books, 2010.

MUSSOLINI, Benito. *Scritti politici*. Org. Enzo Santarelli. Milão, Feltrinelli, 1979.

NEVINS, Allan; COMMAGER, Henry S. *Storia degli Stati Uniti*. Trad. Enrico Mattioli, Paola Soleri e Roberto Vigevani. Turim, Einaudi, 1960.

NICHANIAN, Marc. Le Droit et le fait: la campagne de 1994. *Lignes*, n. 26, out. 1995.

NIETZSCHE, Friedrich. *Sämtliche Werke, Kritische Studienausgabe*. Org. Giorgio Colli e Mazzino Montinari. Munique, DTV, 1980.

NOLTE, Ernst. *La crisi dei regimi liberali e i movimenti fascisti*. Trad. Ester Gamaleri e Adriano Caiani. Bolonha, Il Mulino, 1970.

_____. *I tre volti del fascismo*. Trad. Francesco Saba Sardi e Giacomo Manzoni. Milão, Mondadori, 1978.

_____. *Marxismus und industrielle Revolution*. Stuttgart, Klett-Cotta, 1983.

_____. Vergangenheit die nicht vergehen will. War nicht der "Archipel Gulag" ursprünglicher als Auschwitz? *Frankfurter Allgemeine Zeitung*, 6 jun. 1986.

REFERÊNCIAS BIBLIOGRÁFICAS   381

_____. Die Sache auf den Kopf gestellt. *Die Zeit*, Hamburgo, 31 out. 1986.

_____. *Der europäische Bürgerkrieg 1917-1945. Nationalsozialismus und Bolschewismus.* Frankfurt/Berlim, Ullstein, 1987.

_____. *Nietzsche und der Nietzscheanismus.* Frankfurt/Berlim, Propyläen, 1990.

_____. *Der europäische Bürgerkrieg 1917-1945.* Trad. P. Sorge. In: _____. *Dopo il comunismo*: contributi all'interpretazione della storia del XX secolo. Florença, Sansoni, 1992.

_____. *Intervista sulla questione tedesca.* Org. Alberto Krali. Roma/Bari, Laterza, 1993.

_____. *Weltbürgerkrieg 1917-1989?* In: _____. *Dramma dialettico o tragedia?* La guerra civile mondiale e altri saggi. Org. Francesco Coppellotti. Perugia, Settimo Sigillo-University Press, 1994.

_____. *Deutsche Identität nach Hitler.* In: _____. *Dramma dialettico o tragedia?* La guerra civile mondiale e altri saggi. Org. F. Coppellotti. Perugia, Settimo Sigillo-University Press, 1994.

_____. *Gli anni della violenza*: un secolo di guerra civile ideologica, europea e mondiale. Trad. P. Azzaro e S. Azzaro. Milão, Rizzoli, 1995.

NORMAND, Roger. Deal Won't End Iraqi Suffering. *International Herald Tribune*, 7 jun. 1996.

PAKENHAM, Thomas. *The Year of Liberty*: The History of the Great Irish Rebellion of 1798. Nova York, Random House, 1969.

PALMER, Robert R. *L'età delle rivoluzioni democratiche.* Trad. Adriana Castelnuovo Tedesco. Milão, Rizzoli, 1971.

PAQUET, Alfons. *Im Kommunistischen Rußland. Briefe aus Moskau.* Iena, Diederichs, 1919.

PARETO, Vilfredo. Perché? In:_____. *Scritti politici*, v. 2. Org. Giovanni Busino. Turim, UTET, 1974.

PAVONE, Claudio. *Une guerre civile*: saggio storico sulla moralità nella Resistenza. Turim, Bollati Boringhieri, 1991.

PETERSON, H. C.; FITE, Gilbert C. *Opponents of War, 1917-1918.* Madison, University of Wisconsin Press, 1957.

PHELPS, Reginald H. Hitler als Parteiredner im Jahre 1920. *Vierteljahreshefte für Zeitgeschichte*, v. XI, 1963.

PICK, Daniel. *La guerra nella cultura contemporanea.* Trad. Giovanni Ferrara degli Uberti. Roma/Bari, Laterza, 1994.

PIPES, Richard. *La rivoluzione russa*: dall'agonia dell'ancien régime al terrore rosso. Trad. Luisa Agnese Dalla Fontana. Milão, Mondadori, 1995.

POCOCK, John G. A. *Virtue, Commerce and History.* Cambridge, Cambridge University Press, 1988.

POLIAKOV, Léon. *Storia dell'antisemitismo.* v. III. Trad. Rossella Rossini e Roberto Salvadori. Florença, La Nuova Italia, 1974-1990 [ed. bras.: *De Voltaire a Wagner: 1700-1870*, trad. Ana M. Golderger Coelho, São Paulo, Perspectiva, 1985 (História do Antissemitismo, v. III)].

_____. *Storia dell'antisemitismo*, v. IV. Trad. Rossella Rossini e Roberto Salvadori. Florença, La Nuova Italia, 1974-1990 [ed. bras.: *A Europa suicida: 1870-1933*, trad. Hilde Pereira, Jacó Ginsburg e Geraldo Gerson de Souza, São Paulo, Perspectiva, 1985 (História do Antissemitismo, v. IV)].

_____. *Le Mythe aryen*: Essai sur les sources du racisme et des nationalismes. 2. ed. Bruxelas, Complexe, 1987 [ed. bras.: *O mito ariano*, trad. Luiz João Gaio, São Paulo, Perspectiva/Edusp, 1974].

POST, C. Gordon. Introduction. In: CALHOUN, John C. *A Disquisition on Government.* Nova York, The Liberal Arts Press, 1953.

PROCACCI, Giuliano. *Dalla parte dell'Etiopia*: l'aggressione italiana vista dai movimenti anticolonialisti d'Asia, d'Africa, d'America. Milão, Feltrinelli, 1984.

QUINET, Edgar. *Le Christianisme et la Révolution française.* Paris, Fayard, 1984.

RANKE, Leopold von. *Über die Epochen der neueren Geschichte.* Darmstadt, Wissenschaftliche Buchgesellschaft, 1980.

RATZEL, Friedrich. *Politische Geographie der Vereinigten Staaten von Amerika unter besonderer Berücksichtung der natürlichen Bedingungen und wirtschaftlichen Verhältnisse.* Munique, Oldenburg, 1893.

RITTER, Gerhard A.; MILLER, Susan (orgs.). *La rivoluzione tedesca, 1918-1919.* Trad. Emanuele Bernasconi. Milão, Feltrinelli, 1969.

ROBESPIERRE, Maximilien. *Oeuvres.* Paris, PUF, 1912-1967.

ROCHESTER, Stuart I. *American Liberal Disillusionment in the Wake of World War I.* University Park/ Londres, Pennsylvania State University Press, 1977.

ROMEIN, Jan. *Il secolo dell'Asia*: imperialismo occidentale e rivoluzione asiatica nel secolo XX. Trad. Fernando Solinas e Enzo Collotti. Turim, Einaudi, 1969.

ROOSEVELT, Theodore. *The Strenuous Life*: Essays and Addresses. Nova York, The Century, 1901.

_____. *The Letters.* Org. E. E. Morison, J. M. Blum e J. J. Buckley. Cambridge, MA, Harvard University Press, 1951 sq.

ROSDOLSKY, Roman. Friedrich Engels und das Problem der "geschichtslosen Völker". *Archiv für Sozialgeschichte*, v. IV, 1964.

ROSENBERG, Alfred. *Der Mythus des 20. Jahrhunderts.* Munique, Hoheneichen, 1937 [ed. estad.: *The Myth of Twentieth Century*: An Evaluation of the Spiritual-Intellectual Confrontations of Our Age. Newport Beach, CA, Noontide Press, 1993].

ROSENBERG, Arthur. *Storia del bolscevismo.* Trad. Mario Bacchelli. Florença, Sansoni, 1969.

ROTHBARD, Murray N. Hoover's 1919 Food Diplomacy in Retrospect. In: GELFAND, Lawrence E. (org.). *Herbert Hoover, the Great War and its Aftermath, 1917-1923.* Iowa, Iowa University Press, 1974.

ROUSSEAU, Jean-Jacques. *Oeuvres complètes.* Org. Bernard Gagnebin e Marcel Raymond. Paris, Gallimard, 1959 sq.

_____. *Correspondence complète.* Org. Ralph A. Leigh. Oxford, University of Oxford/Voltaire Foundation, 1977.

ROUX, Alain. *La Chine au XXe siècle.* 4. ed. Paris, Colin, 2007 [ed. port.: *A China do século XX*, trad. Elsa Pereira, Lisboa, Instituto Piaget, 2009].

RYERSON, Egerton *The Loyalists of America and their Times: From 1620 to 1816.* Nova York, Haskell, 1970.

SAINT-JUST, Louis Antoine Léon de. *Oeuvres complètes.* Org. Michèle Duval. Paris, Gérard Lebovici, 1984.

SALBSTEIN, Michael C. N. *The Emancipation of the Jews in Britain*: The Question of the Admission of the Jews to Parliament, 1828-1860. Londres/Toronto, Associated University Press, 1982.

SALVATORELLI, Luigi; MIRA, Giovanni. *Storia d'Italia nel periodo fascista*, Milão, Mondadori, 1972.

SALVEMINI, Gaetano. *Opere.* Milão, Feltrinelli, 1964-1978.

SARTORI, Giovanni. *Democrazia e definizioni.* 4. ed. Bolonha, Il Mulino, 1976.

_____. *The Theory of Democracy Revisited.* Nova Jersey, Chatham, 1978 [ed. bras.: *A teoria da democracia revisitada*, trad. Dinah de Abreu Azevedo, São Paulo, Ática, 1994].

SARTRE, Jean-Paul. Il pensiero politico di Patrice Lumumba. In: _____. *Il filosofo e la politica.* 3. ed. Trad. Luciana Trentin e Romano Ledda. Roma, Editori Riuniti, 1972 [ed. bras.: O pensamento político de Patrice Lumumba, in: *Colonialismo e neocolonialismo*, trad. Diva Vasconcelos, Rio de Janeiro, Tempo Brasileiro, 1968].

SCHLESINGER Jr., Arthur M. (org.). *History of United States Political Parties.* Nova York/Londres, Chelsea House-Bawker, 1973.

SCHMID, Alex P. *Churchills privater Krieg. Intervention und Konterrevolution im russischen Bürgerkrieg, November 1918-März 1920.* Zurique, Atlantis, 1974.

SCHMIDT, Martin; STEIN, Dieter. *Im Gespräch mit Ernst Nolte.* Potsdam, Junge Freiheit, 1993.

SCHMITT, Carl. Die deutsche Rechtswissenschaft im Kampf gegen den jüdischen Geist. *Deutsche Juristen-Zeitung*, n. 20, 15 out. 1936.

_____. *Donoso Cortés in gesamteuropäischer Interpretation.* Colônia, Greven, 1950.

_____. *La dittatura.* Trad. Bruno Liverani, Roma/Bari, Laterza, 1975.

REFERÊNCIAS BIBLIOGRÁFICAS 383

_____. *Teoria del partigiano.* Trad. Antonio De Martinis. Milão, Il Saggiatore, 1981.

_____. *Verfassungsrechtliche Aufsätze.* 3. ed. Berlim, Duncker & Humblot, 1985.

_____. *Die geistesgeschichtliche Lage des heutigen Parlamentarismus.* Berlim, Duncker & Humblot, 1985.

_____. *Positionen und Begriffe im Kampf mit Weimar-Genf-Versailles 1932-1939.* Berlim, Duncker & Humblot, 1988.

_____. *Il nomos della terra nel diritto internazionale dello "jus publicum europaeum".* Trad. Emanuele Castrucci. Milão, Adelphi, 1991 [ed. bras.: *O nomos da Terra no direito das gentes do jus publicum europaeum,* trad. Alexandre Franco de Sá et al, Rio de Janeiro, Contraponto, 2014].

_____. *Glossarium. Aufzeichnungen der Jahre 1947-1951.* Org. Eberhard Freiherr von Medem. Berlim, Duncker & Humblot, 1991.

_____. *L'unità del mondo e altri saggi.* Org. Alessandro Campi. Roma, Pellicani, 1994.

_____. *Das internationalrechtliche Verbrechen des Angriffskrieges und der Grundsatz "Nullum crimen, nulla poena sine lege".* Org. Helmut Quaritsch. Berlim, Duncker & Humblot, 1994.

SCHNUR, Roman. *Revolution und Weltbürgerkrieg. Studien zur Ouvertüre nach 1789.* Berlim, Duncker & Humblot, 1983.

SCHRÖDER, Hans-Christoph. *Die Revolutionen Englands im 17. Jahrhundert.* Frankfurt, Suhrkamp, 1986.

SCHUMPETER, Joseph A. *Sociologia dell'imperialismo.* Trad. Giulio Fantozzi. Roma/Bari, Laterza, 1974.

SECHER, Reynald. *Le Génocide franco-français:* la Vendée-Vengé. Paris, PUF, 1986.

SHIRER, William L. *Storia del Terzo Reich.* Trad. Gustavo Glaesser. 4. ed. Turim, Einaudi, 1974 [ed. bras.: *Ascensão e queda do Terceiro Reich,* trad. Pedro Pomar e Leônidas Gontijo de Carvalho, Rio de Janeiro, Agir, 2008, 2 v.].

SKIDELSKY, Robert. *John Maynard Keynes:* speranze tradite, 1883-1920. Trad. Federico Varese. Turim, Bollati Boringhieri, 1989.

SLOTKIN, Richard. *The Fatal Environment:* The Myth of the Frontier in the Age of Industrialization, 1800-1890. Nova York, Harper Perennial, 1994.

SMITH, Adam. *Lectures on Jurisprudence.* Indianápolis, Liberty Classics, 1982

SMITH, James Morton (org.). *The Republic of Letters:* The Correspondence between Thomas Jefferson and James Madison, 1776-1826. Nova York/Londres, Norton, 1995.

SOMBART, Werner. *Der proletarische Sozialismus.* Iena, Fischer, 1924.

SPENGLER, Oswald. *Jahre der Entscheidung.* Munique, Beck, 1933 [ed. ingl.: *The Hour of Decision,* trad. Charles Francis Atkinson, Londres, George Allen & Unwin, 1934; ed. bras.: *Anos de decisão,* trad. Herbert Caro, Porto Alegre, Meridiano, 1941].

_____. "Frankreich und Europa". In: _____. *Reden und Aufsätze.* Org. Hildegard Kornhardt. Munique, Beck, 1937.

_____. *Der Untergang des Abendlandes.* Munique, Beck, 1980 [ed. bras.: *A decadência do Ocidente,* trad. Herbert Caro, São Paulo, Forense Universitária, 2014].

SPINI, Giorgio. *Disegno storico della civiltà.* 7. ed. Roma, Cremonese, 1963.

_____. *Storia dell'età moderna.* 6. ed. Turim, Einaudi, 1982.

STALIN, Josef W. *Questioni del leninismo.* Trad. Palmiro Togliatti. Roma, Rinascita, 1952.

_____. *Werke.* Hamburgo, Roter Morgen, 1971.

_____. *Über den Grossen Vaterländischen Krieg der Sowjetunion.* Frankfurt, Dokumente der Kommunistichen Weltbewegung, 1972.

_____. *The Essential Stalin: Major Theoretical Writings, 1902-1952.* Org. Bruce Franklin. Londres, Croom Helm, 1973

_____. *Letters to Molotov.* Org. Lars T. Lih, Oleg V. Naumov e Oleg V. Khlevniuk. New Haven/Londres, Yale University Press, 1995.

STAMPP, Kenneth M. (org.). *The Causes of the Civil War*. 3. ed. Nova York, Simon & Schuster, 1991.

STANNARD, David E. *American Holocaust*: The Conquest of the New World. Oxford, Oxford University Press, 1992.

STERN, Mario Rigoni. Introduzione. In: ZANIER, Leonardo. *Carnia, Kosakenland, Kazackaja, Zemlja*. Udine, Mittelcultura, 1996.

STIMSON, Henry L.; BUNDY, McGeorge. *On Active Service in Peace and War*. Nova York, Octagon Books, 1971.

STODDARD, Lothrop. *Der Kulturumsturz: Die Drohung des Untermenschen*. Munique, Lehmanns, 1925.

_____. *Le Flot montant des peuples de couleur contre la suprematie mondiale des blancs*. Paris, Payot, 1925.

_____. *The Rising Tide of Color against White World-Supremacy*. Reedição. Westport, CT, Negro University Press, 1971.

_____. *The Revolt against Civilization: The Menace of the Under Man*. Nova York, Scribner, 1984.

SUN YAT-SEN. *I tre principi del popolo*. Trad. S. S. Caruso. Turim, Einaudi, 1976.

TAINE, Hippolyte. *Les Origines de la France contemporaine*. Paris, Hachette, 1899.

TALMON, Jacob L. *Le origini della democrazia totalitaria*. Trad. M.L. Izzo Agnetti. Bolonha, Il Mulino, 1967.

TANSILL, Charles C. *Back Door to War*: The Roosevelt Foreign Policy, 1933-1941. Chicago, Regnery, 1952.

TAYLOR, Alan J. P. *Storia dell'Inghilterra contemporanea*. Trad. Lucia Biocca Marghieri. Roma/Bari, Laterza, 1975.

_____. *L'Europa delle grandi potenze*. Trad. Emilio Bianchi. Roma/Bari, Laterza, 1977.

_____. *Le origini della seconda guerra mondiale*. Trad. Luciano Bianciardi. Roma/Bari, Laterza, 1996.

THE NEW YORK TIMES BOOK REVIEW, *Letters*, 14 abr. 1991.

THOMAS, Hugh. *Armed Truce*: The Beginnings of the Cold War 1945-46. Londres, Sceptre, 1988.

TOCQUEVILLE, Alexis de. *Oeuvres complètes*. Org. J.-P. Mayer. Paris, Gallimard, 1951.

_____. De la démocratie en Amérique. In: _____. *Scritti politici*. Org. Nicola Matteucci. Turim, UTET, 1968, v. II [ed. bras.: *A democracia na América*, trad. Eduardo Brandão, São Paulo, Martins Fontes, 2004].

TODOROV, Tzvetan. *La conquista dell'America*: il problema dell'"altro". Trad. Aldo Serafini. Turim, Einaudi, 1984 [ed. bras.: *A conquista da América*: a questão do outro, trad. Beatriz Perrone-Moisés, São Paulo, Martins Fontes, 1999].

TOYNBEE, Arnold. *A Study of History*. Oxford, Oxford University Press, 1951-1954 [ed. bras.: *Um estudo da História*, trad. Isa Silveira Leal e Miroel Silveira, São Paulo, Martins Fontes, 1987].

_____. *The World and the West*. Nova York, Oxford University Press, 1953 [ed. bras.: *O mundo e o Ocidente*, trad. Brenno Silveira, São Paulo, Companhia Editora Nacional, 1955].

TREVELYAN, George M. *Storia dell'Inghilterra nel secolo XIX*. Trad. Umberto Morra. Turim, Einaudi, 1942.

_____. *Storia d'Inghilterra*. Trad. Gina Martini e Erinna Panicieri. Milão, Garzanti, 1965 [ed. ingl.: *History of England*, Londres, Longman, 1979].

_____. *La rivoluzione inglese del 1688-89*. Trad. Cesare Pavese. Milão, Il Saggiatore, 1976.

TROTSKI, Leon D. *La loro morale e la nostra*. Trad. e prefácio de G[iorgio] Z[ampa]. Bari, De Donato, 1967 [ed. bras.: "A nossa moral e a deles", em Micheline R. Ishay (org.), *Direitos humanos*: uma antologia, trad. Fábio Duarte Joly, São Paulo, Edusp, 2006, p. 547-55].

TUCHOLSKY, Kurt. *Gesammelte Werke*. Org. Mary Gerold-Tucholsky e Fritz J. Raddatz. Hamburgo, Rowohlt, 1985.

TUCKER, Robert C. *Stalin in Power*: The Revolution from Above, 1928-1941. Nova York/Londres, Norton, 1990.

VATTEL, Emer de. *Le Droit des gens ou principes de la loi naturelle.* In: SCOTT, James Brown (org.). *The Classics of International Law.* Washington, The Carnegie Institution, 1916.

VEALE, Frederick J. P. *Advance to Barbarism*: The Development of Total Warfare. Newport, Institute for Historical Review, 1979.

VENNER, Dominique. *Il bianco sole dei vinti. L'epopea sudista e la guerra di secessione.* Trad. E. Nistri e M. Tarchi. Nápoles, Akropolis, 1980.

WAITE, Robert G. L. *Vanguard of Nazism*: The Free Corps Movement in Postwar Germany, 1918-1923. Cambridge, MA, Harvard University Press, 1970.

WALTER, Gérard. *La rivoluzione russa.* Trad. Franco Della Pergola. Novara, De Agostini, 1990.

WALZER, Michael. *The Revolution of the Saints*: A Study in the Origins of Radical Politics. Cambridge, MA/Londres, Harvard University Press, 1965.

WASHINGTON, George. *A Collection.* Org. William B. Allen. Indianápolis, Liberty Classics, 1988.

WEAVER, Richard M. *The Southern Essays.* Org. George M. Curtis III e James J. Thompson Jr. Indianápolis, Liberty Press, 1987.

WEBER, Max. Der Sinn der "Wertfreiheit" der soziologischen und ökonomischen Wissenschaften. In: _____. *Methodologische Schriften, Studienausgabe.* Frankfurt, Fischer, 1968 [ed. bras.: O sentido da "neutralidade axiológica" nas ciências sociais e econômicas, em *Metodologia das ciências sociais*, v. 2, trad. Augustin Wernet, São Paulo/Campinas, Cortez/Editora da Unicamp, 2001].

_____. *Gesammelte politische Schriften.* 3. ed. Org. Johannes Winckelmann. Tübingen, Mohr (Siebeck), 1971 [ed. bras.: *Escritos políticos*, trad. Regis Barbosa e Karen Elsabe Barbosa, São Paulo, WMF Martins Fontes, 2014].

_____. *Zur Politik im Weltkrieg. Schriften und Reden 1914-1918.* Org. Wolfgang J. Mommsen. Tübingen, Mohr, 1988.

WEHLER, Hans-Ulrich. *Le mani sulla storia.* Trad. Antonio Missiroli. Florença, Ponte alle Grazie, 1989.

WILBERFORCE, Robert Isaac; WILBERFORCE, Samuel. *Life of William Wilberforce by his sons.* Londres, Murray, 1838.

WILLIAMS, Eric. *Capitalism and Slavery.* Londres, Deutsch, 1990.

WOODWARD, C. Vann. *Le origini del nuovo Sud: 1877-1913.* Trad. Luciano Serra. Bolonha, Il Mulino, 1963.

ZAWODNY, J. K. *Zum Beispiel Katyn. Klärung eines Kriegsverbrechens.* Munique, Verlag Information und Wissen, 1971.

ZAYAS, Alfred-Maurice de (org.). *Die Wehrmacht-Untersuchungsstelle. Deutsche Ermittlungen über alliierte Völkerrechtsverletzungen im Zweiten Weltkrieg.* 4. ed. Munique, Universitas/Langen Müller, 1984.

ZHANG, Shu Guang. *Economic Cold War*: America's Embargo against China and the Sino-Soviet Alliance. Stanford, Stanford University Press, 2001.

ÍNDICE REMISSIVO

(organizado por Stefano G. Azzarà)

Academia de Ciências da União Soviética, 103n, 189n

Adams, John, 50, 58

Adams, Michael C. C., 166n

Agurski, Mikhail, 102n, 103n, 229n

Alain (Émile August Chartier), 106-7

Alemanha
  colonialismo na África, 265-6, 274-5, 278-9
  e nazismo, 276-7
  revanche alemã, 276-8
  revolução de 1918 e república de Weimar, 16-7, 34-5, 93-4, 103, 195-6, 236-7, 244-5

Alexander, Edward, 246n

Alfieri, Dino, 322

Alfieri, Vittorio Enzo, 45n

Alperovitz, Gar, 143n, 161n

Aly, Götz, 226n, 323n

Ambrose, Stephen E., 162n, 163n, 165n, 167n

Árbenz, Jacobo, 300-1

Arendt, Hannah, 20 e n, 21, 23, 26 e n, 61 e n, 66 e n, 68, 82, 129, 154n, 183, 184n, 265 e n, 266, 278, 317 e n, 318 e n, 341, 357
  apologia das revoluções anglo-saxãs, 24-5, 74
  "crime originário" americano, 66-7, 74
  "inocência" colonial americana, 265
  origens contrarrevolucionárias e colônias do totalitarismo, 19-21, 27-8, 129-30, 247 e n

Aristóteles, 42, 207

Armínio, 151

Ascherson, Neal, 260

Asseo, Henriette, 247n

Átila, 167

Babeuf, François-Noël (Gracchus), 45, 361-2

Bacon, Francis, 56 e n

Bacque, James, 162n, 163n, 164n, 165, 240n

Baechler, Jean, 36n

Bairoch, Paul, 264n

Barère de Vieuzac, Bertrand, 242

Barnave, Antoine-Pierre, 49

Barnes, Harry Elmer, 15n, 41 e n, 134n, 137 e n

Barrabás, 129

Barruel, Augustin, 218

Bastid, Marianne, 281n

Bauman, Zygmunt, 220n

Baumgart, Winfried, 170n, 201n

Bava-Beccaris, Fiorenzo, 335

Baylin, Bernard, 90n

Beard, Charles A., 135

Beaumont, Gustave de, 259 e n

Belissa, Mar, 192n, 193n, 242n

Beneš, Edvard, 148

Bentham, Jeremy, 362

Bergère, Marie Claire, 281n

Bergson, Henri, 16n, 17 e n, 181 e n, 337

Beria, Lavrenti Pavlovich, 239

Bernstein, Eduard, 15 e n, 330 e n

Berresford Ellis, Peter, 56n

Bertaud, Jean-Paul, 12n, 111n

Bethmann-Hollwegg, Theobald von, 135

Beveridge, Albert J., 267 e n

Bischof, Günther, 162n, 163n, 167n

Bismarck, Otto von, 296

Bissolati, Leonida, 92

Blanc, Louis, 61

388 GUERRA E REVOLUÇÃO

Blume, Walter, 216
Bobbio, Norberto, 94, 317
Boffa, Giuseppe, 154n
Bolívar, Simón, 284, 302, 311
Bonald, Louis-Gabriel-Ambroise de, 34, 219
Bonaparte, Napoleão, 78, 113, 116-7, 152, 176, 178, 258
Bormann, Martin, 223
Boulainvilliers, Henri de, 20
Boutroux, Émile, 178 e n
Boyle, Peter G., 255n, 308n
Brecht, Bertolt, 346
Breitman, Richard D., 164n, 173n
Brotski, general, 232
Bruce, Robert V., 142n
Brunswick, Karl Wilhelm Ferdinand, 240-1
Bryce, James, 36
Buchan, John, 180
Buchner, Rudolf, 170n, 201n
Bukharin, Nikolai Ivanovich, 191, 192 e n, 228, 230, 231n, 343, 347, 349
Bundy, McGeorge, 163n
Burckhardt, Jacob, 47 e n, 48, 63, 64 e n.
Burke, Edmund, 20, 23-4, 27-8, 31, 34, 37, 39, 44, 47, 48 e n, 49-50, 51 e n, 65n, 70 e n, 75, 81, 82 e n, 83, 85, 87, 88 e n, 89, 111 e n, 112 e n, 115-6, 127, 203, 218, 219 e n, 221, 241 e n, 242, 336

Calhoun, John C., 53 e n, 85, 86 e n, 131 e n, 268
Calloway, Colin G., 59n, 181n
Calvino, Giovanni, 218 e n
Cam, 249
Camden, John Jeffreys Pratt, vice-rei da Irlanda, 56
Canedy, Susan, 163n, 190n
Canfora, Luciano, 147n
Cannadine, David, 140n, 254n
Carlos I Stuart, rei da Inglaterra, 64
Carlos VII de Valois, "rei de Bourges", 242
Carrier, Jean-Baptiste, 78
Carroll, Peter N., 342n
Castro, Fidel, 24, 129, 299-300, 352
Cavaignac, Louis Eugène, 107, 277
Cazalès, Jacques Antoine-Marie de, 242
Cecil, Robert, marquês de Salisbury, 254
Césaire, Aimé, 78n
César, 291
Chadwick, Edwin, 281n

Chamberlain, Austen, 181
Chamberlain, Houston Stewart, 217 e n, 272
Chamberlain, Joseph, 170, 254
Chamberlin, William Henry, 29n, 41, 137 e n
Charmeley, John, 133n, 144n, 170n, 253 e n
Chesneaux, Jean, 281n
China, 125, 161, 180, 261-4, 268-72, 275-6, 290-2, 295, 298-9, 303-8, 314-5
    colonialismo na, 120-1, 129, 132-4, 261, 279--82, 306-7
    Grande Salto para a Frente, 307, 349-51
    República Popular da, 271, 291, 303, 305, 307, 351, 354
    Revolução Cultural, 346, 352
Churchill, Winston, 18, 33, 71, 91-2, 96, 103, 132, 144, 147 e n, 162-5, 167 e n, 178, 197, 222, 235-6, 240, 244, 253, 255, 275-6, 308 e n, 355-6
Cícero, 176
Class, Heinrich, 201 e n
Clay, Henry, 53
Clemenceau, Georges, 16, 33-7
Clinton, William Jefferson (Bill), 114, 251
Cloots, Anacharsis, 113-4
Cobban, Alfred, 26 e n
Cobden, Richard, 156-7
Cochin, Augustin, 14 e n, 31, 32 e n, 35 e n, 36 e n, 37, 44
Cohen, Warren I., 38n, 134n
Cohn, Norman, 198n, 204n
Colombo, Cristóvão, 337
Colonialismo, questão colonial, 14-5, 121-4, 129--31, 133-4
    ciclo do colonialismo ocidental, 264-5, 274
    expedição à Líbia, 329
    revival *do*, 15, 130, 254-5
    revolução anticolonial, 15, 19, 22-6, 101-2, 120-6, 127-34, 172, 178, 194-5, 205-7
    revolução de independência cubana, 351-2
Commager, Henry S., 58n, 98n, 168n, 169n, 188n
Comparativo
    à *la Ferguson*, 284-5, 289
    dos ciclos revolucionários, 22, 25, 51-4, 57-8, 61-2, 65-7, 68-9, 79-80, 85, 89-90
    dos grupos intelectuais, 41, 85-9, 114, 129
    dos ordenamentos políticos, 141-2, 185-6
    método, 41-2, 76
Competição, 295-6

Conan Doyle, Arthur, 180

Condições objetivas, circunstâncias, geopolítica, 12--3, 22-3, 50-1, 68-9, 80-1, 91, 136, 139-40, 143, 145-6, 192-3, 283-4, 289

Condorcet, Marie-Jean-Antoine, 72 e n

Conferência de Berlim, 321

Connolly, James, 302

Conquest, Robert, 309 e n

Constant, Benjamin, 44 e n, 45 e n, 52, 71, 88 e n

Cornwallis, Charles, vice-rei da Irlanda, 57

Courtois, Stephane, 317n, 347n, 351n

Croce, Benedetto, 164 e n, 365

Cromwell, Oliver, 64, 77

Cromwell, Thomas, 54

Cumberland, William Augustus, duque de, 55

Dallek, Robert, 143n

Darwin, Charles, 324

   darwinismo social, 20, 199, 215, 278, 293

Davis, David B., 53n, 86n, 87n, 89n, 250n

Davis, Jefferson, 115n, 174

Davis, Mike, 271n

De Ruggiero, Guido, 350 e n

Del Boca, Angelo, 123n, 322

Delírio ideológico dos intelectuais abstratos, vírus revolucionário e judaico-bolchevismo, psicopatologia do Terror, 12-5, 27, 31, 33, 35-8, 39, 41, 43-51, 71-2, 75, 79, 85, 88, 91, 98-9, 129, 192-3, 218-22, 224, 312

   intelectuais/proprietários, 88-9

Deng Xiaoping, 306

Desespecificação do inimigo, 68-72, 75-6, 234

   desespecificação naturalista, processos de racialização, 69-70, 72, 74-9, 82, 87-8, 126-8, 131-2, 151-4, 158-68, 173, 183-5, 189, 199, 206-7, 224-5, 229, 232-3, 234-5, 242-4, 246, 252

   desespecificação político-moral, 45-6, 71-9, 86--7, 99, 126-8, 151, 161-4, 174, 229, 232

   diagnóstico psicopatológico, 85-6

   difamação do inimigo, 179-84

   fanatismo contrarrevolucionário; intervencionismo reacionário, 111-2, 116, 128-9, 192-3, 216, 241

   fanatismo revolucionário, 32, 38-9, 45-6, 73, 75, 83, 85-8, 97, 99-100, 125, 129-31, 163, 174, 177, 241-2

   judaico-bolchevique, 199-201, 203, 216-24, 226, 244-6, 274, 311-2

   judeu, 197-8, 210-1, 216-26

pele-vermelha, 77, 151, 161, 207-10, 214-5, 226, 233, 234-5, 248-9, 257, 267-8

pele-vermelha lastro, 285-6

prolongamentos, 74, 78-9, 151, 161-3, 227, 229-30, 232, 310-1, 312

racialização dos alemães nas duas guerras mundiais, tentações de genocídio, 152, 158, 167, 189-90

racialização e essencialismo, naturalismo, 283, 289, 310

tipos ideais: negro, 77, 159, 161, 206-9, 214-5, 224, 247

utopismo revolucionário, 193-4

Deutscher, Isaac, 154n

Dewey, John, 38

Dickinson, John, 50

Direitos universais do homem, universalismo/particularismo, 27-8, 34, 39-40, 47-51, 69-71, 74, 177

   compaixão geral, 69-70

   direitos do inglês, 19, 47, 49-51, 81-2

Disraeli, Benjamin, 20

Donoso Cortés, Juan, 74, 129

Doutrina Monroe, 133, 139, 167, 301, 364

Drechsler, Horst, 320n

Dresden e Tóquio, 347

Du Bois, William E. B., 67n, 174n

Duffy, Christopher, 150n

Durnovo, Petr, 94

Duverger, Maurice, 348 e n

Ebert, Friedrich, 93

Eduardo VII, rei da Inglaterra, 326-7

Ehrenburg, Ilya Grigoryevich, 154

Eichmann, Adolf, 235

Eisenhower, David, 142

Eisenhower, Dwight D., 137 e n, 162 e n, 165, 240, 255 e n, 308 e n.

Elkins, Stanley, 44n

Ellsworth, Scott, 195n

Emancipação interna/desemancipação externa da comunidade, 69-70, 81-2, 89, 173, 176, 217

Engels, Friedrich, 15, 26, 34, 43, 57n, 101, 118 e n, 119 e n, 191 e n, 219, 220n, 243 e n, 259n, 294n, 337-8, 353n, 357, 359n, 367n

Engenharia social, 34, 38, 83-4, 131, 221, 365

Erasmo de Roterdã, 176 e n, 177

Escravatura: ver escravização

Escravização, 42, 49-50, 72-4, 122-3, 206-8, 252, 321-2, 331, 334, 337, 344, 362, 364

390 Guerra e revolução

desumanização dos escravos, 260-1, 286-7, 293, 298, 336

e discriminação dos negros nos Estados Unidos, 22-4, 30, 50-4, 63-4, 65-7, 69-70, 72-3, 77-9, 81-4, 86-8, 89-90, 131-3, 140, 144, 206-9, 249-50, 261-2, 284-5, 288, 298, 301-2, 304--5, 313-4, 327, 363

e liberalismo, 284-5

separatismo negro, 58-60, 237, 356-7, 363

Estado social, 46, 305-8, 311-2

Estados Unidos

American Holocaust, 82 e n, 161 e n, 248 e n, 249, 251-2, 357-8

Black Holocaust, 249-51, 357-8

ciclo revolucionário, 40, 52-3, 63, 65-8, 79-80, 82, 88

Constituição da Filadélfia, 60, 62

Declaração de Independência, 58-9, 96, 168, 172, 327

"Destino Manifesto", "século estadunidense", 100, 114, 136-40, 141-5, 156, 167-8, 212, 251, 267

discriminação e extermínio dos peles-vermelhas, 56, 58-60, 65-6, 77, 79-82, 89-90, 131, 161, 167-9, 174-5, 179, 206-10, 212-4, 235, 248--50, 267-8, 288-9

Era Progressista, 327

estado de exceção nos Estados Unidos e no mundo liberal, 92, 140, 290

Exclusion Act, 324

fronteira, Velho Oeste, 81, 131-2, 206-7, 214, 273-4, 296

Guerra de Secessão, jacobinismo abolicionista/ ideologia do escravismo, 14-5, 30-1, 40, 51-3, 59-63, 66-8, 82-9, 114-5, 130-2, 141-2, 171, 174-5, 180, 206-8, 215, 249, 268, 287-8, 291, 313

guerra de Independência e guerra civil, 22-3, 24, 57-61, 65, 79-82, 88-9, 266-7, 298

guerra Estados Unidos-Inglaterra, 59-60, 168-9

guerra Estados Unidos-México, 115

guerra hispano-americana, 108-9, 180

intervenção na Primeira Guerra Mundial, 16-7, 29, 37-8, 97, 100, 135-8, 168-9

intervenção na Segunda Guerra Mundial, guerra nipo-americana, 136-7, 141-3, 158-61

Massacre de Wounded Knee, 60-1, 66, 356

nova Constituição Federal, 62, 80

Primeira Reconstrução, 30-1, 40, 66-7, 84

racialização dos japoneses, tentações de genocídio, 39-40, 158-61, 166n, 183-5, 224-5

rebelião das colônias, 23-4, 49-50, 57-8, 61-2, 65, 115, 172

revolta das Filipinas, 205-7

Segunda Reconstrução, 68, 83, 134

Exportação da revolução, 38, 113-4, 116-9, 134, 161

Externalização do conflito, 108-10, 192-3

Eugenia, 20-1, 278

Fanon, Frantz, 277 e n, 318 e n

Fattorini, Emma, 171n

Fauré, Christine, 45n

Fejtö, François, 102n, 104n

Ferguson, Niall, 255, 256 e n, 257-8, 259n, 260 e n, 261-2, 264 e n, 267 e n, 268 e n, 269, 270 e n, 271 e n, 272, 273 e n, 274 e n, 275, 276 e n, 278 e n, 279 e n, 281n, 283 e n, 284, 285 e n, 287, 288n, 289-90, 292-3, 294n, 295, 296 e n, 297-9, 300 e n, 301-2, 303-5, 306 e n, 307n, 311 e n, 313 e n, 314 e n, 315, 339

Ferro, Marc, 95n, 108n, 109n

Fichte, Johann Gottlieb, 45 e n, 176 e n

Fischer, Eugen, 279n,

Fischer, Fritz, 101n, 149n, 157 e n

Fite, Gilbert C., 190n

Fitzhugh, George, 208n

Fitzpatrick, Sheila, 228n

Foner, Eric, 40n, 66n, 67n

Foner, Philip S., 363n

Forcella, Enzo, 105-6n, 186n, 187n

Ford, Henry, 199, 203 e n, 204 e n, 222 e n, 332

Forrest, Alan, 79n

Fox, Charles James, 115

França

abolição da escravidão, 17, 20-1, 23-4, 78, 84, 132, 171-2

bonapartismo, 53-4

ciclo revolucionário, 44, 51-2, 81

colonialismo francês, 77-9, 126

Comuna de Paris, 44, 71, 94

fase jacobina, 17-8, 22-4, 27, 36-7, 44, 61, 71, 78, 84, 91, 190-1, 192-3

fevereiro de 1848, 12-3, 94

guerras da Revolução, 17-8, 81, 110-2, 117, 190-1, 241-3

idades e guerras napoleônicas, 78, 117-8, 152, 176, 178, 190-1

junho de 1848, 44, 71, 94, 166-7

Revolta de São Domingos, 22-4, 72, 78, 84, 256, 298

Revolta dos fiandeiros de seda, 70

Revolução de 1789, 15-6, 26, 32, 36-7, 90, 117, 126, 161

Revolução de Julho, 51

Terceira República, 53-4, 65, 79

Termidor, 84

Vendeia, 22, 28, 32, 51, 57, 59, 78-9

Franklin, Benjamin, 53, 209, 235

Franklin, John H., 63n, 84n, 207n

Fredrickson, George M., 260n

Freiberger, Steven Z., 308n

Frey, H. N., 282

Friedman, George, 160n

Furet, François, 11 e n, 12 e n, 13-4, 27, 31, 33--4, 36, 37 e n, 38-9, 41, 43 e n, 44 e n, 46 e n, 48 e n, 9 e n, 50 e n, 51 e n, 52 e n, 53n, 58, 60, 61 e n, 63, 74 e n, 80, 89 e n, 92 e n, 93, 95 e n, 106 e n, 129 e n, 132 e n, 148, 154n, 185 e n, 186, 193, 197, 203 e n, 204, 212 e n, 226n, 227 e n

Fussel, Paul, 158n, 159n, 160n, 161 e n

Gabriel, Ralph H., 162n, 169n

Galton, Francis, 324

Gama, Vasco da, 292

Gandhi, Mohandas Karamcand, 130, 253, 258 e n, 315 e n

Garrison, William Lloyd, 73, 86

Gaulle, Charles de, 125

Gauthier, Florence, 78n

Geggus, David, 72n

Gêngis Khan, 329

Genocídio de classe, 34-5, 97, 201-6, 226-40, 347--8, 349, 351

Genocídio judeu, 11, 19-20, 30-1, 39-41, 128, 151, 163, 165n, 179, 181-3, 197-8, 225-6, 234, 246-7, 250-1

armênio, 101-2, 182, 192-3, 199, 233, 246-7, 250

dos ciganos, 247-8, 250

dos indígenas, 248-52

holocausto e holocaustos, 41, 181-2, 234-5, 246-252

dos negros, 248-52

Genovese, Eugene D., 83n, 114n

Gentz, Friedrich von, 112, 113n, 218, 219 e n

Gernet, Jacques, 271n, 306n, 307n

Gesensway, Deborah, 184n

Gilbert, Martin, 106n, 149n, 181n

Giolitti, Giovanni, 329

Girardin, Saint-Marc (Marc Girardin), 70

Gobineau, Arthur de, 17, 20

Goebbels, Joseph, 216, 217n

Goldhagen, Daniel J., 166n

Göring, Heinrich, 278

Göring, Hermann, 278

Górki, Maksim, 229

Gosset, Thomas F., 170n, 208n

Gramsci, Antonio, 79n, 92n, 334 e n, 336 e n, 337n, 350 e n, 365 e n

Grant, Madison, 30

Graziani, Andrea, 187

Graziosi, Andrea, 228n, 229n, 230n, 231n, 234n

Grimsley, Mark, 174n

Guerra civil internacional, 27, 32-3, 97-119, 122-9, 135, 148, 151, 158, 174, 186, 198, 238, 240-6

   como limitação do genocídio, 158, 202-3, 227, 240-6

   e questão nacional, 101-3, 117-25, 127-8, 135, 230-2

   oficiais/soldados, 105-6, 116, 237-40

Guerra civil espanhola, 127

Guerra contra a Sérvia, 182

Guerra da Etiópia, 122-3, 132-4

Guerra do Golfo, 126, 264-5

Guerra do Ópio, 280-1, 294, 306-7

Guerra dos camponeses, 19, 62, 88, 218

Guerra Fria, 19, 26, 29, 90, 119, 126, 129, 225, 240, 255, 292, 299-300, 307-8, 315, 343, 351, 360, 367

Guerra racial: União Soviética-Alemanha, 147-54, 244-6

   Estados Unidos-Japão, 158-61

   guerra de secessão dos brancos, 169-74, 176, 206, 245

   luta de raça, 148, 224-9

Guerra total/limitada, 32, 77, 83, 86-7, 97-100, 107, 112, 146-7, 160, 163-4, 168, 173-4, 176-7, 182-3, 185, 188-90, 193-5, 197-8, 205-7, 217, 224-6, 246

   duplo padrão da guerra ocidental, 172-7

   guerra colonial, 54-7, 78, 119-25, 134, 161, 173-5, 177-9, 205-7, 211-7, 230-3, 245

guerrilheiro

392 GUERRA E REVOLUÇÃO

figura do, 178
partigiano, 124-6, 173

Guevara, Ernesto "Che", 129
Guilherme, o Taciturno, *ver Guilherme III de Orange*
Guilherme II de Hohenzollern, imperador da Alemanha, 37, 104, 118, 141, 149, 279, 281, 297, 340, 342-3
Guilherme III de Orange, rei da Inglaterra, 49, 326
Guillemin, Henri, 71n
Guizot, François, 52 e n
Gumplowicz, Ludwig, 210 e n, 319 e n
Guttmann, Bernhard, 182n

Habermas, Jürgen, 155, 158 e n, 179n, 251n
Habsburgo, família real austríaca, 97, 101-2, 104
Haeckel, Ernst, 170n
Haller, Karl Ludwig von, 34
Hamilton, Alexander, 44, 50, 80, 284, 345
Handlin, Lilian, 92n
Handlin, Oscar, 92n
Harbutt, Fraser J., 162n
Harding, Warren Gamaliel, 171 e n
Harris, Arthur, 259
Harris, Sheldon H., 161n
Hauser, Otto, 199
Hauter, François, 314n
Hayek, Friedrich August von, 17 e n, 25 e n, 34, 39, 84 e n, 157, 334-5, 338
Hegel, George Wilhelm Friedrich, 46 e n, 47 e n, 49 e n, 75, 284-5, 289
Heidegger, Martin, 40
Henrique IV de Bourbon, rei da França, 116
Henrique VIII Tudor, rei da Inglaterra, 54
Herder, Johann G., 64 e n
Herzstein, Robert E., 143n, 144n, 182n
Heydecker, Joe J., 17n
Hilberg, Raul, 206n, 211n
Hildebrand, Klaus, 279n
Hilferding, Rudolf, 155
Hillgruber, Andreas, 136, 137n, 144, 148 e n, 149 e n, 150 e n, 155, 158, 182 e n
Himmler, Heinrich, 173, 204 e n
Hindenburg, Paul Ludwig von, 101
Hiroshima e Nagasaki, 38-9, 143, 160, 166n, 225, 315, 347, 349, 354
Hitler, Adolf, 11, 18, 19 e n, 26, 28, 29 e n, 37, 42, 75, 104, 120 e n, 121, 127-8, 130, 132-3, 136, 142-3, 144n, 148-51, 153 e n, 154, 158, 161, 166n, 167, 172, 173 e n, 175, 177, 183, 186, 199-200, 202-5, 207, 211 e n, 212 e n, 213, 214 e n, 215 e n, 216, 222, 223n, 224, 232, 244-6, 249, 253, 254 e n, 255, 266, 274, 277-9, 299, 310 e n, 311, 312, 321, 323, 325, 328, 332, 340, 343-4, 346, 355, 357-8, 360

Hobbes, Thomas, 191, 343
Hobson, John A., 207 e n, 320 e n
Ho Chi Minh, 129, 352
Hoffmann, Joachim, 148n
Hofstadter, Beatrice K., 53n, 45n, 82n, 86n, 87n
Hofstadter, Richard, 53n, 82n, 86n, 87n, 110n, 143n, 210n, 299n, 319n, 335n
Hohenzollern, família real prussiana, 17, 97, 152
Homicídio ritual, 179, 181-2, 192
Hoover, Herbert Clark, 171 e n, 350-1, 365
Horthy, Miklós, 196
House, Edward Mandell, 138
Humboldt, Alexander von, 258n
Hunecke, Volker, 70n
Huntington, Samuel P., 309, 310n,
Huske, John, 55

Ideologia da Guerra
    *da Alemanha (*Kriegsideologie*)*, 16-9, 28, 37-8, 98-101, 145-6
    das potências "democráticas" (intervencionismo democrático), 16-9, 28-9, 32, 36-40, 97-101, 130-1, 134, 136-40, 144-6, 148-9, 155, 161, 166, 180-1
Ideologia racial
    anticamitismo, 30, 40, 68, 207-10, 249-51
    antissemitismo, 18-9, 25, 30, 154 e n, 197-200, 203-7, 210-1, 249-50, 278, 311-2
    civilização/barbárie, 35, 69-71, 76, 82, 122-3, 128, 130-3, 145-6, 147, 161, 164-80, 209-10, 230, 232, 245-6, 251
    democracia para o povo dos senhores, Herrenvolk democracy, 328-9, 331-2
    eslavos/alemães, 146, 149, 151, 244-6
    e mitos genealógicos, 89-90, 251
    "fardo do homem branco", 84, 344
    supremacia branca (white supremacy), teutão, anglo-saxão, ariano, 17, 19-20, 23, 29-31, 39, 67, 73-4, 77-8, 81-2, 84, 132-3, 146, 158-9, 169-75, 206-8, 211-2, 245-6, 249-50, 254-5, 257-60, 274, 276, 308-9

Iluminismo

    luzes, sociedades de pensamento, Enciclopédia, 13-4, 19, 31-2, 35-6, 44, 46-7, 65, 218

Imperialismo

    conflitos inter-imperialistas, 16, 17-8, 28-9, 73, 75, 97, 102, 106, 109-10, 117-22, 132-3, 135-44, 152, 155-8, 162, 199-200

    ideologia imperial, 143-4, 153, 157, 266-7

Inglaterra

    ciclo revolucionário, 51, 54-5, 80

    colonialismo na Irlanda e na Escócia, 22-3, 54-6, 66, 77, 79, 81, 139-40, 195-7, 235, 259-60, 302-3

    Grande Rebelião, 51-2, 54-5, 64, 67, 85

    na Índia, 60, 119, 129-30, 189, 206-7, 235-6

    no Egito, 20-1, 189

    Reforma anglicana, 54-6, 65

    reformas eleitorais, 53

    resíduos feudais, 22-3, 48-51, 6-7, 140-1

    Revolução Gloriosa, 47-8, 50-2, 55, 65, 67, 79, 289

Irons, Peter, 184n, 185n

Irving, David, 164n, 254

Isnard, Maximin, 226

Isnenghi, Mario, 187n

Jackson, Andrew, 161, 327

Jacobinismo como prenúncio do bolchevismo, 11-2, 14-5, 17, 24-5, 30, 32-7, 43, 91, 110-1, 127-8

Jacobsen, Hans-Adolf, 211n, 214n

Jafé, 249

Jaime II Stuart, rei da Inglaterra, 55

Japão

    imperialismo na China e na Ásia, 119-21, 270--1, 281-2, 303-6

Jaspers, Karl, 278

Jaurès, Jean, 135, 200

Jefferson, Thomas, 59, 62, 208 e n, 257 e n, 258 e n, 260, 268, 300-1

Jesus Cristo, 111, 129, 218

Jodl, Alfred, 213

Johnson, Paul, 15n, 38-9 e n, 130 e n, 165, 195n, 197n, 226n, 253 e n, 256, 293n, 339

Johnson, Lyndon, 342

Jorge III de Hannover, rei da Inglaterra, 59, 62

Jorge V, rei da Inglaterra e imperador da Índia, 327

Jünger, Ernst, 110, 189n, 192

Jus publicum europaeum e crise, 32-3, 38-9, 97, 99, 110-113, 123, 127, 137, 147, 173-5, 177-8, 208, 240-1

Kamenev, Lev Borisovich, 94

Kant, Immanuel, 49 e n

Kapp, Wolfgangm, 237

Karsten, Peter, 110n

Katz, Steven T., 248n

Kautsky, Karl, 102, 155, 233

Kelley, Robin D. G., 331n

Kennedy, John Fitzgerald, 299-300, 307, 342

Kennedy, Paul M., 109n, 139 e n

Kerenski, Alexander F., 14, 16, 91, 92n, 96, 103 e n, 107

Kersten, Felix, 204n

Kesting, Hanno, 32n, 111n

Keynes, John Maynard, 138, 157

Kilzer, Louis C., 172n, 175n

King, Martin Luther, 278

Kirk, Russel, 85n, 87n

Kirov (Serguei Mironovich Kostrikov), 153

Kissinger, Henry, 17n, 138n, 139 e n, 141 e n, 142 e n, 156-7, 255n, 295n, 335 e n

Klemperer, Viktor, 332 e n

Klinkhammer, Lutz, 322n

Koch, Robert, 223

Koltchak, Alexander Vasilyevich, 96

Kopf, David, 158n, 159n, 160n, 184n, 185n, 225n, 235n

Kornilov, Lavr Gueórguievich, 92, 95-6, 107-8

Koselleck, Reinhart, 32n

Koss, Stephen, 247n, 320

Kotek, Joël, 278n

Kraditor, Aileen S., 87n

Krausnick, Helmut, 214n, 215n, 244n

Kühl, Stefan, 171n

Kühlmann, Richard von, 182

La Fayette, Marie-Joseph de, 258n

La Forte, Robert S., 158n

Laqueur, Walter, 181n, 182

Laski, Harold J., 66n

Lebard, Meredith, 160n

Leckie, Robert, 206n

Lecky, William E. H., 56n, 57 e n, 76n, 115n

Leclerc, Charles-Victor-Emmanuel, 78

Leeb, Johannes, 17n

394 GUERRA E REVOLUÇÃO

Lence, Ross M., 131n
Lenin (Vladimir Ilitch Ulianov), 14-5, 17, 18 e n, 19, 21, 23-4, 29, 31, 43, 73, 75 e n, 93-4, 97, 99, 102 e n, 103, 106 e n, 108, 109n, 117 e n, 118 e n, 119 e n, 122, 124, 127, 130, 152 e n, 153, 155, 156n, 186, 191 e n, 194 e n, 195, 197, 199-200, 207, 219, 222 e n, 227, 265, 282 e n, 300, 313, 314n, 320, 328, 329 e n, 330 e n, 332, 333n, 334, 337, 348, 352, 355 e n, 359
Lensch, Paul, 101n
Leo, Heinrich, 220
Leopoldo II, rei da Bélgica, 321
Lessona, Alessandro, 322
Levin, Nora, 198n
Lewis, Bernard, 246
Liberalismo, tradição anglo-saxã, ocidentocentrismo
apologia, 80, 89-91, 155-158, 186, 249-250, 289
autogoverno e limitação do poder, 275-6, 290, 303
"individualismo" liberal, 295-6
"totalitarismo" liberal, 92, 105, 141, 186-92, 194-7, 224-6, 247
Lincoln, Abraham, 14, 40, 60, 62, 142, 362, 364
Lincoln, W. Bruce, 106n, 197n, 198n
Lipstadt, Deborah E., 31n, 136n, 142n, 152n
Lloyd George, David, 195
Lodge, Henry Cabot, 156
Losurdo, Domenico, 40n, 62n, 81n, 100n, 110n, 114n, 123n, 129n, 138n, 141n, 145n, 155n, 162n, 262n, 263n, 277n, 288n, 295n, 299n, 323n, 325n, 333n, 336n, 339n, 342n, 362n
Louverture, Toussaint (François-Dominique Toussaint), 22-4, 31, 78, 256, 298, 302, 304
Löwith, Karl, 221n
Luce, Henry, 144
Ludendorff, Erich, 149, 189n
Luís IX (são Luís), rei da França, 12, 111
Luís XIV de Bourbon, rei da França, 117
Luís XVI de Bourbon, rei da França, 12, 48
Lukács, György, 19 e n, 20
Lukas, Richard C., 249n
Lumumba, Patrice, 24 e n
Luraghi, Raimondo, 61n
Lutero, Martinho, 65, 151, 211
Luxemburgo, Rosa, 101 e n, 192 e n, 347, 349-50, 355, 356n

Mac a' Ghobhainn, Seumas, 56n
MacArthur, Douglas, 291, 314-5
Macaulay, Thomas Babington, 170
MacDougall, Hugh A., 170n, 254n
Madison, James, 80n, 168, 257n, 300
Mahan, Alfred Thayer, 143
Mahdi (Muhammad Ahmad), 124
Maistre, Joseph de, 34, 88 e n, 116 e n, 177 e n, 218
Malaparte, Curzio, 105 e n
Malcolm X, 250 e n
Mallet du Pan, Jacques, 70
Mandeville, Bernard de, 335
Mann, Michael, 273n, 306n
Mann, Thomas, 99 e n, 339, 340n
Mannheim, Karl, 46, 48 e n
Mao Tsé-tung, 121 e n, 122, 303-4
Maomé, 75
Marat, Jean-Paul, 26, 45 e n
Marcello, Ronald E., 158n
Markov, Walter, 48n
Markusen, Eric, 158n, 159n, 160n, 184n, 185n, 225n, 235n
Marshall, George C., 159-60
Marsílio de Pádua, 54
Martineau, Harriet, 272n
Marx, Karl, 15, 26-7, 34, 43, 57 e n, 75, 101, 118 e n, 126-7, 129, 191n, 193, 202-3, 220 e n, 243, 250, 259 e n, 277, 294 e n, 319, 337, 338 e n, 353 e n, 356, 358, 359 e n, 360, 363, 367 e n
Maurras, Charles, 200, 203
May, Christopher N., 188n, 189n, 194n
Mayer, Arno J., 29n, 107n, 109n, 135n, 140n, 150n, 196n, 198n, 216n, 226n, 245n, 327n
Mazzini, Giuseppe, 127
McAllister Linn, Brian, 206n
McKellar, Kenneth Douglas, 303
McKitrick, Eric, 44n
McNutt, Paul V., 160
Meinecke, Friedrich, 48n
Mengele, Josef, 279
Mercier, Louis-Sébastien, 251 e n
Merl, Stefan, 233n, 236n
Merriam, Charles E., 50n, 73n, 87n
Michaelis, Meir, 103n
Michelet, Jules, 241 e n
Miliukov, Pavel Nikolayevich, 107

Mill, John Stuart, 270 e n, 281 e n, 328 e n, 329 e n, 337

Miller, Susan, 94n, 104n

Millis, Walter, 109n, 156n, 180n

Mintz, Frank Paul, 133n

Mira, Giovanni, 123n

Mises, Ludwig von, 33, 34 e n, 35 e n, 36, 37n, 39 e n, 157, 339 e n

Misra, Amaresh, 259n

Mobilização total, 15-6, 37, 140-1, 186-9, 191-2, 242

    denúncia revolucionária da guerra e da m. t., 97, 106-8, 189-194, 197

Mollisson, Theodor, 279

Molotov (Viatcheslav Mikhailovich Scriábin), 234

Mommsen, Wolfgang J., 145n, 146n

Monroe, James, 62, 139

Morgenstern, George, 136n, 161n

Morgenthau, Henry Jr., 163

Möser, Justus, 48 e n

Mosse, George L., 192n, 198n

Mukerjee, Madhusree, 259n

Müntzer, Thomas, 65

Mussolini, Benito, 28, 35, 103, 123-4, 167, 186, 200, 274 e n, 313, 321 e n, 322 e n, 323 e n

Nasser, Gamal Abdel, 308

Nazifascismo

    como contrarrevolução escravista, neocolonialismo, 16, 19-20, 41-2, 119-22, 127-8, 132-3, 141, 148-151, 153-154, 158, 161, 172-175, 206-7, 211-217, 221-6, 232, 244-7, 251-2

    como resposta ao bolchevismo, identificação de nazismo e bolchevismo, 11, 27, 34-5, 75, 127-8, 132, 134, 151, 185, 198-201,205-6, 227, 237

Negacionismo, 179, 181-3, 225, 246

Nehru, S. Jawaharlal, 120-1

Nerva, 116

Nevins, Allan, 58n

Nichanian, Marc, 247n

Nicolau II Romanov, tzar da Rússia, 12, 14, 94, 141

Nietzsche, Friedrich, 70 e n, 201-2, 205 e n, 220 e n, 312

Nixon, Richard, 342

Noble, David W., 342n

Noé, 249

Nolte, Ernst, 11 e n, 12, 13n, 14, 19n, 28n, 35, 39-41, 47 e n, 75 e n, 95, 96 e n, 97 e n, 106,

107 e n, 108 e n, 109, 111 e n, 112, 116 e n, 126 e n, 127 e n, 128-9, 144, 147 e n, 148, 151, 155, 158, 183n, 185-6, 189 e n, 196 e n, 199 e n, 200, 201 e n, 202 e n, 203n, 204, 205 e n, 206 e n, 222n, 224, 227 e n, 228, 237 e n, 251 e n

    nazismo como "contra-aniquilação", 204-6, 227

    origens contrarrevolucionárias do nazismo, 96, 198-203

Noske, Gustav, 196

Ordem comissarial, guerra nazista a Leste, 128, 131, 146-9, 158, 173-5, 211-2, 245

Ortega, Daniel, 129, 352

Ostrogorski, Moisei, 36

Page, Walter, 138

Pais Fundadores, 24, 59, 63, 66, 89, 267-8, 273, 297, 301, 304

Pakenham, Thomas, 57n

Palmer, Robert R., 22n, 23 e n, 25, 58 e n, 60n, 81n

    revoluções não ocidentais, 22, 25

    revoluções ocidentais, 22-5

Palmerston, Henry John Temple III, 269-70

Pankhurst, Emmeline, 334

Pankhurst, Sylvia, 334

Paquet, Alfons, 189n

Pareto, Vilfredo, 109 e n

Pasternak, Boris Leonidovitch, 234n

Pasteur, Louis, 223

Paulo de Tarso, 223

Pavone, Claudio, 323

Paz Perpétua, 32, 38-9, 97-8, 118, 137

Pedro, o Grande, tsar da Rússia, 149

Penúria induzida

    food diplomacy, 351

Peterson, Horace Cornelius, 190n

Phelps, Reginald H., 19n

Pick, Daniel, 156n

Pio VI, papa, 112n

Pipes, Richard, 13 e n, 14 e n, 33, 34n, 36, 39, 94 e n, 96 e n, 107n, 197n, 221n

Platão, 175, 176 e n, 177

Pleve, Viacheslav von, 109

Pocock, John G. A., 65n

Poliakov, Léon, 18n, 90n, 198n, 204n, 211n, 219n, 222n

Pol Pot, 227

396 GUERRA E REVOLUÇÃO

Popper, Karl Raimund, 129, 157, 253 e n, 256
Post, C. Gordon, 131n
Preobrajenski, Evguiéni Alexeivitch, 230, 231 e n
Price, Richard, 115
Procacci, Giuliano, 121n
Propriedade, direito de, 293-4
Proudhon, Pierre-Joseph, 129
Pugachev, Iemelian Ivanovich, 88

Quinet, Edgar, 61, 63 e n, 336 e n

Randolph de Roanoke, John, 85
Ranke, Leopold von, 52 e n
Ratzel, Friedrich, 313 e n
Reagan, Ronald, 130
Reabilitação da Alemanha, 27-8, 23, 135, 145, 168, 170-171, 174-5, 193, 239
Reabilitação e justificação do nazifascismo, 27-8, 34-5, 41, 74-5, 126-8, 185-6
Reforma protestante, 65, 110-1
Resistência: internacional antifascista, 14-5, 116, 122-5, 132-3, 173, 183
    antibolchevique, ariana, branca, 127-9, 244-6
Revisionismo histórico
    apologia da vivência dos contrarrevolucionários, 44, 46-9, 74-5, 87-8, 113-4, 127-9, 197-8
    como normal progresso da pesquisa historiográfica, 40
    conflito dos revisionismos; Livro negro do comunismo, 35-9, 89-90, 147-9, 185-6, 251-2
    crítica da historiografia filorrevolucionária, 43-4, 46-7
    e neoliberalismo, 33-7, 39, 45, 51-2, 74, 79-80, 129-30, 157
    liquidação da tradição revolucionária, 14-5, 24--40, 85, 87-9, 114, 146-7, 158, 174-5, 177-8, 190-1, 194
    recalque da desespecificação naturalista, 74-5, 234
    recalque da questão colonial e nacional, justificação do colonialismo, 119-26, 129-35, 177-8, 203, 205-7, 250-2
    releitura da Segunda Guerra dos Trinta Anos, 27-9, 31-3, 38-9, 131, 136-9, 144
Revolução democrática internacional
    felicidade do maior número possível, 14-21, 28-9, 31-3, 36-40, 91, 97-100, 104, 125, 131, 137
Rhodes, Cecil, 109-10
Richet, Denis, 226n

Rigoulot, Pierre, 278n
Risorgimento, 14, 118
Ritter, Gerhard A., 94n, 104n
Riutin, Michail N., 228
Robespierre, Maximilien de, 20, 22, 24, 26, 34 e n, 43, 45 e n, 71 e n, 75, 113 e n, 114, 116, 117 e n, 119, 190 e n, 191, 193, 241 e n, 242 e n, 243 e n, 244, 334 e n, 361
Robien, Louis de, 12
Rochester, Stuart I, 16n, 98n
Romanov, dinastia imperial russa, 12-3, 103, 222
Romanov, Elisabete, 12
Romein, Jan, 282n
Roosevelt, Elliot, 160, 240
Roosevelt, Franklin Delano, 16-7, 19, 136, 141--4, 150, 160, 163, 165, 182-4, 240, 331, 335, 342, 355, 356n
Roosevelt, Theodore, 110, 143, 169 e n, 189, 190 e n, 192, 208 e n, 210 e n, 266 e n, 299, 319--20, 321 e n, 323, 326, 330, 356 e n
Rosdolsky, Roman, 153n
Roseman, Mindy, 184n
Rosenberg, Alfred, 30 e n, 172, 173n, 310, 311n, 323
Rosenberg, Arthur, 93n, 325
Rostow, Walt W., 307
Rothbard, Murray N., 350, 365
Rousseau, Jean-Jacques, 22, 34, 45 e n, 176 e n, 353, 359 e n, 360, 361 e n, 362-5
Roux, Alain, 306n,
Rule of law
    Estado de direito, governo das leis, 261-2, 285--6, 290-1
Rumsfeld, Donald, 265, 268
Russell, John, 115
Ryerson, Egerton, 58n, 62n, 96n, 248n

Saddam Hussein, 126
Saint-Just, Louis-Antoine-Léon, 45, 361 e n
Saint-Pierre, Charles-Irénée Castel de, 176
Salan, Raoul, 125
Salbstein, Michael C. N., 54n
Salvatorelli, Luigi, 123n
Salvemini, Gaetano, 97 e n, 104, 105n, 187, 365 e n
Sargent, Orme, 148
Sartori, Giovanni, 131n
Sartre, Jean-Paul, 24 e n
Satanás, 258, 288

Savinkov, Boris Viktorovich, 107

Scheidemann, Philipp, 93

Schiffer, Eugen, 196

Schirach, Baldur von, 204 e n

Schlesinger, Arthur M. Jr., 60n

Schmid, Alex P., 71n, 91n, 92n, 96n, 165n, 244n

Schmidt, Martin, 151n

Schmitt, Carl, 31 e n, 32 e n, 33n, 38, 39 e n, 74 e n, 97 e n, 99 e n, 110n, 111 e n, 112, 114, 122, 123 e n, 124 e n, 125 e n, 126, 127 e n, 128, 129 e n, 138, 146 e n, 147, 167, 168n, 169n, 174-6, 177 e n, 178 e n, 196n, 221 e n, 282n, 321n

Schnur, Roman, 32n, 111 e n

Schröder, Hans Christoph, 64n, 85n, 89n

Schumpeter, Joseph Alois, 155-6, 157 e n, 265 e n, 266

Schuster, Ildefonso, cardeal, 123

Secher, Reynal, 78n, 79n

Segunda Guerra dos Trinta Anos, 15-8, 27-8, 31, 37-8, 131-2, 135, 137, 141-4, 147-8, 149-50, 166-7, 168-70, 175, 179, 185-6, 217, 235-6

Sem, 249

Sévigné, Marie de Rabuti-Chantal, marquesa de, 69

Shays, Daniel, 62

Sherman, William Tecumseh, 87, 175

Shirer, William L., 204n

Short, William, 258n, 360

Sieyès, Emmanuel Joseph, 336

Skidelsky, Robert, 138n

Slotkin, Richard, 75n, 115n, 175n, 208n, 209n, 212n

Smith, Adam, 362

Smith, Jacob H., 206

Smith, James Morton, 257n

Sofisma de Talmon, 51-2, 57-9, 80, 89-90, 92, 131-2

Soljenítsin, Alexander I., 12

Sombart, Werner, 220 e n, 221 e n

Spengler, Oswald, 71 e n, 172 e n, 221, 310 e n, 331, 340 e n

Spini, Giorgio, 54n, 60n

Staël, Anne-Louise Germaine Necker, baronesa de, 258n

Stalin, Josef V. (Iossif Vissarionovitch Djugashvili), 21, 23, 26, 29, 33, 41, 73 e n, 74 e n, 133, 148, 151, 153 e n, 154 e n, 182, 199, 227-8, 232, 233 e n, 234 e n, 239-40, 300, 343-4, 351-3, 354 e n, 355, 356 e n

Stampp, Kenneth M., 40n, 84n

Stannard, David E., 159n, 161n, 248n, 249n, 252n

Stein, Dieter, 151n

Stern, Mario Rigoni

Stimson, Henry L., 163n

Stockdale, Percival, 72

Stoddard, Lothrop, 23, 30, 171 e n, 172n, 324, 325n

Strauss, Franz Joseph, 179, 251

Stuart, família real inglesa, 49

Sufrágio universal
Reform Bills, 53-4, 65, 140-1

Sun Yat-Sem, 276n

Taine, Hippolyte, 13, 35, 44 e n

Talmon, Jacob L., 25, 26n, 45 e n, 80 e n, 90, 353-4, 358, 366

Tanaka, Ryukichi, 280

Tansill, Charles C., 133n, 134 e n, 136n, 142n

Taylor, Alan J. P., 139 e n, 157, 189n, 238n

Taylor, Frederick, 349

Tecumseh, 262

Teoria da conspiração, 18-9, 88, 97, 107-8, 199, 203, 204, 217-8, 221, 223

Teoria do constitucionalismo monárquico, 49-51

Terceiro Reich e tradição colonial, 128, 213, 252, 278-9

Blutschande, 325

e admiração pelos Estados Unidos, 213, 215, 273-4

Endlösung, 325

Judenreservat, 323

Rassenhygiene, 325

reabilitação, 254

Untermensch, 212, 214, 325, 344

Thomas, Hugh, 160n

Tirpitz, Alfred von, 109, 140

Tiszo, Josef, 224

Tocqueville, Alexis de, 12 e n, 13-4, 33, 44 e n, 48 e n, 68, 69 e n, 70 e n, 77 e n, 80, 81n, 167, 207 e n, 209 e n, 212, 213n, 215, 222, 259, 262 e n, 277 e n, 284, 312

Todorov, Tzvetan, 249n, 358

Toussaint Louverture (François-Dominique Toussaint), 22-4, 31, 78, 256, 298, 302, 304

Toynbee, Arnold, 180, 311 e n, 318 e n

Tratado de Versalhes, 28, 31-3, 39, 99, 133-6, 144-5, 152

398 GUERRA E REVOLUÇÃO

Trevelyan, Charles Edward, 235
Trevelyan, George M., 54n, 55 e n, 57 e n, 81n, 72n, 358 e n
Tribunal de Nuremberg, 17, 31-3, 39, 182, 225
Trotha, Lothar von, 278, 320
Trotski, Léon Davidovich, 74 e n, 93, 243
Truman, Harry S., 29, 143, 160, 307, 314-5, 342, 354
Tucholsky, Kurt, 237 e n
Tucker, Josiah, 65
Tucker, Robert C., 153n, 228n, 234n
Tucker, Thomas, 53
Turreau de Carambonville, Louis-Marie, 79

Umberto I, rei da Itália, 335
Universo concentracionário, campos de concentração ocidentais, Lager, gulag, 11-2, 20-1, 26-7, 165--6, 183-6, 190-1, 194-6, 202-3, 206-7, 224-5, 230, 232-4, 246-8
União Soviética
    Brest-Litovsk, 152-3
    ciclo revolucionário, 12-4, 34-5
    coletivização e industrialização forçada, 72-4, 227-36
    guerra civil, 18-9, 21, 96, 104, 106-8, 127-9, 149-50, 202-3, 228
    Katyn, 154n, 182, 237-40
    o Outubro como golpe de Estado, 91-7, 106-7
    Outubro e movimento de libertação colonial, 15, 17-8, 23-5, 73-4, 119-20, 122, 124-5, 129-32, 172, 178
    pacto Ribbentrop-Molotov, 26-7
    Revolução de 1905, 13, 221
    Revolução de Fevereiro, 12-4, 16, 30, 91-2, 96, 103, 106-7
    Revolução de Outubro, 13-5, 17-8, 23-4, 25-7, 30, 32, 71, 103-4, 106-112, 118-9, 126, 129--30, 161, 172, 221-2

Vattel, Emer de, 112 e n
Veale, Frederik J. P., 31n, 164n, 240n
Veblen, Thorstein, 145, 156
Venner, Dominique, 15n

Wahl, Maurice, 109
Waite, Robert G. L., 196n
Wallace, Henry, 236
Walter, Gérard, 98n, 99n
Walzer, Michael, 107n, 108n
Washington, George, 59, 62, 168 e n, 267-8, 284-5, 294, 300, 305, 307-8, 311
Weaver, Richard M., 15n, 30n, 84n, 87n
Weber, Max, 144, 145 e n, 146 e n, 156, 188 e n, 341, 350
Wehler, Hans-Ulrich, 205n
Weizmann, Chaim, 183
Wellington, Arthur Colley Wellesley, duque de, 116
Wesley, John, 261, 287
Wilberforce, Robert Isaac, 261n
Wilberforce, Samuel, 261n
Wilberforce, William, 261n
Williams, Eric, 207n, 208n
Wilson, Thomas Woodrow, 17-8, 29, 38, 98, 100, 135, 137-9, 155, 157, 169, 182, 190, 341, 350, 355, 356n
Woodward, C. Vann, 208n
Woolston, Thomas, 211

Yudenich, Nikolai N., 244

Zawodny, Janusz Kasimierz, 238n, 239n
Zayas, Alfred M. de, 150n
Zhang Shu Guang, 305n, 307n
Zheng He, 292
Zinoviev, Grigori Evséievíteh, 94

Imagem da Linha do Tempo do MTST no Facebook em 8 de março de 2017.

Publicado em março de 2017, quando, após 22 dias de ocupação em frente ao escritório da Presidência da República, na avenida Paulista, em São Paulo, o Movimento dos Trabalhadores Sem-Teto (MTST) obteve a retomada de 35 mil contratações do programa Minha Casa Minha Vida Entidades – sua primeira vitória sobre o governo golpista –, este livro foi composto em Adobe Garamond Pro, corpo 11/14,3, e reimpresso em papel Avena 70 g/m² pela gráfica Lis para a Boitempo, em março de 2021, com tiragem de 2.000 exemplares.